U0670466

国家出版基金项目
NATIONAL PUBLICATION FOUNDATION

● 生态文明法律制度建设研究丛书

多元与合作：
环境规制创新研究

DUOYUAN YU HEZUO
HUANJING GUIZHI CHUANGXIN YANJIU

邓可祝 ● 著

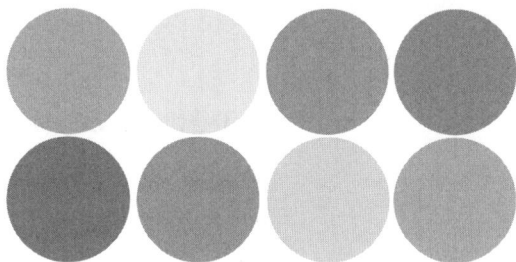

重庆大学出版社

图书在版编目（CIP）数据

多元与合作：环境规制创新研究 / 邓可祝著. --
重庆：重庆大学出版社，2022.12
（生态文明法律制度建设研究丛书）
ISBN 978-7-5689-3372-8

Ⅰ.①多… Ⅱ.①邓… Ⅲ.①环境规划—环境保护法
—研究—中国 Ⅳ.①D922.604

中国版本图书馆CIP数据核字（2022）第242735号

多元与合作：环境规制创新研究
邓可祝 著

策划编辑：孙英姿 张慧梓 许 璐
责任编辑：许 璐 版式设计：许 璐
责任校对：王 倩 责任印制：张 策

*

重庆大学出版社出版发行
出版人：饶帮华
社址：重庆市沙坪坝区大学城西路 21 号
邮编：401331
电话：（023）88617190 88617185（中小学）
传真：（023）88617186 88617166
网址：http://www.cqup.com.cn
邮箱：fxk@cqup.com.cn（营销中心）
全国新华书店经销
重庆升光电力印务有限公司印刷

*

开本：720mm×960mm 1/16 印张：24 字数：327 千
2022 年 12 月第 1 版 2022 年 12 月第 1 次印刷
ISBN 978-7-5689-3372-8 定价：138.00 元

本书如有印刷、装订等质量问题，本社负责调换
版权所有，请勿擅自翻印和用本书
制作各类出版物及配套用书，违者必究

丛书编委会

主　任：黄锡生

副主任：史玉成　　施志源　　落志筠

委　员（按姓氏拼音排序）：

邓　禾　　邓可祝　　龚　微　　关　慧

韩英夫　　何　江　　卢　锟　　任洪涛

宋志琼　　谢　玲　　叶　轶　　曾彩琳

张天泽　　张真源　　周海华

作者简介

邓可祝，男，安徽省马鞍山市人。安徽大学法律硕士，安徽工业大学公共管理与法学院教授，硕士研究生导师。主要从事环境法学、行政法学的教学研究工作，主要研究方向是环境法基础理论、政府环境责任、环境司法等。2003年以来，发表学术论文六十余篇，其中各类核心期刊论文十余篇，四篇论文被人大复印资料全文转载，出版学术专著一部。主持研究国家社科基金、教育部人文社科基金等国家级、省部级科研项目六项。2018年获中国法学会第十三届"中国法学家论坛征文奖"一等奖；2015年，获环境保护部、中国法学会"生态环境法治保障"主题征文二等奖；曾获"长三角法学论坛"论文评比一等奖、二等奖等其他奖项。

总　序

"生态兴则文明兴，生态衰则文明衰。"良好的生态环境是人类生存和发展的基础。《联合国人类环境会议宣言》中写道："环境给予人以维持生存的东西，并给他提供了在智力、道德、社会和精神等方面获得发展的机会。"一部人类文明的发展史，就是一部人与自然的关系史。细数人类历史上的四大古文明，无一不发源于水量丰沛、沃野千里、生态良好的地区。生态可载文明之舟，亦可覆舟。随着发源地环境的恶化，几大古文明几近消失。恩格斯在《自然辩证法》中曾有描述："美索不达米亚、希腊、小亚细亚以及其他各地的居民，为了得到耕地，毁灭了森林，但是他们做梦也想不到，这些地方今天竟因此成了不毛之地。"过度放牧、过度伐木、过度垦荒和盲目灌溉等，让植被锐减、洪水泛滥、河渠淤塞、气候失调、土地沙化……生态惨遭破坏，它所支持的生活和生产也难以为继，并最终导致文明的衰落或中心的转移。

作为唯一从未间断传承下来的古文明，中华文明始终关心人与自然的关系。早在5000多年前，伟大的中华民族就已经进入了农耕文明时代。长期的农耕文化所形成的天人合一、相生相克、阴阳五行等观念包含着丰富的生态文明思想。儒家形成了以仁爱为核心的人与自然和谐发展的思想体系，主要表现为和谐共生的顺应生态思想、仁民爱物的保护生态思想、取物有节的尊重生态思想。道家以"道法自然"的生态观为核心，强调万物平等的公平观和自然无为的行为观，认为道是世间万物的本源，人也由道产生，是自然的组成部分。墨家在长期的发展中形成"兼相爱，交相利""天志""爱无差等"的生态思想，对当代我们共同努力探寻的环境危机解决方案具有较高的实用价值。正是古贤的智慧，让中华民族形成了"敬畏自然、行有所止"的自然观，使中华民族能够生生不息、繁荣壮大。

中华人民共和国成立以来，党中央历代领导集体从我国的实际国情出发，深刻把握人类社会发展规律，持续关注人与自然的关系，着眼于不同历史时期社会主要矛盾的发展变化，总结我国发展实践，从提出"对自然不能只讲索取不讲投入、只讲利用不讲建设"到认识到"人与自然和谐相处"，从"协调发展"到"可持续发展"，从"科学发展观"到"新发展理念"和坚持"绿色发展"，都表明我国环境保护和生态文明建设作为一种执政理念和实践形态，贯穿于中国共产党带领全国各族人民实现全面建成小康社会的奋斗目标过程中，贯穿于实现中华民族伟大复兴的中国梦的历史愿景中。党的十八大以来，以习近平同志为核心的党中央高度重视生态文明建设，把推进生态文明建设纳入国家发展大计，并提出美丽中国建设的目标。习近平总书记在党的十九大报告中，就生态文明建设提出新论断，坚持人与自然和谐共生成为新时代坚持和发展中国特色社会主义基本方略的重要组成部分，并专门用一部分内容论述"加快生态文明体制改革，建设美丽中国"。习近平总书记就生态文明建设提出的一系列新理念新思想新战略，深刻回答了为什么建设生态文明、建设什么样的生态文明、怎样建设生态文明等重大问题，形成了系统完整的生态文明思想，成为习近平新时代中国特色社会主义思想的重要组成部分。

生态文明是在传统的发展模式出现了严重弊病之后，为寻求与自然和谐相处、适应生态平衡的客观要求，在物质、精神、行为、观念与制度等诸多方面以及人与人、人与自然良性互动关系上所取得进步的价值尺度以及相应的价值指引。生态文明以可持续发展原则为指导，树立人与自然的平等观，把发展和生态保护紧密结合起来，在发展的基础上改善生态环境。因此，生态文明的本质就是要重新梳理人与自然的关系，实现人类社会的可持续发展。它既是对中华优秀传统文化的继承和发扬，也为未来人类社会的发展指明了方向。

党的十八大以来，"生态文明建设"相继被写入《中国共产党章程》和《中华人民共和国宪法》，这标志着生态文明建设在新时代的背景下日益规范化、制度化和法治化。党的十八大提出，大力推进生态文明建设，把生态文明建设放在突出地位，融入经济建设、政治建设、文化建设、社会建设各方面和全过程，努力建设美丽中国，实现中华民族永续发展。党的十八届三中全会提出，必须建立系统完整的"生态文明制度体系"，用制度保护生态环境。党的十八届四中全会将生态文明建设置于"依法治国"的大背景下，进一步提出"用严格的法律制度保护生态环境"。可见，生态文明法律制度建设的脚步不断加快。为此，本人于2014年牵头成立了"生态文明法律制度建设研究"课题组，并成功中标2014年度国家社科基金重大项目，本套丛书即是该项目的研究成果。

本套丛书包含19本专著，即《生态文明法律制度建设研究》《监管与自治：乡村振兴视域下农村环保监管模式法治构建》《保护与利用：自然资源制度完善的进路》《管理与变革：生态文明视野下矿业用地法律制度研究》《保护与分配：新时代中国矿产资源法的重构与前瞻》《过程与管控：我国核能安全法律制度研究》《补偿与发展：生态补偿制度建设研究》《冲突与衡平：国际河流生态补偿制度的构建与中国应对》《激励与约束：环境空气质量生态补偿法律机制》《控制与救济：我国农业用地土壤污染防治制度建设》《多元与合作：环境规制创新研究》《协同与治理：区域环境治理法律制度研究》《互制与互动：民众参与环境风险管制的法治表达》《指导与管控：国土空间规划制价值意蕴》《矛盾与协调：中国环境监测预警制度研究》《协商与共识：环境行政决策的治理规则》《主导或参与：自然保护地社区协调发展之模式选择》《困境与突破：生态损害司法救济路径之完善》《疏离与统合：环境公益诉讼的程序整合》，主要从"生态文明法治建设研究总论""资源法制研究""环境法制研究""相关诉讼法制研究"四大板块，探讨了生态文明法律制度建设的相关议题。本套丛书的出版契合了当下生态文明建设的实践需求和理论供给，具有重要的时代意义，也希望本套丛书的出版能为我国法治理论创新和学术繁荣作出贡献。

2022 年 9 月 于山城重庆

前　言

生态文明建设，已经于 2018 年"入宪"，成为我国经济建设、政治建设、文化建设、社会建设、生态文明建设"五位一体"总体布局中的组成部分。2022 年，党的二十大胜利召开。党的二十大报告指出，"中国式现代化是人与自然和谐共生的现代化"，明确了我国新时代生态文明建设的战略任务，总基调是推动绿色发展，促进人与自然和谐共生。在生态文明建设中，法治起到了重要的作用，我国一再强调"保护生态环境必须依靠制度、依靠法治"，"用最严格制度最严密法治保护生态环境"[1]。而加强法治的作用，包括两个方面的要求：一方面，通过严格的制度和严密的法治，来明确各方主体责任，加强对违法者的制裁；另一方面，通过严格的制度和严密的法治，来激励环境治理主体的积极性，提高环境保护的绩效。

关于前者，我国学术界和实务界都非常重视加大对违法者的制裁。在环境治理实践中，越来越强调对违法企业和违法渎职的执法人员的责任追究，环境治理也显现出日益严格的趋势，强化责任已经成为我国环境治理的一大特征，甚至出现了过度利用刑法追究责任的趋势，即"通过发挥刑法类似于行政法管理和塑造社会公共事务的功能的管制作用，从而使刑法演变为了'社会行政法'"[2]。

关于后者，虽然学术界研究较少，但我国已经开展了大量的实践，无论是"放管服"改革，还是环保"领跑者"计划，都是我国

---

[1]　中共中央 国务院关于全面加强生态环境保护坚决打好污染防治攻坚战的意见 [J]. 中国生态文明，2018，No.25（03）：6-14.

[2]　刘艳红. "法益性的欠缺"与法定犯的出罪：以行政要素的双重限缩解释为路径 [J]. 比较法研究，2019（1）：86-103.

环境治理过程中出现的新事物。这些改革措施，发挥了环境治理主体的积极性，提高了我国环境治理的绩效。其中，环保"领跑者"这样以自愿与激励为基本特征的制度，是我国环境治理中的一种值得关注的新现象。深入研究这一制度产生的原因，有利于我们发现环境治理中的规律，推动环境治理事业的发展，促进生态文明建设。

一

在我国环境治理领域，"领跑者"这一名称最早出现于国务院印发的《关于加快发展节能环保产业的意见》（国发〔2013〕30号），《意见》提出：继续实施并调整节能产品惠民政策，实施能效"领跑者"行动计划。随后，"领跑者"这一名称不断出现在各种行政规范性文件之中。例如，2013年9月出台的《大气污染防治行动计划》（国发〔2013〕37号），就提出了要建立企业"领跑者"制度，对能效、排污强度达到更高标准的先进企业给予鼓励。[1]随后出台的一些文件进一步对这一制度进行了规范，例如国家发展改革委、财政部、工业和信息化部、国管局、国家能源局、国家质检总局、国家标准委发布了《能效"领跑者"制度实施方案》（发改环资〔2014〕3001号），对此也有所规定。比较典型的是2015年财政部、国家发展改革委、工业和信息化部、环境保护部（今生态环境部，以下简称环保部）印发了《环保"领跑者"制度实施方案》的通知（财建〔2015〕501号），对环保"领跑者"制度进行了系统性规范。这些文件将《环境保护法》中的相关条款加以落实，是环境法律政策化的体现。这些文件中的"领跑者"计划，希望在严重环境问题的背景下、在法治约束的前提下，通过创新型制度最大限度地提高环境治理绩效，即：推动环境管理模式从"底线约束"向"底线约束"与"先进带动"并重转变。[2]环保"领跑者"制度出现的原

[1] 贾真，葛察忠，李晓亮.环保"领跑者"制度进展及建议［J］.世界环境，2017（4）：24-27.
[2] 财政部，国家发展改革委，工业和信息化部，环境保护部.环保"领跑者"制度实施方案［Z］.财建〔2015〕501号.

因主要有：

第一，在法治约束下加快环境治理的需要。目前，我国面临着严重的环境问题，需要更快地推动环境治理的发展。在当前严格执法背景下，我国大部分企业环境治理已经接近极限，通过严格执法提高环境保护绩效的难度越来越大。同时，一些具备条件的企业，还存在环境治理绩效的提升空间，但要求这些企业实现更好的环境治理，又没有相关的法律依据。因此，根据依法行政原理，当没有法律依据时，政府无法对企业提出更高的要求，只能通过自愿和激励的方式，引导企业实现更高标准的环境守法。这样，既可以不改变法律和标准（需要的时间和成本都很高），又可以利用具备条件企业的优势快速提高环境保护绩效。

第二，我国具有相应的经验。在我国，具有以先进带动后进、发挥先进企业的示范带头作用、激发所有企业积极性的传统。环保"领跑者"制度，可以利用这一传统，实现新形势下环境保护的更多示范与参与。环保"领跑者"制度不仅可以保证参与企业更好地实现环境绩效，还可以通过"领跑者"企业起到示范作用，促进全行业取得更好的环境绩效。

第三，我国传统环境治理模式转型发展的需要。目前我国主要通过"命令—控制"模式和经济激励模式来治理环境，但是这些模式本身也面临着实施成本的问题。现代环境法面临着转型，即从主要依赖于行政机关的实施，转向激发企业等不同主体的环境保护动力，通过提高企业的环境治理动力，来提高环境治理绩效。现代环境治理的成本越来越高，社会对环境保护的反弹也在不断涌现，例如美国出现了"绿色反弹"（Green Backlash）运动。[1] 在这样的背景下，仅仅强调环境保护的重要性而不计成本，是很难实现社会认同的。而通过激发企业的内在动力来提高环境保护的绩效，可以更好地以最低的成本来实现环境保护的目标。这就是现代环境治理需要转型发展的一个重要原因。当前，我国的环境治理主要依

[1]　韩铁.美国宪政民主下的司法与资本主义经济发展 [M].上海：上海三联书店，2009：42.

赖于行政执法，这在环境治理的初期具有一定的合理性，但其弊端也在不断显现，我国环境法治也面临转型发展的急迫需要。环保"领跑者"制度，通过自愿与激励的方式，实现了环境法的转型，既有利于不同主体的参与，节约环境治理的成本，又取得了更好的环境保护绩效。

当然，国外环保"领跑者"项目也具有一定的启迪作用。国外的环境治理也经历了从"命令—控制"模式向多元合作模式发展的过程。在环境问题产生的初期，各国都采取了"命令—控制"模式，但"命令—控制"模式的优势与不足都十分明显。一些发达国家开始对"命令—控制"模式的弊端进行改革，除经济激励模式外，这些国家开发了各种形式的环保"领跑者"项目。在发达国家，一般将这一制度称为自愿环境管制项目，其主要内容就是希望通过企业自愿采取一些更加严格的环境保护措施来提高环境治理的绩效。例如，在美国，早在 1990 年就开始实施 33/50 计划，另外美国还实施了 Project XL 计划和 Performance Track 等自愿环境管制计划；在欧洲，早在 1993 年就开始了自愿环境管制项目。之所以采取"领跑者"项目，主要是考虑到这一项目具有激发企业积极性，发挥政府的指导而非强制性作用等方面的优势。这些做法，对于我国也具有一定的启迪作用。

二

环保"领跑者"制度，涉及环境治理模式的变革。这一制度，改变了环境法治中"命令—控制"模式的弊端。"命令—控制"，是环境法发展早期的主要形式，这一形式主要通过设定环境标准、进行许可、检查监督、处罚制裁等一系列的方式，对企业的环境开发、利用行为加以规制，这种模式主要依赖于行政机关的执法。为了保证环境行政规制的合法性，就必须强调行政权力的来源、行使方式、行使程序等方面符合法律要求，制定法往往就会成为行政机关履行职责的基本依据和来源。在法律和标准的制定方面，必须根据一定的经济社会发展水平来确定共同遵循的要求，不能超出一定的经济社会发展水平。以环境标准为例，在制定环境标准时，行政机关必须考虑到整个社会的经济技术现状，根据大部分企业所能达到的水平来制定环境标准。在法律实施过程中，如果对企业提出过度的要求，不仅会导致企业与行政机关形成对抗性关系，影响行政效率，也会对整个社会的发展产生不利影响。例如企业可能会不断地寻求救济，降低行政效率。这些都是行政规制合法性需要面对的困难。法律和标准都是对一般企业而言的，而实际上存在一些具有专业与技术优势的企业，具备执行更加严格环境标准的能力。通过合理制定制度，促进具备条件的企业实行更加严格的标准，对于环境保护具有重要意义。

作为一种新型环境规制制度，环保"领跑者"制度还有许多具体问题有待研究。最应加以重视的，是对环保"领跑者"等制度在制度创新价值方面的研究。行政主导的环境规制模式具有其内在价值，但其弊端也十分明显。我国学术界和实务界一直在不断反思行政主导的环境规制模式存在的问题，并提出了大量的构建新型环境治理体系设想。但现有研究还存在一些问题，主要有：一是特别重视对环境司法的研究，希望通过法院裁判来提高环境治理绩效，特别是加强对环境行政行为的监督；二是对环境行政权行使问题的研究，特别重视加强对环境行政权的监督，避免环境行政权行使中的消极与懈怠，但对环境行政自身的改革着眼不多；三是重视对企业法律责任追究的研究，对企业与政府环境行政的互动关注不足。环境规制创新，主要是指与传统行政规制存在差别的环境规制方式。以环保"领跑者"制度为代表的环境规制创新，体现了企业与政府互动关系，具有多主体、多手段、多方式的特点，通过不同主体的广泛参与，保证了环境规制的灵活高效，体现环境治理的基本发展趋势。通过对这类环境规制创新的研究，不仅有助于加深对环境规制创新价值的认识，也能够指导环境规制创新实践，具有非常重要的意义。虽然行政主导的传统型环境治理模式在环境保护方面具有积极作用与功能，但其弊端也日益凸显，对传统环境治理模式的改造势在必行。各国也在不断对行政主导的环境治理模式进行改造，不同类型的环境规制创新形式大量涌现。我国也在不断地开展相关的实践，环保"领跑者"制度只是规制创新中的一种类型。现代环境规制具有多主体、多手段、多方式的治理特点，而现代环境治理的基本发展趋势就是通过不同主体的广泛参与，实现环境规制的灵活 高效。

三

本书对环境规制创新进行的研究，主要包括环境规制创新的理论基础、环境规制创新的制度构造、环境规制创新对环境法发展的影响。相应地，除前言外，本书主要包括三个部分，即理论基础篇、制度建构篇、体系变革篇。本书希望通过对环保"领跑者"这种创新型环境治理制度的研究，揭示环境规制创新的基本原理、制度架构与对环境法的影响，总结环境法发展的一般规律，对我国环境法的发展提供理论上的支持。具体而言：

第一篇是环境规制创新基础理论篇。这一部分将探讨环境规制创新的三种理论。首先，是环境多元共治理论。作为一种治理理论，多元共治是与行政规制相对应的。传统的环境规制主要是行政规制，依赖于行政机关实施环境法，即行政实施，但行政实施的弊端不断显现，除了实施成本较高之外，还存在规制俘获问题。行政规制的弊端需要依赖其他机制来予以纠正。多元共治通过不同主体的参与，特别是企业主体的参与，实现有效和低成本的环境规制，促进良好的环境治理。其次，是合作型环境法理论。作为一种新型环境规制理论，合作型环境法是与威慑型环境法相对应的。威慑理论是基于成本效益而作出的理论假设，是为了解决环境违法成本低的问题。威慑型环境法强调行政机关对企业强大的制裁，通过制裁提高企业的违法成本，从而实现其威慑性，促使整个社会环境守法。但威慑型环境法存在较大的弊端，因为在现代环境治理中还需要强调合作，只有不同主体之间的相互合作，才能实现参与式环境治理，提高环境治理的绩效。再次，是大数据时代下的互动型环境规制理论。环境信息是一种重要的环境规制工具，对于解决信息不对称、提高全社会的环境意识具有重要作用。现代社会已经进入大数据时代，大数据不仅是一种技术发展方式，也是一种新型社会治理方式。通过大数据来进行环境治理，可以提高环境治理的绩效，降低环境治理的成本，从而实现环境治理的现代转型。在大数据条件下，环境治理会向精准规制等方面发展，体现出新的规制样态。

第二篇是环境规制创新的制度建构篇。这一篇从制度构成角度，对以环保"领跑者"为代表的环境规制创新进行分析，围绕不同主体的制度创新形式进行研究，具体包括行政机关的规制创新、企业的规制创新、第三方组织的规制创新等相关问题。

行政机关的环境规制创新。这部分围绕着政府职能改变来开展研究，包括两个部分，即政府的指导功能与政府的合作功能。一方面，政府可以在环保领域通过指导的方式来促进企业的守法，典型的做法是环保部门制定各类的"企业守法导则"这样的行政规范性文件来促进企业环境守法，提高环境保护的绩效。虽然现代环境管理越来越复杂，但政府可以利用信息和技术上的优势来帮助企业。目前我国政府制定了大量的"企业守法导则"这样的指导性文件来指导企业环境守法。作为一种新型环境规制方式，"企业守法导则"具有弹性、柔性的特征，更加容易获得企业的配合。政府与企业之间的合作可以极大提高环境治理的绩效。行政指导是一种以相对人自愿接受为基本特征的规制方式，为了促进相对人的合作，行政机关不仅需要依赖于激励措施，还需要一定的威慑。为了促进相应的合作，现代环境治理还发展出了威慑这种促进合作的手段和方式。以环境刑事和解制度为例，对环境暂缓起诉进行分析，对威慑存在的合理性进行分析，进而研究了威慑与合作的关系。提出威慑对于促进合作，减少对抗而形成的成本具有积极作用。因此，利用威慑方式、完善威慑内容、促进威慑下的合作，是政府环境规制创新的一种方式。

企业的环境规制创新。这部分主要研究企业在环境治理中的相关制度与功能，包括企业环境合规制度、企业环境管理制度、环境超越守法计划等几个方面。从内在的逻辑来看，企业要实现更高程度的守法，提高环境保护的绩效，必须在企业环境合规制度及环境管理制度方面具有良好的能力。在具备这样的能力之后，企业还可以执行更加严格的标准，实现环境超越守法。具体而言，环境合规的目标是保障企业不违法，一旦违法能及时报告，以减少环境违法的可能性。为了实现这样的目标，企业就需要加大环境管理制度的建设。建立有效的环境管理制度，不仅可以实现更加稳定的环境合规，也可以成为判断企业环境合规的重要依据。当企业环境合规制度有效发挥作用之后，可以实现更高的要求，即环境领域的超越守法计划。通过环境领域的超越守法计划，可以真正实现环保"领跑者"的目标、提高环境保护绩效。

第三方环境规制。这部分主要研究第三方组织在环境规制创新中可以发挥的作用。第三方规制主要是指在政府与企业之外的一些专业机构对企业环境行为的规制。作为社会自我规制的一部分，第三方规制包括：第三方治理、第三方监测、第三方认证、第三方审计、第三方评估等制度，这些制度与政府规制、企业自我规制等一起，形成了一个环境规制的闭环。在第三方环境规制中，第三方组织不仅具有专业技术优势，也具有中立性特征。通过对企业的环境开发利用行为进行专业化的监督与评估，第三方规制可以让政府和社会了解企业的环境守法状况，进而对企业的环境合规行为进行监督。第三方规制不仅有利于发挥专业机构的优势，也避免了行政规制的高成本问题。

第三方环境治理。第三方环境治理，是由第三方参与到企业环境治理中的制度。由于环境技术越来越复杂，仅仅依赖于企业自身的治理，其效率与成本都是不经济的。而环境服务公司的出现，有利于实现环境治理的专业化。国际上出现了大量的专业环境服务公司，这些第三方公司利用专业技术帮助企业处理污染物或者是维护企业的治理设施，既发挥了专业优势，也有利于降低企业的治理成本。在第三方治理制度中，排污企业的责任、排污企业与第三方的责任分配、政府对第三方的监督等问题出现了新的变化。这部分就是从这几个方面入手，对企业在委托第三方时应有的主要义务、第三方治理中企业与第三方的责任分配，以及政府对第三方治理的协议强制解除等问题进行了研究。第三方环境规制制度，是指由第三方来对企业的环境利用行为加以规制的一种制度，包括第三方评估、第三方审计、第三方监测等制度。在第三方规制制度中，第三方也可能会存在类似于行政规制中出现的问题，例如第三方与企业之间的合谋问题、第三方侵犯企业的合法权益问题、第三方能力不足问题等，这些都需要在理论上加以探讨与研究。

环境侵权的环境规制功能。传统上，环境侵权责任是作为一种救济制度而出现的，但现代社会越来越多地将侵权责任制度作为一种环境规制的方式。侵权法作为私法工具，也具有内化环境成本、实现公法与私法的衔接、补充公法标准制度不足等方面的功能。这些功能具有规制性，可以与公法规制一起，增加违法者的法律责任，实现对环境受害者的保护，具有更大的弹性，是避免行政规制失灵的有效方式。

第三篇是环境规制的体系变革篇。本部分研究环境规制创新对环境法体系的影响。环境规制创新，对环境治理和环境法的体系与功能产生巨大的影响。传统意义上的环境法，较多地强调其行政规制性，例如单方性、命令性、强制性和威慑性。在现代环境规制创新背景下，这些方面都出现了一些新的变化。具体而言，主要表现为规制主体的多元性、规制手段的多元性和环境责任的多元性，环境法学必须在这些方面加以研究。由于规制主体的多元性，就必须重视不同主体的功能与作用，重视不同主体的法律地位与权利（力）义务，不能仅仅依赖于行政主体。当然，除了行政主体存在一定的缺陷外，其他主体参与环境治理的动因与可能的缺陷，也是值得研究的问题。由于规制手段的多元性，我们需要研究不同的手段所依据的法律规范是什么，不同手段的法律性质是什么，不同手段的合法性认定等问题。由于责任形式的多元性，我们需要解决责任的分配与承担等问题，需要研究这些责任与强制性行政责任之间存在的差异，研究这些责任的具体形式与合法性控制问题，这些责任的协调与实现等问题，进而研究在环境规制创新中环境责任体系的建构问题。总之，在环境规制创新背景下，环境规制主体、手段、形式都会产生变化，而这些变化不仅对环境法本身的体系，也对环境法学提出了更多的挑战，从理论上对这些挑战进行分析与回应，是环境法学的重要课题。

邓禾祝

2022 年 11 月

目　录

第二篇　制度建构篇

第四章　政府环境规制创新

第五章　企业自我规制法律制度

第六章　第三方环境治理制度

第三篇　体系变革篇

第九章　环境规制创新与环境法体系变革

主要参考文献

第一篇
环境规制创新的理论基础

随着环境问题的产生，世界各国都面临着艰巨的环境治理任务。运用什么模式来实现环境治理，就成为现代国家必须考虑的问题。为了遏制日益严重的环境问题，尽快取得良好的环境治理效果，提高政治合法性，早期环境法都强调以国家为主导（主要是行政主导）的环境治理模式。

主要表现为：第一，建立专门的环境治理机构来统领环境保护工作。在环境法形成之前，环境问题主要体现为污染问题和环境侵权纠纷，而环境侵权纠纷的解决往往依赖于司法，即通过环境侵权诉讼的方式，由法院来裁判环境侵权纠纷。对于环境犯罪问题，也是由法院来加以裁判的。在环境法建立之初，各国建立起专门性的环境行政机关来行使环境管理权，实现环境保护的专门化。环境保护部门具有全面的环境管理职权，当然其他一些行政机关也具有一定的环境管理职权；为了协调各部门之间的环境保护的功能，一些国家还建立了国家层面的协调机构，如环境委员会。通过设立专门的、协调的行政机关，一个国家形成了系统性的环境行政权力体系，主导着环境治理工作，实现有效的环境治理。第二，制定大量的环境法律规范，通过法律规范来确立环境保护的目标和标准。这些环境法律规范，体现了强烈的行政性。环境法形成的标志是一些国家制定了环境基本法，例如1967年日本制定的《公害对策法》和1969年美国制定的《国家环境政策法》。但环境法的成熟，主要体现为各国制定了大量的环境立法，例如各类的污染防治法与资源保护法，这些法律的主要内容是规定了行政机关具有的行政职权和企业应履行的环境义务，体现出强烈的行政主导的特征。第三，环境法主要是由行政机关来实施。现代环境法中，主要的法律规范的内容都涉及环境行政权问题，这意味着这些法律依赖行政机关的实施，行政机关主要借助于环境标准，通过规划、许可、处罚等方式来实现有效的环境治理。这些方面都具有较强的行政性，体现了行政主导性，所以环境法的形成之初就具有着强烈的公共权力性。

环境法的行政主导性或者说公法性，在环境治理的早期确实取得了良好的效果。但也面临一系列的缺陷：第一，环境治理的成本过高。由于早期环境法的强制性过高，导致企业的守法成本过高，以致整个社会的环境治理成本过高，影响环境治理的社会认同性，所以传统的环境治理模式一直承受着巨大的非议。第二，环境治理过度依赖于行政机关的执法，而行政执法具有易俘获性的缺陷。传统的环境法是一种行政主导的环境法，环境治理依赖于行政机关的执法，环境治理的绩效也取决于行政执法，但行政执法也会受到许多的限制，一是行政执法存在较多的规制俘获问题，二是存在环境污染的地方保护问题，即环境治理中的逐底竞争问题。在这样的情况下，行政执法的效果就会受到较大的制约。第三，环境治理容易形成对抗性，社会成本过高。过度强制性的立法与执法，会在行政机关与企业之间形成比较紧张的对抗性关系，这种对抗性关系实质上是不利于环境治理的。

由于行政主导的环境法存在较多缺陷，环境法在不断地进行变革。从规制方式来看，从单纯的"命令—控制"发展到经济激励、守法激励和信用规制等。从实施主体来看，从原来的以行政机关为主，发展到公众参与、企业参与、司法参与等。特别是公益诉讼制度，将一般性的公众参与制度化为使公众作为诉讼发起者，启动诉讼程序，从而对行政执法起到了监督与补充作用。从规制依据看，不仅重视硬法，也重视软法的功能，特别是社会组织与企业内部规范在环境治理上的功能。从技术发展来看，随着科学技术特别是大数据的发展，现代环境法越来越多地采用了先进科学技术来降低治理成本、提高治理的绩效。环境治理实践对环境法理论提出了新的挑战，需要环境法理论回应环境治理实践的发展，进行总结完善，形成环境法实践与环境法理论之间的良性互动。

第一章 环境多元共治理论

《中共中央关于全面推进依法治国若干重大问题的决定》指出：全面推进依法治国的总目标是建设中国特色社会主义法治体系，建设社会主义法治国家。张文显教授认为，中国特色社会主义法治体系不仅包括立法、执法、司法、守法等法律实施环节，而且包括保证法律体系运行的保障机制和监督机制，体现了全面推进依法治国的整体要求。而法治实施体系的核心是执法和司法，严格执法和公正司法是法律实施的关键。[1]这一分析对认识我国法治体系具有重要的启示。就环境法治而言，我国制定（或修改）了大量环境法律，基本形成了环境法律体系。但与此相对的是，我国环境治理的效果并不理想，环境恶化的趋势尚未得到有效遏制，环境法治的发展状况还不符合社会的预期。这既有环境立法的原因，也有环境法律保障机制与监督机制方面的原因，更有环境法律实施方面的原因。

在过去相当长的一段时期，我国环境法主要依赖行政机关的实施，其他主体（包括司法机关）的实施都居于次要的地位，这是一种行政主导模式。近年来，我国环境法实施的行政主导模式有了较大的改变，其他主体的实施逐渐活跃，开始出现环境多元共治的趋势。之所以发生这样的转变，是因为在推进国家治理体系和治理能力现代化的背景下，单靠行政主导模式无法应对不断增强的环境治理要求，环

---

[1] 张文显.全面推进依法治国的伟大纲领——对十八届四中全会精神的认知与解读[J].法制与社会发展，2015，21（1）：5-19.

境治理需要探索新的发展路径。要实现这种转变，需要增强环境法的功能，促进环境多元共治的发展，实现我国的环境善治。

一、我国环境法实施的行政主导模式

我国现代环境法肇始于 1973 年 8 月召开的第一次全国环境保护会议。[1] 此后，国家制定（或修改）了大量环境法律，2014 年《环境保护法》的全面修改，标志着我国环境法律体系基本形成。而法治的核心不仅体现为法律的制定，更有赖于法律的实施。广义的法律实施包括执法、司法和守法。[2] 过去，我国环境法的实施主体主要是行政机关，行政机关的实施手段以"命令—控制"为主，强调对企业的威慑，而企业只是作为被管理者，被动地接受管理，这是一种典型的行政主导模式。行政主导模式具体体现在如下方面：

（一）行政政策影响环境法的实施效果

行政机关实施环境法，并不仅仅是直接适用法律，还需要借助于政府的环境政策，特别是国务院的环境政策，这些环境政策会影响到环境法的实施效果。在我国，国务院在环境保护方面居于核心地位，其主要作用就是通过各种环境政策来引领环境法的实施。例如，从 1973 年至 2018 年，国务院先后召开了 8 次"全国环境保护大会"（2018 年改为"全国生态环境保护大会"），制定了一系列重大的环境政策。国务院的这些政策，为全国环境保护工作和环境法律的实施奠定了良好基础。在"全国环境保护大会"之外，国务院还制定了一些重要的环境政策，比较典型的有：① 1996 年颁布了《关于环境保护若干问题的决定》，要求对污染严重的小企业予以取缔和关停。②首次决定在"十一五"期间将节能减排指标纳入"十一五"规划的拘束性指标，

---

［1］　汪劲.环境法学（第四版）[M].北京：北京大学出版社，2018：47.

［2］　沈宗灵.法理学 [M].北京：高等教育出版社，1994：340.

实行节能减排责任制度，对地方政府节能减排任务进行考核。③确立环境保护和生态红线责任制。另外，国务院还制定了其他影响环境法律实施的政策，例如《国务院办公厅关于加强环境监管执法的通知》（国办发〔2014〕56号），就是加强环境执法的政策。

当然，政府的一些环境政策也可能对环境法的实施产生不利影响。例如1989年3月15日国务院发布了《关于当前产业政策要点的决定》，支持一些高能耗、高污染的行业，造成全国各地环境污染泛滥成灾。[1]一些地方政府为吸引投资、限制环境执法的"土政策"，也极大地削弱了环境法的实施效果。

总之，政府的各种环境政策对环境法的实施产生了积极或消极的影响，说明行政机关政策对于法律实施具有举足轻重的作用，体现了环境法实施的行政主导特征。

（二）行政机关主导环境决策

环境法的实施也依赖于不同的环境决策，包括各类规划中的环境决策和具体项目的环境决策。这些环境决策，主要是由行政机关作出决定，其他主体不能或者很少能对行政机关的决策产生决定性的影响。"缺乏利益相关者的参与，或者虽有参与，但参与者处于被动听从的地位，难以实际影响决策结果。"[2]就前者而言，我国的各级规划由行政机关制定，虽然根据法律规定需要对这些规划予以公开并给予听证，但实际上不仅听证数量较少，实际效果也不明显。而且，各类规划是不能进行复议与司法审查的，其他主体（包括法院）对规划的参与受到了较多的限制。就后者而言，在具体项目的环境决策中，行政机关也是起到主导作用。行政机关主要根据环境影响评价来对建设项目和企业的技术改造进行许可认定，一个企业的许可申请是否可行、如何决定，由行政机关决策，其他主体很少有参与和发挥作用的空间。

[1] 汪劲.环境法学（第四版）[M].北京：北京大学出版社，2018：11.
[2] 周卫.环境规制与裁量理性[M].厦门：厦门大学出版社，2015：30.

当然，一些决策中两者是连在一起的，典型的如"厦门PX事件"，既有规划方面的争议，也有具体项目决策的争议，两者都主要是由政府部门决策的，其他主体事前与事中的参与非常缺乏，甚至连基本的知情权也没有得到尊重。

（三）环境执法方式具有单向性

行政机关实施环境法的主要形式是执法。在执法方式上，行政机关主要针对的是企业环境开发利用行为，希望通过对企业开发利用行为的规制来保证环境法的实施，这是一种单向性的执法方式。这种规制主要体现在环境行政许可和环境行政处罚上。就前者而言，"命令—控制"是环境规制的最早形式，根据环境法律规定，企业要从事生产经营活动，必须先进行环境影响评价，然后向行政机关申请环境许可。而行政机关对企业许可申请的审查就是对法律的实施，可以从事前预防的角度来保护环境。就后者而言，为了监督企业是否存在环境违法行为，并帮助企业改进环境守法，就需要加强环境监察，通过环境监察，可以发现企业是否遵守了环境法律。如果发现了企业存在环境违法行为，行政机关就需要对企业进行处罚，并要求企业采取相应的补救措施，确保环境法律的实施。这些执法方式都是行政机关对企业的一种规制，具有单方强制的特性，但"这种专注于单个企业的单向执法方式并没有涉及如何有效地预防和减少环境违法行为"[1]。当然，随着社会的发展，行政机关也进行了一些制度创新，例如排污权交易、生态补偿制度、区域限批制度、河长制等。这些方式主要是在行政机关主导下执行的，其他主体也有相应的参与，但并没有从根本上改变环境法实施的行政主导性。

---

[1] 何香柏.我国威慑型环境执法困境的破解：基于观念和机制的分析 [J].法商研究，2016，33（4）：24-34.

（四）行政在环境犯罪、环境侵权领域起主导性作用

严格地说，环境犯罪和环境侵权，主要是通过司法裁判的方式来解决，行政机关发挥作用的空间较小。但实际上，行政机关在这两个领域也起到了主导性作用。在环境犯罪的追究上，主要体现为两个方面：一是环境犯罪具有行政犯特点，对于犯罪的认定，行政机关无疑会起到重要的作用；二是在具体的环境犯罪的查处上，行政机关也居于主导地位，这不仅是因为环境案件的专业技术性很强，而且由于大量的环境犯罪线索是在行政执法过程中了解的，需要行政机关向公安机关移送来追究当事人的刑事责任。在环境侵权领域，我国环境污染事件频发，每年有大量的环境纠纷，特别是环境侵权纠纷，但法院受理的相应的民事案件却不多，大部分都是受害者向行政机关举报。这说明，人们在发生环境侵权纠纷时，首先想到的还是通过行政处理而不是诉讼的方式来解决纠纷。这显示了受害者不愿通过需要严格的、大量花费的司法程序，而希望通过行政机关使环境纠纷简易迅速而且廉价得到解决的愿望。[1]行政机关在环境侵权领域中的作用可见一斑。

二、环境多元共治模式的兴起

通过行政主导实施模式来应对环境问题，在环境保护方面取得了相当成就，我国在经济高速增长的同时，遏制了环境恶化的势头。但整体而言，我国环境法的实施并不理想，环境形势依然严峻。有学者认为我国环境法律没有发挥出应有的作用，各项制度没有完全实现预期目标。[2]为加强环境保护的效果，需要完善环境法的实施，发挥不同主体的作用，实现环境多元共治。很难确定我国环境多元共治出

---

[1] 原田尚彦.环境法［M］.于敏，译.北京：法律出版社，1999：36.
[2] 汪劲.环保法治三十年：我们成功了吗？——中国环保法治蓝皮书（1979—2010）［M］.北京：北京大学出版社，2011：352.

现的时间，因为这是一个逐渐发展的过程，但一系列环境公共事件的发生可以作为环境多元共治的标志，例如 2005 年的"圆明园防渗事件"、2007 年的"厦门 PX 事件"等。另外，我国环境司法不断探索参与环境治理，一些地方政府也加快了环境合作治理实践的脚步，这些都可以看作环境多元共治的积极探索形式。

（一）重视党委责任，改进行政实施方式

在对行政主导模式进行调整的过程中，我国不仅着眼于发挥其他主体的作用，也开始对党政机关环境治理职权加以改造，重视各级党委在环境治理中的责任，并改进环境行政权在环境治理上的结构与方式。具体的做法是：

首先，通过党政同责加强各级党委的作用。近年来，我国大力重视环境法治和生态文明的建设，党中央和国务院制定了大量的政策来强化公权力机关的作用。其中值得重视的是在强化行政机关环境责任的同时，重视了各级党委的责任，实行党政同责制度。2015 年 7 月，中央全面深化改革领导小组第十四次会议审议通过了《党政领导干部生态环境损害责任追究办法（试行）》等文件，明确了要严格落实环境保护主体责任，完善领导干部目标责任考核制度，追究领导责任和监管责任，正式确定了各级党委的环境责任。

各级党委在经济与社会发展中起着十分重要的作用。就环境治理而言，各级党委对环境法的实施也起到了重要作用。积极的方面是，各级党委可以在环境决策上将经济发展与环境保护结合起来，克服重经济轻环保的倾向，支持政府的环境执法行为。然而，存在个别党委为了追求政绩而限制环境法的有效实施的现象。例如一些党委和政府共同制定保护投资、减少环境规制的"土政策"，严重阻碍了环境执法。由于在各级政府建立"三重一大"制度之后，地方上重大项目的引进，基本上都是党委决策，因此需要地方党委和政府一道肩负责任。通过党政同责，可以发挥各级党委在环境保护上的积极作用，促进环境治

理；避免党委对环境保护的不当干预，弥补了责任漏洞，完善了责任机制。

其次，行政机关也通过改进治理手段来对行政主导模式进行调整。行政机关不仅仅是利用强制性的手段来进行环境治理，同时也开始运用多种治理工具来更加灵活地实施环境法。我国行政主导模式下的环境政策工具，主要局限于"命令—控制型"和"经济激励型"。后来，我国开始重视其他环境政策工具的运用，例如生态补偿制度、第三方治理制度、环境行政指导制度、自愿环境管制制度、环境合同制度等。这些制度，一方面，可以弥补行政主导模式中政策工具的不足；另一方面，也拓展了其他主体参与环境治理的途径，可以促进形成不同主体的多元共治局面，其实质就是在行政主体与其他社会主体之间形成了一种互动关系。这些都体现了从行政主导向多元共治的转型，因为环境多元共治，不仅是指多元主体的参与治理，也包括运用不同的治理工具实现多元共治。

（二）司法机关更多地承担环境治理职能

法治实施体系的核心是执法和司法，司法在环境法律的实施上具有独特的优势，是环境治理的重要环节。环境法治发达的国家，不仅体现为环境行政的发达，也体现为环境司法的发达。在日本，一些重要的环境侵权纠纷都是通过司法裁判得以解决的，许多环境法理论也是在法院判决的基础上形成的。在美国，环境司法特别是环境行政诉讼非常发达，美国联邦环保局作被告是屡见不鲜的现象。一些环境法案件，例如确立了"谢弗林尊重"原则的"谢弗林诉自然资源委员会案"，就是美国宪法和行政法上的经典案例。根据美国学者统计，截止到 2017 年 6 月，谢弗林案已经被引用 81000 次，包括在 15100 个案件被引用和在 11000 篇法律评论论文中被引用。[1]

---

[1]　Bednar N R, Nicholas K E. Chevron's Inevitability [J]. The George Washington Law Review, 2017, 85（5）：1392-1461.

在其他环境法治发达的国家，司法机关都有着非常重要的作用。

与国外环境司法在环境治理中的积极作用相比，我国过去出现了"行政强势但行政规制不力"和"司法有心但司法无法介入"的问题。表现在"法院对于与经济发展'唱反调'、案情通常复杂且人数众多、社会关注度高且具有'敏感性'的环境案件，本能'抗拒'，态度消极"[1]。造成这一现象的原因，主要是"地方各级法院的人事任命权以及财政权都掌握在地方政府手中，法院实际上成为地方之法院而非中央治理方略的执行者"[2]。这些"非均衡分权"和"不完全合作"现象，直接消解了综合规制框架下行政管制和司法规制的合力。[3]随着环境形势的严峻，我国的司法机关改变了过去对环境治理的消极态度，积极介入到环境治理中，成为环境治理中一个重要主体。最高人民法院于 2006 年、2013 年、2016 年单独或者会同最高人民检察院制定了关于环境犯罪的司法解释，2019 年 2 月 20 日最高人民法院、最高人民检察院、公安部、司法部、生态环境部共同印发了《关于办理环境污染刑事案件有关问题座谈会纪要》（高检会〔2019〕3 号），强化了环境刑法的适用。2007 年贵州省贵阳市的清镇市人民法院成立我国第一家环境法庭，改进了环境诉讼的方式。2021 年，全国法院共受理环境资源一审案件 297492 件，审结 265341 件，同比分别上升8.99%、4.76%。其中，受理环境资源刑事一审案件 39023 件，审结35460 件；受理环境资源民事一审案件 185468 件，审结 167055 件；受理环境资源行政一审案件 73001 件，审结 62826 件；受理环境公益诉讼案件 5917 件，审结 4943 件；受理生态环境损害赔偿案件 169 件，审结 137 件。[4]仅从案件数量就可以发现，我国法院近年来审理的环境案件数量急剧增加，彰显了司法机关在环境治理中的作用。

---

[1]　巩固.守法激励视角中的《环境保护法》修订与适用[J].华东政法大学学报，2014，17（3）：29-41.

[2]　鲁篱，凌潇.论法院的非司法化社会治理[J].现代法学，2014，17（3）：29-41.

[3]　湛中乐，郑磊.分权与合作：社会性规制的一般法律框架重述［J].国家行政学院学报，2014（1）：71-75.

[4]　最高人民法院.中国环境资源审判（2021）［Z].2022-06.

司法机关积极开展环境案件的审理。第一，在环境刑事诉讼领域，奉行重典主义，加大对环境犯罪的制裁。一方面，通过司法解释降低环境犯罪的门槛。最高人民法院在 2006 年制定的司法解释，明确和细化了环境犯罪的构成，特别是将损失范围扩大，有利于对环境犯罪的追究；最高人民法院和最高人民检察院在 2013 年联合制定的司法解释，则进一步降低了环境犯罪的门槛；2016 年 12 月 26 日，最高人民法院和最高人民检察院再次发布了关于环境污染刑事案件的司法解释，以进一步加大对生态环境的刑事司法保护力度。另一方面，积极能动地适用刑法，加大对环境犯罪的惩罚力度，例如 2010 年的江苏盐城水污染案中，法院不是以"重大环境事故污染罪"，而是以"投放危险物质罪"对被告处以刑罚，加大了制裁力度。第二，在环境民事诉讼领域，减少了对案件受理的限制，受理环境侵权案件不断增加，例如 2014 年新收环境污染损害赔偿纠纷一审案件 2812 件，同比上升 28.1%。[1]2021 年，全国法院共受理环境资源民事一审案件 185468 件，审结 167055 件。[2]特别是审理了一些具有代表性的大规模环境侵权案件，例如 2005 年的福建省屏南县 1721 位农民诉福建省（屏南）榕屏化工有限公司环境污染侵权案，2012 年的信宜紫金溃坝系列索赔案，2014 年的福建闽侯"环境难民"集团诉讼案。第三，在环境行政诉讼领域，法院不断扩大行政案件的受理和审判，积极发挥裁判作用，受理和审结的案件数量也得到了快速的增长。2021 年，全国法院共受理环境资源行政一审案件 73001 件，审结 62826 件。[3]

法院创新诉讼形式和审判模式。第一，法院不断对环境公益诉讼的原告范围进行探索。我国在实践中兴起的环境公益诉讼，在开始阶段并没有明确的制定法依据，可以说是一种"从无到有"的突破。实践中环境公益诉讼的原告有环保组织，还有环境保护机关和检察

［1］ 黄彩相．全国法院收结案数量再创新高审判工作取得新进展：2014 年全国法院案件情况分析［N］．人民法院报，2015-04-30（5）．

［2］ 最高人民法院．中国环境资源审判（2021）［Z］．2022-06．

［3］ 最高人民法院．中国环境资源审判（2021）［Z］．2022-06．

机关，检察机关还可以作为诉讼的支持者来参与案件，例如在泰州市环保联合会诉江苏常隆农化有限公司等化工企业污染环境案中，检察机关就是以支持起诉方式参与诉讼的。第二，法院创新环境公益诉讼的判决形式。例如在中华环保联合会诉无锡市蠡湖惠山景区管理委员会生态环境损害赔偿纠纷案，法院探索了异地补植恢复生态责任方式；在泰州市环保联合会诉江苏常隆农化有限公司等化工企业污染环境案，法院采用以虚拟成本计算生态损失的方法等。在一些案件上，法院又通过诉讼和解的方式结案。这些突破，都是司法在环境治理上不断探索的结果，也是法院主动地介入环境治理过程，作为环境治理的一支重要力量而发挥作用。第三，我国法院积极探索环境司法专门化。我国早期开展的专门性的环保法庭试点，主要是借鉴国外特别是澳大利亚环境法院的经验，以后在全国范围内推广。目前，我国已经有五百多家环保法庭，全国各地基本上都开展了环保法庭的设立和试点工作。我国环保法庭的审理也具有一定的特色，有的是三审合一，有的是四审合一的方式。这样不仅发挥了环境审理的专门化特色，而且强化了环境法律的权威，增强了环境治理的效果。

（三）日渐活跃的公众参与促进了环境治理的转型

公众参与，是环境治理中的重要因素。这里的公众参与，是广义的公众参与，既包括普通公民的参与，也包括环保组织的参与；既包括制度化的公众参与，也包括非制度化的公众参与。随着环境形势的严峻，我国公众在环境参与上更趋积极，在环境治理上发挥出日益重要的影响。

制度化的公众参与。主要包括建设开发行为、环境决策行为中的参与。一般公众的参与主要是具体建设项目的参与，典型的如百旺家苑业主在西沙屯—上庄—六郎庄高压输电线路、北京市六里屯垃圾焚烧发电厂事件中的公众参与；环保组织的参与主要是针对一些重大的开发建设项目，例如重庆市巴南区建设小南海水电站的行为、怒江流域建设水电站的行为，都有环保组织的参与，也产生了一定的效果。例如针对重庆市巴南区建设水电站规划，19 家国内民间机构 2013 年 12 月 24 日向国务院提出呼吁，要求国务院撤销小南海电站建设项目，并恳请撤销环保部 2011 年对长江上游珍稀特有鱼类国家级保护区的修边决定。[1] 环保组织的行为，对于环保部在 2016 年否决小南海水电站的建设起到了重要作用。

非制度化的公众参与。主要是以群体性事件形式来对一些重要环境决策和环境污染行为进行抗议与反抗，包括一些私力救济。虽然非正式的环境公众参与是一把双刃剑，对社会秩序也会产生不良影响，但非制度化的公众参与对行政主导模式提出了相当的挑战，促进政府重视公众的意见和作用，对于多元共治也起到了一定的积极作用。随着环境问题成为具有高度正当性的议题，政府在处理非制度化的公众参与时，日益冷静与理性，开始尊重公众的不同意见，例如厦门的 PX 事件中，厦门市政府不仅没有对参与"散步"的群众进行打击，而且最后也停止了 PX 项目的立项；在江苏省启东的群体性事件中，司法机关只追究极少数人的刑事责任（其中还有一些是缓刑），最后政府也终止了王子纸业的排污许可。这些都说明非制度化的公众参与也会影响政府的环境决策行为。

环境公众参与的日趋活跃，说明我国公众的环境意识不断提高，为环境多元共治提供了广泛的主体条件。

（四）经济组织发挥了制度化的环境治理作用

除了一般公众与环保组织的参与，经济组织也在环境治理中发挥了积极作用。这些经济组织既包括一般的生产企业，也包括在环境治理中兴起与壮大的生产经营性的专门性环境中介机构或环境服务公司（以下统称为"环保企业"）。这些经济组织的制度化程度

---

[1]　刘虹桥．民间机构再呼吁撤销小南海电站项目［EB/OL］．财新网，2016-02-04．

较高，具有高度的组织性和常态化的运作机制，经过不断地规范，在环境治理中能发挥非常稳定的作用，是社会自我规制在环境治理中的体现。

首先，环保企业以第三方身份履行环境治理功能。改革开放以来，我国一些环保企业在不断壮大，例如环境监测机构、专业污染治理机构、环境评估机构、环境审计与认证机构都有了长足发展。这些组织，既具备专业化优势，又具有市场的灵活性，在环境治理方面具有独特的优势。近年来，环境污染第三方治理制度在我国迅猛发展，环境监测也开展了社会化试点，社会环境监测机构已经进入了环境监测服务市场。[1]这些环保企业，属于在一定限度内获得相应规制权力的第三方主体，发挥了私人环境治理的作用。[2]大量出现的环保企业，尊重市场规律、运用市场机制，参与环境治理，监督与协助生产企业遵守环境法，可以有效地弥补行政主导模式的不足。

其次，生产企业实行环境自我规制。作为环境治理的一个主体，企业在环境治理中也具有重要作用，企业不仅可以通过建立污染处理设施进行环境治理，也可以通过建立内部环境管理制度来加强污染预防，例如企业环境监督员制度。为了帮助企业更好地进行环境自我规制，行政机关也可以采取相应的措施，例如我国的环保部门已经制定了多个行业的"企业环境守法导则"（如2013年环保部发布的《印染企业环境守法导则》），帮助企业更好地遵守环境法律；《中共中央、国务院关于加快推进生态文明建设的意见》规定要实施能效和排污强度"领跑者"制度。这些都说明，国家已经认识到企业自觉遵守环境法律，参与环境治理，是实现环境多元共治不可或缺的环节。

---

[1] 陈媛媛.整合监测资源 激发市场活力［N］.中国环境报，2015-02-12（1）.
[2] 谭冰霖.环境规制的反身法路向［J］.中外法学，2016，28（6）：1512-1535.

三、行政主导模式向多元共治模式演进的动因

过去，我国环境法主要采取行政主导的实施模式。随着环境治理的深入，行政主导模式的不足也日益显现，我国开始对行政主导模式进行调整，强调环境多元共治。这种调整体现在重视其他主体的作用，也体现在行政机关改变环境治理的方式与手段。之所以出现这种模式转换，是因为行政主导模式虽然具有其内在价值，但缺点也是明显的，需要加以调整与变革，时代的发展也为这种调整创造了条件。正是由于这种内部与外部因素的结合，才出现了环境法实施模式的转型。

（一）行政主导模式内在缺点

首先，行政主导模式对政府的实施意愿和能力依赖度较高。由于缺乏其他主体的配合与监督，在行政主导模式下，环境法的实施效果取决于行政机关的意愿和能力。如果政府在环境治理意愿与能力上有所欠缺，环境法的实施效果就会受到影响。就意愿而言，我国相当长的时间内都存在"政经一体化"的特点[1]，政府官员的政治前途与当地的经济发展紧密相联，在经济发展与环境保护相冲突的情况下，政府可能会偏向经济的发展。就能力而言，我国政府的环境执法能力也存在不足，环境保护机构的人员过少、环境监测与监察的设备缺乏等，政府环境执法能力的不足也会削弱环境法行政实施的效果。

由于在较高程度上依赖行政机关的实施，而行政机关存在意愿与能力的不足，我国需要借助"运动性执法"与"选择性执法"来实施环境法，而忽视了环境法的常态化实施，这产生了一定的副作用。"急风骤雨式的执法与治理运动往往能够在随后的一段时间内获得良好的效果，但很快又将恢复平静，某些环境保护管理漏洞依然没能完全填

[1] 张玉林.政经一体化开发机制与中国农村的环境冲突[J].探索与争鸣，2006（5）：26-28.

补。"[1]这种执法模式，虽然也有一定的效果，但会导致法律的权威受到损害，削弱环境保护力度。

其次，行政主导模式存在碎片化问题。环境主导模式主要依赖于政府机关，而行政机关之间职权与功能并不相同，不同行政机关在环境管理上不一定能及时达成一致，这会影响环境治理的效果。我国行政机关的环境管理职权在不同层面有所不同，主要体现在：①在中央层面，我国环境管理体制是环保部门为主导的协调体制，但环保部与国务院的其他部、委在环境保护与经济发展等方面的目标与要求可能会不同。②中央与地方之间责权利分配问题，我国环境治理的主体主要是地方政府，但地方政府的相应权利无法得到保障，主要体现在"许多环境政策在地方缺乏必要的财政支持，无法得到有效的执行"[2]。③不同地方之间缺乏合作的意愿，环境是一个整体，需要流域合作和区域合作，但各地方之间的利益存在差异，往往在环境治理上各自为政，形成一种碎片化的管理。

再次，行政主导模式的成本过高。在环境法实施中，政府监督的企业数量庞大，仅仅依赖行政机关的实施模式会导致整个社会的环境治理成本过高。行政主导模式是一种对抗型的法律实施模式，完全依赖于行政机关的单方面执法，执法成本较高。一方面，行政机关要保证环境法的实施，必须严密地对企业进行规制，这需要耗费大量的人力与物力；另一方面，行政主导模式缺乏弹性，会导致企业守法的成本过高。而通过企业的配合和其他主体的参与，可以大大降低环境法实施的成本。

最后，行政权力缺乏足够的监督。在环境法的实施过程中，需要对行政机关的行为进行监督，保证其依法履行职责并防止行政权力的滥用，防止行政机关在环境法实施过程中的怠权与滥用权力

---

[1] 曹凤中.环境保护运动式执法模式剖析［J］.中国环境法治，2007（1）：129-132.

[2] 朱德米.从行政主导到合作管理：我国环境治理体系的转型［J］.上海管理科学，2008，30（2）：61-65.

的行为。例如，环境公益诉讼的目的是通过公民的私人诉讼活动来弥补行政机关作用的不足，避免行政机关滥用职权或怠于行使职权。正如美国联邦最高法院法官斯凯利·赖特（Skelly·Wright）在一份判决中所言："我们的职责（指法院——引者注），就是保证国会大厅中宣布的重要立法目的不至于在联邦官僚机构庞大的运作过程中迷失方向或者是误入歧途。"[1]从各国环境保护的作用来看，其他社会主体不仅可以协助行政机关实施环境法，也可以对行政机关进行监督，从各方面促进环境法的实施。

（二）严峻的环境形势呼唤有效环境治理

在经济与社会快速发展的同时，我国环境问题日益突出。正如中国环境与发展国际合作委员会（简称"国合会"）的报告提出的："中国环境的累积负荷已经到达了临界点，形势之严峻以及修复之艰难已经充分显现；大气污染仅仅是未来几年可能爆发危机的环境问题之一；土壤和地下水污染形势可能更加严峻；气候变化效应还可能会导致其他环境临界点的到来。"[2]

严峻的环境形势，促使整个社会重新思考经济社会发展与环境保护之间的关系问题。正如一些学者所言，我国正处于环境治理变革的"环境时刻"[3]，在这样的历史阶段，有利于形成环境共识。这种共识的形成，不仅可以促进政府更加有效地进行环境治理，加强环境治理的力度，也有利于促进全社会的环境参与，形成有利的环境保护氛围。例如，近年来全国大范围雾霾天气的产生，使环境问题成为受到广泛关注的公共话题，更是成为全国两会的重要议题。在这样的背景下，行政主导模式已经不能满足环境治理的需要，社会需要环境多元共治，以更好地保护全社会赖以生存的环境。"行政资源的规模与

---

[1] 汪劲，严厚福，孙晓璞.环境正义：丧钟为谁而鸣——美国联邦法院环境诉讼经典判例选[M].北京：北京大学出版社，2006：99.

[2] 中国环境与发展国际合作委员会.2014年关注问题报告：从临界点到转折点[Z].2014：19.

[3] 柯坚.我国《环境保护法》修订的法治时空观[J].华东政法大学学报，2014，17（3）：17-28.

比例总会受到国家经济水平以及民主政治的制约，不可能随着环境问题一直扩张下去，特别是针对环境风险，行政规制越发显得乏力。"[1] 为了提高环境治理的效果，提供更加有效的环境治理，就需要弥补行政机关单方面实施的不足，发挥多元共治的作用。

正是基于这样的认识，现在我国各方面都在重视环境多元共治问题。我国2014年修改的《环境保护法》规定了政府、个人、公众、企业乃至新闻媒体等不同主体的环境保护责任与义务，而且特别强调了环境信息公开与环境公众参与问题。在2016年全国环境保护工作会议上，环保部提出要"以社会多元共治为路径，大力推进生产生活方式绿色化"。《中华人民共和国国民经济和社会发展第十三个五年规划纲要》更是明确提出："创新环境治理理念和方式，实行最严格的环境保护制度，强化排污者主体责任，形成政府、企业、公众共治的环境治理体系，实现环境质量总体改善。"可见，在严峻的环境形势下，全社会已经形成了共识，即：不能仅仅依赖于行政机关来保护环境，而应将环境治理权加以扩展，发挥不同主体的作用，来形成多元主体共同治理的新型环境治理格局。

（三）社会环境意识的形成和社会组织的发展，培育环境多元共治社会土壤

环境意识的提高和各类社会组织的出现，为行政主导模式的调整提供了可能。随着经济发展和环境问题的加重，我国公众的环境意识也日益增强，这为环境多元共治打下了基础。"20世纪90年代以前，除了污染较重的局部地区和一些工业污染源附近的居民对环境问题关切外，公众总体上对环境和环境保护的知识很少、意识低、更少直接参与，脱贫致富基本上是整个社会的主流意识。"[2]但进入20世纪

［1］ 裴敬伟.试论环境风险的自主规制：以实现风险最小化为目标［J］.中国地质大学学报（社会科学版），2015，15（3）：48-54.
［2］ 中国环境与发展国际合作委员会.专题政策报告：环境与发展战略转型——全球经验与中国对策［Z］.2007：11.

90 年代，特别是中期，全社会的环境意识日益增强，公众在一些重大环境问题和环境事件中不断发出声音，人们不再满足于"开宝马车，喝污染水"的所谓现代化生活，甚至有人认为以"厦门 PX 事件"为标志，2007 年是中国环境公众意识的觉醒年。[1]社会环境意识的形成，与环保部门的工作形成一定的互动，促进了环境多元共治的形成。以公众参与为例，"圆明园环评事件"后，当时的国家环保总局出台了《环境影响评价公众参与暂行办法》，从制度层面肯定了公众参与的意义，明确了公众参与的程序。在新《环境保护法》修改后，2014 年 7 月环保部又下发《关于推进环境保护公众参与的指导意见》，对环境公众参与问题作出更为具体的规定。

在全社会环境意识不断提高的同时，各种社会组织也逐渐形成，为环境多元共治提供了相应的组织条件。这里的社会组织，包括一般的环保组织，也包括环保企业。

关于环保组织，虽然我国的环境保护组织总体上还存在一定的不足，但发展迅速，近年来在环境保护上非常活跃，例如近年来的一系列重要的公益诉讼案件都是由环保组织提起的。截至 2022 年，我国共有 7881 家民间环保组织。[2]例如，2014 年年末，北京市企业家环保基金会获得公募资格，可以向公众募集捐款；2015 年 1 月，在阿里巴巴公益基金会的支持下，自然之友发起成立了环境公益诉讼行动网络和环境公益诉讼支持基金。[3]可以预见，在具备组织条件和资金条件下，环保组织参与环境治理的能力会进一步提高。

环保企业也有了较快的发展。进入 21 世纪以来，国家推行市政公用事业市场化，特别是"十一五"规划将节能减排作为约束性指标，国家采取一系列措施，加大环境治理力度，带动了环境服务业的快速发展，也培育了一大批规模化的环保公司，技术和管理水平不断提

---

[1]　章轲 .2007：公众环境意识"觉醒年"［N］.第一财经日报，2008-02-01（A09）.

[2]　北京市企业家环保基金会（SEE 基金会）、万科公益基金会、明善道（北京）管理顾问有限公司 .2022 中国环保公益组织现状调研报告［Z］.2022-12.

[3]　陈媛媛 .公益项目，钱景广阔否？［N］.中国环境报，2015-02-03（8）.

升。[1]同时，我国环境监测的市场化，也与环境监测机构的能力发展有关。例如山东省在 2012 年就率先实行了环境空气质量自动监测站的第三方运营[2]，这与山东省环境监测机构的迅速发展密切相关。

社会环境意识的形成和社会组织的发展，为我国环境多元共治提供了良好的社会基础，培育了丰厚的社会土壤。

（四）治理理论与实践的兴起与发展，对环境多元共治起引导作用

治理理论和治理实践的兴起，也对行政主导模式的转型起到了引导作用。在认识到行政主导模式的弊端后，西方发达国家开始了从行政主导向合作治理的演进，并取得了良好的效果和巨大的影响。所谓"治理"，指的是"试图在以国家为基础、自上而下的管制和单一地依赖以市场为基础的规范之间，在集权化的'命令—控制'管制和个人契约自由之间，构设第三条道路"[3]。即改变过去以行政机关为主导来实现环境目标的管制模式，不再将企业和环保类营利性组织仅仅作为规制对象，而应重视这些主体所具有的环境规制功能，发挥社会规制的作用，促进企业守法，甚至超越法律标准地守法，其特点就是一种多中心、多主体、多方式的环境规制[4]，通过发挥各方面的积极性来更好地提高环境保护绩效，即"让公众、企业、行业协会、媒体、规制部门、法院等都参与到治理网络中来，通过制度上的合作，各自发挥比较优势，共同实现治理目标"[5]。西方国家在环境治理实践上也有较多的成功形态。例如在美国，"环境法已经成为

［1］ 骆建华.环境污染第三方治理的发展及完善建议［J］.环境保护，2014，42（20）：16-19.

［2］ 周雁凌，季英德，董若义.环境监测交给市场能否放心？［N］.中国环境报，2015-04-21（9）.

［3］ 罗豪才，毕洪海.行政法的新视野［M］.北京：商务印书馆，2011：247.

［4］ 高秦伟.论政府规制中的第三方审核［J］.法商研究，2016，33（6）：24-33.

［5］ 湛中乐，郑磊.分权与合作：社会性规制的一般法律框架重述［J］.国家行政学院学报，2014（1）：71-75.

新治理试验的前沿阵地"[1]，除了开展大量的自愿环境规制项目，例如 33/50 计划（33/50 Program）、XL 项目（Project XL），美国积极倡导企业开展环境合规计划（Corporate Environmental Compliance），希望通过企业开展自愿行动和政府的指导形成不同主体之间的互动。而在欧洲国家，主要是欧盟的生态管理审计计划（EU-Environmental Management and Audit Scheme），也是发挥政府、企业与第三方审计等主体的作用开展的环境治理行为。

在国外治理理论和实践的影响下，我国开始认识到治理的价值，不仅在理论上对治理进行了探讨，也不断探索多种形式的环境多元共治。例如我国浙江省的嘉兴模式，就是"以近年来兴起的'治理理论'为理论基础，强调的是多元、合作与参与"[2]。

国内外的治理理论和实践形态，对我国的行政主导模式的改革产生了影响。在应对环境问题时，不仅需要多主体的合作，也需要运用多种机制共同发挥作用，这在我国由行政主导向多元共治的转型过程中表现得非常明显。除行政机关不断改变环境规制方法外，司法机关的作用不断增强，环保组织和一般公众的环境参与更加积极，尤其值得注意的是企业和环保类营利性组织功能得到了重视，这样就有利于"改变以政府为主导的行政治理机制的一面独大，形成政府'市场与社会有机协作'互为补充的多元化治理机制"[3]。可以说，我国由行政主导向多元共治的转型过程，就是一个不同的社会主体积极参与、相互合作，利用多种手段，实施环境善治的过程，是治理理论和实践在环境领域的一个具体适用过程。

［1］　罗豪才，毕洪海.行政法的新视野［M］.北京：商务印书馆，2011：219.

［2］　朱狄敏.社会复合主体与环境公共治理的走向：嘉兴模式的经验启示［J］.环境保护，2014，42（13）：58-60.

［3］　颜士鹏.社会转型时期环境法律治理机制的多元化［J］.法学评论，2015，33（2）：162-170.

四、走向功能互补的多元共治模式

我国环境法实施的行政主导模式已经出现了转型，开始重视环境多元共治问题。在强调环境多元共治时，需要处理好不同的"元"的关系。因为不同的"元"具有各自优势与不足，需要扬长避短，实现不同主体、体制与方式的功能互补，形成环境共治体系，实现真正的多元共治。

（一）为什么要功能互补

从理论上说，为了更好地应对环境问题，不同的主体应该自我调整、扬长避短，充分发挥自身优势，共同保证环境法得到有效的实施。但实际上，由于意愿与能力等主客观原因，不同治理主体在功能上都存在一定的局限。每一种治理主体、治理机制和治理方式都有其优势与不足，需要其他主体、机制、方式与之相互配合、实现互补，这是环境多元共治的应有之义。即：合作治理包含了多种场域和机制，人们可以学习、适应和改进。[1] 通过相互的学习与配合，可以有效地实现功能互补，共同促进环境治理。

1. 不同主体需要互补

在现代环境治理体系中，治理主体是多元的，不同主体有其独特的功能。环境治理主体可以分为公权力主体，包括行政机关、各级党委和法院；市场主体，包括生产企业和环保企业；社会主体，包括一般公众和环保组织。这些主体依法承担不同的环境治理功能，而这些功能之间又存在相互的合作与监督，共同促进环境法的实施。①行政机关与各级党委的作用。根据法律规定，我国主要是由各级人民政府和环境主管部门履行环境保护的职能，实际上各级党委也在环境治理上起到了重要的作用。但这些职能在环境法的实施上也会存在一定的

[1] 罗豪才，毕洪海. 行政法的新视野 [M]. 北京：商务印书馆，2011：248.

局限。从主观方面说，在经济发展和政绩压力的驱动下，政府会存在环境保护动力不足的问题；从客观方面说，环境保护需要人力、物力、财力等条件，而这些条件总是有限的。另外，环境治理具有很强的专业技术性。总之，行政机关与各级党委在环境法的实施中存在相当的局限性，需要其他主体的合作与监督。②市场主体的作用。随着环境法的发展，企业承担了较多的环境义务。以修改后的《环境保护法》为例，生产企业和环保企业都被赋予了大量的环境义务。从专业技术的角度看，环境保护具有较高的专业技术性，需要市场主体的作用，包括生产企业在生产经营过程中采用先进生产技术，环保企业利用其专业技术性进行专门治理，例如环境污染第三方治理，提高环境治理的绩效与能力。从环境管理的角度看，生产企业可以通过环境管理制度强化环境治理，而环保企业可以通过认证、评估制度促进企业环境管理制度的完善。从社会责任的角度看，企业通过自愿守法项目、环保"领跑者"项目等，实现自主守法，提高环境保护的绩效。可见，市场主体可以在技术、管理方面发挥其独特优势，但市场主体的趋利性又会削弱其优势，容易出现新形势下的市场失灵，需要其他主体的监督与帮助。③社会主体的作用。社会主体主要是通过参与和监督来应对公权力主体与市场主体的动力不足与能力不够的问题，这是一种监督与促进作用。但社会主体缺乏有效的能力，例如强制性权力和经济性资源，也可能会出现非理性行为，特别是社会主体数量众多，他们之间也存在严重的利益冲突，可见，社会主体的作用也是有限的。④司法机关（主要是法院）的作用。作为公权力主体，法院的作用比较特殊，需要单独阐述。一方面，法院具有居中裁判的作用，在环境治理过程中，会出现许多的争议，法院的居中裁判对于环境治理的法治化具有核心作用；另一方面，法院与其他政府部门在治理功能上具有一致性，可以弥补政府机关能力不足的问题，对环境治理起到补强作用；另外，我国司法具有较强的政策性，属于实用型司法，在诉讼中，法院显现出政策实施者、与行政的合谋者等多重角色。[1]所以，司法的功能也存在较多的局限，其消极性、中立性会导致其缺乏实施效率，而其与政府职能的一致性，会导致对政府的监督作用变弱。

这样，在环境法的实施主体中，出现了行政机关（包括各级党委）执行为主，市场主体实行自我规制为辅，社会主体对公权力主体的行为加以监督与弥补，而司法起到解决纠纷与冲突的作用，共同形成了一个治理体系。

2. 不同机制需要互补

环境多元治理的机制主要包括行政机制、市场机制与社会机制，从这些机制的发展轨迹可以发现他们在环境治理中的不同作用。①市场机制的失灵与再生。从环境问题产生的角度看，正是由于市场机制的失灵而导致了环境问题，环境法希望通过政府干预（主要是行政机制）来解决市场失灵问题。但环境法兴起后，行政机制的弊端也很快显现。市场机制在环境治理中的作用重新受到了重视，一些国家甚至形成了市场环境保护主义的观点[2]，主要体现为利用市场机制来治理污染，例如排污权交易、环境污染第三方治理制度，都是市场机制在环境治理中的复兴。②行政机制的兴起与失灵。环境法产生之初，是希望通过行政机制来纠正市场失灵以应对环境问题，但行政机制兴起后，迅速出现了管制失灵问题。如何纠正管制失灵，又成为了现代环境治理的新任务。③社会机制的理想与现实。在市场失灵和管制失灵后，社会机制得到了重视，人们希望借助于这一机制纠正市场失灵和管制失灵。在环保组织的参与上，我国希望不断促进环保组织的参与，例如通过立法和指导案例扩大环保组织的参与渠道；在公民参与上，不仅《环境保护法》对其加以明确，各地也不断探索环境治理中

[1]　秦鹏，陈幸欢.环境公益诉讼中的法院角色、逆向选择与社会结构：以泰州1.6亿赔偿案为样本的法社会学分析 [J].西南民族大学学报（人文社科版），2015，36（5）：96—101.

[2]　Eisner M A, Corporate Environmentalism, Regulatory Reform, and Industry Self-Regulation: Toward Genuine Regulatory Reinvention in the United States [J]. Governance, 2004, 17（2）：145—167.

公众的新型参与方式。但社会机制也会出现失灵，不仅一般社会公众的参与能力与参与意愿存在问题，环保组织也会出现非营利组织失灵的现象，即偏离社会公益的宗旨，片面地以功利主义为取向的信念、行为给消费者、社会、生态带来了负效应。[1]在我国目前出现的环境公益诉讼中，主要的被告是一些小企业，而不是对环境影响较大的大企业[2]，就体现了这样的失灵。

可见，环境行政机制与市场规制、环境行政机制与社会机制之间具有不同的功能与界限，这就需要对不同的机制进行整合，形成一个系统性的协同机制。[3]通过这几种机制相互配合与补充，可以更好地实现环境法的任务。一方面，行政机制在环境法实施上仍然具有突出作用；另一方面，行政机制需要市场机制与社会机制对之加以补充与完善。当然，这些机制运行过程会产生各种冲突，需要司法机关予以裁判，以协调这些机制冲突，更好地实现这些机制的功能。

3. 不同方式需要互补

现代环境治理存在着不同的方式，例如处罚、许可、指导、协议、企业自我规制、环境认证等等。这些方式可以分为威慑模式与合作模式两种。威慑模式强调的是加强对违法者的惩罚力度，而合作模式强调的是通过鼓励指导的方式来引导企业自主地守法等等，这些都在环境法的实施中发挥了不同的功能。①威慑模式的适用。威慑模式主要包括许可、处罚制度，是"命令—控制"方式的体现，这些方式具有明确而刚性的特点，能够比较快速地产生环境保护的成效，但其实施成本较高，而且整齐划一、不具有弹性，特别是不利于一些技术先进企业更好地发挥作用。②合作模式的适用。合作模式主要包括行政指导、企业自我规制与环境认证等方式，其优点是具有弹性、比较灵活，可以适应不同类型企业的需要，但缺点是可执行性、可预期性较差，

[1]　叶常林.非营利组织失灵：组织边界之模糊与清晰[J].中国行政管理，2006（11）：91-94.
[2]　张旭东.环境民事公益诉讼"三要件"研究[J].大连理工大学学报（社会科学版），2015，36（4）：106-111.
[3]　柯坚.环境法的生态实践理性原理[M].北京：中国社会科学出版社，2012：212.

实际效果较难判断。③威慑模式与合作模式的结合。在现实中：一方面，《环境保护法》的制度设计，特别是按日处罚制度等，加强了环境法的威慑力；另一方面，行政机关也在利用更多的弹性方式来引导企业在环境治理上的合作，更好地促进企业的守法。因此，这两种模式有相互补充的趋势。最典型的是美国环境守法制度，将威慑与合作两种模式加以整合，例如政府可以通过豁免制度来促进企业建立良好的环境管理制度。在我国，例如"环境守法导则"制度、"环保领跑者"计划等，政府通过指导与奖励的方式促进企业自主守法，也是威慑与合作相结合的尝试。

所以，在环境治理中，需要利用多种方式来共同应对环境问题，既需要刚性的、强制性的方式，也需要弹性的、灵活的方式。威慑与合作之间存在着相互依存关系：如果没有威慑，就不会实现合作；而如果没有合作，威慑的成本就会大量增加，甚至导致威慑无法有效地发挥作用。

（二）实现多元共治的障碍

我国目前已经具备环境多元共治格局的雏形，但我们应清醒地认识到，我国要达到环境多元共治的理想状态还有许多障碍，只有克服这些障碍，才能真正实现环境多元共治。

1. 行政机关存在动力与能力不足问题

在环境多元共治中，仍然需要充分发挥行政机关的作用，但我国行政机关在动力与能力上都存在不足。第一，行政机关的动力不足问题。目前各级行政机关环境保护的压力都非常大，但压力与动力并不完全等同。我国目前环境治理主要依赖于上级特别是中央的决心与压力，是一种"中央政府动员型环境治理模式"，即以中央政府为主导，地方政府迫于压力提供协助，"危机应对"与"政府直控"是其核心特点。[1] 地方政府、地方政府的职能部门（环保部门可能存在一定

---

[1]　王树义，蔡文灿.论我国环境治理的权力结构［J］.法制与社会发展，2016，22（3）：155-166.

的例外）环境保护行为主要来自上级机关的压力，而不具备自主进行环境治理的动力，主要原因是：环境治理与经济发展存在一定的冲突；中央与地方在环境治理方面的责权利划分不够合理，地方的环境治理责任较重，而财政能力受到了相对的制约；环境治理具有长期性，而经济发展容易更快见到成效。在动力不足的情况下，一旦中央的压力减弱，地方行政管制的功能就会受到较大的削弱，即使中央保持强大的压力，地方政府也会通过其他方式来规避中央的压力。第二，行政机关也存在环境保护的能力不足的问题。环境保护需要大量的人力、物力和财力，而且需要理顺不同行政机关之间的关系，这些因素都会制约行政管制的能力。面对越来越复杂的环境管制要求，行政机关的能力需要得到提高。

另外，各级党委如何承担环境治理责任还需要继续探索。我国已经实行了各级党委环境问责制度，但如何处理党委与行政机关在环境治理职能上的关系，还是一个复杂的问题。同时，党委也存在如何处理环境保护与经济发展之间的关系的问题。

2. 环境司法解决环境纠纷的能力有待提高

司法在现代环境治理中具有核心作用，但司法具有个案性和事后性，只能解决一些具体性的纠纷，无法解决一些具有普遍性的环境问题，特别是在解决环境行政争议方面，我国的环境行政诉讼还处于相对薄弱的状态。从理论上说，我国现在环境司法亟待解决的问题主要有：一是加大对行政决策与行政规制的司法审查，以保证环境行政决策的合法性、防止环境规制不作为与违法行为，保障环境开发利用的可持续性；二是解决大规模环境侵权纠纷，传统环境司法基本能够解决一般性的环境民事纠纷，但对于大规模环境侵权纠纷，法院还处于探索阶段。目前我国环境司法在这两个方面还存在制度性欠缺，需要改进环境司法的功能、提高环境司法的能力。因此，需要正确认识司法在环境多元共治中的功能，既要重视其潜在的强大社会调控能力，又要正视其在环境治理中功能相对薄弱的状况。

3. 公众参与存在局限

制度化的公众参与是现代环境治理的基本要求，但在我国，制度化的公众参与存在一定的障碍。第一，一般公众环境意识日益高涨，但参与环境公共事务的热情不足。公众对于与自己没有直接关系的环境事务，缺乏参与的积极性，存在搭便车的心理。第二，一般公众的组织化程度较低，缺乏参与能力。环保组织虽然具有较高的参与热情，但我国环保组织普遍弱小、经费不足，参与能力比较薄弱，以环境公益诉讼为例，一般环保组织尚不具备相应的经济实力，这会明显影响其参与能力。第三，在公众参与程序上，我国在保障公众的环境知情权、环境参与权方面还存在问题。根据"奥胡斯公约"的规定，环境公众参与主要保障公众的知情权、参与权与救济权，其中环境决策程序中的知情与参与是环境公众参与的核心要求，但"我国的公众参与往往是末端参与，在源头参与方面则表现薄弱，处于被告知的地位。公众的观点、建议无法得到真正的重视，属于'事发后举报'、'受害者举报'的参与模式"[1]。

而非制度化参与，则往往因缺乏理性造成负面效果。我国的非制度化公众参与主要体现为：平时漠视环境公共事务的参与，一旦认为对自己的利益产生影响就会非理性参与，特别是对一些可能的风险会产生非理性恐惧而一概反对相关开发活动。这些恰恰会导致社会稳定的危机和环境开发的非正常中断。

4. 经济组织的环境治理功能需要完善

第一，生产企业的环境自我规制还处于起步阶段。从环境保护的历史看，企业建立环境自我规制的原因，主要是严格的环境执法与企业强烈的社会责任意识，目前这两方面的条件都还不成熟。虽然环境执法在不断强化，但基于历史的惯性和地方保护因素，我国企业面临的环境压力还不足以迫使其自主采取积极的治理行为，许多企业还处

---

[1] 汪劲. 环保法治三十年：我们成功了吗？——中国环保法治蓝皮书（1979—2010）[M]. 北京：北京大学出版社，2011：344.

于观望状态；至于企业的社会责任意识，更有待提高。而且，企业要实现自我规制，不仅要有环境守法的意识，还要有环境守法的能力。例如，企业不仅要建立企业环境决策机构和环境决策程序，还要建立企业环境管理制度和环境问责制度。我国企业在这方面的意愿和能力都有待加强。目前我国企业环境守法的形势还不容乐观，一些企业环境违法情况还比较严重，如果连法律规定的基本环境义务都无法履行，遑论执行严格的环境标准，实现更高的环境绩效。第二，环保企业的规制功能尚不成熟。从理论上说，环保企业是最具有市场活力的一方，因为生产企业要提高环境治理的绩效就必须增加相应的投入，而环保企业可以从环境保护中获得利益，双方的动机存在明显差异。但目前我国在环境审计、环境认证、环境监测社会化方面还处于起步阶段，环境污染第三方治理制度已经有了一定的发展，但也面临着新的问题。由于企业在环境审计、环境认证方面的积极性不高，这一制度的环境治理功能还需要不断完善。第三，生产企业和环保企业都会出现市场失灵问题。经济组织的环境治理功能主要属于市场机制，而市场失灵是市场机制运行过程中必须面对的问题。不仅生产企业仍然会出现市场失灵的情况，环保企业参与治理后，也会出现市场失灵的问题，例如为谋求自身利益而损害环境利益。如何避免生产企业在自我规制时出现市场失灵，保证环保企业的公正性、中立性，发挥经济组织的环境治理功能，是行政机关和社会公众需要面对的新任务。

（三）加强多元合作，促进功能互补

在多元共治的发展过程中，需要不同主体的相互合作，通过合作促进不同主体之间、不同机制之间、不同方式之间的功能互补，共同促进环境治理的良性发展。严格地说，上文研究的主体都是多元合作的主体，但法院具有消极与被动的特征，主要承担纠纷解决功能，本部分从行政机关、各级党委、社会公众、经济组织等主体之间的合作来进行研究。

1. 通过多元合作，发挥行政机关和各级党委的环境治理功能

在环境法的多元共治时代，行政机关的作用仍然是基础性的。行政机关可以履行规制职责，并对其他主体的作用起到引导性作用，即"引导其他治理主体公平有序地参与环境治理活动，同时基于政府自身相关职能对治理过程中的问题在宏观管理层面予以应对"[1]。不论如何，行政机关也有对社会资源与社会能力进行整合的职责，"政府应发挥重要的但不是排他性的作用，建立一个沟通与互动的结构，来整合利益相关者、公众和组织的决策者之间的环境价值和偏好"[2]。行政机关能否有效发挥作用是环境多元共治成功与否的关键，而要发挥行政机关的功能，需要解决其动力与能力问题，其他主体也可以在这方面发挥不同作用：

（1）提高行政机关的环境治理动力。一是明确政府环境责任。这里的政府环境责任，既包括政府的环境治理职责，也包括政府未能正确履行职责的不利后果。明确政府环境责任，是政府履行环境职责的基础与前提，也是提高行政机关治理动力的基础。近年来，在环境法律的修改（以《环境保护法》的修改为典型）和实施中，理论界和实务界都认为，必须重视强化政府环境责任。可以说，强化政府环境责任构成了中国环境法治最具特色的话语，在理论上和实践中都得到了越来越多的重视。通过在立法中明确政府环境责任，有效地提升了行政机关的环境治理动力。二是激发行政机关的积极性。目前，行政机关的环境治理行为主要来源于上级机关的压力，今后应激发行政机关特别是地方人民政府的动力，这就需要理顺各级政府在环境治理上的职责和权利，促进上下级主体的互动，实现政府之间关系的法治化，并通过激励的方式来引导各级政府履行环境治理的职责。三是创新治理方式，确立结果导向的规制方式，提升行政机关的治理动力。结

---

[1] 秦天宝，段帷帷.我国环境治理体系的新发展：从单维治理到多元共治 [J].中国生态文明，2015（4）：72-75.

[2] Stewart R B. A New Generation of Environmental Regulation? [J]. Capital University Law review, 2001, 29: 21-182.

果导向的规制方式，具有灵活性和机动性的特点，有利于发挥行政机关的积极性，从而提升其治理动力。"传统行政模式是以对规则的负责为特征的，它给政府雇员一种强有力的激励机制促使其循规蹈矩，严格按照既定的规则办事，重过程胜于结果。"[1]这样的制度安排导致行政效率的低下和行政成本增加，引起了社会的不满。为了纠正这些弊端，许多国家开展了结果导向的行政改革，即"通过管理授权，增强灵活性和强化结果责任，追求更有效率和效果的政府"[2]。结果导向型的环境治理，可以明确政府的责任，同时也给行政机关履行职责提供更多的选择，有利于调动行政机关的积极性与创造性。美国著名环境法学家 Richard B. Stewart 就认为，新的规制策略"首先聚焦于界定规制目标，然后建立最适当的全部法律和制度结构以完成这些目标，最后选择最合适的规制工具以实现特定的目标"[3]。这种结果导向的新型规制方式，可以增加规制弹性，提高规制效率，调动行政人员的积极性和创造性，也提升了行政机关的治理动力。

（2）提高行政机关的环境治理能力。一是加大环境治理的投入，保证环境执法能力建设，提高环境治理的能力。二是通过机制创新提高行政管制能力。通过公众参与、司法诉讼、第三方治理制度解决行政管制能力不足的问题。可以通过间接规制的方式，促进其他主体的参与。在多元共治背景下，强调政府的环境责任，并不是要求政府直接承担所有的环境治理工作，政府可以通过间接规制的方式来让社会主体积极参与治理，通过其他主体的参与来提高政府治理能力。例如通过购买公共环境服务、引进社会力量参与环境治理，同时运用多种机制，包括市场机制和社会机制来实现环境治理。这时政府和法律的作用会发生变化，政府从管制者和监督者转为协调者，而法律变成一

［1］ 陈国权，王柳.基于结果导向的地方政府绩效评估——美国凤凰城的经验及启示［J］.浙江学刊，2006（2）：209-212.

［2］ 曹树青.结果导向型区域环境治理法律机制探究［J］.中国人口·资源与环境，2013，23（2）：108-114.

［3］ Stewart R B. A New Generation of Environmental Regulation?［J］. Capital University Law review, 2001, 29：21-182.

种共享的问题解决过程，而非一个命令活动。[1]另外，还可以通过行政问责、社会监督、司法监督增强政府的能力，最典型的是通过环境行政公益诉讼，将公众参与司法监督结合起来，对政府的治理能力起到了补强作用。三是创新治理方式提高政府能力。利用一些非传统的行政方式，例如非强制性方式、和解的方式、激励的方式等来加强环境法的实施，这不仅可以调整修正过去行政主导中对抗性过强、弹性不足的缺陷，也体现了行政机关与其他主体之间的平等关系，增强其他主体的参与动力，减少了环境执法的阻力，间接提高了行政机关的能力。

与此相对的是，需要发挥各级党委的环境治理职能。一方面，明确行政机关与各级党委的相应职责，划清党政机关各自的职责范围，明确各级党委的环境治理责任；另一方面，落实党委环境治理责任，不仅要求各级党委起到相应的监督与促进作用，而且需要对各级党委的环境职责进行有效的问责。

2. 通过多元合作，改进公众参与功能

为了提高环境公众参与的效果，需要从参与能力与参与意识方面入手，提高公众参与的有效性。第一，积极培育环保组织，提高环境参与的组织化。环保组织的参与，可以弥补一般公众参与能力不足与积极性不高的问题。我国目前环保组织还普遍弱小，政府应采取措施来培育环境组织，促进其发展。当然，为了提高环保组织的制度化参与，"环境自治组织应该拥有足够的权利参与环境公共事务的决策、管理和监督，保证它能与政府共同形成公共权威和公共秩序"[2]。第二，重视环境教育，培育风险理性。在我国，公众的环境意识正在不断提高，但环境参与能力尚待完善，为提高公众的环境保护意识和环境参与能力，需要重视环境教育。我国刚刚进入风险社会，如何

---

[1] 罗豪才，毕洪海.行政法的新视野［M］.北京：商务印书馆，2011：155.

[2] 王彬辉.新《环境保护法》"公众参与"条款有效实施的路径选择：以加拿大经验为借鉴［J］.法商研究，2014，31（4）：153-160.

形成正确的风险意识也是一个重要问题。我国公众面对风险的表现主要为恐慌，需要在环境教育中加强公众的风险知识，避免非理性的恐慌心理。在环境决策中，特别是在邻避冲突中，政府应加强风险沟通，通过风险沟通培育公众的风险理性。第三，加强信息公开，提高参与的积极性。环境信息公开是公众有效参与的前提，为了鼓励各种形式的公众参与，政府与企业应重视环境信息公开。例如重视公众参与中的说明理由，这样可以提高一般公众环境参与的积极性。第四，根据环境治理形势的发展，扩展新的公众参与形式。例如山东省在环境监测社会化中推出的"4+1"监督模式中，就有公众参与的监督。[1] 与此类似的还有第三方治理中、邻避设施运行过程中的公众参与，都需要不断探索、不断完善。

3. 通过多元合作，促进企业自我规制

在环境治理中，企业的污染治理是重要的环节，企业的自我规制也是多元共治的重要方面。在发达国家，通过各种形式来强化企业的环境自我管制，例如欧盟生态管理和审计计划、美国的企业环境合规计划、日本地方政府与企业签订的环境合同方式等等。有学者认为，现代环境治理已经进入到反身性法的阶段，"反身性法律策略寻求影响内部制度的程序，规制政府机关和公司，而不是直接规制社会行为"[2]。通过企业的自我规制，可以减少规制成本，也可以提高规制效果。

目前，我国已经开始重视企业的自我规制，但主要还是寄希望于严格执法，以改变"守法成本高、违法成本低"的现象，这仍然局限于依靠企业自身的力量来加强环境保护，而实际上不同的主体在企业环境自我规制中都具有一定的作用。第一，政府和环境审计与认证机构指导企业更好地守法，完善"环境守法导则"和"环境技术政策"

---

［1］　周雁凌、季英德、董若义.环境监测交给市场能否放心？［N］.中国环境报，2015-04-21（9）.

［2］　Orts E W. Reflexive Environmental Law［J］. Northwestern University Law Review, 1995, 89（4）：1227-1340.

的制定，全面帮助企业守法。第二，政府、公众与企业形成有效的互动，促进企业建立完善的自我规制体系，在环境管理制度、环境决策制度、环境人事制度等方面形成长效机制，保证企业自我规制的效果。政府在环境执法过程中，不仅需要重视强制性和威慑力，而且还应考虑和缓性问题，可以通过行政和解的方式来执法，维护与企业之间的友好关系，促进政府与企业间的友好合作，鼓励企业的环境守法。第三，防止自我规制形势下市场机制的失灵。重视企业的自我规制，必须要发挥市场机制的作用，而市场失灵又是新形势下可能出现的新问题，因此需要通过行政机关的监督、社会机制的参与来预防市场机制在环境自我规制中的再次失灵。第四，加强各类环保企业的规制与其他主体规制方法的协调。例如将环境审计、环境认证与绿色金融制度结合起来，通过合力来督促企业实现更好的环境自我规制，当然，政府在这方面还可以起到更好的协调整合作用，同时政府还需要重视对环保企业的规制和国家的担保责任问题。

（四）完善保障机制，实现功能互补

如上所述，需要通过多元合作，实现不同主体、不同机制、不同方式之间的互补，共同应对环境问题。同时，还需要重视相应的保障机制，真正实现功能互补。实现多元共治功能互补的保障机制主要包括环境信息公开制度和司法救济制度，因为环境信息公开是多元共治的前提，而司法救济制度是解决不同主体之间纠纷与争端的有效方式。

1.完善环境信息公开制度

环境信息公开是实现环境多元共治的基础和前提。"治理包括至关重要的透明度和信息披露。"[1]通过环境信息公开，可以促进各部门间的信息共享，避免环境治理的碎片化，可以对政府的环境治理结果进行评判与监督，可以使公众避免环境损害，进行有效的参与。"在既定领域内，信息工具是对传统"命令—控制"工具和新兴市场

---

[1] 罗豪才，毕洪海．行政法的新视野［M］．北京：商务印书馆，2011：263.

工具的恰当取代或有益补充。"[1]我国在环境信息上也有了长足进步，特别是新《环境保护法》以专章的形式（第五章"信息公开和公众参与"）规定了环境信息公开问题。环境信息公开主要包括政府信息公开和企业环境信息公开，随着信息技术的发展，其他社会主体的环境信息公开也开始发挥作用。

为了开展有效的环境多元共治，需要明确不同主体的信息公开责任。第一，政府负有信息公开的最大责任。政府不仅需要公开环境信息，而且还需要对不同主体的信息进行整合，通过整合发挥环境信息的最大功效。政府掌握了大量的环境信息，"在反身性前景下，政府的角色是确保恰当的信息的产生、传输和交换"[2]。第二，企业的信息公开制度也有待加强。《环境保护法》修改后，环保部于2014年12月颁布了《企业事业单位环境信息公开办法》，同时《证券法》和《突发事件应对法》也有相关的规定，今后需要对这些信息公开的要求进行协调、统一，更好地提高企业环境信息的作用。第三，帮助与完善社会组织的环境信息公开，通过社会组织的信息公开，可以更好地促进企业的环境治理工作。大数据时代对环境信息的公开及其途径提出了新的要求，政府可以通过大数据的运用，实现各主体环境信息有效交换，通过更好的环境信息公开来实现更好的治理效果。例如"内蒙古环保物联网监控平台，可以监控污染源、实时监测全区环境质量变化情况，还能依靠丰富的数据，对污染防控和环境质量变化开展宏观管理和分析"[3]。这种环境大数据的使用，可以更好地融合不同部门和不同主体的环境信息，充分地利用环境信息来实现环境多元共治。

2. 加强司法保障制度

司法不仅是环境多元共治的重要组成部分，也是对其他主体在环

---

[1] 王清军. 环境治理中的信息工具［J］. 法治研究，2013（12）：107–116.

[2] Stewart R B. A New Generation of Environmental Regulation? ［J］. Capital University Law review, 2001, 29：21–182.

[3] 徐丽莉. 要让排污数据说真话：内蒙古环保物联网监控平台为数据保驾护航［N］. 中国环境报，2015–05–11（8）.

境治理中的冲突进行裁决与处理的一种机制。在多元共治的形势下，不同主体之间往往会发生冲突，而司法是解决这些冲突的有效途径。不同主体之间的冲突主要表现为行政机关、企业、一般公众和环保组织之间的冲突，冲突的类型也是复杂多样。除传统审理方式外，司法在环境多元共治中的保障作用主要体现在以下两个方面：①在传统诉讼的基础上进一步完善司法的保障功能，例如解决公众参与和环境信息公开方面的争议，虽然过去也有这方面的诉讼，但在多元共治的背景下，需要法院更加积极主动地根据生态文明建设的需要进行裁决，以促进不同的主体更好地参与多元共治。②拓展更多的司法救济的途径，例如拓展在群体性诉讼、邻避冲突、环境决策和环境影响评价制度中的司法救济制度。在这些诉讼中，司法往往需要发挥其公共政策制定者的功能，利用司法的力量来引导社会的发展，至少可以在诉讼中将不同主体之间的主张与要求加以展示，特别是要求行政机关更好地说明理由，从而为环境多元共治提供更好的保障。随着我国司法制度的改革，司法的这些功能会得到更加有效的发挥，司法的保障作用也会越来越明显。

总之，我国已经开始对环境法实施的行政主导模式进行调整，并在向环境多元共治演进，这是环境治理的一种转型发展。在这转型发展过程中，我们还面临许多任务：一方面，需要完善行政机关在环境法实施中的作用，改进其行使职权的方式，强化其环境治理功能，特别是探索行政机关的新型环境治理方式，这仍然是环境法实施的基本途径；另一方面，我们还需要重视其他主体的功能与作用，实现与行政机关实施的功能互补，以提高环境法的实施绩效。目前，在我国的环境法实施中，许多领域和地方都在探索环境治理的不同方式。今后，我们还需要对这些多元共治的方式进行总结，探索其中的规律，以更好地推进我国的环境多元共治的发展，实现环境治理体系和环境治理能力的现代化，最终实现环境善治。

第二章　合作型环境法理论

目前，我国环境形势非常严峻，社会公众对于环境质量的要求也日益提高。在这一形势下，加强生态文明建设已经成为社会共识，加大对环境违法行为的制裁力度也成为一种趋势。目前我国的环境法治建设，无论是环境法律的制定，还是环境法律的实施，都强化了对环境违法行为的制裁，体现了重罚主义思想。重罚主义强调制裁对于违法犯罪的一般预防功能，借助威慑来遏制环境违法行为，在环境法的发展中具有重要的影响，属于威慑型环境法。

但是，近年来一些严格环境执法的做法也引起了社会的关注甚至是争议，例如2015年山东省临沂事件、2017年环境监察引起大量企业停产现象等等。这说明，环境法不能一味地追求"严刑峻法"。实际上，我国在提高环境法威慑的同时，也重视环境法合作的一面。因为按照经济学的解释，合作能带来合作剩余，扩大人类行为的可能性边界。[1] 为了加强环境合作，不仅环境立法规定了激励性条款，鼓励帮助企业守法，而且环境执法与环境司法也以各种形式促进与企业的环境合作，反映了环境法中合作的一面。

环境法治的发达国家也曾经面临相同困境，即因为严格的环境法律责任，导致企业和整个社会的环境保护成本过高，引起了对环境保护的反弹。为了降低环境保护的成本，发达国家采取弹性的方式开展

---

[1]　靳文辉.制度竞争、制度互补和制度学习:地方政府制度创新路径[J].中国行政管理,2017(5):15-19.

环境保护，希望发挥不同主体的环境保护积极性，鼓励多元社会主体参与环境治理，实现环境合作治理，所以就出现了合作型环境法这样的新型环境法。

目前我国环境治理中弥漫着重罚主义思想。在这一背景下，是否适宜提倡合作型环境法、合作型环境法的任务与目标是什么、如何处理威慑与合作之间的关系，是环境法学者面临的使命。基于这样的背景，在与威慑型环境法进行对比的基础上，本部分主要研究合作型环境法的产生及其演进，探索环境法发展的另外一条可能路径。

一、合作型环境法原理

（一）环境法的不同面向

从企业在环境治理中的地位看，环境法可以分为威慑型环境法、合作型环境法与反身型环境法。

威慑型环境法，是"命令—控制"型环境规制的主要特征，体现了重罚主义思想，指的是通过加大对企业环境违法的制裁力度，对企业形成有效的威慑，最终遏制企业的违法行为，以实现一般预防与特别预防的功能。在威慑型环境法中，企业处于一种消极被动的状态，他们更多的是作为被规制、被制裁的对象。

合作型环境法，是环境合作原则的体现。环境合作原则是环境法的一项基本原则，广义上说，是指"国家与所有社会的力量，在环境保护的领域之中，必须共同合作"[1]。虽然环境法的合作原则在适用上存在着一定的障碍[2]，但可以根据这一原则来确定合作型环境法，即通过不同主体之间的合作，来实现环境治理效果的优化，以最小的社会成本来保护自然环境。在这一类型的环境法中，企业不仅是

[1]　陈慈阳.环境法总论[M].北京：中国政法大学出版社，2003：189.
[2]　吴凯.中国环境法上合作原则的演化路径与治理功能——以城市环境治理中认证能力为中心的考察[J].南京工业大学学报（社会科学版），2016，15（2）：36-51.

受规制、被制裁的对象，而且也是环境治理中的主体，可以在环境治理中起到积极作用。

反身型环境法，是反身性法在环境法中的体现。它试图在企业及其他相关社会子系统内部建立一种自我反思结构，引导其创造性、批判性和持续性地思考如何最大程度地提升环境表现。[1]反身型环境法重视企业通过自身的环境管理等一系列制度来强调环境保护，强调的是企业自身的内在行为，是以企业为中心的一种环境法路径。

与另外两者相比，合作型环境法强调不同主体、不同方式之间的合作与协调，避免了环境规制中常见的"政府失灵"与"市场失灵"的双重困境，在现代环境治理中得到了越来越多的重视。

（二）我国合作型环境法的出现

合作型环境法，需要不同主体的参与与合作，体现了现代环境治理多主体、多中心与多方式的典型特征，契合了现代社会治理的发展趋势。在现代社会，国家的任务日益复杂化，出现了合作国家、合作行政的概念，重视国家与相对人之间合作，以更好地实现国家的行政任务。[2]例如，有学者就提出了合作行政法的概念，认为"合作行政法区别于传统行政法的控权目标，兼顾合作目标和对合作的规制"[3]。由于环境问题的复杂性，合作型环境法在环境治理上具有更多的优势。

从主体类型来看，环境合作包括各类参与环境治理主体之间的合作，如行政机关之间的合作、行政机关与企业的合作、生产性企业与中介性企业之间的合作、行政机关与社会公众的合作、生产性企业与社会公众之间的合作、司法机关与企业之间的合作等等。本部分的合作型环境法主要围绕威慑型环境法的弊端而进行讨论，而威慑型环境

---

[1]　谭冰霖.环境规制的反身法路向［J］.中外法学，2016，28（6）：1512-1535.

[2]　朱迪·弗里曼.合作治理与新行政法［M］.毕洪海，陈标冲，译.北京：商务印书馆，2010：34.

[3]　徐庭祥.论合作国家的规范性及行政法展开［J］.福建行政学院学报，2015（2）：46-54.

法主要针对企业行为，因此本部分的合作型环境法主要是指行政机关与企业之间、司法机关与企业之间、生产性企业与中介性企业之间的合作，即聚焦于以企业行为为中心的环境治理，集中研究这一类的合作型环境法。

在重视威慑型环境法功能的同时，我国也非常重视环境法的合作要素，可以说，我国并不缺乏合作型环境法的基因。其主要表现是：

1. 环境立法的合作性条款

在我国的环境立法中，主体表现为大量制裁性条款（法律责任），也存在一些合作性条款。例如我国的《环境保护法》中规定的公众参与原则就是一种典型的环境合作思想，而与本部分相关的，是除了在第十一条中作出了一般性的规定外，还在第二十二条规定：生产经营者在符合法定要求的基础上，进一步减少污染物排放的，人民政府应当予以鼓励和支持。立法中的合作条款，体现了立法者的价值取向。当然，我国环境立法中的合作条款数量不多，而且大部分是法律修改前相关条款的延续，与过去的条款相比没有发生显著的变化，说明我国目前环境立法中还是以威慑制裁为基本特征的。

2. 环境执法中的合作倾向

虽然我国的环境立法对于环境合作还没有明确的表态，主要表现为威慑型的环境法，但实际上我国环境执法中已经开始重视合作性问题。目前开展的环境损害赔偿试点中，也将磋商作为重要的组成部分。环保部门利用各种形式与企业开展环境合作，例如环保部制定"企业环境守法导则"和环境技术政策，为企业的环境守法提供帮助，等等。同时，行政机关也在积极地探索新的方式来提高企业的环境治理效果，据钱易院士在吕忠梅"环境法回归 路在何方？——关于环境法与传统部门法关系的思考"报告上介绍：工信部组织"节能减排工业生产技术的筛选和评价"，涉及冶金、纺织、造纸等十一个工业门类，对每个门类一百个以上工厂进行调查，筛选出最节约资源的、排放污染最少的生产工艺，列出清洁生产工艺供企业参考。企业通过对比发现自己工艺的优劣，并采用好的技术，从而节约资源、减少污染。这种形式反映了行政机关与企业之间的互动与合作关系的深化，反映了行政机关积极地采取措施促进环境保护，而不是消极地制裁环境违法的执法理念。

3. 在环境司法中的合作路径

近年来，我国司法开始积极介入环境治理领域，同时，司法也在寻求合作性的解决方案，出现了合作性司法的概念，并不是一味地对违法行为给予制裁，而合作性司法更加适合环境治理这样的领域。正如有学者所言，我国"对环境问题的刑事法律解决也不再局限于传统的报应型刑罚措施，而是更加注重被污染、破坏的环境的恢复"[1]。这种恢复性司法正是一种合作的体现。环境治理不仅需要环境污染后的治理，更重视污染发生前的预防，即使在治理中，也非常重视其专业技术性，合作性司法可以提高环境治理绩效，有利于污染的预防和治理。

4. 企业自主地参与环境治理

企业担负着环境治理的主体责任，随着环境保护的压力不断增强，企业越来越意识到自身的环境保护责任。一些企业也主动担负起这一责任，例如企业建立环境管理制度，改进环境管理技术，等等。目前开展的污染第三方治理制度，实际上也具有环境合作治理的意味，是企业利用其他主体的力量来提高环境保护绩效的一种方式，体现了不同主体合作的功能与价值。

二、合作型环境法产生的缘起

合作型环境法是在威慑型环境法的基础上发展起来的。由于威慑型环境法在实施过程中出现了严重的问题，社会各方面开始对之进行反思，认识到环境治理需要社会不同主体的合作，通过合作可以更好地提高环境法的实施效果。与威慑型环境法相比，合作型环境法产生

---

[1] 雷鑫，张永青.环境犯罪刑事和解的证成与价值：以恢复性正义为视角 [J].湘潭大学学报（哲学社会科学版），2010，34（1）：31-35.

的原因主要如下：

（一）威慑理论存在缺陷

威慑模式是建立在企业是理性经济人的假设上的，其理论基础是功利主义。这一理论认为：企业是理性经济人，他们会对其违法所得与违法成本之间的差额，进行理性计算，当违法所得大于违法损失时，他们就会选择违法。为了防止他们通过违法行为获得收益，就需要加大对其的惩罚，剥夺其违法所得，即保证任何人不得从违法中获益，防止"守法成本大于违法成本"，在企业之间形成"劣币驱逐良币"的现象。而要加强对企业的威慑，就必须加大企业的违法责任并提高企业环境违法的发现率，当企业的违法成本大于其违法收益时，企业就会选择遵守环境法律。[1]

这一理论在解释环境违法和环境法律责任条款时具有一定的合理性，但这一理论存在明显的缺陷，即现代企业并不都是，也不一直是理性的经济人，他们也可以成为理性的社会人，企业社会责任理论对威慑型环境法的理论基础提出了挑战。随着社会的发展，现代企业越来越重视企业的社会责任，企业重视履行包括环境保护在内的社会责任，而不再仅仅是理性的污染者。因此，根据这一理论假设而提出的威慑制度设计就存在着不准确之处。

另外，这一理论仅仅考虑到了企业环境违法的结果，而没有考虑企业环境违法的原因。其实，企业的环境违法包括许多情形，有的学者将其分为：唯利是图的违法者和力不从心的违法者。[2]笔者认为，其实还有不可避免的违法者和疏忽大意的违法者。威慑理论没有考虑到对这些行为进行区分，实际上是不利于企业和整个社会的发展的。

---

[1] 邓可祝．环境守法导则：一种新型环境合作治理模式［J］．厦门大学法律评论，2016（1）：30-46.

[2] 詹姆斯·萨尔兹曼，巴顿·汤普森．美国环境法（第4版）［M］．徐卓然，胡慕云，译．北京：北京大学出版社，2016：66.

（二）威慑实施的成本过高

威慑型环境法，是以对企业违法行为加以惩罚为基本特征的法律，主要包括刑罚和行政处罚。根据法治原理，为了保护企业的合法权益，无论是刑罚还是行政处罚，都需要重视证据与程序问题，这样就极大地提高了威慑实施的成本。以刑罚为例，刑罚是一种严厉的制裁手段，其实施成本包括国家承担的诉讼成本与企业甚至整个社会承担的社会成本。

首先是国家的成本。为了追究环境犯罪，需要对环境犯罪进行侦查与起诉。刑事诉讼采取排除合理怀疑的标准证明，公安机关与检察机关需要投入大量的人力物力用于犯罪的侦查和起诉。虽然各国司法实践表明，环境犯罪的证明标准较低，对污染犯罪采取单纯的推定责任。[1] 即便如何，也需要公安机关与检察机关建立相应的推定前提，即：①某种有害物质的排放达到仅由于该排放行为而产生对公众的生命或身体危险的程度；②与该有害物质相同种类的物质产生的对公众的生命或身体的危险，是在排放该有害物质而产生该危险的地域内产生的；③污染仅限于对公众生命或健康的侵害；④污染至少达到具体危险的程度；⑤不适用于多个污染源排污累积达到威胁公众生命或健康的场合。[2] 这样，检察机关也面临着相当多的证明要求，起诉需要的成本也会很高。

不仅如此，检察机关在向法院提起诉讼后，法院在审理过程中也要承担大量的成本，这些都需要国家来承担。

其次是社会成本。企业不仅是一种营业性的组织，也肩负着许多社会功能。例如，企业承担着就业的功能，企业对投资者也有着相当多的责任。一旦企业因为环境犯罪受到刑事追究，就会引起强大的社会反响，对企业的社会声誉造成严重打击，也可以影响到员工的就业

---

［1］　赵秉志，王秀梅，杜澎．环境犯罪比较研究［M］．北京：法律出版社，2004：55.

［2］　李冠煜．日本污染环境犯罪因果关系的研究及其借鉴［J］．政治与法律，2014（2）：151-160.

和投资者的利益，甚至会影响到一定范围的社会稳定，这些都会产生巨大的社会成本。

（三）对抗性实施的绩效有限

威慑型环境法对违法行为的制裁会严重损害企业利益，导致制裁行为具有较强的对抗性，是一种对抗制的实施方式。对抗制会造成国家机关与企业之间的紧张关系，不利于行政机关取得企业在环境治理上的配合，增加了整个社会的成本。在对抗制关系中，企业在平时的生产经营过程中会消极地对待环境义务，而当行政机关对其进行制裁时，则会穷尽救济手段来与政府形成对抗，这种对抗性的关系提高了社会成本。另外，现有的环境标准针对的只是一般的技术标准和技术条件，一些企业可能在更高标准上进行排放，如果他们主动采取更高的标准，就会更好地提高环境保护的水平，但在对抗制的背景下，企业是不会主动地采取较高标准的，这反而不利于提高环境治理绩效。

以美国为例，美国在 20 世纪下半叶通过司法裁决来进行社会治理[1]，这在环境法领域尤为明显，双方在诉讼中的对抗性得到了强化；而欧洲国家较少采取这样的方式。但美国对抗制下的政府规制和其他发达国家的非对抗制的监督相比，其效果并不一定优于其他规制方式。[2]正如有学者所言："美国诉讼叠加的司法环境，更是让其为实现相当水平的环境保护承担了更高的成本。"[3]相比而言，欧洲一些国家强调的合作型环境法则借助于国家与企业之间的合作关系，这是一种合作性的方式，其指导理念即是改变传统行政管制模式下政府与私人间的对抗关系。[4]通过这种合作型的环境法，可以以较小的成本提高治理效益。

[1] 韩铁. 美国宪政民主下的司法与资本主义经济发展［M］. 上海：上海三联书店，2009：220.
[2] 韩铁. 美国宪政民主下的司法与资本主义经济发展［M］. 上海：上海三联书店，2009：238.
[3] 马允. 美国环境规制中的命令、激励与重构［J］. 中国行政管理，2017（4）：137—143.
[4] 徐庭祥. 论合作国家的规范性及行政法展开［J］. 福建行政学院学报，2015（2）：46—54.

（四）治理理念的兴起

在环境法发展的早期，各国特别重视环境法的威慑性，强调加强环境管制，提高对企业环境守法的要求，并对环境违法给予严厉的制裁。但随着环境管制的发展，人们也要求降低环境保护的成本，强调不同主体共同参与环境治理，在这一背景下，提倡一种合作型的环境治理就成为可能。"绝大多数国家都从污染的扩散策略（形式上以市场为基础的法律）转变为直接的管制控制（实体上的管制性法律），然后进一步演变为一种更为复杂的政策路径，包括建立与私人市场合作性关系（反思性、治理的法律）。"[1]

社会治理需要不同主体的参与，不同主体对公共事务的参与是具有治理典型特性的一种方式。通过不同主体的参与，可以避免单纯依赖市场或者政府而导致的"市场失灵"或"政府失灵"，发挥不同主体的积极性和优势，共同对社会事务发挥有效作用，达到最佳治理效果。这在环境治理上更加具有合理性，正如蔡守秋先生所言，治理模式"通过构建政治国家与公民社会合作、政府组织与非政府组织合作、营利组织与非营利组织合作、公共机构与私人机构合作、强制与自愿合作的社会调整机制，弥补政府缺陷和市场缺陷，以达到'和而不同'的'和合'政治哲学境界，实现对人与人的关系和人与自然关系的'善治'"[2]。

以企业环境合规制度为例，这一制度要求企业制订内部环境管理制度以更好地保护环境，而政府提供相应的帮助与监督，第三方机构则提供相应的服务，包括环境评估与环境认证。这一制度反映了环境合作治理模式下各主体的互动，体现了合作型环境法的价值。类似的制度在合作型环境法中也以不同的形式不断涌现，例如污染第三方治

---

[1]　罗豪才，毕洪海.行政法的新视野［M］.北京：商务印书馆，2011：137.

[2]　蔡守秋.善用环境法学实现善治——治理理论的主要概念及其含义［J］.人民论坛（学术前沿），2011：2（中）：62-65.

理制度、环保机关制定环境守法导则制度等等。

（五）司法理念的变革

司法理念的变革对于合作型环境法的产生也起到了促进作用。传统司法重视的是原告与被告双方之间的对抗，这在刑事诉讼中表现得极为明显。随着社会的发展，司法理念也发生了变化，司法的合作主义也受到了重视，司法已经不再偏好纯粹的对抗性。近年来，恢复性司法产生后，司法的合作主义得到了更好的体现。以刑事诉讼为例，传统的刑事诉讼存在着直接对立的控辩双方，双方存在强烈的对抗关系。控诉方要实现刑事追诉的效果，并将说服法院定罪量刑作为自己的诉讼目标；被告人及其辩护人则将推翻或削弱对方的指控作为本方的诉讼方向，这是一种"对抗性司法"模式。但在 20 世纪 70 年代，在西方形成了以辩诉交易为代表的"合作性司法"模式，为促使被告人自愿认罪，检察机关有时要与被告人、辩护人进行一定程度的协商，并承诺向法院提出从轻量刑的建议；对一些具有从轻量刑情节的嫌疑人，直接采取暂缓起诉的措施。[1] 在这一模式下，检察机关更加重视双方的合作。近年来，合作性司法模式发展成为恢复性司法模式，即强调犯罪人与受害者之间的协商，此时，"刑事司法的任务主要不是惩罚犯罪人，而是应将被犯罪行为所破坏的社会关系恢复到一种平等的理想状态"[2]。

这种司法理念在环境法中也得到了极大的体现，例如美国开展的环境犯罪暂缓起诉制度，就体现了这样的理论，我国也已经出现了类似的实践。

---

[1]　陈瑞华.司法过程中的对抗与合作—— 一种新的刑事诉讼模式理论［J］.法学研究，2007，29（3）：113-132.

[2]　于改之，吴玉萍.多元化视角下恢复性司法的理论基础［J］.山东大学学报（哲学社会科学版），2007（4）：39-44.

三、合作型环境法的模式

根据不同主体之间的互动关系，合作型环境法可以划分为不同的模式。本部分主要从企业在环境治理中的功能开展讨论，现有的合作型环境法的基本模式主要有如下几种：

（一）自主型模式

这是指环境治理主体基于职责与责任而自行实施的一种模式，包括企业的自主管理模式和政府的主动指导模式。从合作的原意来看，合作应该是双方或者是多方的行为，单独一方没有合作的必要，也没有合作的空间，在自主型模式中也是如此。本部分所指的自主型模式，不是一方的行为，而是多方合作的结果。首先，自主型模式是外力作用的后果。在政府主动指导的自主型模式下，行政主体是基于威慑型环境法的低效与高成本，希望通过对企业的指导与帮助来实现企业更好地守法；在企业自主管理的自主型模式下，现代企业之所以大力开展自主型的环境管理活动，主要原因是外力的作用，而且也与国家开展的守法激励活动密切相关。其次，自主型模式在制订的过程中，也需要相应的合作，政府的主动指导模式，一般会与企业进行协商，并向社会进行公示，而企业自主制订的自主管理模式，也通常需要其他中介组织的评估与认证，这也是一种合作；最后，在发挥相应的效果时，自主型模式也需要其他主体的配合，不仅政府的主动指导模式依赖于企业的配合与服从，企业制订的管理制度，也需要接受外部的评判与认可。这些都是基于合作的原理与要求而产生的自主型模式。

（二）契约型模式

这种模式是指企业与其他主体之间订立环境保护的协议，通过协议实现环境保护目标的方式。"契约作为一种重要的环境管制工具，其基本谱系是涵摄了'环境公共利益—环境管理权'和'公民私益—

环境公民权'的二维结构。"[1]通过契约的方式来实现环境保护，反映了行政机关与企业之间相互合作的关系。契约型模式主要有自愿环境协议和公私环境协议两类。自愿环境协议，是政府与企业签订，为了促进企业实施比环境标准更加严格的环境保护措施的一种协议。企业可以自愿提高环境标准，超额减少污染物的排放。例如，美国在 1990 年实施 33/50 计划，即参与计划的企业减少 17 种有害物质的排放量，1992 年比 1988 年减少 33%，1996 年比 1988 年减少 50%。到了 1996 年，这一项目超额完成了预定的减排任务。在欧盟，荷兰采取自愿性环境协议方法减少温室气体的排放，也起到了良好的效果。[2]公私环境协议（日本也称为"公害防止协议"），是为了提高企业的环境保护意识，一些国家的政府（主要是地方政府）以与企业签订环境协议的方式来明确企业的环境要求。这一做法最早起源于日本，一些地方政府与希望到本地投资生产（或者已经在当地投资生产）的企业进行谈判，双方明确企业的环境保护任务和要求，明确当地居民对企业运行期间环境保护的监督权利。通过这样的协议，增强了企业的环境意识和自觉性，提高了环境保护的效果。

（三）实施型模式

实施型模式，指的是通过合作的方式来实施环境法的一种模式。法律实施的范围非常广泛，包括立法后的所有活动，但主要依赖于行政机关的执法与司法机关的司法。在环境法的实施过程中，都需要大量的合作。例如在美国有 95% 的行政执法程序通过和解结案[3]，同样，环境司法也具有非常高的和解率。[4]之所以出现这样的情况，是因为环境执法与环境司法，都需要通过和解的方式提高法律实施的

---

［1］ 秦鹏，杜辉.环境义务规范论——消费视界中环境公民的义务建构［M］.重庆：重庆大学出版社，2013：223.

［2］ 邓可祝.多国自愿环境管制的效果启示［J］.环境保护，2011，39（9）：62-64.

［3］ 詹姆斯·萨尔兹曼，巴顿·汤普森.美国环境法（第 4 版）［M］.徐卓然，胡慕云，译.北京：北京大学出版社，2016：70.

［4］ 邓可祝.环境行政公益诉讼和解制度研究［J］.法治研究，2016（4）：101-112.

效率，同时也减弱环境法的对抗性。通过环境法实施过程中的和解制度，体现出合作型环境法的特征。我国目前开展的环境损害赔偿的试点工作中，特别重视磋商机制，其实也是合作型环境法的体现。

（四）评价型模式

评价型模式是指通过社会评价的方式来实现环境保护目标的，合作型环境法的模式。现代企业非常重视自身的社会认可度，社会评价对企业的行为会产生有效的作用。评价型模式主要有以下几个方面：一是专业机构的评价，主要是评估与认证机构的评价。现代社会中，专业性的评价与认证机构不断涌现，实际上代替国家行使了一定的治理职能，这些机构利用专业性与技术性，参与到环境治理之中，主要方式是对企业环境管理制度进行评估与认证，例如 ISO 14000 环境标准，对企业的环境管理体系进行评判。二是环保组织的评价，环保组织可以对企业的环境守法或者环境违法状况进行评价并公之于众，对企业的形象形成评价，例如在印度尼西亚开展的企业环境标志项目，对于当地企业产生了巨大的压力，也产生了良好的环境效果。三是社会大众评价，随着人们环境意识的提高，社会大众对企业的环境保护能力与水平也非常关心，在购买产品时，社会大众会根据企业环境状况进行选择，用购买行为来对企业的环境行为进行评价。

（五）代理型模式

代理型模式指的是通过第三方治理来实现环境保护的模式。现代社会的专业化分工越来越细，环境领域兴起了污染第三方治理制度，即通过专业化企业来代替企业治理污染物、代理企业运营污染设施等等。在这样的形式下，专业性的第三方企业成了污染企业污染物的治理者或者污染处置设施的维护者与运营者，这样的优势是：①提高了污染企业的污染治理的效率，一般企业特别是中小型企业可能无法有效地进行治理，而专业化的企业更加具有效率；②有利于发挥第三方治理的专业性优势，对污染物进行集中的处理。

这些模式包括不同的主体之间的合作，不仅涉及国家行政机关与司法机关，还涉及企业，而且企业也包括生产型企业与中介性企业，包括社会环保组织与一般社会公众。这些主体运用不同的手段与方式参与到环境治理之中，在环境治理中发挥着不同的作用。

四、合作型环境法的机制

在合作型环境法中，需要依赖于不同的机制。这些机制可以发挥不同的作用，促进了环境法的实施，提升了环境法的效果。

（一）协商机制

协商机制是与执法机关和司法机关的单方面命令制裁机制相对应的。在威慑型环境法中，行政机关单方面制定环境政策并开展环境执法，而司法机关依法进行裁判，两者都不需要取得企业的同意，具有刚性与单方性。在合作型环境法时代，强调的是不同主体之间的协商，包括行政过程中行政机关与企业的协商，也包括在诉讼过程中行政机关与企业的协商以及司法机关对协商的参与与确认。从前者看，行政过程包括环境规则制定过程的协商，行政处罚过程中的协商和日常规制行为的协商，例如环境守法导则与环境技术政策，这些协商机制涉及环境规制的各个方面。而从司法过程来看，在诉讼过程中也存在协商机制，即诉讼和解制度，法院不仅尊重诉讼过程中双方的和解，也尊重诉前的和解。这一机制体现了环境合作原理，即在环境执法与司法过程中，不同主体共同参与与共同协商，实现环境保护的最优化。

（二）企业机制

有学者认为，资本主义经济存在三大治理机制——市场机制、企业机制与国家机制[1]，实际上，现代国家都存在这样的机制。而企业机制在合作型环境法中受到了越来越多的重视。在现代企业管理制度中，法律对企业环境守法的要求不断提高，同时基于内在的社会责任意识，企业开始重视环境管理制度的建设，甚至将环境合规作为企业治理的重要内容，认为企业合规则是现代企业一种新型的企业治理。[2]根据环境合规原理，在环境合规制度下，企业可以提高环境管理绩效，预防环境违法并能及时报告环境违法，从而更好地保护环境。当然，合作型环境法中的企业机制并不单纯是一种内部机制，这一机制与大量的外部机制是密切相关的：一是中介组织的帮助与评价；二是国家对企业环境合规则制度的指导与帮助；三是国家可以提供相应的激励措施，例如守法激励，对于建立了完整的内部环境管理制度的企业，可以实行豁免制度，减轻或者免除对其违法行为的制裁。

（三）市场机制

合作型环境法中，也重视市场机制的功能。在威慑型环境法阶段，通过经济激励机制例如排污收费制度、排污权交易制度来保护环境，以实现外部成本的内部化。在合作型环境法中，市场机制以新的形式发挥着作用：一是中介组织对企业环境管理水平进行评估和认证的方式，这些中介组织本身也是市场机制的一部分，它们遵循着市场规律，有助于获得认证的企业获得市场的认同，从而得到相应的利益；二是社会公众在市场上，根据自己的环境意识来选择商品，对于环境良好的企业是一种正面的市场激励，政府采购的原理也是如此；三是污染第三方治理机制，通过市场的方法来促进企业环境法理的专业化和技术化，从而更好地帮助企业。

---

[1] 韩铁.美国宪政民主下的司法与资本主义经济发展［M］.上海：上海三联书店，2009：455.

[2] Griffith S J. Corporate Governance in an Era of Compliance［J］. William and Mary Law. review, 2016, 57：2075.

（四）信息机制

环境信息包括政府公布的环境信息、企业或者是社会组织公布的信息，是非常有效的环境治理工具。特别是在大数据的背景下，环境信息的功能与价值还会得到更多的发挥。通过环境信息公开，可以对政府环境保护绩效进行评估，监督政府的环境治理行为。同时，环境信息公开，可以帮助政府了解企业的环境守法情况，也可以让社会认识企业环境守法状况，对企业形成一定的社会评价和压力，特别企业所在的社区可以对企业形成强大的压力。例如，在印度尼西亚和印度这样的国家，环境执法能力较弱，印度尼西亚采取定级或者是贴标签体制这样环境信息公开的方式来实行规制，印度的非政府组织采取绿色定级项目，对印度大型企业环境绩效进行监控。企业对于这类环境信息的披露非常重视，环境信息公开对于他们的环境守法起到了良好的作用。[1]现在已经进入了环境治理的大数据时代，在大数据背景下，信息工具可以发挥更强的作用[2]，而政府可以在环境信息公开方面开展更多的工作，"政府的角色是确保恰当的信息的产生、传输和交换"[3]，利用环境信息来促进环境合作治理。

（五）激励机制

激励是对有利于环境的行为进行奖励表扬的方式。现代环境法不仅重视制裁，也开始重视激励的作用。除了在传统环境法中已经存在的经济激励机制外，合作型环境法还存在其他的激励机制：一是守法激励，对已经建立了良好的环境守法体系的企业，可以豁免或者减轻对其违法行为的处罚，同时也可以减少对其检查的频次，减少企业应

---

[1]　托马斯·思德纳.环境与自然资源管理的政策工具［M］.张蔚文，黄祖辉，译.上海：上海人民出版社，2005：528、535、546.

[2]　方印，徐鹏飞.大数据时代的中国环境法治问题研究［J］.中国地质大学学报（社会科学版），2016，16（1）：66-80.

[3]　Stewart R B. A New Generation of Environmental Regulation? ［J］. Capital University Law review, 2001, 29：21-182.

对环境检查的压力，实际上是减少了成本。例如美国相关的激励，即对能够事先积极预防污染、能够在环境事故发生后自觉揭发、及时纠正违法行为从而降低破坏损失的行为者给予不处罚或者减轻处罚的激励。[1]二是恢复性激励（和解性激励），在环境执法与司法和解制度中，通过和解的方式结案，但需要企业付出更高的代价用于环境保护，这是一种激励。三是环保行为的激励，即以企业今后的行为作为是否予以处罚的依据，从而激励企业采取更好的环境友好行为，例如我国的泰州案，法院在判决中指出，如果企业对防治环境污染能达到一定的标准，原定的生态损害赔偿金额可以减免，这是对企业环境保护行为的一种激励。四是市场消费激励，即社会公众根据企业环境保护行为决定消费行为机制。在现在环境意识不断增强的时代，社会公众的消费行为也是一项重要指标。

（六）综合机制

综合机制，是指利用多种方式结合而形成的机制。这样的机制比较多，例如在绿色信贷制度中，就涉及不同的主体、不同的机制与功能，是一种典型的综合机制。在这一制度中，需要以国家的环境信息为基础的信息机制、市场准入机制、金融企业的贷款行为等。虽然表现为市场机制，但由于是以其他的相关制度为基础的，例如将企业的环境守法或违法信息作为准入制度或者信贷制度的基础，可以强化其功能，是一种综合机制。另外还有黑名单制度。[2]而这些综合机制，正体现了环境法的综合性，通过整体的应对，对各利益相关方都会产生有效的正反方面的激励，从而促进企业的合作与协调。

从上述机制来看，合作型环境法都是以一种非强制的方式体现出来的，体现了现代环境法软法治理的特征，是一种合作而不是对抗的

---

[1]　张建宇，严厚福，秦虎.美国环境执法案例精编［M］.北京：中国环境出版社，2013：35.

[2]　詹姆斯·萨尔兹曼，巴顿·汤普森.美国环境法（第4版）［M］.徐卓然，胡慕云，译.北京：北京大学出版社，2016：71.

环境保护思路，通过不同形式的合作以最小的成本来提高环境保护的绩效。

五、合作型环境法的实效性

早期的环境法是以威慑为基本内容，希望借助环境法的刚性与约束力，在全社会形成遵守环境法的氛围，这种威慑对促进环境治理的绩效有明显的效果，"在发展的初期阶段，当规制者的规制能力有限时，'命令—控制'型能减少政府的行政负担，因而可能更加优越"[1]；但环境守法风气基本形成后，需要重视环境执法与守法的成本，重视环境法所具有的弹性，以最小的成本实现环境保护利益的最大化，实现环境规制向环境治理的发展。

我国目前正处于威慑型环境法向合作型环境法过渡的时期，但合作型环境法的出现并不意味着威慑型环境法的失效，而是意味着两者的结合更为复杂与重要，"威慑基础上的实施系统包含了许多基本的保证守法的属性"，"应该转变现在的建立在威慑理论上的环境执法系统，整合成具有建设性的合作模式"[2]。而合作型环境法的有效性问题，则是一个至关重要的问题，不仅关系到环境保护的绩效，而且关系到其自身的正当性问题。环境法的有效性体现在：一方面，企业在威慑背景下能更自觉地合作，另一方面，通过合作可以减少威慑的使用。当然，为了保证合作型环境法的有效性，加强对合作的监督也是必要的。

需要通过保持环境法的威慑性，通过威慑促进合作并实现环境合作的优化；另一方面，通过合作来减少威慑的使用，并加强对合作型环境法的监督。

---

[1] 马允.美国环境规制中的命令、激励与重构 [J].中国行政管理，2017（4）：137-143.

[2] Yun M. Command, Incentive and Reform of Environmental Regulation in the United States[J]. Chinese Public Administration, 2017（4）：137-143.

（一）通过威慑促进合作

威慑是法律的基本特征，法律不能没有"牙齿"，法律责任就是法律的"牙齿"。从威慑与合作的关系来看，威慑本身不是目的，它还有促进主体间相互合作、共同实现环境保护目标的功能。有学者提出了威慑补充理论，认为威慑还可以实现法律的其他功能，即威慑补充理论"能够较为有效地解释赔偿与刑罚这两种基本法律制度的理论联系，并由此更清晰地理解和分析包括救济、和解及社会公平在内的相关理论与制度问题"[1]。就环境法而言，威慑不仅可以起到制裁的作用，还可以有效地促进企业的合作。

首先，威慑为什么能促进合作。威慑的核心是制裁，但制裁并不是威慑的唯一目标，在制裁的同时，威慑也希望能通过制裁实现守法的目标，通过合作能提高守法的水平，提高守法能力，最终实现法治目的。制裁提高了违法成本，降低了违法收益，减少了违法意愿；同时，制裁也迫使企业寻求更好的守法方式，从而减少了违法行为的发生。总之，"惩罚机制在促进群体的合作水平上起到非常重要的作用"[2]。

第一，不断增加的环境违法成本遏制了企业的违法动机。目前，我国越来越重视环境保护，加大了环境违法的责任，这样企业违法行为的收益降低，企业违法的动机也会受到遏制，实现了企业不敢违法。我国目前增加企业违法成本的做法有：

一是加大对单个违法行为的处罚力度。从理想状态来看，应该根据过罚相当的原则来设置法律责任，但这必须保证实行执法的全覆盖，保持较高的执法检查频率，及时发现企业的违法行为，但实际上执法能力是有限的，这就需要处理好执法频率与处罚力度的关系。美国学者贝克建立了关于规制与处罚的模型，对我国处理执法频率与处罚力

---

[1]　戴昕. 威慑补充与"赔偿减刑"［J］. 中国社会科学，2010（3）：127–143.

[2]　韦倩. 人类合作行为与合作经济学理论分析框架［D］. 济南：山东大学，2009.

度的关系具有良好的启发，在这一模型中规制者决定监督的频率和罚款的水平，污染者则追求服从规制的成本与罚款之和的最小化，通过对模型的分析，他指出处罚越严厉越好，而规制的频率则可以降低。[1]

　　这一模型说明在执法频率无法显著提高的情况下，提高对单个行为的制裁，可以增加整个企业群体的成本，也间接提高了对单个企业的威慑力。我国目前已经出现了提高单个违法行为制裁力度的现象。主要体现在：一方面，提高环境违法行为的处罚力度，这也是提高企业违法成本的基本方法，典型体现就是新《环境保护法》的按日处罚制度等。为了公共利益的需要，有时还可以执行严格的环境刑事政策，对企业犯罪也是一种有效的制裁，例如为了制裁企业犯罪，我国江苏省盐城市"2·20"特大水污染案中，法院以"投放危险物质罪"而不是以环境污染罪对被告企业法人代表和生产负责人分别处以10年和6年有期徒刑，加重了刑罚后果。这已经成为我国环境司法趋势，即："面对环境污染犯罪的日益猖獗和刑法罪名体系的滞后，各地司法机关已经开始在现有罪名体系下，积极通过扩张解释的方法对现有罪名进行解释及适用，严厉制裁愈演愈烈的环境犯罪"[2]。这些严厉的惩罚制裁方式发挥了有效的作用，"从威慑的角度来说，对于违反环境法的刑事诉讼可能是最适当的，因为它只从功利主义的角度来促进环境与健康的保护"[3]。而按日处罚制度，也对遏制企业的违法行为起到了重要作用。[4]另一方面，降低对违法行为制裁的难度，在我国原来的环境法律中，由各级人民政府决定违法企业的关闭和停产，这种制裁的实施方式较为困难，现在《环境保护法》和其他一些法律中规定环保部门可以决定对违法企业的关闭和停产，就降低了对

[1]　杨立华，鲁春晓，唐璐，等.中国环境监察监测之事权财权划分研究［M］.北京：北京大学出版社，2015：4.

[2]　李潇洋.环境犯罪的制裁思路与刑事政策定位——以江苏省盐城市"2·20"特大水污染案为例［J］.环境保护，2013，41（22）：47-48.

[3]　Uhlmann D M. After the Spill is Gone: The Gulf Of Mexico, Environmental Crime, and the Criminal Law［J］. Michigan Law Review, 2011, 109: 1413.

[4]　童光法.企业环境守法的进展与问题分析［J］.中国高校社会科学，2016（4）：132-139.

违法行为的制裁难度，对于违法者也是一种有效的威慑。

二是加强对企业违法人员的制裁，也显著地提高了制裁的力度。现代社会的环境犯罪主要是企业环境犯罪，通过环境刑罚，特别是双罚制，剥夺企业管理层的人身自由，其威慑作用尤为明显。正如一位企业的执行官所言："在19世纪70年代末，只要是钱的问题，企业最后可以帮你解决，但是如果涉及剥夺我个人的自由，那么，企业没有任何解决办法。"[1]

三是通过民事侵权责任的加大来增加企业环境违法成本，加强法律的威慑。主要包括两个方面，一方面是降低民事诉讼的难度，另一方面是提高民事赔偿的数额。目前，我国环境民事诉讼还存在较多困难，通过降低环境民事诉讼难度，可以提高受害者的诉讼积极性，增加诉讼的数量；为了提高民事赔偿数额，需要考虑环境损害赔偿的全面性。联合国1985年通过的《为罪行和滥用权力行为受害者取得公理的基本原则宣言》对环境破坏的赔偿提出了这样的要求："在严重破坏环境的案件中，如经裁定要提出赔偿，则应尽可能包括环境的复原、基础设施的重建、社区设备的更换，在这种破坏造成一个社区的迁移时，还包括偿还重新安置的费用。"这样就极大地提高了赔偿的数额，也可以提高企业环境违法成本，增强了对环境违法的威慑。

第二，不断完善的监督机制降低了企业违法机会。违法行为能否被及时发现，不仅由执法频率决定，而且也与执法能力有关，随着环境执法技术和执法理念的改进，我国环境能力也不断提高，执法更加周密，能更多地发现环境违法，这样环境违法获益的机会降低了，从违法中获利的机会也在不断降低。

威慑力量不仅与法律责任相关，也与违法行为被发展、被制裁的概率有关，贝卡里亚在《论犯罪与刑罚》中有一句名言："对于犯罪最强有力的约束力量不是刑罚的严酷性，而是刑罚的必定性……即使

---

[1]　王健.威慑理念下的反垄断法刑事制裁制度：兼评《中华人民共和国反垄断法（修改稿）》的相关规定[J].法商研究，2006，23（1）：3-11.

刑罚是有节制的，它的确定性也比联系着一线不受处罚希望的可怕刑罚所造成的恐怖更令人印象深刻。"[1]及时有效地发现企业环境违法，可以增加企业的违法成本，提高法律的威慑力量，对违法行为未被发现的企业也具有潜在威慑。

在计算违法成本时，不仅要考虑违法的责任或制裁，还要考虑违法行为被发现的概率。在法律责任一定的情况下，加强环境执法也可以提高发现违法行为的概率，也间接提高了企业的违法成本，加强了环境法的威慑。"犯罪对惩罚的反应是将其纳入预期成本的考量之中，惩罚概率和惩罚严厉程度的增大增加了预期犯罪成本，进而威慑犯罪。"[2]虽然这是从环境犯罪的角度说的，但也适用于其他的环境违法。

由于环境问题的复杂性，环境执法是有限的，一定存在大量的环境违法未被发现，即环境违法的黑数，如果环境违法的黑数过高，就会大大降低环境法的威慑力。要降低环境违法的黑数，就需要借助其他方式补充环境执法的不足。主要的方式有：①在技术上的改进，例如我国大量地设置在线监测系统，就大大提高了发现违法的能力；②利用当地公众的环境参与、社会组织的公益诉讼等，这类方式与环境法的公共实施相对应，可以称为环境法的私人实施（或私人执法）。[3]通过环境法的私人实施，可以弥补国家机关的执法不足，也可以防止公共执法的"寻租"，增强公众的参与意识和环境保护意识。我国新修改的《环境保护法》明确了环境公益诉讼，就是希望通过公益诉讼来提高违法行为的发现率，提高企业的违法成本。

其次，威慑如何促进合作。从威慑理论来看，剥夺企业因环境违法而获得的利益，对企业环境违法产生了应有的威慑，而提高威慑也相应地促进了企业在环境治理上的合作。

［1］　贝卡里亚.论犯罪与刑罚［M］.黄风，译.北京：中国大百科全书出版社，1993：59.
［2］　陈屹立，陈刚.威慑效应的理论与实证研究：过去、现在与未来［J］.制度经济学研究，2009（3）：169-186.
［3］　邓可祝.论环境法的私人实施［J］.四川行政学院学报，2012（5）：63-66.

第一，环境威慑也内含着促进合作的机制，使企业不愿违法。在环境威慑中，其实也内含有大量的促进企业合作的机制，即不是一味地加强对企业的制裁，也有激励企业合作的制度因素。主要包括：守法激励制度、环境管理制度、根据违法情节及对环境违法的改进情况来确定制裁的力度，这些都内含了激励守法与合作的内容。以环境守法激励为例，这一制度要求企业建立环境管理制度，以发现环境违法并及时报告与处理环境违法行为，如果企业建立了这一制度，将对企业的环境违法行为减轻或者是免予处罚。由于企业环境管理制度可以显著减少环境违法，并及时补救环境违法的损害，实际上是从整体上促进了环境保护。根据企业是否建立了环境管理制度而给予不同程度的制裁，对企业守法起到了促进作用。

第二，威慑能促使企业积极地守法。因为法律责任的严厉性，企业有动力去积极地预防环境违法，并处理已经造成的环境损害。为了减少威慑造成的影响，企业可以采取积极的措施来预防环境违法，这样可以起到更好的预防和保护作用，因为在环境法中，预防远胜于治理。因此，威慑对于预防环境违法也具有积极的作用，"管制方法不仅具有事后的效果，而且也能在事前发挥作用。它们促进自我管制，并为当事人根据自身条件实行高效协调创造动力"[1]。目前的企业环境管理制度与守法激励制度，正是基于这样的原理而产生的。

第三，威慑能促进企业与其他主体的合作，实现更高的环境治理目标。威慑提高了环境违法的成本，但仅仅依靠企业自身来实现合法可能又存在一定的困难，企业需要其他主体的帮助与指导。就行政机关而言，行政机关可以为企业提供专业知识和技术的指导与帮助；而就其他社会主体而言，企业通过与具有专业技术的主体合作，可以提高守法能力。例如环境污染第三方治理制度，这一制度是企业在强大的环境保护压力下，基于成本与技术的考虑，由第三方提供污染治理

---

[1]　罗豪才，毕洪海.行政法的新视野［M］.北京：商务印书馆，2011：260.

服务，提高了治理效率。

（二）通过合作减少威慑的适用

威慑型环境法虽然在治理环境方面具有成效快的优势，但其弊端也是不容忽视的。因此，需要尽量减少其适用，减少其适用并不是不考虑环境保护的需要，而是通过合作提高环境治理的效果，从而减少其适用。

首先，正确认识合作在减少威慑适用方面的功能。合作型环境法是在变革威慑型环境法的基础上发展起来的，由于合作减少了违法、减弱了对抗，最终也减少了威慑的适用。

第一，通过合作可以减少对抗。虽然威慑可以提高环境违法的成本，但威慑的实施也会提高整个社会的成本，增强了相互之间的对抗性。而通过合作可以减少对抗性，增加相互的信任，更加有利于行政机关与企业之间的良好关系，有利于企业更好地遵守环境法律。

第二，通过合作可以预防和减少违法。威慑是对企业违法行为的制裁，而通过合作，可以减少企业的违法，特别是一些预防性措施，可以更好地减少违法，从而避免适用威慑方式。仅仅是威慑还不足以要求企业实现环境治理，现代环境治理不仅需要威慑机制，还需要建立威慑背景下的合作机制。

第三，合作正成为环境法治的基本追求。法律的根本目的不是制裁，而是实现良好的社会秩序。同样，环境治理的目的并不是威慑，而是更好地环境保护。开展合作型环境法，其根本目的是减少环境违法，从而更好地实现良好的环境治理。威慑理论中的理性污染者假设简化了行为人违法的动机，低估了环境法的复杂程序，忽视了受管制者自我守法的社会责任感与其他诱因的作用。从环境法治的趋势来看，各国都需要企业成为环境治理中的重要主体，积极履行其社会责任，成为良好的环境公民。20 世纪 80 年代以来，社会发展呈现出多元治理主体迅速生成的局面，更加重视社会各主体之间的合作治理。合作治理要求治理主体"基于特定的互惠性目标，并在自主、平等的基础上开展合作"，因而是一种真正的共同治理。[1]在共同治理中，不同主体之间的关系更加平等，相互之间更加信任，适用威慑的机会也就更少。

其次，探索减少威慑适用的合作形式。环境合作的形式种类繁多，在减少威慑适用方面，现有的合作形式主要有：

第一，行政机关通过行政指导帮助企业预防环境违法，减少威慑的适用。政府可以通过许多措施来促进企业的环境合作。行政机关需要发挥积极作用，说服当事人从参与获得的收益要比从好斗的对抗获得的收益更多，诸如节省成本、减少诉讼与改善关系等。[2]除了加强执法提高威慑力量促进企业的环境合作外，政府还可以通过柔性的方式来促进环境合作，甚至可以通过中性方式来促进环境合作。

环境指导不仅可以帮助引导企业的环境行为，还可以让企业明确自己环境行为的可能后果，对自己的行为形成一定预期，减少不必要的违法。现代环境法律数量庞大、体系复杂，通过环境指导，可以帮助企业避免因误解而导致违法。例如，美国通过环境实施政策和标准来让企业认识到自己行为的后果。"美国的环境实施政策和标准最少有三种形式：联邦环保局的环境审计政策宣言、联邦环保局和联邦司法部颁布的控制环境犯罪起诉裁量权的内部指引、由美国量刑委员会建议的新环境量刑指南。"[3]

环境指导包括服务指导与威慑指导，服务指导指政府为企业在环境保护方面的措施与方法提供的指导，现代政府可以为社会提供大量的服务，这种指导可以向企业提供环境保护技术的发展和环境保护的方法，可以有效地促进企业的环境治理与环境合作，例如在印度尼

[1]　张康之.合作治理是社会治理变革的归宿[J].社会科学研究，2012（3）：35-42.
[2]　朱迪·弗里曼.合作治理与新行政法[M].毕洪海，陈标冲，译.北京：商务印书馆，2010：47.
[3]　Orts E W. Reflexive Environmental Law [J]. Northwestern University Law Review, 1995, 89（4）：1227-1340.

西亚的"污染控制评估和定级计划"中，政府部门的检测员会给企业提出存在的问题，为企业提供服务，然后由企业自己解决存在的问题，这样的帮助促进了企业在环境守法方面的合作，也改进了环境质量[1]；而威慑指导，主要是通过向社会颁布一定的环境行为的法律后果，例如美国有关环境犯罪量刑的指导，就明确了一些行为的刑事责任，这些指导可以帮助企业避免相应的行为，从而更好地合作治理，即"量刑指南可以通过确立环境犯罪相应的刑罚措施达到威慑环境违法的目的"[2]。

第二，企业建立环境管理制度从内部预防违法，减少威慑的适用。企业建立完善的环境管理制度，特别是环境合规制度，对于环境违法具有基础性和关键性的作用。"企业环境管理体系是指在企业内部建立的与企业其他管理体系相整合的用以系统管理其全部环境事务的管理系统。"[3]企业的环境管理制度可以提高环境治理绩效。政府可以通过帮助企业实施这一制度来提高企业的环境合作治理水平，例如欧盟在1995年实施的"生态管理与审计计划"（Eco-Management and Audit Scheme，简称：EMAS），该计划采纳了一个自愿的环境管理、审计和报告制度。这一计划建立了独立的守法验证框架，提供了企业参与的适度的激励机制。[4]通过这一计划，企业可以评估、管理和改进自己的环境绩效，从而更好地提高环境管理的水平。政府和利益相关方可以通过这一计划来发现企业在环境治理方面的问题，并提出相关的建议。企业应加强相关的技术和资金的投入，现代环境治理需要企业相应的环境技术和设备的投入，只有必要的投入才能在环境保护上起到良好效果。

---

[1] 托马斯·思德纳.环境与自然资源管理的政策工具［M］.张蔚文，黄祖辉，译.上海：上海人民出版社，2005：528.

[2] Lemkin J M. Deterring Environmental Crime through Flexible Sentencing: A Proposal for the New Organizational Environmenal Sentencing Guidelines［J］. California Law Review, 1996, 84（2）：307-376.

[3] 岳全化.企业环境管理体系和环境报告［J］.世界标准化与质量管理，2000（9）：13-15.

[4] Orts E W. Reflexive Environmental Law［J］. Northwestern University Law Review, 1995, 89（4）：1227-1340.

建立起完善的环境合规制度后，企业不仅可以减少环境违法行为的发生，而且在环境违法行为发生后也能及时地发现与报告违法，并获得相应的豁免，这也减少了威慑的适用。

第三，中介组织通过评估与认证制度帮助企业建立环境管理制度，提高守法水平。现代中介组织在一定程度上也承担了环境规制的功能[1]，中介组织可以在环境认证与评估制度中对企业的环境管理制度进行认证与评估，这也有助于企业的守法，不仅可以增强守法的主动性，也加强了对违法行为的预防，是现代非常重要的规制方式。通过这样的评估与认证，现代企业的环境守法能力得到了提高，也减少了威慑的适用。

第四，适用暂缓起诉、行政和解等制度，减弱威慑力量。当企业存在违法行为需要加以制裁时，合作型环境法也并不一味地追求制裁，而是根据不同的情形来加以弹性处理，采取一些和缓性的方式来加以应对，例如行政和解制度和暂缓起诉制度等。例如，在美国的墨西哥湾漏油事件中，检察机关对 BP 企业"除了具有威慑性的罚金外，刑事制裁还会包括企业守法计划（Corporate Compliance Programs），如果能得到适当的实施，企业守法计划将会要求墨西哥湾漏油的有关企业在今后的企业经营中优先考虑到环境保护与工人的安全保护"[2]。明确环境治理与守法措施，可以奠定双方合作的基础，也有利于社会的监督。在我国，目前也存在这样的实践，通过和解制度，一方面要求违法企业承担相应的责任，但另一方面，也重视对企业的声誉的保持及双方合作关系的维持。

第五，发挥非正式威慑的功能。威慑功能主要是指严格依据法定程序来对违法行为加以制裁的方式，包括行政处罚与刑事处罚。而非正式的威慑功能，是指行政处罚与刑事处罚之外的对企业不利的方式，

［1］　高秦伟.论政府规制中的第三方审核［J］.法商研究，2016，33（6）：24-33.

［2］　Uhlmann D M. After the Spill is Gone: The Gulf Of Mexico, Environmental Crime, and the Criminal Law［J］. Michigan Law Review, 2011, 109: 1413.

除了通过市场机制来对企业的环境行为加以选择外，还包括黑名单制度、政府绿色采购制度等等。"政府绿色采购就是通过政府庞大的采购力量，在政府采购中选择那些符合国家生态标准的产品和服务的行为，是将生态消费理念贯穿于整个采购过程中以达到保护环境和节约资源的目的。"[1]随着社会的发展，政府采购的规模越来越大，对于企业具有很大的吸引力。通过绿色采购，政府可以拒绝不符合环境标准的产品或服务，这对环境违法的企业是一种事实上的惩罚，但又具有较强的灵活性，对于符合环境标准的产品或服务的企业又是一种鼓励。通过这样的惩戒和鼓励，政府对企业的环境行为产生有力的影响，促进企业采取措施保证环境守法，同时也促进企业环境合作治理。

（三）通过监督保障合作的有效性

无论是威慑还是合作，都需要建立相应的监督制度。威慑型环境法的监督方式主要是企业的自我救济，而合作型环境法更需要整个社会的监督。对威慑型环境法的监督是为了保护企业的合法权益，主要依赖于企业通过私益诉讼或者在刑事诉讼中的抗辩来实现；在合作型环境法中，对不同主体的监督呈现出更加复杂的样态。由于强调合作性，一般而言对企业是有利的，而且一些合作也没有公权力的参与，对其监督也缺乏明确的法律依据。因此，需要改进监督的方式：在自主型、契约型、实施型中都涉及公权力的运用，而在评价型和代理型主要涉及私权利之间的互动，这样对其监督方式就存在差异。

首先，是对公权力主体的监督。在合作型环境法中，存在着大量的公权力主体的行为，包括行政机关的指导帮助行为、行政机关与相对人之间的和解行为、司法机关的和解行为、行政机关与企业之间的协议行为。为了保障行政行为的正当性与合法性，就需要加强对其监督。以暂缓起诉制度为例，为保护暂缓起诉协定得到遵守，检察机关

---

[1] 秦鹏.政府绿色采购：逻辑起点、微观效应与法律制度 [J].社会科学，2007（7）：69-76.

往往会聘请相关的人员对企业行为进行监督。在美国的暂缓起诉制度中，对企业的监督已经形成了一个完整体系，监督者也具有相当大的监督权。例如，"检察机关还会要求监督者提交书面报告来报告企业遵守暂缓起诉协定的情况"[1]。这对监督者也提出了相当高的要求，监督者不仅要具备相应的监督能力，也需要承担因为监督不力的法律后果。同时，暂缓起诉协定是需要向社会公开的，社会可以对企业的违法情况与实施协定的守法情况进行监督。如果发现企业在执行暂缓起诉协定中存在违法情形，可以举报甚至提起环境公益诉讼。

在合作型环境法中，许多对公经济主体的行为对企业并没有强制力，在公开程度与监督形式上存在特殊性，特别要预防企业与行政机关之间的合谋，共同损害环境公共利益。因此，应加强社会的监督，对于其他和解与协议制度，也应该保持最大程度的公开，以便公众对这些协议进行监督，例如社会对环境和解协议的监督。

其次，是对私经济主体的监督。在合作型环境法中，对私经济主体的行为包括企业的内部管理行为、中介组织的评估与认证行为、第三方污染治理机构的行为。对这些行为的监督，包含公权力机关的监督与社会的监督。

对企业内部环境管理行为的监督。由于这是内部行为，对其监督的正当性相对较弱，但政府可以通过激励的方式，例如守法激励的方式要求其公开，对其守法或者违法行为进行适当的奖罚。

对评估认证机构行为的监督，评估认证机构虽然与企业之间是一种合同关系，但这种认证评估对社会具有一定的影响，对被评估认证的企业也具有潜在的影响。因此，需要保证其行为的公正性，否则就需要承担相应的违法责任，包括民事责任，例如我国《环境保护法》第六十五条规定了第三方机构在环境服务中弄虚作假并造成环境损害

---

[1]　United Sates Government Accountability Office. Corporate Crime: DOJ Has Taken Steps to Better Track Its Use of Deferred and Non-Prosecution Agreements, but Should Evaluate Effectiveness [Z] . 2009.

的，应承担连带责任，也包括行政责任或刑事责任，这就需要行政机关与司法机关的监督。

对环境污染第三方治理制度中第三方企业的监督。这是一种新型的监督领域，行政机关主要监督第三方企业与污染企业之间的协议，明确各自的责任，从而保证双方之间的权利义务的明确性。

六、 结论

当前，我国环境法存在实施不力的现象，环境法律缺乏应有的权威，环境保护的效果不够理想。为了改变这一状况、加快环境治理的进程，现在无论是环境立法还是环境执法，都非常重视强化环境违法的法律责任，强调环境法的严格实施，"实行最严格的环境保护政策"，这些都体现出威慑型环境法的典型特点。

但我们也应看到，在重视环境法威慑功能时，也需要正视其存在的问题。威慑型环境法具有成本高、对抗性强的特点，只适用于特定时期的环境治理。从长远的眼光来看，我们还需要重视合作型环境法。合作型环境法具有非强制性的特征，重视多主体的沟通与协商，发挥不同主体的功能，有利于实现环境治理的转型发展。

在合作型环境法中，需要特别重视其实效性问题。实效性是合作型环境法正当性的基础，没有良好的合作效果，合作型环境法就会受到质疑甚至被抛弃。要实现合作型环境法的实效性，就需要正确处理威慑与合作的关系，通过威慑促进合作、通过合作减少威慑，并加强对合作过程和合作结果的监督，通过各种新型的模式与机制来提高环境治理的绩效，最终实现环境"善治"。

第三章　大数据条件下互动型环境规制理论

　　大数据不仅是一种新型的技术形态，还是一种新型的社会治理工具。基于这样的背景，我国日益重视大数据在社会治理中的作用。国务院在2015年制定了《国务院关于印发促进大数据发展行动纲要的通知》（国发〔2015〕50号），以促进政府管理大数据的发展。国务院各部门和各级地方政府也都开始不断开拓大数据在社会治理中的功能。作为对环境信息具有特殊要求的行业，环境治理也日益依赖大数据的发展，我国的环保部（现在已经改名为"环境保护与生态部"，以下仍然简称为"环保部"）也公布了《生态环境大数据建设总体方案》（环办厅〔2016〕23号），对环境治理中大数据运用的具体做法进行了全面的部署。可以预见，在今后的环境治理中，大数据将会得到越来越多的运用。

　　进而言之，大数据已经成了一种基础性的社会制度，利用大数据发展创新型社会治理方式正成为一种日益紧迫的社会需求。环境规制是加强环境保护的必要手段，但也面临着规制失灵的困境。环境规制失灵的一部分重要原因是规制成本过高、规制俘获与规制僵化，这些都与环境信息不对称有密切关系，大数据在克服环境规制信息不对称方面具有得天独厚的优势，可以通过环境信息工具来破除传统规制的困境，提高环境治理的绩效。本部分拟从大数据的信息功能入手，研究大数据条件下环境信息在环境规制方面的价值，以更好地认识大数据时代环境规制模式的变革，实现最佳环境规制。

一、环境规制失灵的信息原因

规制失灵，是环境规制乃至任何规制中都会面临的困境。规制失灵是指在规制过程中，规制行为没有实现规制目标的现象，即规制策略所造成的效果与其所追求的目的完全相反。[1]规制是为了应对市场的负外部性、实现经济行为外部成本内部化、实现公平竞争以及更好地保护社会利益的一种方式，因此，社会危害性行为是规制法的主要规制对象。[2]但规制失灵使这一目标无法实现，甚至会造成更加严重的社会福利损失。规制失灵的原因是多方面的，包括规制俘获、规制僵化、规制成本过高、规制滥用等等。就环境规制而言，环境规制失灵也有许多的表现，而且都与规制信息存在密切的联系。在环境规制中，政府的决策与执法都需要建立在一定的环境信息之上，如果这些环境信息不能满足环境决策与环境执法的需要，就会出现环境规制的失灵。

（一）环境规制失灵现象

目前，我国的环境规制失灵主要包括以下几个方面：

一是运动式规制。运动式治理亦称运动型治理、运动化治理、运动式执法等，是治理主体运用自身资源，打破常规程序，对社会重大问题或难题进行的运动式专项整治的方式。[3]这类规制往往与临时的政策或者领导者个人的偏好有关，在执行法律上畸轻畸重，存在很大的不确定性，缺乏法律所要求的可预期性和一致性，集中体现为规制的失衡，包括规制过度与规制不足。前者采取"一刀切"的方式来

[1] 凯斯·R·桑斯坦.权利革命之后：重塑规制国 [M].钟瑞华，译.北京：中国人民大学出版社，2008：83.
[2] 王波.规制法的制度构造与学理分析 [M].北京：法律出版社，2016：56.
[3] 孙培军，丁远朋.国家治理机制转型研究——基于运动式治理的视角 [J].江西师范大学学报（哲学社会科学版），2015，48（2）：16-22.

加以规制，习惯使用"严打"的方式[1]，会导致法律的实施过于严格；后者是忽视规制的实施，导致大量的违法现象不能得到有效的制裁，法律的实施过于宽松。当然，两者又具有内在的关联性，即当实施不足积累了较多问题时，再通过严格实施来解决已经出现的突出问题，这时就构成了规制过度；而在规制过度之后，由于人力、物力、财力的限制，又会导致规制不足的现象。运动式规制违反了法的预期性和比例原则，具有较大的危害。造成运动式规制的原因，既有主观原因也有客观原因，主观原因主要是行政机关的意愿不足，而客观原因主要是行政机关的规制能力不足。

二是威慑型规制。威慑型规制，是指主要通过惩罚的方式来制裁环境违法，从而促进环境守法的规制模式。环境规制具有"命令—控制"的典型特征，其原理是设置标准要求企业获得许可并按许可的要求排放，行政机关通过环境督察来检查企业环境守法状况，并对企业的违法行为加以制裁。威慑型规制强调加大对企业环境违法的处罚力度，提高企业的违法成本，避免守法成本高、违法成本低的现象。但从行政行为的合法性来看，要制裁企业的违法行为，行政机关必须按照法定程序调查取证，然后根据依法获得的证据作出处罚决定，而此时，企业的违法行为可能已经对环境造成了损害，这不利于环境保护。值得注意的是，一些合法行为也对环境具有潜在的危害，例如企业根据获准的许可来向环境排污，但由于国家的排污标准是按一般企业水平制定的，企业按照标准排放也仅仅是达到了一般的要求，而众多企业的排放行为也会造成环境实际的或潜在的损害。在威慑型规制的背景下，企业无法或者不愿意实现更高标准的排放，可见威慑规制只能对违法企业的违法行为产生一定的影响，而对于更高要求的环境保护，却没有明显的效果，这是保证传统规制合法性的必然要求。而通过环境合作，可以更好地实现更加积极的治理方式，通过企业实

---

[1] 王永强，管金平.精准规制：大数据时代市场规制法的新发展：兼论《中华人民共和国食品安全法（修订草案）》的完善［J］.法商研究，2014，31（6）：55-62.

施更加有效的、自觉的环境保护行为，这样可能更加有利于环境的保护。

三是通过环境督察而实现的规制。在我国，目前还存在着通过环境督察追责来实现环境规制的现象。由于我国目前存在大量的环境违法，而这些环境违法还没有得到及时的查处，其中一个重要的原因是行政机关在环境执法方面存在失职渎职现象。为了加强环境法的实施，提高环境保护的水平，我国开展了大规模的环境督察，通过由中央或省级组织的环境督察来强化环境法的实施，既对企业的行为进行督察，又对政府的行为进行督察。可以说，督察效果是明显的，极大地提高了环境法的实施效果，环境督察制度是环境规制效果的倍增器。但这样的规制代价是巨大的：一方面，大量的环境违法在得到举报后才加以规制，此时可能环境已经受到了极大的损害；另一方面，在环境督察制度中，有大量的行政机关工作人员受到了问责，其代价高昂。更为关键的是，通过环境督察而实现规制，完全是一种自上而下的压力型环境法实施机制，也具有强烈的运动型执法的特点，而且对于整个国家的行政法治的发展也具有潜在的破坏性。环境督察追责是在特定历史时期的产物，不可能一直延续这一规制方式。

（二）规制失灵的信息原因

环境规制失灵的主要原因是环境规制能力不足与规制意愿不足，而这两个方面存在环境信息方面的因素：

首先，从环境规制能力上看，环境信息可以提高政府的环境规制能力，改变政府间环境信息孤岛现象。

环境规制能力，是指环保机关所具有的环境规制的能力，包括人力、物力、财力等方面的能力。经过长期的建设，发达国家已经形成了比较完善的环境执法能力。但我国在这方面与之还存在较大差距，我国的企业数量众多，环境人员和环境技术投入都非常有限的，大量企业无法得到有效规制。以固体废物防治为例，固体废物规制机构不全、人员力量不足、规制能力薄弱，在某些领域如一般工业固废的管理还比较滞后，海关查验人力资源也比较紧张，而且越到基层情况越严重。[1]目前我国环境规制能力不足，也存在环境信息方面的原因。

一是相关环境信息不足而导致的能力不足。信息不对称是产生环境规制的重要原因，信息缺乏有可能是各种市场失灵的结果。[2]从信息角度来看，涉及企业环境守法状态的环境信息众多，例如企业的排污状态、企业的治污设施的运行状态、企业内部环境管理状况、企业违法情况等等，只有掌握了这些信息，政府才能对其进行有效的规制。但现有的规制能力不足，导致了环保机关与企业之间存在着信息不对称，而这种信息不对称会导致环境规制的弱化。如果改变企业与政府环境信息不对称的现象，就能提高对企业环境规制的能力。"管制者可得到的信息将影响污染标准、技术标准、污染收费或其他政策工具使用所能达到的管制目标的程度。"[3]同时，环保企业的环境信息的公开，对于社会公众监督企业也起到了基础性作用，这也间接地提高了政府的环境规制能力。

二是规制知识不足引起的规制能力不足。从公共规制的知识基础角度看，规划是需要大量的环境规制信息的，即"公共规制是规制者在对规制知识加以汲取、分类、编码、储存、解码的基础上，作出的旨在影响经济运行样式和人的行为样式的行动"[4]。因此，公共规制需要大量相关领域的知识，现代公共规制的专业判断已经涉及非常复杂的专业性问题，远非一般行政机构工作人员所能胜任，亦非一般法院法官所能胜任。[5]而在环境规制中，由于我国对于环境科学知

---

［1］　张德江.全国人民代表大会常务委员会执法检查组关于检查《中华人民共和国固体废物污染环境防治法》实施情况的报告——2017 年 11 月 1 日在第十二届全国人民代表大会常务委员会第三十次会议上［J］.中国人大，2017（21）：11–18.

［2］　凯斯·R.桑斯坦.权利革命之后：重塑规制国［M］.钟瑞华，译.北京：中国人民大学出版社，2008：57.

［3］　丹尼尔·F.史普博.管制与市场［M］.余晖，何帆，钱家骏，等译.上海：上海三联书店，上海人民出版社，1999：479.

［4］　靳文辉.公共规制的知识基础［J］.法学家，2014（2）：91–102，178.

［5］　王波.规制法的制度构造与学理分析［M］.北京：法律出版社，2016：144.

识进行研究的时间不长，导致了环境规制知识不足，环境规制能力有限。随着环境规制方面信息的强化，可以弥补这方面存在的缺陷，从而更好地提高环境规制的能力。

三是政府间信息孤岛引起的规制能力不足。环境是一个整体，不因地域、区域、要素的人为划分而出现孤立现象，但传统环境规制是分地域、区域、部门、要素的，不同地区、不同部门的信息无法实现互通，这导致了信息孤岛的出现，也增加了信息获取的成本，导致了环境规制的碎片化。而加强政府、企业、社会环境信息的共通共享，可以实现环境一体化规制，更加符合环境规制的特点，从而有利于提高环境规制能力。

其次，从环境规制意愿来看，环境信息可以改变政府规制意愿不足的问题。过去我国环境规制意愿不足的原因主要有：

一是地方政府对于环境执法的干预。在片面强调经济发展的时期，由于存在着重经济轻环保的偏差，地方政府环境保护意愿较低，干预甚至打压环保机关的严格环境执法行为，地方政府的态度必然会影响到环保机关的执法，也是环境规制意愿不足的主要原因。而这也与环境信息的缺失有关：我国行政体制是对上负责的，当上级机关与下级机关存在环境信息不对称时（这种情况是常态，正如企业与政府之间存在的环境信息不对称），下级政府就会偏向经济而不是环境保护，这种行动逻辑也会直接影响到其职能部门；同样，当环境信息公开不足时，社会公众与政府之间也存在信息不对称，这时社会公众对政府的压力就较小，对企业的环境保护要求也会较低。

二是地方政府之间在环境保护上存在外部性。不仅企业的环境利用行为存在外部性问题，地方政府之间的环境保护行为也存在外部性。环境规制涉及不同区域间的环境关系，不同区域都倾向于将环境风险转移给其他区域，例如将环境敏感设施放在流经本地河流的下游或下风之处，或者是与外地的交界之处，这样可以最大化地减少环境设施对本地的危害，而将风险转移向外地。这种决策不仅对外地环境产生危害，也不利于当地政府采取严格的环境规制，这就是一种环境负外部性。这些现象也与环境信息存在密切的联系。即由于环境信息公开程度不足，对当地政府的环境管理行为影响较弱，政府采取这类负外部性行为就是一种理性的选择。而一旦公开相邻地域的环境行为的信息，并将这类行为纳入政府环境考核指标之中，就会对政府的环境规制行为产生约束，进而减少这种政府间环境负外部性问题。

三是环保机关的自由裁量权较难控制。环保机关之所以可以采取运动式执法等执法方式来实施环境法，导致环境法的实施过度与实施不足，主要是由于行政机关具有较大的自由裁量权。在现代行政中，行政裁量权的大量存在是一种客观现实，也是现代社会治理的普遍规律。但权力容易滥用，自由裁量权也是如此。如果不对行政裁量进行有效的监督，就会出现裁量权的滥用，导致行政机关凭借自己的意愿来执法。

从执法过度的角度看，执法过度是政府加大对企业违法行为的制裁。一方面，执法过度可能更加有利于保护环境；另一方面，这也可能造成企业过重的负担，违反行政合理性甚至是合法性的要求。对于执法过度，企业可以以政府的行为违反了合理性原则来进行救济。然而，这样的救济效果是有限的：一方面，合理性争议主要是依赖于行政复议，行政诉讼一般只审查行政行为的合法性，不审查行政行为的合理性，当然现在也开始审查明显不当的行政行为；另一方面，由于企业与环保机关之间存在长期关系，如果企业提出救济会导致其今后生产经营遭受较多的麻烦，除非环保机关的行为影响到企业的生存，一般情况下企业不会进行过多救济。因此，仅仅依赖企业的私益救济就存在较多的局限。

从执法不足的角度看，如果行政机关执法过弱——这是当前非常普遍的现象——可能不利于环境保护。但由于执法不足主要侵害的是环境公共利益而没有直接受害人，企业自身不会因此提出救济，如何对这类执法裁量行为进行监督，显得更为复杂。对企业守法问题的监督，必须建立在充分了解企业环境守法信息基础之上，而企业是否存在违法、违法的性质如何、如何处罚，主要是由行政机关来掌握的，社会并不了解企业的守法现状，也就没有办法对企业的行为进行监督。

可见，一般情况下，环保机关享有较大的裁量权，在环境信息不足的背景下，无法确保环保机关有效地执法。而环境规制俘获是规制者与被规制者之间形成共谋，其中重要的原因是社会对政府的环境规制信息了解不足。如果对环境信息掌握不足，就无法对环境规制行为进行有效的监督。而要避免行政机关滥用自由裁量权，就必须加强环境信息公开，促进整个社会对环境规制的了解，从而更好地对环境规制行为进行监督，避免规制过度与规制不足。

二、环境信息作为一般规制工具的功能

环境信息，是一种非常有效的规制工具，在环境保护中起到了比较全面的作用。国际环境公约和各国环境法律都非常重视环境信息问题，例如我国环境保护法中将其与公众参与共同作为一章来加以规范。正如一位美国学者所言：作为一种规制工具，环境信息的功能是非常确定的。即信息时代的技术优势是提供了一个机会，保证环境保护是建立在数据驱动、经验主义和严谨的分析之上。[1]

具体而言，环境信息具有作为规制的知识基础的功能，更为重要的是，在作为知识交流的过程中，环境信息还具有风险沟通与确保决策正当性的功能。

---

[1] Esty D C, Environmental Protection in the Information Age [J]. New York University Law Review, 2004, 79 (1): 115–211.

（一）环境规制的知识功能

在进行环境规制时，规制机关必须掌握必要的规制知识。正如靳文辉教授指出的，在公共规制中，知识是非常重要的一种规制条件，而这种知识包括事实性知识、技术性知识和价值性知识。[1] 如果说价值性知识主要是一种社会经验与社会价值的判断与积累，那么事实性知识和技术性知识就是一种典型的环境信息，这些环境信息作为规制工具，在环境规制方面发挥着非常重要的作用。具体而言，这些环境信息作为规制的知识功能有：

一是弥补环境规制能力的不足。如前所述，规制能力是环境规制的基础，传统上，环境规制需要大量的人力、物力、财力的投入，以提高环境规制能力。而通过环境信息，可以减少因为规制能力不足而产生的规制弱化问题，例如：政府可以根据环境信息及时地发现企业在环境保护上的违法，并发现企业在守法方面存在的优势与劣势，从而及时针对这些问题，对企业环境守法状况进行及时有效的处理。这样，可以避免完全依赖于环保机关环境监察与社会举报，提高发现环境违法问题的效率，也减少了环境规制的成本。可见，环境信息是提高环境规制效率的一种有效工具。

二是克服环境规制俘获。在环境规制中，行政机关被俘获可以分为主观与客观原因：从客观方面看，行政机关与企业在环境信息的把握上存在一定的差距，即企业与政府之间的信息不对称，通过环境信息，可以减少这种信息不对称，促进政府机关的能力建设，避免政府被企业俘获；从主观方面看，行政机关与企业之间的合谋，很难为外界所知晓。而通过环境信息公开，社会公众可以对企业的环境守法情况进行监督，也可以对政府的环境规制行为进行分析与评价，克服企业与政府之间的规制合谋，避免行政机关被俘获。

三是促进公众参与。公众参与，是监督行政机关环境规制行为的

---

[1] 靳文辉.公共规制的知识基础［J］.法学家，2014（2）：91-102，178.

有效方式，也是弥补行政机关环境治理能力的一种有效途径。公众参与的前提是获得相应的知识与能力。通过不同方式的信息公开，公众可以获得相应的环境信息，不仅可以对政府与企业的行为进行监督，也可以帮助政府来监督企业，甚至帮助企业的环境治理工作，促进全社会的环境保护水平。而这些的前提都需要环境信息的公开。

四是有利于对政府环境规制行为进行问责。在环境规制时代，对政府的环境问责是确保环境规制绩效的基本保证，我国学术界和立法上都对此加以了重视。而社会对政府环境规制行为的评价，也需要建立在环境信息基础之上。从信息的功能上看，环境信息不仅可以作为上级政府考核下级政府的依据，也可以作为社会公众对政府环境规制行为正当性的判断依据。从这一角度看，对政府环境管理行为的评价机制必须是建立在环境信息基础之上的。

（二）环境信息的风险沟通功能

环境信息不仅是公共规制的知识基础，而且自身也承载着风险管理的功能。现代社会是风险社会，需要全面应对环境风险。在风险管理过程中，环境风险信息在环境风险评估、环境风险沟通与环境风险决策中都具有基础性作用。就环境风险沟通而言，通过环境信息的公开，可以在信息基础上对风险进行沟通，减少政府的规制压力和规制成本，起到了促进企业环境规制，实现互动性规制的功能。以美国的TRI风险沟通制度为例，这一制度并没有要求企业必须在风险规制特别是污染物的排放上应达到的标准，只是要求企业公开自身污染物的排放种类和排放量，但这一制度却起到了意外的效果。其主要的原因就是：减轻了政府收集规制信息的成本，提高了规制的效率，也使企业能够实现自我监督。[1]可见，环境信息规制，相比传统的"命令—控制"模式和排污收费模式，具有其独特的价值。通过环境信息的

---

[1]　金自宁.作为风险规制工具的信息交流：以环境行政中 TRI 为例［J］.中外法学，2010，22（3）：380-393.

公开，可以较好地进行风险沟通与风险管理，提高环境规制的效率。

（三）环境信息的决策正当性功能

环境信息对于环境决策也是作用明显的。"良好的数据和可靠的信息对健全的环境决策的重要性似乎是显而易见的：没有基础数据，外部性就无法被识别和内化，承担污染成本的人也不可能被整体化。"[1]

环境信息公开，可以对环境决策的正当性起到奠基性作用。在传统的环境规制中，公开程序只是用来证明决策的科学性，而证明责任由技术专家和行政专家来主导，形成了专家治理的格局。而在现代社会中，随着风险社会的到来，更加需要社会公众对专家治理加以纠偏，由理性—工具范式向商谈—建构范式演进。[2] 在这样的范式下，环境信息已经成为基本的交流平台，不仅要将已有的环境信息进行公开，还应该允许公众对这样的环境信息加以质疑并公开自己掌握的环境信息，通过对环境信息的处理，建构起一个正当性的环境决策，实现从行政合法性向行政最佳性的发展。[3]

总之，信息在环境规制中的作用日益受到重视。但传统规制下的环境信息，更多的是一种静态的信息，还没有起到更强的信息流和信息库的作用。因而，需要不断地加强环境信息的体系建设，将静态的信息转化为动态的、连续的信息，更好地促进环境信息的规制功能，实现一种动态的体系化的建设。而在大数据条件下，环境信息改变了静态、片面的信息特点，成为流动的、全面的信息，在环境规制中的作用越来越重要，成为环境规制的重要环节。

---

[1]　Esty D C, Environmental Protection in the Information Age [J]. New York University Law Review, 2004, 79（1）：115-211.

[2]　伊丽莎白·费雪. 风险规制与行政宪政主义 [M]. 沈岿，译. 北京：法律出版社，2012：2.

[3]　朱新力，唐明良，等. 行政法基础理论改革的基本图谱："合法性"与"最佳性"二维结构的展开路径 [M]. 北京：法律出版社，2013：6.

三、大数据条件下环境信息的规制功能

大数据是指无法利用传统数据库进行抓取、管理和处理的，体量特别大、数据类别特别多的数据集。[1]具有储存数量大、数据处理速度快、数据类型繁多、价值密度低（有价值的信息可能较少）、商业价值高等特征。[2]

与传统信息相比，大数据归根到底也是一种信息集合，但在运用方面比传统信息更加高效：一是大数据存储数量大，这是传统信息所无法比拟的；二是大数据实现了信息的自动匹配，使信息的功能得到了有效的发挥，也极大地降低了信息使用的费用，节约了成本；三是大数据的信息能实现共享，使信息的作用极大地提高。可以说，大数据在现代社会中已经产生了巨大的影响。关于大数据的性质，比较有代表性的观点是：①大数据是一种新技术；②大数据是一种新的思维方式；③大数据是一项新的重要基础设施；④大数据是一种新的基础性社会制度。[3]本部分从大数据是基础性社会制度这一视角出发，认为作为一种基础性社会制度，大数据对其他社会制度发挥了根本性的作用，从而引起制度发生变迁。就环境规制而言，大数据在环境规制中也发挥着越来越积极的作用，促进了环境规制的转型。

大数据在政府规制方面的作用主要体现在：一是可以降低政府规制成本，实现精准规制（聪明规制）；二是通过大数据，可以实现政府之间、政府与社会之间的信息共享，实现政府之间、政府与社会之间的互动，促进全社会的合作性规制。具体而言：

---

[1]　方巍，郑玉，徐江.大数据.概念、技术及应用研究综述［J］.南京信息工程大学学报（自然科学版），2014（5）：405-419.

[2]　申孟宜，谷彬.论大数据时代的政府监管［J］.中国市场，2014（36）：32-40.

[3]　王永强，管金平.精准规制：大数据时代市场规制法的新发展：兼论《中华人民共和国食品安全法（修订草案）》的完善［J］.法商研究，2014（6）：55-62.

（一）降低政府规制成本

大数据仍然是一种信息，但具有对海量信息共有共享的特点，可以保证使用的便捷性与低成本性，在降低政府规制成本方面具有独特的优势。在环境规制方面，这种优势更为突出。如前所述，环境规制需要大量的投入，以保证其规制能力，这种能力对政府人力、物力与财力是一种巨大的考验。在大数据背景下，政府可以借助于环境大数据克服规制能力的不足，实现高水平低成本的规制：

首先，大数据提供了精准的信息。如前所述，在传统环境规制中，环境信息也是非常重要的规制工具，但政府掌握的环境信息是零碎的、片面的，而且存在较严重的虚假环境信息的现象，环境信息容易出现偏差。大数据主要依赖于机器的匹配，较少人为的控制与作假，信息真实性较强。这些精准信息，可以更好地帮助政府对环境状况以及企业环境守法情况作出精确的判断，以更好地实现精准规制。

其次，大数据提供了全面的信息。在大数据条件下，由于信息的海量性，加上大数据的自动匹配能力，大数据可以向政府提供更多、更及时的结论性信息，例如关于未来环境发展的预警性信息，以及整体企业环境守法的信息，这些全面的环境信息，不仅可以作为环境决策的依据，也可以作为环境执法及环境责任追究的依据。政府可以在具有科学依据的基础上作出决策，有助于提高政府规制的质量。

再次，大数据节约政府规制的成本。大数据具有一次投资、多次使用，使用率高、成本低的特点，这一特点在环境规制方面具有更加明显的优势。环境规制，需要面对众多的企业，而且企业的生产状况是连续的，仅仅依赖规制部门人员的规制是不可行的，只能通过在线监测设备实现监测的自动化。这样，不仅可以及时地得到个别企业的环境守法信息，也可以通过数据匹配，得到一定区域甚至是全国的环境整体信息。根据这些数据，可以加强省与省之间、经济带之间、城市群之间以及它们内部各城市之间的合作，打破地方壁垒，最终形成多层次的交叉防调的环境治理格局。[1]

环境大数据不仅可以得到更加全面的结论，也大大降低了环境规制的成本，即相对于支配基本行为的标准或直接对某物质的禁止而言，披露标准提供了一个带来更少限制的实现规制目标的道路。[2]目前我国环境规制人员的数量还无法满足环境规制的需要，依赖企业在线监测实施等环境大数据平台，对于改进环境规制能力，无疑具有基础性的作用。这也从一个侧面说明大数据作为一种基础性社会制度所具有的功能。

（二）实现环境规制的互动

环境大数据，不仅可以提高政府的环境规制能力，而且也可以实现环境规制向环境治理的转型发展。现代社会已经进入到了一个治理的时代，其典型特征就是治理的多主体、多中心、多手段，通过不同主体、不同方式的参与，提高整个社会的治理积极性，弥补国家治理的能力不足，实现国家治理能力的现代化。可以说，大数据在这方面发挥了独特的作用。

首先，大数据提高了环境治理的透明度。作为一种新型的数据资源，大数据具有非常强的开放性，这为其公开提供了便利，提高了环境信息的透明度。在环境治理中，环境信息公开已经作为一种非常有效的工具，不仅在国际环境法中得到了非常多的重视，在我国《环境保护法》中也作为独立的一章来加以规范，可以说，大数据在提高环境信息的透明与可获取性方面，提供了良好的技术支撑。随着环境信息的公开透明，环境多元主体共治也就有了基础，大数据条件下的环境信息公开，为环境治理提供了基础性条件。同时，通过环境信息公开、提高环境信息的透明度，不仅可以对政府环境绩效进行有效评价，

[1]　方印，徐鹏飞.大数据时代的中国环境法治问题研究 [J].中国地质大学学报（社会科学版），2016，16（1）：66-80.

[2]　史蒂芬·布雷耶.规制及其改革 [M].李洪雷，宋华琳，苏苗罕等，译.北京：北京大学出版社，2008：241.

也可以对政府进行全过程的监督，目前，我国已经进行了相关的实践，即一些地方开始依托大数据，可以强化权力运行的监督，实现权力运行全过程电子化、处处留痕迹，切实做到人在干、云在算、天在看。[1]

其次，大数据提高了社会组织治理的能力。与环境信息公开密切相关的是，大数据可以成为社会组织参与环境治理的基础。在环境治理中，社会组织特别是环保组织的参与是非常重要的，但同时也要求这些环保组织具备相应的治理能力。在大数据条件下，他们可以更便捷地获得环境信息，从而可以更好地参与环境治理。在传统环境规制时期，环保组织也可以根据环境信息公开进行一定程度的参与，但在大数据条件下，他们在获得环境信息的数量、质量、成本方面都有了巨大的改进，也相应地提高了参与的水平。同时，他们也可以参与到环境大数据制作中，成为环境大数据的制订主体，为环境大数据的形成作出贡献。例如一些环保组织，他们可以对周边企业的排污现状进行监测，并将之加以公开，这样就形成了大数据之中的一个环节，从而形成整体的大数据。

再次，大数据提高了企业的自主意识和自我守法能力。在大数据条件下，企业不再是被动的守法者和被规制者，他们也会利用和制造环境信息，参与到环境信息体系之中。关于前者，他们可以根据大数据进行分析，发现自身环境设施运行状况，以更好地改进环境治理设施的运行；关于后者，他们的环境治理设施也是整个大数据系统中的一部分，利用这类设施可以为环保机关发现问题、总结问题提供有效的基础性数据。

四、大数据对环境规制模式的影响

大数据时代的环境规制，不仅是一种技术手段变革，更是一种规制模式的变革。在大数据时代，环境规制发生了革命性的变化。传统

---

[1]　唐明良.行政法治与政府自身改革的耦合性发展：从法治政府建设的地方实践展开［M］.北京：中国政法大学出版社，2018.

的环境规制，主要是通过"命令—控制"、经济激励的方式，来强制或者诱导企业在环境利用行为过程中重视环境保护，以实现环境保护目标。在这一模式下，环境规制主要是政府对企业的单方面要求，企业是一种被动者的角色；传统环境规制，主要是一种片面的、事后的、碎片化的规制，社会组织的参与也是碎片化的。而现代环境规制，是重视不同主体的参与、实现多元共治的一种治理，大数据为这种治理提供了充足的技术保障。现代环境规制呈现出多主体、多中心、多方式的特征，大数据促进了这种治理模式的有效实现。

（一）大数据对环境规制体系的影响

首先，大数据使多元主体参与成为现实。多元主体的参与是环境治理的基本条件，这可以促进不同主体的职能分工，发挥不同主体的优势。例如通过环境污染第三方治理制度，可以发挥一些专业性公司的技术优势；通过环境评价、环境审计制度，可以发挥中介组织优势，强化企业环境管理制度；通过公司内部的环境治理，可以利用公司自身的治理优势，强化企业的社会责任制度，促进环境治理；通过公益诉讼制度，可以极大地增强企业与政府在环境治理方面的互动，促进环境治理有效性。这些不同主体的参与，在传统的环境规制中也有所体现，但由于无法形成有效的体系，这种不同主体的功能就呈现出碎片化的特点。在大数据条件下，由于大数据所具有的环境信息的统一性、即时性和低成本性的特点，多元主体的参与更加有效，而且更容易形成合力，有利于不同主体之间的合作，而且可以扬长避短，实现大数据条件下的多元主体的有效互动。

其次，大数据使环境治理的多中心性成为可能。在传统环境规制的时代，环境信息公开也受到了极大的重视，行政机关掌握着较全面的信息，企业掌握着自身的环境信息，其他主体可以通过公开的渠道或者申请的方式来获得相应的环境信息，但这些信息仍然具有静态和碎片化的弊端。在大数据条件下，不同的主体都可以便捷高效地利用环境信息。值得注意的是，在过去，行政机关不仅占有大量的环境信息，而且行政人员往往长期从事某一行业，掌握了大量的本领域的专业知识，成为该领域的专家，具备了更多的环境规制知识；更为重要的是，他们还可以聘请不同领域的专家来弥补自身知识的不足，例如环保部门可以聘请化工和生物等方面的专家、环境法领域的专家来帮助他们获得相关的知识，这样行政机关就形成了在某一领域的权威性地位，具有了独占性的环境信息。但是在大数据条件下，这种独占的权威性地位日益受到挑战。大数据能自动收集大量的环境信息，可以对海量的环境信息进行分析与预测，极大地降低了获得相关知识的成本与时间，为其他主体获取知识提供了便利，随着公共规制知识的不断增加，这些主体也会形成知识优势，最终获得规制的能力和地位，形成不同的治理中心。

再次，大数据可以使环境规制方式更加灵活。在传统环境规制下，政府主要采取强制性的或者经济性的方式，主要体现为制裁或者激励等事中、事后规制方式，这些方式的执行成本较高，效果也不够确定。并且这些规制形式无法避免对环境的损害。而大数据条件下，政府可以利用大数据对环境状态进行事先预测，对环境守法情况进行全面了解，并且根据这些数据形成一定的新的治理方式。例如根据企业的守法状态制定黑名单制度，实行环境守法信息与守法价值的共享，促进环境守法信息的市场化机制；通过公共警告或者帮助的方式来促进企业改进环境守法状态；政府可以更好地利用预警功能来实现环境治理与公众健康保护之间的高效率的协调，例如通过大数据分析，在对大气污染进行分析时，可以对企业大气排污行为进行更加准确的要求，这样在减少成本的条件下，实现更好的环境质量。与此相似的，是不同的主体也可以利用环境信息来对企业的行为形成评价，促进企业的环境守法。

（二）大数据条件下环境规制模式变革

具体而言，在大数据时代，环境规制模式会出现如下的变化：

第一，实现精准规制。所谓精准规制，是指政府在充分掌握环境治理的相关信息的基础上，对环境问题进行更加准确的、类型化的规制。传统规制存在一定的盲目性，主要是以企业守法合规为主要目标，即通过"命令—控制"的方式设定一定的标准，并要求企业遵守这一标准，否则给予企业一定的制裁。但这种规制存在一定的弊端，由于对环境容量并不清楚，我们得到的只是一种碎片的、暂时的环境状况，即使企业严格守法，也无法保证整个环境质量能符合要求，只有通过总行为的控制，才能更好地促进整体环境质量的提高。因此，要使整体环境质量得到较好的控制，从而更好地促进符合环境质量要求的规制。[1] 而总行为的控制，是建立在对环境总量有一个精确的把握基础之上的，这也就需要精准规制方式，而大数据为这种精准规制提供了可能。在大数据背景下，可以对引起环境问题的污染源、环境容量、治理方式等有更为精确的判断，进行有针对性的处理，这是一种精准规制的基本要求。目前，我国各地的环境污染存在不同的原因与污染源，环境状况也存在巨大的差异。在这种情况下，对各地的环境现状作出准确的判断，是环境规制的基本前提。以雾霾问题为例，由于自然条件的差异，各地雾霾的来源是不同的，在雾霾的治理中就必须根据雾霾的成因来采取有针对性的对策，才能取得预期的效果。这在实践中已经受到了重视，例如：工业、燃煤、机动车排放是京津冀及周边区域大气污染物的主要来源，但各地的实际情况不尽相同。"大气十条"实施以来，京津冀及周边地区大气污染治理从"眉毛胡子一把抓"向精细化转变。[2] 同样，对于不同区域的环境问题，也可以进行有针对性的规制，从而为各地的环境规制提供更加精准的方式。

---

[1]　徐祥民.论我国环境法中的总行为控制制度［J］.法学，2015（12）：29-38.

[2]　孙秀艳.京津冀及周边大气污染治理迈向精细化［N］.人民日报，2018-05-25（1）.

　　值得注意的是，精准规制也包含了弹性规制的含义。在现代政府发展过程中，出现了弹性政府理论，这一理论强调政府的灵活性。所谓弹性政府是指政治组织和体制根据社会情势的变化，能及时回应社会需求的一种新的政府治理模式。[1]与弹性政府相对应的是弹性规制方式。在弹性规制中，政府必须了解社会的需求具体是什么，然后进行相应的规制，并进行及时的调整，大数据为弹性规制提供了充足的信息基础。在环境规制方面，弹性规制也需要根据大数据的统计结果来确定规制的先后顺序以及规制的重点。因此，弹性规制的前提也是精准。如果没有精准的预测，就不会有精准规制。

　　第二，实现反身性规制。在大数据背景下，也体现出了反身法在环境治理中运用，出现了反身性环境法。[2]所谓反身性环境法，强调的是企业通过内化环境要求，而不是被外部——主要是国家——加以强制性的遵守，采取积极的措施来实现环境法律的要求。[3]反身性环境法体现了企业更多主动性和创造性守法的态势。

　　在传统环境规制模式下，企业是被规制者，他们没有意愿也没有能力来积极地实施环境法，而是被动地守法和接受行政机关的制裁。在这一实施模式中，国家通过"命令—控制"的方式，设置企业遵守的环境标准来控制环境质量。但国家在设置标准时，只能是针对一般企业的发展现状，而不能制订过于严格的标准，这实际上只是一种最低限度的环境标准，不利于一些有能力的企业采用更高的标准。同时，在这模式下，企业只能被动地遵守国家制订的环境规制要求，对其他同行取得环境保护技术进展并不了解。因此，传统环境规制具有单一性、被动性的特性。

　　但法治的良性实施，必须建立在反身法的基础之上，即守法主体主动而积极地守法。在反身性环境法之下，企业提升了自身的环境保

［1］　靳文辉.弹性政府：风险社会治理中的政府模式［J］.中国行政管理，2012（6）：22-25.

［2］　谭冰霖.环境规制的反身法路向［J］.中外法学，2016，28（6）：1512-1535.

［3］　Kennedy R. Rethinking Reflexive Law for the Information Age: Hybrid and Flexible Regulation by disclosure［J］. Geo Washington Journal of Energy & Environmental Law, 2016, 7（2）：124.-139.

护意识，建立起环境管理制度，提高了环境保护的绩效。规制理论与实践，都寻求鼓励社会组织在认识他们对自然环境影响的基础上，进行自我反思和自我批评的过程。[1]在大数据条件下，企业可以根据环境信息的发展，在环境部门的帮助下，了解更多的环境技术与环境管理经验，达到政府、企业、社会之间的互动，通过企业对环境法的良性回应，实现更好的环境治理。

第三，实现整体性规制。所谓的整体性治理，是现代政府规制的一种新的要求。整体性治理就是政府机构组织间通过充分沟通与合作，达成有效协调与整合，彼此的政策目标连续一致，政策执行手段相互强化，达到合作无间的目标的治理行动。[2]

在传统的政府规制下，各级政府具有各自的要求与职责，各司其职，分工明确。但这样的结果是，导致政府规制的碎片化。传统公共行政的衰落和新公共管理改革导致的碎片化现象主要体现为：①重复建设；②相互冲突的目标；③缺乏沟通；④服务提供或干预的遗漏或差距。[3]这时，各级政府及其职能部门之间缺乏联系、各自为政，相互之间容易掣肘，出现了"信息孤岛"。在这样的背景下，政府之间的职能不仅出现了重叠、交叉，而且出现了缺位。面对政府的碎片化趋势，需要利用新的体制变革，实现政府的整体性治理，以解决碎片化问题。

如果说在过去，政府整体性规制只是一种意愿，那么在大数据背景下，整体性规制就已经成为现实。在大数据背景下，政府可以实现数据之间的共享，形成对环境问题的整体性应对方式。大数据背景下的整体性规制，特别适用于环境治理。由于环境是一个整体，生态系统是一个整体，具有其内在的联系，不会仅仅以环境要素的方式单独

---

[1] Kennedy R. Rethinking Reflexive Law for the Information Age: Hybrid and Flexible Regulation by disclosure [J]. Geo Washington Journal of Energy & Environmental Law, 2016, 7（2）: 124.–139.

[2] 韩兆柱、翟文康.大数据时代背景下整体性治理理论应用研究[J].行政论坛，2015，22（6）：24–29.

[3] 韩兆柱，翟文康.大数据时代背景下整体性治理理论应用研究[J].行政论坛，2015，22（6）：24–29.

发挥作用，也不会因为行政区域、行政职能这些人为因素的划分而形成不同的孤立状态，环境规制必须从整体上统一规划与设计，包括生态整体性和综合生态管理方式。前者指的是：对危害环境的物质或行为的规制，不应仅针对大气、水、土壤等个别环境介质分别加以规范，而应从生态整体性出发，综合考虑污染的转移、协同和累积作用。[1]后者指的是：在充分理解尊重生态系统的组成、结构、功能和规制的基础上，统筹兼顾生态、经济、社会和文化的需要，采用多学科的知识和方法，对自然资源的利用、自然环境和生态系统的保护综合地采取行政、经济和社会的手段进行管理的策略和方式。[2]

　　这些整体性的治理，都必须依赖于统一的环境信息。在过去，由于信息孤岛的存在，导致环境信息之间处于割裂、碎片化的状态，在大数据背景下，实现了环境信息的整合，为整体性环境规制提供了技术支持和理念支撑。要强化整体性规制，就需要：一是要了解生态规律，例如不同的环境要素之间的相互关系与作用原理；二是要统筹经济社会生态文化的发展需求，特别是环境容量对经济社会的制约作用；三是要采取多种方式与手段来保护环境，重视不同手段与方式的绩效。而这几个方面，都需要以相应的环境信息作为基础，大数据无疑会起到基础性的作用。例如大数据已经可以实现对生态容量、生态系统之间关系的掌握，为综合生态管理奠定了基础。在立法方面，中央环境立法与地方环境立法上，过去往往存在碎片化或者下级重复上级立法的弊端，大数据也可以发挥其沟通与信息共享的作用，做好信息共享与意见交流，建立体系化的环境保护法网。[3]

　　在我国，整体性规制已经初见成效：一是在流域治理中开展重视流域之间的合作，特别是流域生态补偿工作，通过生态补偿来实现各

---

[1]　张宝.环境规制的法律构造［M］.北京：北京大学出版社，2018：55.
[2]　杜群.生态保护法论：综合生态管理和生态补偿法律研究［M］.北京：高等教育出版社，2012：22.
[3]　方印，徐鹏飞.大数据时代的中国环境法治问题研究［J］.中国地质大学学报（社会科学版），2016，16（1）：66-80.

方的利益平衡；二是在区域间开展的区域合作，通过区域合作实现整体治理、合作治理；三是在环境要素方面实现"山水林湖田草"一体化管理等等，都体现了整体性治理的思想。以环境的整体性治理为例，我国就有从单一的要素治理向整体性治理的发展演进过程。我国开始是重视单一环境要素的治理，但后来越来越重视不同要素之间的关系，并最早提出了"山水林湖田"一体化治理的思想，在党的十九大报告中，再次提出了"山水林湖田草"一体化治理的思想，体现了强烈的环境整体性治理的思想。这些整体性治理，就需要通过环境信息的整合来实现，大数据为这种整合提供了技术性的基础和可能。

可见，在我国的环境规制中，对于规制的内容和规制的方法，正在经历一个巨大的改变，而这种改变，必须以大数据作为基础性条件。

第二篇
制度建构篇

第四章　政府环境规制创新

环境法形成之初，是行政主导型环境法，主要依赖于行政机关来实施环境法。而随着环境法的发展，环境规制的主体、方式、依据等都发生了变化，不同主体都在环境治理中发挥着作用，一些主体的作用得到了强化，例如我国的司法机关特别是检察机关借助于环境司法，在环境治理中发挥了巨大的作用。但无论如何强调、重视其他主体的作用，行政机关在环境治理中的作用都是不能忽视的。这是因为：第一，环境法律规范主要规定了环境开发利用主体的权利义务，而这些权利义务具有很强的公法性，需要依赖于行政执法才能保障环境法律规范的实效性；第二，行政实施保障了法律实施的主动性与系统性，法律实施包括公共实施与私人实施，公共实施中包括行政实施与司法实施，只有行政实施具有较强的主动性与系统性，可以保障环境法规范的有效性；第三，即使其他主体的行为或者其他规制方式，也与行政实施具有较强的联系。所以，无论是早期的环境法，还是现在的环境法，都非常重视行政机关在环境法实施中的作用。

当然，随着环境法的发展，环保机关履行职权的方式也在发生变化。一是重视行政权力的弹性。早期环境法的"命令—控制"模式具有很高的强制性，这具有一定的优势，但也存在较多的缺陷。在环境法发展后，重视行政权力的弹性而不是一味地强制性地实施环境法，强制并不是现代行政的唯一特征，现代行政还重视其弹性，不仅体现在立法中的弹性，例如大量利用软法来进行环境规制；而且也体现在执法方式的弹性，例如行政指导、执法和解等方式，通过弹性方式，减弱对抗性，提高环境治理绩效。二是更加重视与规制对象的合作。通过与规制对象的合作，可以减弱对抗，而执法中的合作可以提高环境治理的绩效。合作方式有许多，不仅有一般性的行政指导，而且也有暂缓起诉这样的刑事制度。三是重视合法与有效性的结合。现代行政法不仅重视行政权运行的合法性，也非常重视行政权运行的效率性。在环境治理中，我国也在两个方面开展了大量的实践，例如首次不罚做法、制订裁量基准、实现放管服改革、制订负面清单等等。这些制度，都具有很强的制度创新的含义，对于环境治理也起到了良好的作用。

第一节　环境守法导则：一种新型环境合作治理模式

党的十八大报告和十八届三中全会报告，都强调要加强生态文明建设，建立最严格的环境保护制度。2014年新修改的《环境保护法》，建立了"按日计罚"制度，而且没有限定按日处罚数额的上限，这大大增加了对企业环境违法的制裁力度，被认为是史上最严的《环境保护法》。可见，我国环境政策和环境立法在加强环境治理、严格环境责任方面已达成高度共识。

值得注意的是，与此同时，环境保护部（以下简称"环保部"）在积极开展企业环境守法的指导工作，希望通过对企业的指导来促进其自主守法。例如，为了"引导和规范印染企业环境管理，提升环境守法能力，提高印染企业的污染防治和环境管理水平"，我国环保部在2013年11月5日发布了《印染企业环境守法导则》。在此之前，环保部在2013年3月20日发布了《燃煤火电企业环境守法导则》，2010年12月13日发布了《电解金属锰企业环境守法导则》，2012年5月16日发布了《合成氨企业环境守法导则（征求意见稿）》。（以下统称为"守法导则"）。环保部发布守法导则的目的，是积极引导企业环境守法，而不是着眼于制裁企业违法，反映了有别于严格执法、严厉制裁违法行为的新思路。

严格执法的依据是环境执法威慑理论，该理论认为通过严格执法，可以提高企业的违法成本，形成对企业的威慑，从而保证企业环境守法。但环境执法是有成本的，环境执法面对的企业数量众多、类型复杂，完全依赖环境执法，会增加环境保护成本。为避免严格执法的不足，环保部希望通过合作方式来促进企业环境守法。企业环境守法，不仅减少了环境执法成本，也有助于形成全社会良性守法机制。企业环境违法原因是多样的，有的是主观故意的违法，是为了减少环境保护成本，增加企业利润；有的属于环境管理经验不足，环境管理制度不健全；也有的是对环境法律的理解出现偏差而引起的违法。守法导则的出台，可以加强企业环境守法建设，减少环境违法，提高环境保护的绩效。

由环保部门通过守法导则的形式来帮助企业提高守法意愿和守法能力，是现代环境法发展的一个重要方向，发达国家在这方面已经有丰富的实践和理论。目前我国的环境法学研究仍主要着眼于环境执法，对于环境守法的研究还很不充分。本部分将从环保部的守法导则出发，结合国外相关实践和理论，分析这种环境合作治理的新模式，希望对促进环境保护、强化环境治理产生积极作用。

一、威慑模式的局限性

（一）环境执法的威慑模式

随着环境问题日益严重，我国社会越来越重视环境保护问题。许多学者认为我国环境违法的原因是"违法成本低，守法成本高"，要加大对环境违法的制裁，"提高违法成本"，甚至是将违法者罚得倾家荡产。[1]而提高违法成本的途径有：一是在立法上增加环境违法的责任，例如提高罚款数额、降低追究违法者刑事责任的难度等等；二是严格环境执法，通过严格执法及时发现并严厉制裁环境违法行为。新《环境保护法》的很多条款的修改就是这一思路的结果。

从环境执法的角度看，这一思路强调对企业违法行为的制裁，是环境执法的一种"威慑模式"。从威慑模式角度看，企业违反环境法律的原因是企业违法成本低于违法收益，企业遵守环境法律的原因是企业违法成本高于违法收益。为了迫使企业遵守环境法律，就必须提高企业环境违法的成本。

为了达到威慑的效果，需要考虑企业环境违法成本和环境违法收益。"威慑理论从一开始就很充分地运用了功利主义的分析方法，认为犯罪是一种成本收益算计之后的理性选择。犯罪对惩罚的反应是将其纳入预期成本的考量之中，惩罚概率和惩罚严厉程度的增大增加了预期犯罪成本，进而威慑犯罪。"[2]虽然这是从一般犯罪的角度说的，但也适用于环境违法的威慑原理。环境违法的成本，应结合对违法行为的惩罚强度和违法行为被发现的概率来计算，为了保证威慑，就必须加强对违法行为的制裁并提高发现违法行为的概率。

一是全面衡量企业的违法收益和违法成本。违法收益是企业从违法行为中获得的利益，企业环境违法收益的范围包括"节省购买环境保护设备的利益、减少培训职工的利益、减少污染物处理的利益和采取其他必要措施的利益"[3]。而企业被查处后的违法成本包括因违法而受到的处罚和"对商业声誉的损害、潜在的侵权责任、法律费用和增加的规制审查成本。同时，还包括不易量化的，但更具有潜在成

---

［1］ 齐晔，等.中国环境监管体制研究［M］.上海：上海三联书店，2008：150.

［2］ 陈屹立，陈刚.威慑效应的理论与实证研究：过去、现在与未来［J］.制度经济学研究，2009（3）：169-186.

［3］ Rechtschaffen C. Competing Visions: EPA and the States Battle for the Future of Environmental Enforcement［J］. Environmental Law Reporter, 2000, 30: 10803.

本的受到刑事指控和受到监禁的费用"[1]。但由于企业违法行为被发现的概率是在0~1之间，只有提高已发现违法行为的违法成本，才能从整体上使企业的违法收益小于或者接近违法成本，体现出对企业的威慑。

加大企业违法责任是世界各国的一种趋势。联合国1985年颁布的《为罪行和滥用权力行为受害者取得公理的基本原则宣言》要求"在严重破坏环境的案件中，如经裁定要提出赔偿，则应尽可能包括环境的复原、基础设施的重建、社区设备的更换，在这种破坏造成一个社区的迁移时，还包括偿还重新安置的费用"。其基本思路就是要求违法者承担更多的责任，提高其违法成本。

二是通过严格执法来提高其违法成本。在犯罪学上，存在犯罪黑数之说，即"犯罪黑数是指由于各种原因而没有记载在刑事统计中的具体犯罪数据，也就是刑事统计犯罪个数与实际发生的犯罪数之差"[2]。同理，环境治理过程中，也存在大量未被发现的违法行为，需要通过环境执法和环境司法来提高环境违法的发现率。在企业环境违法责任确定的情况下，提高环境违法的发现率，就能提高企业环境违法的平均成本。通过严格执法，保持环境执法的严密性，避免选择性执法，可以更好地发现环境违法，增加企业环境违法的发现率，减少环境违法的黑数，从而最终提高环境违法的成本。

三是通过环境司法，例如环境民事诉讼和环境刑事诉讼的方式来提高企业环境违法的成本，加强对环境违法的威慑。通过民事诉讼和刑事诉讼的方式也可以增加环境违法的成本，由于本部分是从行政执法的角度来论证的，对于这两种方式不予讨论。

威慑模式认为在环境执法中存在两个不同的主体：一方主体以企业为主，其行为目的是获得收益，具有破坏环境的属性；另一方以国

---

[1]　Rechtschaffen C. Competing Visions: EPA and the States Battle for the Future of Environmental Enforcement [J]. Environmental Law Reporter, 2000, 30: 10803.

[2]　解晓东.犯罪黑数及其控制[J].法律科学（西北政法学院学报），2001，19（2）：80-85.

家和公民为主，其行为目的是保护环境和自身财产权益，具有保护环境的属性。双方对环境保护的影响存在破坏与保护之别，呈现出矛盾和对抗状态，具有不可调和性。可见，威慑模式是一种冲突与对抗的思维。

（二）威慑模式的局限性

威慑模式是建立在企业是理性经济人的假设基础上的，理论基础是功利主义。根据这一理论，要加强对企业的威慑，就必须加强企业的违法责任并提高企业环境违法的发现率，当企业的违法成本大于其违法收益，企业就会选择遵守环境法律。加强环境执法威慑是保护环境的有力手段。这一模式在应对环境违法时具有一定的合理性，但也存在一定的局限性。首先是这一模式只能解释企业故意违法时的成本效益问题，无法解释企业其他原因违法的现象；其次，这一模式无法解决环境执法的成本过高问题；最后，这一模式无法根据企业不同守法动机进行制度设计，缺乏应有的灵活性。具体而言，威慑模式存在的局限性主要有：

一是理论基础存在局限。威慑理论是建立在功利主义基础上的，认为企业是理性经济人，他们只考虑环境守法与违法的成本效益，根据成本效益比较来选择守法还是违法。这种理论是不全面的。公司社会责任理论和环境公民主义理论都认为现代企业不完全是理性的经济人，许多企业具有环境保护的动机和倾向，他们会在生产经营过程中，注意环境保护问题，实现环境保护的最优化。一些企业会主动遵守环境法律的要求，在生产经营活动中严格依法实行环境预防和整治，有的甚至在环境保护的标准上比国家标准更加严格。一些企业不仅在自身的生产经济活动中严格守法，而且还积极参与社会的环境保护事业，履行环境保护的社会责任，此时他们更是具有社会责任的环境公民。这些都说明企业并不都是理性污染者，在许多情况下还具有环境保护的动力。因此，用理性污染者理论来解释企业的环境行为，与现实生活不相符合。

二是环境执法存在"威慑陷阱"。仅仅依靠威慑来保护环境，会导致陷入到"威慑陷阱"里去，影响环境保护效果。"威慑陷阱意味着对违法的惩罚或者是不足以阻吓不理性的失当行为；或者是虽然惩罚足够大，但企业可能无法承受，从而损害无辜的职工和债权人。此外，对于大多数企业违法行为来说，其被发现和成功执法的可能性都很低，这也使威慑理论更缺乏说服力。"[1]如果发现违法行为的概率较低，企业受不到足够的威慑，整体上企业的违法成本仍然很低。即使提高违法行为被发现的概率，单纯从威慑的角度来看，"受到规制的企业加强守法的驱动力不是一般威慑，而是一种具体的威慑，即自身的违法行为被发现后的经验，对企业的威慑效果更加明显"[2]。有学者曾以反垄断法为例说明"威慑陷阱"的状况，即由于"违法成本过低；案件发现率低；威慑再犯效果欠佳"[3]。反垄断法针对的主要是大企业，数量相对较少，尚且存在这样的状况，在环境法领域，这种状况更为明显。例如国际上有关企业的违法比率是非常高的，一般会达到60%~70%，其中中小企业的违法比例尤其高。[4]这些数据说明，一般威慑对于企业的守法并没有明显的优势，企业的环境守法也不完全是威慑的结果。

三是环境执法的成本较高。威慑模式下的环境执法存在执法成本过高的缺陷。环境执法的成本主要包括：环境执法机构、环境执法人员等人力上的成本，相应的调查工具和设备以及日常运行的物力成本。总体上说，环境执法的投入越高，发现环境违法的概率就越高；反之，环境执法的投入越低，发现环境违法的概率就越低，环境违法的发现

［1］　Parker C. The "Compliance" Trap: The Moral Message in Responsive Regulatory Enforcement［J］. Law & Society Review, 2006, 40（3）：591-622.

［2］　Thornton D, Gunningham N A, Kagan R A. General Deterrence and Corporate Environmental Behavior［J］. Law & Policy. 2005, 27（2）：262-288.

［3］　喻玲. 从威慑到合规指引　反垄断法实施的新趋势［J］. 中外法学，2013，25（6）：1199-1218.

［4］　Rechtschaffen C. Deterrence vs. Cooperation and the Evolving Theory of Environmental Enforcement［J］.Southern California Law Review，1998，71：1181-1272.

率与环境执法成本存在正比例关系。虽然环境保护的收益远远大于其成本，但由于国家税收是一定的，在一定的财政条件下，投入到环境保护中的财政资金总是有限的。在环境执法投入有限的情况下，执法强度会受到影响，对环境违法的威慑就会受到削弱，单纯依赖执法的威慑很难起到有效的环境保护作用。因此，如果要加强对违法行为的威慑，就需要加大环境执法投入，而这又会增加环境执法成本并进而提高整个社会的成本。

另外，在行政机关享有较大的自由裁量权时，还存在选择性执法问题，无论是发达国家还是发展中国家都存在大量的选择性执法，而选择性执法会影响到对环境违法的确定性，弱化环境法的威慑性。在我国的"政经一体化"条件下，环境执法的弱化现象更为严重，这大大削弱了环境法的威慑性。

二、环境合作模式的兴起与守法导则的产生

（一）合作模式对威慑模式的突破

威慑模式是一种体现高度对抗性的模式，这一模式以管制机关与受管制企业之间存在对抗性关系为前提，双方存在违法与制裁的对抗。但"对抗制导致了规则制定与实施过程的僵化，在解释管制问题时无法鼓励创新、调整与合作"[1]。这种对抗性关系对环境保护的成本过高，也不符合现代法律的理念。在现代法律中，法律不仅存在刚性，也存在柔性；法律不仅依赖于国家的强制实施，也依赖于公民的守法。正如季卫东教授所言："强制不是法的内在组成部分，而只是法的外在支持条件之一，因而不应该把强制作为法律现象的基准。"[2] 管制机关与受管制企业之间不仅存在对抗性，还存在着合作的空间。随

---

[1] 朱迪·弗里曼.合作治理与新行政法 [M].毕洪海，陈标冲，译.北京：商务印书馆，2010：29.
[2] Ｐ.诺内特，Ｐ.塞尔兹尼克.转变中的法律与社会：迈向回应型法 [M].张志铭，译.北京：中国政法大学出版社，2004：1.

着治理观念的兴起，人们更加认识到不同社会主体在社会治理中所具有的价值。就环境治理而言，环境治理尤其需要全社会的合作，企业与政府的环境合作是极为重要的环节。而企业环境合作需要具备一定条件：首先是企业具有合作意愿，其次是企业具有合作能力，包括具有相应的技术能力和法律理解能力，还包括企业建立起来的环境管理制度。企业合作意愿具有主观性，可以通过环境执法、环境教育和全社会的环境意识来培养。企业合作能力则具有客观性，环境合作能力是企业进行环境合作所具备的基础条件，主要由企业的环境保护实施和对环境保护法律的理解等要素组成，另外，还包括企业建立的有效环境管理制度。

（二）合作模式对政府与企业的要求

在合作模式下，政府与企业共同担负环境治理的责任。行政机关依法享有巨大的行政权力并掌握大量的信息；企业最了解自身的环境守法能力并清楚自身的行为对环境的影响。同时，两者在环境保护上都存在一定的薄弱之处，通过合作共同治理环境正可以克服存在的薄弱之处，更好地实现环境善治。要实现合作治理，就需要政府与企业发挥自身的优势，与对方进行有效的合作。

一是合作模式要求政府转变治理观念。现代政府正在从单一的管制性政府向服务型政府转变，在转变过程中，政府需要向社会提供更多更好的服务。"现代的服务性行政承担的是提供基本生活保障、准备基础设施、制定计划和预防风险，也就是说承担广义的政治导控任务。"[1]面对企业在守法上的能力不足问题，政府加强服务和指导，也是其应有之义。这样，"大量规制机构都愿意与违规者进行非正式的合作，与他们进行谈判或者帮助他们达到自愿守法的状况，而不是在正式的行政或司法活动中惩罚他们的违规行为，希望通过这种方式

---

[1] 哈贝马斯.在事实与规范之间: 关于法律和民主法治国的商谈理论[M].童世骏，译.北京: 生活•读书•新知三联书店，2003: 533.

预防他们未来的违法行为。这种合作模式，重视协商性的实施，在这个反复的程序中，规制者和被规制企业通过'沟通和谈判'达到合规状态"[1]。

二是合作模式要求公司提高环境守法能力。根据研究，许多企业存在守法动机，但由于守法能力不足而导致违法。企业守法动机的存在有两种原因；一是企业为避免因违法而受到制裁，愿意采取守法行为。由于现代环境执法力度的加强，特别是一些国家存在广泛的公众参与和公益诉讼制度，"公司无法适应迅速扩展的规制格局，即随时可能受到违法告示、实施行动和公司诉讼的冲击。他们需要一个可靠的方法来确定相应的要求并实现合规"[2]。二是企业的环境观念发生变化。随着社会企业观念的变化，他们对于环境保护的态度更加积极，自觉守法的意识也在不断提高。但由于企业的守法能力不足，也希望政府能为其提供守法帮助，政府对企业的帮助可以促进企业环境守法。例如在美国"为了满足公司的要求，联邦环保局通过公司环境审计的方式来帮助企业守法并及时发现所有不守法的行为"[3]。

（三）守法导则的产生

由于环境管制的弊端不断显现，各国开始重视不同主体在环境保护中的作用，环境保护的方式从管制走向了治理。在环境治理阶段，需要发挥企业的守法作用，而政府采取积极措施来帮助企业守法是一个重要的方式，其中一个方面就是通过守法导则来促进、帮助企业环境守法。

在环境法的发展初期，各国都严格环境执法以保证环境法的威

---

[1] Zinn M D. Policing Environmental Regulatory Enforcement: Cooperation, Capture, and Citizen Suits [J]. Stanford Environmental Law Journal, 2002, 21 (1):81–174.

[2] Hall R M. The Evolution and New Directions in Environmental Auditing and Compliance Management [J]. Natural Resources & Environment, 2009, 24 (2): 3–8.

[3] Hall R M. The Evolution and New Directions in Environmental Auditing and Compliance Management [J]. Natural Resources & Environment, 2009, 24 (2): 3–8.

慑性，美国环境执法是威慑模式的典型。美国一方面通过环境立法来加重违法行为责任，例如在环境法律中规定了"按日处罚"制度并对违反行政命令的行为给予刑事制裁；另一方面，在环境执法上也投入了大量的人力物力，以期强化环境执法威慑。但这样的执法模式也受到了批评，主要原因就是威慑执法的成本过高——不仅政府环境执法的成本过高，企业的守法成本也过高——导致环境保护的社会成本太高。美国社会认识到威慑模式的弊端，对这一模式提出了强烈的批评，希望依靠全社会的环境合作，特别是企业与政府的合作改进环境保护的绩效。在此背景下，美国等西方国家开始重视提倡企业的守法，制定了一系列与"守法导则"相类似的文件，主要有守法指南、守法文件等（以下仍然主要简称"守法导则"）。在美国，"联邦和州的行政机关越来越多地推介延伸项目和发布不具约束力的指南，以此来代替传统的自上而下的规则颁布、执行和实施活动"[1]。以美国联邦环保局为例，其在 1996 年到 1999 年间就颁布了 2000 多个指南文件（Guidance Documents）[2]，这些文件中就包括了大量的守法文件。例如：1986 年美国联邦环保局出版了"环境审计政策声明"（Environmental Auditing Policy Statement），宣称将要考虑环境执法的背景，通过环境审计的方式来确保公司环境合规则性。1995 年美国联邦环保局颁布了"自我管理的激励机制：发现、信息披露、纠正和违法预防"（Incentives for Self-Policing: Discovery, Disclosure, Correction and Prevention of Violations），鼓励企业在环境守法上做出更多的努力。2005 年美国联邦环保局又发展了"聚焦合规性的环境管理体系"（Compliance-Focused Environmental Management System），鼓励所有组织确保合规。[3] 这些文件都是与守法导则相类似的规则。

---

［1］　罗豪才，毕洪海. 行政法的新视野［M］. 北京：商务印书馆，2011：108.

［2］　Mendelson N A. Regulatory Beneficiaries and Informal Agency Policymaking［J］. Cornell Law Review, 2007, 92（3）：397-452.

［3］　Hall R M. The Evolution and New Directions in Environmental Auditing and Compliance Management［J］. Natural Resources & Environment, 2009, 24（2）：3-8.

欧盟也很早就认识到体现强制性的环境法是一种硬法，依赖硬法来保护环境还是不够的，需要依赖软法来保护环境。环境保护领域的软法得到了大量的运用。例如，欧盟为了实施其水框架指令，制定了守法指南，对相应的技术和科学含义进行分析，以更好地实现水框架指令的目标。与此相似，欧盟在历史上制定了大量的类似的指南，对于实施欧盟环境法也起到了良好的作用。[1]

在国际上，国际标准化组织（International Standards Organization）通过了"新环境管理与审计指南"（New Environmental Management and Auditing Guidance），即通称为：ISO 14000 标准，希望能通过这样的守法指南来引导企业加强自身的环境管理制度建设，从而为环境守法奠定制度基础。

这些守法导则都是为了弥补威慑模式的不足在合作治理理念下进行的创新，为环境合作治理积累了丰富的经验，也为其他国家的环境治理提供了有益启示。

总之，随着环境合作模式的兴起，许多国家开展了各种形式的环境合作，其中守法导则是行政机关与企业相互合作的一种重要形式。行政机关通过守法导则来帮助指导企业的守法，而企业接受政府的指导与帮助，双方通过这种形式共同应对环境问题，提高环境保护绩效，从而努力实现环境善治。

三、守法导则的合作性

环境执法的威慑模式是一种对抗性思维，已经不适用环境治理的发展，环境治理需要从对抗性思维走向合作性思维。在治理理念下，各种规制机关都采取一些合作性措施来促进企业守法，在环境治理领域尤为如此。例如前述的美国和欧盟环境守法导则，都侧重于帮助企

---

[1] European Commission. Common Implementation Strategy for the Water Framework Directive（2000/60/EC）［Z］. 2003.

业更好地守法，而不仅仅是强调对企业的制裁，这是合作性思维在环境执法上的体现。守法导则所具有的合作性主要体现在以下方面：

（一）守法导则的合作理性

一是守法导则具有柔性特征，更容易取得相对人的合作。国家不是以强制性的命令，而是以守法导则这样的"软法"来帮助公司守法。软法虽然没有法律的强制力，但由于是与相对人协商制定的，体现了对相对人的尊重，而且也符合相对人的需求，更容易获得相对人的配合。一旦得到企业的配合，就有利于落实守法导则的内容，实现政府环境治理目标，完成环境保护任务，避免了以强制性方式实施法律的弊端。

二是守法导则体现了专业技术性。守法导则会针对各行业环境守法中存在的普遍问题进行规定，具有很强的专业性。在现代环境治理背景下，企业需要遵守的环境法律数量众多，非常复杂，具有高度的专业性；同时，企业的环境治理设施的运行也具有高度技术性。仅仅依赖企业自身的力量很难落实这些法律与技术上的要求，需要政府采取积极措施，帮助企业达到法律上和技术上的要求。例如，为了帮助饮用水处理厂解决相关技术问题，美国联邦环保局"公布了主要的指导论文指示饮用水处理厂处理滤池反冲洗设施的要求，这一指导包含了超过 80 页的详细的信息和指令指导饮用水处理厂如何处理滤池反冲洗实施"[1]。这是对企业在技术上的指导，在法律上的指导也是非常多的，最典型的是有关企业环境犯罪量刑指南、有关环境犯罪具体细则，就是对企业的一种法律上的指导。

三是具有灵活性。为了促进企业守法，需要鼓励企业采取多种方式实现守法目标。一些国家的守法导则中规定了替代方案，以便于企业选择，守法导则体现出非常强的灵活性。在美国，"联邦环保局近

---

[1]　Mendelson N A. Regulatory Beneficiaries and Informal Agency Policymaking [J]. Cornell Law. Review, 2007, 92（3）: 397–452.

来的一些规制举措具有一些弹性特征，即这些行动是自愿性的而不具有特别的环境目标，例如 Project XL 项目允许企业发展自己的环境计划。在一些指南里，联邦环保局还可以批准企业的替代性的合规计划以满足增强的环境绩效的要求"[1]。通过这些灵活的方式，可以鼓励企业根据自身情况选择守法的方式，同时也提高了环境保护的绩效，达到了环境治理目标。

（二）守法导则制定程序的合作性

守法导则在制定过程中，也体现了较明显的合作性。以我国守法导则制定的程序为例，守法导则制定程序主要是：首先是由环保机关制定相应的草案，然后是交由各个受到影响的企业或者行业协会进行讨论，最后进行相应的修改后定稿公布。在守法导则的制定过程中，环保机关会听取受到影响企业的意见，更多地了解企业在环境守法方面的关切。同时，环保机关也会将国家在环境保护方面的法律、政策的发展趋势告诉企业，要求企业在未来的时间里达到相应目标。这一制定过程，实际上是对企业的需求和要求的双重检验，体现了现代政府的服务性。可见，守法导则的制定体现了各种主体之间的协商，是协商民主在环境保护上的体现。通过协商，环保机关和企业相互之间加强了了解，也体现出了合作与信任的特点。

（三）守法导则内容的合作性

为了提高合作治理的效果，需要提高守法导则的针对性。政府在制定守法导则过程中，会根据环境执法的经验，分析企业在环境守法上存在的问题及原因，并在守法导则中为企业提供相应的建议和帮助，这是一种从实践中来到实践中去的做法。这样的守法导则就具有很强的针对性，对企业会产生有效的帮助，体现了守法导则的实用性。现

---

[1] Stewart R B. A New Generation of Environmental Regulation? [J]. Capital University Law review, 2001, 29: 21-182.

在我国已经制定了三个正式的守法导则和一个守法导则征求意见稿，这只是一种初步的尝试。发达国家的环境守法导则非常全面，例如上文中的美国环境守法导则已经包括了九个工业部门；欧盟水框架守法指南，包括了 200 多页的内容，对水环境质量守法方面的规定已经非常详尽。

从两种非典型的守法导则中，也可以看出守法导则内容的合作性。例如，美国的环境犯罪量刑指南，是由司法部或者联邦环保局甚至是美国的法律研究会组织撰写的。虽然环境犯罪指南不是严格意义上的守法导则，但这一指南对于企业判断各种行为是否会承担相应的刑事责任具有重要的参考价值，有利于企业避免环境犯罪，也有利于企业的行为更加符合环境法律要求。环境犯罪量刑指南的内容，对于企业判断其行为，具有很强的实用性，也有助于其服从政府的相关指导。

再如，守法导则还有另外一种类型，即对企业守法经验的总结。当企业采取了较好的方式来保护环境、实现环境守法时，政府可以对这些企业的行为加以总结，进行推广。通过这样的方式发挥政府在其中的作用，将企业自身的环境保护经验加以推广。例如"在美国开展了最佳实践活动（Best Practices Scheme），这一项目是要求一些企业设计一些实践以遵守一般的规制要求。然后，将这些实践经验加以选择和出版，以供其他企业借鉴吸收"[1]。由于这种经验来自同行企业，对于类似的企业具有很强的示范作用，也有很强的针对性。通过向其他企业学习来提高环境守法能力，这在我国也具有悠久的历史。在我国，具有学先进、比先进的传统，通过同行业之间的学习，企业间的先进经验更具有借鉴性，环境守法也会有更好的效果。

---

［1］　Zaring D. Best Practices［J］. NYU Law Review, 2006, 81: 294.

四、守法导则的有效性

守法导则也应考虑有效性问题，守法导则的有效是指企业能按照守法导则的指引来做，以实现环境保护的目标。守法导则的出现是为了帮助企业更好地理解法律和技术中的问题，从而有助于企业认识、掌握环境法律和相应技术，将环境法律从"纸面上的法"变为"行动中的法"。守法导则的有效，既体现在自身语言和结构对于企业的价值，也体现在具有外在的条件保证其得到遵守和执行。

（一）守法导则语言的通俗性

"语言是法律传递价值的手段，并形成法律的概念和逻辑，从而为法律提供特有的思考手段。"[1] 为了提高守法导则的实用性，需要使用通俗简易的语言来向企业进行宣传，帮助企业理解环境法律和相应技术标准。各国政府希望通过努力来促进企业环境守法能力的建设，帮助企业准确理解环境法律，建立环境管理制度。例如美国在20世纪90年代中期就开始开展了守法帮助计划。它针对不同的工业部门建立了九个守法帮助中心，每个中心向受到规制的企业提供关于守法要求的"清晰英语"的守法要求、技术援助和污染预防培训。[2]这些措施的目的，就是帮助企业理解环境法律的要求，加强企业守法能力建设。

（二）守法导则适应企业守法状况

企业守法类型是多样的，守法导则可以对企业的不同守法类型产生作用。有学者对公司环境守法的特征进行了研究，认为企业守法包括三种类型。一是"全面守法的公司"（Maximal Compliers），这类公司担心违反规制而被起诉，从企业名誉考虑，认识到与规制者共同

---

[1] 周少华. 规范技术和语言权力：语言在法律中的意义 [J]. 法商研究，2006，23（6）：130-139.

[2] Rechtschaffen C. Competing Visions: EPA and the States Battle for the Future of Environmental Enforcement [J]. Environmental Law Reporter, 2000, 30: 10803.

的利益，或者倾向于稳定而守法。二是轻蔑的公司（Flouters），他们较少考虑规制要求，他们更倾向于追求自己的经济利益而不是考虑到规制要求。三是大部分企业的形态，即最低限度的公司（Minimal Compliers），他们往往只在最低限度上遵守规制要求，通过寻求法律和规制的模糊的地方来追求自己利益的最大化。[1]可见，绝大部分企业存在守法的动机，只要政府在环境执法上作进一步的努力，就可以促进企业的守法。守法导则以企业存在守法的可能性为前提，从正面引导和负面威慑两个方面来促进企业守法，帮助大部分企业从法律政策、技术和环境管理制度等方面不断完善，实现环境治理目标。

（三）守法导则结构的有效性

现代各国为了加强对公司守法的指导，在各种行业都开展了守法导则的制定工作，例如在反垄断领域，各国也开展了守法导则的制定。[2]环境治理涉及的企业众多，企业违法的原因不同，环境规制的困难更大。另外，对企业环境守法的规制也因行业不同而存在较大差异，例如电力行业相对而言更容易规制，而印染等行业则存在着规制的困难。从这一方面来看，更需要对企业遵守环境法律问题进行引导，为了保证守法导则的针对性和有效性，应重视环境守法导则的结构。

守法导则的主要目的是帮助企业的环境守法，从结构上看，守法导则包括：法律和政策方面的指导、技术方面的指导和企业管理制度方面的指导。这些指导可以集中在一个守法导则中，例如我国现在颁布的守法导则；也可以分散加以规定，在守法导则中只针对某一个方面，甚至是某一个具体的问题进行的指导和对具体条文的指导。但无论是哪种情况，都体现了对企业环境守法的指导性。以我国目前的守

---

[1] McGarity T O. When Strong Enforcement Works Better Than Weak Regulation: The EPA/DOJ New Source Review Enforcement Initiative [J]. Maryland Law Review, 2013, 72（4）: 1204–1294.

[2] 喻玲. 从威慑到合规指引反垄断法实施的新趋势 [J]. 中外法学，2013, 25（6）: 1199–1218.

法导则为例，其是一种综合性的守法导则，包括了三个主要部分，即法律与政策要求、技术指南、企业内部的管理制度等。这几个部分可以起到以下作用：一是明确法律依据，由于环境法律非常庞大，企业对于环境法律了解存在一定的困难，通过明确法律依据，可以帮助企业了解环境法律体系，明确法律的含义，避免因对法律理解的错误而违法，为企业守法提供可靠的法律依据。二是明确国家环境政策，近年来我国的环境政策在不断变化，此时，帮助企业了解国家环境政策和环境政策的发展趋势，以便企业形成一定的预期。政策还具有导向性和周期性，通过宣示国家环境政策，守法导则可以引导企业按照国家环境政策安排未来的生产经营活动。三是明确环境技术要求，由于环境治理涉及较多的技术问题，国家在环境技术方面进行及时有效的指导，对于企业引进、改进和完善技术标准具有重要作用。四是帮助企业建立自己的环境管理制度，企业的内部环境管理制度是提高企业环境守法能力的重要保障，企业建立自己的环境管理制度，可以从制度上来确保企业环境治理效果。而政府在这方面的指导，可以帮助企业完善已有的制度，并逐步建立更加有效的环境管理制度。

（四）外部条件对守法导则有效性的影响

守法导则是否有效也需要外部条件的促进与保障。守法导则基本上属于自愿性遵守的内容，企业是否遵守守法导则涉及一系列的因素，只有具备一定的条件，企业才会按照守法导则的内容来履行环境保护责任。

一是政府与企业关系。现代政府与企业之间的关系，不完全是一种对抗性的关系，而是具有很强的合作性。有学者在论述公司环境主义时说："公司环境主义这种新的治理方法试图建立一种参与性、协作性的、分权化的和以解决问题为中心的制度。"[1]可见，形成一

---

[1] 罗豪才，毕洪海.行政法的新视野［M］.北京：商务印书馆，2011：222-223.

定的环境保护的社会氛围时，政府与企业的合作而不是对抗，才是基本的特征。由于政府对企业的环境规制是长期过程，双方需要建立经常的联系，也容易形成信任关系，为双方的合作奠定了信任基础。"在产业界，受管制方是重复的当事人，他们与管制机构的关系比颁布硬性规制更能为守法更大的动力。"[1]在这样的背景下，政府可以对企业进行守法指导，而企业也愿意接受来自政府的守法指导，这是现代环境治理理论和公司治理结构发生变化的结果。

二是从文化传统来看，守法导则在我国具有特别意义。我国是一个东方国家，政府与企业的关系更加紧密，企业更愿意响应政府的倡议与建议。这种关系已经在日本的行政指导制度中得到了验证，日本的企业非常相信政府，愿意服从政府的指导与建议。中国与日本这方面的文化传统非常相似，企业与政府之间更重视合作而非对抗，这为企业在守法导则上与政府的合作奠定了基础。另外，中国长期是一个熟人社会，行政机关与企业、行政机关中的工作人员与企业人员之间往往形成了一种熟人关系，在这种关系下，行政机关的守法导则更加具有可实施性。

三是政府守法促进机制的作用。在现代环境治理中，政府可以通过多种方式来促进企业的环境守法。首先是企业环境守法信息公开制度。通过环境守法信息公开，可以由社会来对企业的环境守法情况进行评价，这关系到企业的社会形象，对企业的环境行为产生影响。其次是对环境守法的奖励制度，政府的守法导则往往与政府的奖励措施相结合，政府虽然不能对不遵守守法导则的行为进行处罚，但却可以对守法行为进行奖励，通过奖励来促进企业的守法行为，保障守法导则的有效性。另外，对于企业实施守法导则，但仍然造成违法的，可以不予或减轻制裁，这也是对企业的一种正向激励。再次是宣传和表扬企业的守法事迹。我国有宣传和表扬先进的传统，通过宣传表扬企

---

[1]　罗豪才，毕洪海.行政法的新视野［M］.北京：商务印书馆，2011：174.

业在环境守法方面的事迹，可以提高企业的社会知名度和社会好感度，也可以向其他同类企业提供典型经验，从而为其他企业的守法起到表率作用。

四是政府威慑机制的作用。除了守法促进机制外，政府还可以通过威慑的方式来促进企业环境守法，实现守法导则的要求。这种威慑既体现在环境执法的过程中，也体现在守法导则所宣示的法律后果上。就前者而言，通过环境执法来追究环境违法责任，是环境守法的重要动力和压力；就后者而言，在守法导则中明确法律后果，特别是在环境犯罪裁量指南中明确环境犯罪行为的后果，对企业也是一种无形的威慑，也可以促进企业遵守守法导则。例如美国的守法导则中就有对环境刑事制裁部分、对环境协商处罚的指导等等[1]，也体现了环境法的威慑力量，从而对相关的企业产生有效的影响。

五、守法导则的制度要求

（一）重视守法导则的合法性

从理论上说，守法导则并没有拘束力，对相对人的权利不产生实际影响，根据"最高人民法院关于执行《中华人民共和国行政诉讼法》若干问题的解释"，此类不具有强制力的守法导则不属于行政诉讼的受案范围。从这一角度说，守法导则的合法性问题主要是考虑制定机关是否有相应的权限。但实际上，守法导则的合法性问题正越来越引起重视。由于守法导则涉及对法律和技术标准的解释，这些解释对法律的适用会产生直接影响，并最终影响企业的权利；同时，守法导则中的有关规定可能在企业间形成某种形式的不公平结果，这些都涉及守法导则的合法性问题。例如美国的政策声明"并不具有法律上的拘

---

[1] Carey C D. Negotiating Environmental Penalties: Guidance on the Use of Supplemental Environmental Projects [J]. The Air Force Law Review, 1998, 44: 1.

束力，然而实际上却确立了一种可以影响被规制者、规制受益者的具有拘束效果的规则。例如，某些政策声明可能采用了命令式语句。在这种情况下，被规制主体往往会将其作为行为依据。再或者，如果他们不遵守'政策声明'，随即便可能遭受到某些不利影响，例如他们的申请被驳回、招致行政处罚等"[1]。这里的政策声明的范围很广，守法导则是政策声明的一种，也具有政策声明的上述特征。这说明，守法导则对相对人的利益影响越来越大，需要通过法律程序来约束其效力，避免对相对人的权利产生损害。因此，有关守法导则合法性问题，应重视以下几个方面：

一是守法导则的法律地位。守法导则不仅是一般的指导性文件，还包含大量的法律解释，这种解释并不属于法定解释，根据我国《立法法》的规定，环保部不具有法律解释权，但对法律进行解释是行政机关履行职责的重要形式。我国目前的法律解释体系重视司法解释，忽视行政解释，这不利于法律的实施。就守法导则而言，将来的守法导则会涉及法律解释问题，此时，就需要确定守法导则的法律地位。一方面是应承认行政机关在法律解释中的作用，另一方面，也应允许对这些解释进行司法审查。至于司法审查强度，可以参考美国谢弗林尊重原则，尊重行政机关的专业判断，但又保持法院对法律理解的优先地位。

二是守法导则的制定程序。守法导则在我国属于行政规范性文件，在美国则属于非立法性文件，制定程序都不同于立法性文件的程序。但守法导则可以产生实际的拘束力，对相对人的权利义务也会产生影响。如果守法导则的制定程序较为简便，会存在参与不足和管制俘获的问题。因此，如何通过守法导则的制定程序来保证其合法性就是一个重要的话题。在美国，法律界越来越关注非立法性文件制定

---

[1]　胡敏洁.美国行政法中的"政策声明"[J].行政法学研究，2013（2）：125-131.

程序上存在的问题以及可能对法治的破坏。美国管理与预算办公室
（Office of Management and Budget）在一份报告中（Final Bulletin for
Agency Good Guidance Practices）要求一些机构对具有重要意义的指南
文件收集评论。[1]这就是一种对指导文件的程序控制。

在我国，对于守法导则这样的行政规范性文件还没有严格的程序
要求，需要完善其程序。守法导则制定程序的完善应包括以下方面：
首先，是在制定过程中的公众参与。守法导则的制定也是一个公众参
与的过程，根据守法导则制定的程序，行政机关需要与企业及相关的
社会公众协商，通过协商来确定守法导则的主要问题，并完善守法导
则的内容。通过这些程序，不仅保证了守法导则的科学性，也保证了
公众参与，体现了环境民主的要求。其次，是守法导则的公开问题，
守法导则的公开可以避免行政机关利用守法导则来牟取不当利益，体
现守法导则的公正性，这样就需要加强对守法导则的公开。

（二）提高守法导则的针对性

守法导则要保证其有效性，必须重视其针对性，只有强化守法导
则的针对性，才可以提高企业遵循守法导则的意愿，更好地运用守法
导则。

一是保证守法导则的实用性。守法导则的一个重要目的是对环境
法律和环境技术进行解释和指导。现代环境法越来越复杂，不仅体现
为环境法律内容众多，而且体现在整体结构上的复杂。守法导则可以
在这两个方面为企业提供帮助。一是运用通俗的语言帮助企业更好地
理解环境法，行政机关用通俗易懂的语言来阐述环境法律的含义，避
免企业因对环境法律的错误认识而违法；二是通过体系性的解释帮助
企业完整地理解和掌握环境法，环境法的复杂性不仅体现为语言，还
体现为庞大的体系，行政机关可以运用自己的专业技能对环境法的体

---

[1] Mendelson N A. Regulatory Beneficiaries and Informal Agency Policymaking [J]. Cornell Law Review, 2007, 92（3）: 397-452.

系进行梳理，帮助企业对环境法律的系统理解。这与我国学界一些学者建议制定环境法典的思路是一致的，即通过法典来促进环境法的体系化，避免环境法的碎片化对环境法治造成伤害。

二是保证守法导则的经验性。守法导则由行政机关制定，行政机关对环境执法中发现的企业在环境守法中的困难与问题进行总结，并与企业进行协商后，将应对这些困难与问题的方法在守法导则中列举出来，对企业可以起到有效的指导作用。这样，守法导则体现出了很强的经验性，对提高企业环境守法水平具有很强的针对性。同时，行政机关也可以通过守法导则帮助企业节约守法成本。根据研究，当守法成本过高时，企业会挑战指南文件法律效力，这就容易产生对抗，不符合合作性的要求。"如果守法成本不昂贵，受管制企业不会挑战政策。受管制企业挑战公共政策的机会不在政策的实施阶段，而在政策制定的通告—评论阶段。"[1]

三是保证守法导则的示范性。行政机关除了制定守法导则的形式外，还可以根据守法导则的相关内容来汇编企业在环境守法方面的相关经验，通过汇编同行业企业的经验，可以为其他企业的遵守环境法律提供示范，而这种示范作用具有很强的操作性，是一种非常有意义的工作。我国还存在许多的经验介绍活动，可以通过这些行为来提高守法导则的可操作性。

（三）保障守法导则的有效性

守法导则不具有强制性，企业可以根据自愿原则来决定是否遵守守法导则的要求。当前，我国环境法律的实施较为薄弱，环境法的权威性还没有树立，如何保证守法导则的有效性就关系到守法导则这一新型合作模式的成败。要保证环境守法导则的有效性，需要加强以下工作：

---

[1] Mendelson N A. Regulatory Beneficiaries and Informal Agency Policymaking [J]. Cornell Law Review, 2007, 92（3）: 397-452.

一是促进企业树立环境保护观念。环境保护观念是企业环境守法的前提与基础。随着环境问题日益严重，全社会的环境保护观念也在不断增强。需要从经济人模式向理性生态人的模式发展，而理性生态人包括个人、社团、企业、政府。[1]企业行为对于环境的影响非常明显，如果企业树立生态保护的观念，就会形成环境守法的自觉，并努力追求更高程度的环境保护目标，这也是企业社会责任的内容。随着社会的发展，人们对企业的性质进行了反思，认为公司不仅是为股东谋取利益的工具，同时也具有一定的社会责任，而"公司社会责任的意义更在于道德准则，道德准则反映了公司社会责任的价值追求"[2]。如果这种价值追求落实在环境保护观念上，则企业就更加容易遵守守法导则，而且这种"道德基础也最能确保人们建立真正的、直接的信任关系以及充分的信任，从而增强环境合作的有机性，以有利于提升环境治理行为的效率和效能"[3]。观念的力量是巨大的，为了促进企业树立环境保护观念，就需要在全社会进行环境教育，并优化公司治理结构，促进公司环境保护观念的形成与巩固。

二是帮助企业建立环境管理制度。企业具备良好的环境管理制度，既是守法导则的一个目标，也是企业执行守法导则的制度前提。企业的环境管理制度对于企业的环境守法和环境保护绩效都具有重要的作用。我国企业的环境管理制度建设的历史还不长，特别是中小企业建立环境管制制度的能力尚显不足，还需要政府在这方面帮助企业加强环境管理的制度建设。"当私人企业表现出守法的最初动机时，公共机构就需要提供支持企业自愿守法的核心功能。"[4]

守法导则的一个重要任务就是帮助企业建立有助于自身守法的

[1] 蔡守秋.基于生态文明的法理学［M］.北京：中国法制出版社，2014：169.

[2] 朱慈蕴.公司的社会责任：游走于法律责任与道德准则之间［J］.中外法学，2008，20（1）：29-35.

[3] 黄爱宝.论走向后工业社会的环境合作治理［J］.社会科学，2009（3）：3-10，187.

[4] Scholz J T. Enforcement Policy and Corporate Misconduct: the Changing Perspective of Deterrence Theory［J］. Law and Contemporary Problems, 1997, 60（3）：253-268.

环境管理制度。例如我国在《燃煤火电企业环境守法导则》中的附件包括燃煤火电企业综合环境管理制度范例，如企业内部环保设施管理标准等 4 个环保设施管理制度范例，电除尘器电场监督表等 6 个环保设施监督记录表范例。这些管理标准和环保设施监督记录表范例，可作为燃煤火电企业环境保护的实用指导手册。[1] 如果企业根据守法导则中的相关要求去做，就会建立有效的企业管理制度，从而促进企业的环境保护水平。这是守法导则促进企业环境管理制度建立的有效范例。

三是处理好环境执法与守法导则有效性的关系。环境守法导则是一种环境合作治理的类型，但环境执法对于促进企业执行守法导则也具有重要的作用，其作用主要体现在两个方面：首先，严格执法形成的威慑可以促进企业按照守法导则的要求去做，以减少因环境违法而受到的制裁。环境守法导则没有强制性，需要依赖于企业的自主执行，但经验告诉我们，对于自愿执行的机制，外在的执法可以来促进自愿执行机制的开展，只有通过行政执法的威慑，才能有效地保证环境守法导则的作用。其次，政府还可以在环境执法中鼓励企业执行守法导则，例如，美国联邦环保局在"环境领导者计划"（Environmental Leadership Program）中，为了鼓励企业的参与，采取了特别的"实施响应指南"（Enforcement Response Guidelines），规定在环境审计实施过程中，如果参与的公司及时报告和改正没有守法而产生的事故，环保局也不会采取执法行动。[2] 通过对不同环境违法的不同处理，不仅起到了环境守法的激励作用，也可以对环境守法起到促进作用。这些措施对于企业的守法行动及遵守守法导则的行为产生了有效的作用。

［1］ 环境保护部环境监察局.规范环境管理 提升守法能力：《燃煤火电企业环境守法导则》解读［J］. 环境保护，2013，41（12）：55-56.

［2］ Spence D B. The Shadow of the Rational Polluter: Rethinking the Role of Rational Actor Models in Environmental Law［J］. California law review, 2001, 89: 917-998.

六、结语：认真对待环境合作治理模式

综上所述，环境守法导则是在新形势下，随着治理理念的兴起与环境治理任务的复杂化而产生的新事物，这一方式体现了企业与政府之间的合作，是一种新型的环境治理模式。这一做法说明，在环境治理过程中，不能仅仅依赖于执法威慑，强调加大对违法行为的制裁力度，也需要利用政府与企业的合作，通过激发企业的守法积极性来促进环境治理。

环境合作新模式的兴起，适应了环境治理变革的要求。在原有的环境管制模式下，仅仅依赖政府的力量来促进环境保护，反映了政府与企业之间的对抗性关系，而新的环境合作治理模式，体现了政府与企业的合作与协调，也体现了多主体、多中心参与的趋势。在环境合作治理模式下，政府利用守法导则来对企业加以引导和劝告，而企业利用守法导则所提供的帮助，实现环境守法，提高环境守法的绩效，从而有利于促进社会整体环境利益。

随着社会的发展，还需要发展更多的合作模式来促进环境治理的良性发展。为此，我们需要改变环境治理的理念，认识到环境治理的复杂性，强调全社会不同主体的参与，形成一种合作共赢的环境合作治理氛围。当然，企业在环境守法上的合作也是有条件的，特别是环境执法的威慑也是必不可少的。而如何正确处理这两者之间的关系，则是值得进一步研究的课题。

第二节　环境犯罪暂缓起诉制度：通过威慑实现环境合作治理

当前，我国环境问题越来越严重。学术界和实务界都认为我国存

在"守法成本高，违法成本低"现象，应提高环境企业违法成本，加大对违法企业的惩处。近年来，这种环境治理的思路在环境法治的各个方面都有所体现。

就环境立法而言。有的学者认为：中国环境立法存在的问题，从法律适用的角度可以概括为"没有大错，也无大用"[1]，环境立法对环境违法设定的制裁较轻，起不到应有的威慑作用。因此，环境立法应加强环境违法的法律责任。例如，我国新修改的《环境保护法》，对环境违法责任的设定就体现了这一思路，即通过"罚款上不封顶"的"按日处罚"制度来加强对违法者的制裁，被称为是"史上最严的环境保护法"。这一立法实践正是对加强威慑、提高违法成本呼吁的一种回应，近年来环境法的制定和修改也有加强环境法律责任的趋势。

就司法解释而言。为了提高环境违法的成本，我国开始重视环境刑法的作用。刑罚是一种更加严厉的制裁手段，对于公司及其管理层的威慑更加明显。最高人民法院单独或与其他机关联合制定了一些关于环境犯罪的司法解释，明确了环境犯罪的认定标准，降低了环境犯罪的门槛，可以更加有效地追究环境犯罪。根据这些司法解释，公司受到刑事追究的数量会大大增加，提高了环境违法的成本，增强了环境法的威慑。

就环境司法而言。我国也开始重视环境诉讼的作用，降低了诉讼门槛，增加了环境诉讼的类型。不仅在刑事诉讼中加强了对环境犯罪的追究，在民事诉讼上也更加开放，重视了环境民事诉讼的受理，特别是一些群体诉讼的受理与结案，加大了对环境受害者的保护，同时，开展了环境公益诉讼实践。环境司法范围的扩展，提高了环境法律的实施效果，增加了违法者的违法成本，强化了环境法律的威慑。

就环境行政执法而言。环境法主要依赖于行政实施，由于近年来国家对环境法治的重视，在环境法领域实行了大量的环境问责制，这

---

[1] 汪劲.环保法治三十年：我们成功了吗？——中国环保法治蓝皮书（1979—2010）[M].北京：北京大学出版社，2011：133.

样也大大促进了环境法的实施，提高了环境法的实施效果。

可见，加强环境违法责任，强化对环境违法的威慑，是我国环境法治的基本特点。但如果一味强调环境法的强制性和严厉性，也会面临着正当性的问题。正如柯坚教授所言：仅仅将环境污染、生态破坏的责任归之于作为生产企业的排污是不公平的；同时，使"污染者闻风丧胆"的环境法绝对不是一部良法。[1]同时，仅仅强调提高公司的环境违法成本，也会导致环境保护的成本过高——这同样不利于社会的可持续发展。在治理理念下，公司也是环境保护的重要主体。通过公司在环境治理中的作用，可以加快环境治理的速度，保证环境治理的效果。

环境法治发达国家也曾经面临相同困境，即因为严格的环境法律责任，导致企业和整个社会的环境保护成本过高。为了降低环境保护的成本，发达国家采取和缓与弹性的方式进行环境保护，发挥不同主体的环境保护积极性。例如为了纠正环境管制的弊端，发达国家发展了经济激励、合作治理等方式，鼓励公司参与环境治理。在环境刑法领域，发达国家也改变了刑罚政策，运用暂缓起诉制度等来减少刑罚的实际运用。这一制度的核心，并不是追究公司的刑事责任，而是通过刑罚的威慑要求违法公司承担相应的环境治理责任。对公司环境犯罪实行暂缓起诉，明确了公司环境治理责任，是一种新型的环境合作治理关系。

从环境犯罪暂缓起诉制度，可以认识环境法实施中威慑与合作的关系。环境法既需要威慑，加强对环境违法的制裁；也需要社会各主体的合作，建立一系列机制来促进公司的环境合作治理。只有这样，才能保证环境法实施的效果，实现环境善治。本部分将以暂缓起诉制度为例，研究威慑背景下的公司环境合作机制，探索公司参与环境合作治理所需要的条件，从而为认识环境治理规律和提高环境治理效果

---

[1]　柯坚.环境法的生态实践理性原理［M］.北京：中国社会科学出版社，2012：4.

作出一定的贡献。

一、环境犯罪暂缓起诉制度的适用

暂缓起诉制度在大陆法系和英美法系中都有大量的体现。在大陆法系，适用暂缓起诉制度比较典型的有德国、日本、荷兰等国家。如德国《刑事诉讼法》第 153 条 a 规定：经负责开始审查程序的法院或被指控人同意，检察院可以对轻罪暂时不予提起公诉，已经起诉的，法院可以在审判终结前的任何时刻暂时停止程序，同时要求被告人选择下述行为：①作出一定给付，弥补造成的损失；②向某公益设施或国库交付一定款额；③作出其他公益给付；④承担一定数额的赡养义务。[1]

在英美法系，暂缓起诉制度很受重视。在英国，在 2013 年制定的《犯罪与法院法》（*Crime and Courts Act*, 2013）中就有专门"暂缓起诉协议"一章，规定暂缓起诉协议的内容和要求。在美国，暂缓起诉制度也很早出现，其适用范围也有所变化。在 20 世纪 90 年代之前，美国的暂缓起诉一般只针对自然人犯罪，对法人组织则很少适用。在 20 世纪 90 年代以后，美国暂缓起诉制度的适用范围已经扩展到营利性法人组织的犯罪。[2]在环境法领域，由于公司环境犯罪大量出现，为了更好地保护环境以应对公司环境犯罪，并避免刑事制裁的负面影响，美国在环境犯罪中也开始适用暂缓起诉制度。

国外暂缓起诉制度的适用范围有所不同。例如，前述德国的《刑事诉讼法》规定只适用于轻罪，而英国 2013 年的《犯罪与法院法》明确规定，暂缓起诉协议不适用于个人，而只适用于各类组织。并且适用的犯罪范围是欺诈、洗钱和贿赂案件。可见英国适用暂缓起诉犯罪的范围是有限的，虽然没有明确环境犯罪的问题，但欺诈、贿赂类

---

[1] 黄维智.暂缓起诉制度探析 [J].政治与法律, 2005（2）：116–119.

[2] 张泽涛.规范暂缓起诉——以美国缓起诉制度为借鉴 [J].中国刑事法杂志, 2005（3）：62–68.

案件，都可适用于公司环境犯罪。在美国，对于以下四类环境犯罪不适用于暂缓起诉制度：①造成严重的环境损害或者公共健康影响的行为；②欺诈或者误导的经营行为；③脱离管制体系外的经营行为；④重复违法行为。[1] 也就是说，美国对暗中恶意破坏环境的行为适用严厉的刑事制裁，而对那些基于信赖而违法或者因技术原因而违法的被告可以适用暂缓起诉制度，体现了刑事制裁的区别性。

环境犯罪暂缓起诉制度的目的是保证公司能积极补救其环境犯罪的后果，提高环境治理的效果，而不仅仅是制裁构成环境犯罪的公司。根据国外的实践，环境暂缓起诉制度主要通过双方签署暂缓起诉协议的形式来确定双方权利（力）义务，特别是公司在环境治理中的义务。

在暂缓起诉协议中，检察机关主要明确企业相关的责任，还包括如何保证协议内容实现的具体要求。美国司法部的"暂缓起诉协议指南"，要求暂缓起诉协议条款主要包括：①详述不合法的行为或者承认公司犯罪行为；②承诺与公诉人的合作；③承诺将合法经营；④放弃任何的诉讼时效；⑤放弃任何开庭审理的权利；⑥承诺协议不能约束任何联邦机构；⑦承诺协议将进行公开披露；⑧承诺公司雇员或内部机构不得公开否定协议；⑨如果公司违反协议将会受到起诉；如果公司根据协议建立了有效的公司反思体系，就不会再被追究。协议还可以包括公司的社区服务、金融罚款、公司监督、放弃特权等条款。[2]

可见，暂缓起诉协议主要包括以下的内容：一是明确公司环境治理行为。暂缓起诉协议要求公司必须采取的一定行为，包括对被破坏环境的恢复和公司在未来的生产经营过程中的行为，即遵守环境标准，更新公司环境设施，以避免类似违法行为的产生。二是要求公司提供

---

[1] Uhlmann D M. Environmental Crime Comes of Age: The Evolution of Criminal Enforcement in the Environmental Regulatory Scheme [J]. Utah Law Review, 2009（4）: 1223-1252.

[2] Block J G, Feinberg D L. Look Before You Leap: DPA, NPAs, And the Environmental Criminal Case [J]. ALI-ABA Business Law Course Materials Journal, 2010: 7-24.

一定的环境治理资金。协议会要求违法的公司提供一定数额的罚金来治理环境，甚至可以要求公司提供环境研究和教育资金，这些资金会比实际的环境损失更高，实际上是公司通过缴纳一定数额的金钱来获得刑罚的豁免。三是公司将要达到的环境治理目标。协议会明确规定公司在暂缓起诉期间要达到的环境治理目标。四是有关第三方监督的内容。为了保证暂缓起诉期间公司环境治理目标，需要第三方监督的作用，主要是聘请第三方来对企业的环境治理行为进行监督，保证公司实现环境治理目标，并为是否实行起诉提供依据。

二、暂缓起诉制度的适用背景

在环境法的发展早期，各国更多的是重视环境法的威慑性，强调加强环境管制，提高对公司环境守法的要求，并对环境违法给予严厉的制裁。但随着环境管制的发展，其弊端也不断呈现，特别是随着社会成本的提高，人们也要求降低环境保护的成本，强调公司的环境合作治理，在这一背景下，环境犯罪适用暂缓起诉制度就成为一种可行的选择。暂缓起诉制度产生的主要背景有：

（一）刑罚的成本过高

刑罚是一种严厉的制裁手段，但其运用也需要很多成本，对整个社会而言是非常昂贵的。而刑罚适用的谦抑性与和缓性，可以减少刑罚成本。刑罚的成本包括需要国家承担的诉讼成本与需要公司甚至整个社会承担的社会成本。

首先是诉讼成本。为了追究环境犯罪，需要对环境犯罪进行侦查与起诉，这些行为都要承担大量成本。刑事诉讼采取排除合理怀疑的标准证明，检察机关需要投入大量的人力物力用于犯罪的侦查和起诉。为了节约诉讼成本，各国通过辩诉交易制度来换取被告的认罪。虽然各国司法实践表明，环境犯罪的证明标准较低，对污染犯罪采取单纯的推定责任。[1]即使如此，也需要检察机关建立相应的推定前提，即：①某种有害物质的排放达到仅由于该排放行为而产生对公众的生命或身体危险的程度；②与该有害物质相同种类的物质产生的对公众的生命或身体的危险，是在排放该有害物质而产生该危险的地域内产生的；③污染仅限于对公众生命或健康的侵害；④污染至少达到具体危险的程度；⑤不适用于多个污染源排污累积达到威胁公众生命或健康的场合。[2]这样，检察机关面临着相当多的证明要求，工作量是巨大的，起诉需要的成本也会很高。

而通过暂缓起诉，检察机关可以极大地降低诉讼成本。并且在暂缓起诉制度中，一般法院并不介入或者只进行形式审查，也降低了法院的成本，从而降低了整个社会的诉讼成本。

其次是社会成本。公司不仅是一种营业性的组织，也肩负着许多社会功能。例如，企业承担着就业的功能，企业对于投资者也有着相当多的责任。一旦企业因为环境犯罪受到刑事追究，就会引起强大的社会反响，对公司的社会声誉造成严重打击，也可以影响到员工的就业和投资者的利益，甚至会影响到一定社会的稳定，这都是会产生巨大的社会成本。而通过暂缓起诉制度，让公司自己纠正环境违法行为，弥补环境违法后果，不仅对公司自身具有巨大的利益，也会使公司员工和利益相关者从中获得利益，从而节约了社会成本。

暂缓起诉制度，可以节约诉讼成本和社会成本，也就节约了整个社会的成本。由于其所具有的经济上的效益，环境犯罪的暂缓起诉制度也就应运而生了。

（二）治理理念的兴起

随着环境管制的弊端增加，各国在环境治理上也出现了由管制向治理的变化。"绝大多数国家都从污染的扩散策略（形式上以市场为

---

[1] 赵秉志，王秀梅，杜澎.环境犯罪比较研究[M].北京：法律出版社，2004：55.

[2] 李冠煜.日本污染环境犯罪因果关系的研究及其借鉴[J].政治与法律，2014（2）：151-160.

基础的法律）转变为直接的管制控制（实体上的管制性法律），然后进一步演变为一种更为复杂的政策路径，其包括建立与私人市场合作性关系（反思性、治理的法律）。"[1]

社会治理需要不同主体的参与，不同主体对公共事务的参与是最具有治理特性的一种方式。通过不同主体的参与，可以避免单纯依赖市场或者政府而导致的"市场失灵"或"政府失灵"，发挥不同主体的积极性和优势，可以共同对社会事务发挥有效作用，达到最佳治理效果，这在环境治理上更加具有合理性。正如我国著名环境法学家蔡守秋先生所言，治理模式"通过构建政治国家与公民社会合作、政府组织与非政府组织合作、营利组织与非营利组织合作、公共机构与私人机构合作、强制与自愿合作的社会调整机制，弥补政府缺陷和市场缺陷，以达到'和而不同'的'和合'政治哲学境界，实现对人与人的关系和人与自然关系的'善治'"[2]。

环境犯罪的暂缓起诉制度，反映了治理模式下各主体间的互动，体现了治理的价值。这一制度涉及的主体是多元的，包括检察机关、公司、法院、监督人和其他社会主体。检察机关通过与公司签订暂缓协议，体现了这两个主体在环境治理上的努力，同时，法院也起到了隐性的作用，法院作为审判机关，可以在暂缓起诉协议的审查方面起到一定的作用：一是当企业对于暂缓协议不服的，可以向法院起诉，由法院对其效力进行审查；二是当检察机关对企业履行协议的结果不满意时，也需要向法院起诉来追究企业的刑事责任，这样，法院在暂缓起诉中起到了终局性的作用。另外，有的暂缓起诉协定中还明确要求聘请独立的监督者对公司治理行为进行监督，而这些人士往往具有专业的知识与能力，可以对公司的治理行为进行有效监督。最后，暂缓起诉协议要予以公开，其他社会主体也可以对这一协议进行监督。

---

［1］ 罗豪才，毕洪海.行政法的新视野［M］.北京：商务印书馆，2011：137.

［2］ 蔡守秋.善用环境法学实现善治——治理理论的主要概念及其含义［J］.人民论坛（学术前沿），2011：2（中）：62-65.

这样，就有多个主体参与到对公司环境犯罪的监督之中，充分体现了环境治理的本意。

（三）司法理念的变革

司法理念的变革对于暂缓起诉制度起到了有效的作用，与此相关的司法理念主要包括合作性司法理念。

传统的刑事诉讼存在着直接对立的控辩双方，双方存在对抗关系，控诉方要追求刑事追诉效果，并将说服法院定罪判刑作为自己的诉讼目标；被告人及其辩护人则将推翻或削弱控诉作为本方的诉讼方向。这是一种"对抗性司法"模式。而 20 世纪 70 年代左右，在西方形成了以辩诉交易为代表的"合作性司法"模式，为促使被告人自愿认罪，检察机关有时要与被告人、辩护人进行一定程度的协商，并承诺向法院提出从轻量刑的建议；对一些具有从轻量刑情节的嫌疑人，直接采取暂缓起诉的措施。[1] 在这一模式下，检察机关更加重视双方的合作。近年来，合作性司法模式发展成为恢复性司法模式，即强调犯罪人与受害者之间的协商，此时，"刑事司法的任务主要不是惩罚犯罪人，而是应将被犯罪行为所破坏的社会关系恢复到一种平等的理想状态"[2]。

合作性司法更加适合环境治理这样的领域。环境治理不仅需要环境污染后的治理，更重视污染发生前的预防，即使在治理中，也非常重视其专业技术性。暂缓起诉制度，一方面可以促进公司改进其环境保护工作，避免今后的污染，贯彻了预防优先的原则；另一方面，对于已经造成的污染，也以恢复治理为主，我国现在的环境判决中也已经开始重视这一问题，我国"对环境问题的刑事法律解决也不再局限于传统的报应型刑罚措施，而是更加注重被污染、破坏的环境的恢复。

---

[1] 陈瑞华．司法过程中的对抗与合作——一种新的刑事诉讼模式理论 [J]．法学研究，2007，29（3）：113-132．

[2] 于改之，吴玉萍．多元化视角下恢复性司法的理论基础 [J]．山东大学学报（哲学社会科学版），2007（4）：39-44．

比如，2009 年 6 月 18 日，无锡市锡山区人民法院宣判的一起盗伐林木罪案，法院不再是简单地判处徒刑了事，而是判处被告人恢复被砍伐的树木"[1]。

从污染治理的角度而言，在暂缓起诉制度中，公司往往会承担比其造成的损失更多的责任，这对受到损害的社会关系是一种有效的弥补。"从控制社会危害行为的公共政策角度出发，威慑补充理论能够较为有效地解释赔偿与刑罚这两种基本法律制度的理论联系，并由此更清晰地理解和分析包括救济、和解及社会公平在内的相关理论与制度问题。"[2]通过刑事威慑，可以促进公司恢复受到破坏的社会关系，实现社会公平，并预防公司新的违法犯罪。

三、暂缓起诉背景下的环境合作治理

暂缓起诉制度要发挥威慑的作用，促进公司积极投身环境治理，也必须具备一定的条件，只有符合了这些条件，公司才可能真正地认识到自己行为的环境危害，并积极治理受到损害的环境，最终提高环境治理的效果。公司的环境合作治理应具备如下的条件：

（一）形成足够的威慑氛围

威慑是法律的基本特征，法律不能没有"牙齿"，而法律责任就是法律的"牙齿"；当然，法律不仅要有"牙齿"，还需要使用"牙齿"，不然法律的威慑力也无法得到体现。法律以责任的形式明确了违法行为的不利后果，而法律的实施又保证了法律责任的必然性和强制性。

在各种不同的法律责任中，刑事责任最具威慑力。环境刑罚体现了环境保护的正义性，也是对公司环境犯罪行为的有效威慑。"从威慑的角度来说，对于违反环境法的刑事诉讼可能是最适当的，因为它

---

[1] 雷鑫，张永青.环境犯罪刑事和解的证成与价值：以恢复性正义为视角 [J].湘潭大学学报（哲学社会科学版），2010，34（1）：31–35.

[2] 戴昕.威慑补充与"赔偿减刑"[J].中国社会科学，2010（3）：127–143，222.

只从功利主义的角度来促进环境与健康的保护。"[1]现代社会的环境犯罪主要是公司环境犯罪，通过环境刑罚，特别是公司犯罪的双罚制，对公司管理层给予刑事制裁，其威慑作用尤为明显，剥夺公司管理层的人身自由，对他们的痛苦是无法替代的。为了公共利益的需要，有时还可以执行严格的环境刑事政策，对公司犯罪也是一种有效的制裁，例如为了制裁公司犯罪，我国江苏省盐城市"2·20"特大水污染案中，法院以"投放危险物质罪"而不是以环境污染罪对被告公司法人代表和生产负责人判处 10 年和 6 年有期徒刑，加重了刑罚后果，体现其威慑性。这已经成为我国环境司法趋势，即："面对环境污染犯罪的日益猖獗和刑法罪名体系的滞后，各地司法机关已经开始在现有罪名体系下，积极通过扩张解释的方法对现有罪名进行解释及适用，严厉制裁愈演愈烈的环境犯罪。"[2]

加重刑事责任，体现刑罚的威慑，不仅是为了惩罚，也可以促进公司的环境合作治理。"管制方法不仅具有事后的效果，而且也能在事前发挥作用。它们促进自我管制，并为当事人根据自身条件实行高效协调提供动力。"[3]因为刑罚的严厉性，公司才有动力去积极地配合检察机关，积极地治理环境以避免受到刑罚的追究。如果公司受到的制裁不够严厉，其投入环境合作治理的积极性也会受到影响。

（二）具有促进合作的内容和制度

1. 明确合作治理内容

仅仅是威慑还不足以要求公司实现环境治理，现代环境治理不仅需要威慑机制，还需要建立威慑背景下的合作机制。

[1] Uhlmann D M. After the Spill is Gone: The Gulf of Mexico, Environmental Crime, and the Criminal Law [J]. Michigan Law Review, 2011, 109: 1413.

[2] 李潇洋. 环境犯罪的制裁思路与刑事政策定位——以江苏省盐城市"2·20"特大水污染案为例 [J]. 环境保护，2013，41（22）：47-48.

[3] 罗豪才，毕洪海. 行政法的新视野 [M]. 北京：商务印书馆，2011：260.

公司环境合作机制需要明确合作方的合作要求。暂缓起诉制度在明确合作条件，促进合作治理上就是一种有效的尝试。暂缓起诉协议，规定了在一定期限内的公司环境守法计划，根据这一计划，公司会被要求在暂缓起诉期间完善相应的环境治理事项，这些事项具有很强的针对性，有利于恢复受到损害的环境和促进其他环境保护事业的发展。例如，在美国的墨西哥湾漏油事件中，检察机关对 BP 公司"除了具有威慑性的罚金外，刑事制裁还会包括公司守法计划（Corporate Compliance Programs），如果能得到适当的实施，公司守法计划将会要求墨西哥湾漏油的有关公司在今后的公司经营中优先考虑到环境保护与工人的安全保护"[1]。明确环境治理与守法措施，可以奠定双方合作基础，也有利于社会的监督。

2. 确立合作治理的监督机制

无论是威慑还是合作，都需要建立相应的监督制度。暂缓起诉制度包括两方面的监督：一是对暂缓起诉协议的监督，以防止检察机关滥用起诉裁量权；二是对暂缓起诉协定和公司环境治理行为的监督，防止公司不遵守环境法律。

关于前者，主要依赖于法院的监督，例如暂缓起诉协定需要向法院备案，法院可以否定这一协定的效力。同时，这一协定还需要进行公开，接受社会的监督。这些措施对公司环境犯罪的暂缓起诉制度进行了监督，可以有效保证这一制度的良性发展。关于后者，主要是依赖于独立的监督员的监督。守法监督员可以要求公司按照暂缓起诉协调的内容实施环境治理，并对公司的相关经营活动是否符合环境保护的要求进行监督。[2]

通过这样的监督，保证了威慑在检察裁量上的正当性，同时，也有利于保证公司以后行为的有效性。

［1］ Uhlmann D M, After the Spill is Gone: The Gulf of Mexico, Environmental Crime, and the Criminal Law［J］. Michigan Law Review, 2011, 109: 1413.

［2］ Griffin L K. Compelled Cooperation and the New Corporate Criminal Procedure［J］. New York University Law Review, 2007, 82（2）: 311.

（三）具备保证暂缓起诉公正实施的条件

暂缓起诉制度赋予了检察机关较多的起诉裁量权，暂缓起诉协议的履行也有一定的期限和专业性。这些因素决定了暂缓起诉制度应具备一定的条件，否则就会影响刑法的平等适用，也会违背通过设立环境犯罪来加强威慑的初衷。具体而言，暂缓起诉制度要求不同的主体应符合一定的条件：

对检察人员的要求。现代公司具有非常复杂的治理结构，公司环境行为具有很强的专业技术性。这就要求检察官能准确地运用现行法律来判断公司是否构成环境犯罪行为以及是否适用暂缓起诉制度，如果适用暂缓起诉制度，还需要规定公司的相应责任与义务。这些都需要检察官具有丰富的公司法律和环境法律知识，当然，他们也可以利用其他的力量，如其他国家机关和社会组织在专业方面的帮助。在遇到复杂的专业问题时，美国检察官会"向证券交易委员会、联邦税务机构、会计事务所等官方的或民间的专业机构咨询，或直接聘任相关专家"[1]。由于暂缓起诉赋予了检察官较大的裁量权，这种权力也会受到滥用，可能会对严格执法造成影响，所以，对检察官的监督是非常必要的。

对公司的要求。暂缓起诉制度要发挥作用，需要公司具有良好的环境治理意识和能力。公司环境犯罪，有的是由于缺乏环境守法的意识，有的是由于缺乏环境守法的能力，应对这两种行为加以区别。针对前者情况，需要在公司内部建立相应的制度来强化守法意识；而针对后一种情况，则需要改进公司的环境保护设施。首先公司要有良好的环境治理的意识和社会责任，一个公司对于环境治理的社会责任意识是公司加强环境治理的前提，这也是暂缓起诉制度主要适用于过失犯罪而不是故意犯罪的原因；其次，公司应具有良好的环境管理制度，或者是建立起良好的环境管理制度。在现代社会，公司在环境治理上

---

[1] 郭林将.论暂缓起诉在美国公司犯罪中的运用 [J].中国刑事法杂志，2010（7）：121-127.

的配合和建立相应制度是非常必要的，这些制度是强化环境治理的基本条件。再次，公司应加强相关的技术和资金的投入，现代环境治理需要公司相应的环境技术和设备的投入，只有必要的投入才能在环境保护上起到良好效果。当公司签订暂缓起诉协议时，检察机关就需要在这些方面提出明确要求。符合这些条件，才可以提高公司环境治理能力，实现暂缓起诉制度的目的。

对监督者的要求。为了保护暂缓起诉协定得到遵守，检察机关往往会聘请相关的人员来对公司行为进行监督，这就是暂缓起诉制度中的独立监督制度。美国的暂缓起诉制度中，公司的监督已经形成了一个完整体系，监督者也具有相当大的监督权。例如，"检察机关还会要求监督者提交书面报告来报告公司遵守暂缓起诉协定的情况"[1]。"监督者被授予了广泛的权力和很大的自由，监督者被授予实体权力来规制公司正在从事的行为；监督者不得被轻易替换（即使公司被出售也不一定终止规制责任）；监督者既可以做出重大的决定也可以做出具体的决定；监督者有权重组公司的内部程序；监督者受到代理人工作成果原则的保护"，"如果监督者对于公司的环境守法的行为不满意，他们就可以建议实施机构撤销暂缓起诉协议，重新对公司的行为进行起诉"[2]。这对监督者也提出了相当高的要求，监督者不仅要具备相应的监督能力，同时也需要承担监督不力带来的法律后果。

对社会的要求。就社会而言，全社会对于环境保护的重视也是保证暂缓起诉效果的重要条件。在暂缓起诉制度中，暂缓起诉协定是需要向社会公开的，社会可以对公司的违法情况与实施协定的守法情况进行监督。如果发现企业在执行暂缓起诉协定中存在违法情形，可以

---

[1] United Sates Government Accountability Office. Corporate Crime: DOJ Has Taken Steps to Better Track Its Use of Deferred and Non-Prosecution Agreements, but Should Evaluate Effectiveness [Z]. 2009.

[2] Khanna V, Dickinson T L. The Corporate Monitor: The New Corporate Czar? [J]. Michigan Law Review, 2007, 105（8）: 1713-1755.

进行举报其至提起环境公益诉讼。在现代环境法治中，环境公益诉讼制度是非常发达的，通过公益诉讼制度，可以发挥公众在环境保护中的作用。这样，就需要整个社会具有强烈的环境保护意识和共和主义的情怀，对于违反环境保护的行为有意识，也有能力加以监督，只有具备这样的条件，才可以对环境犯罪的暂缓起诉制度起到有效的促进作用。

四、环境法实施中的威慑与合作的互动

环境法的实施，主要存在威慑治理模式和合作治理模式，这两种模式的选择与配合影响着环境治理的效果。总体而言，在环境法实施的初期，更重视威慑模式，要求形成环境法的刚性与约束力，在全社会形成遵守环境法的氛围；在威慑模式已经确立，环境守法风气基本形成后，需要重视环境执法与守法的成本，反思环境法制存在着的不足，强调环境法应具有更多弹性，以节约环境保护成本。在这些背景下，环境管制向环境治理发展，此时，就需要考虑不同模式的选择与配合，合作模式的出现并不意味着威慑模式的失效，而是意味着两者的结合更为复杂与重要。即，"威慑基础上的实施系统包含了许多基本的保证守法的属性。不是放弃目前的执法方式，而是应该转变现在的建立在威慑理论上的环境执法系统，整合成具有建设性的合作模式"[1]。因此，在环境法治中，需要强调环境法的威慑性，同时还需要重视环境法的合作性，并正确处理两者的关系，环境合作治理不仅需要企业具有环境公民主义精神，还需要政府利用相应的机制来促进公司的环境合作治理。

---

[1] Rechtschaffen C. Deterrence vs. Cooperation and the Evolving Theory of Environmental Enforcement [J].Southern California Law Review, 1998, 71: 1181-1272.

（一）提高威慑力量

从威慑的理论来看，应剥夺公司因环境违法而获得的利益，这样才会对公司环境违法产生应有的威慑，提高威慑会促进公司在环境治理上的合作。"威慑理论从一开始就很充分地运用了功利主义的分析方法，认为犯罪是一种成本收益算计之后的理性选择。犯罪对惩罚的反应是将其纳入预期成本的考量之中，惩罚概率和惩罚严厉程度的增大增加了预期犯罪成本，进而威慑犯罪。"[1]虽然这是从环境犯罪的角度说的，但也适用于其他的环境违法。公司故意违反环境法的目的是获得利益，包括违法排放污染物和减少环境保护投入，都可以获得一定的利益。为了强迫公司遵守环境法，就需要考虑到违法行为的成本，加大对公司环境违法的制裁。公司预期违法成本不仅要考虑法律设定的责任或制裁，还要考虑法律实施的概率，任何违法行为都存在一定的黑数，在法律责任一定的情况下，加强环境执法也可以提高公司的违法成本和环境法的威慑。提高环境法的威慑的途径主要有以下几个方面：

1. 加大对违法行为的制裁力度

主要方法包括：一是提高环境违法行为的处罚力度，这是提高违法成本的基本方法，这不仅体现在新修改的《环境保护法》中，如按日处罚制度等，也体现在环境单行法中，特别是近年来制定或修改的环境法律，例如在《水污染防治法》中，就明显增加了对环境违法的制裁。二是降低对违法行为制裁的难度。例如在我国之前的环境法律中，由各级人民政府决定违法企业的关闭和停产，这种制裁的实施方式较为困难；现在《环境保护法》和其他一些法律中规定环保部门可以决定对违法企业的关闭和停产，就降低了对违法行为的制裁难度，对于违法者也是一种有效的威慑。可以增强企业

---

[1]　陈屹立，陈刚.威慑效应的理论与实证研究：过去、现在与未来［J］.制度经济学研究，2009（3）：169-186.

在生产经营活动中的注意义务，更好地遵守环境法律。

2. 通过强化执法提高违法行为的发现率

威慑力量不仅与法律责任相关，也与执法概率有关，贝卡里亚在《论犯罪与刑罚》中有一句名言："对于犯罪最强有力的约束力量不是刑罚的严酷性，而是刑罚的必定性……即使刑罚是有节制的，它的确定性也比联系着一线不受处罚希望的可怕刑罚所造成的恐怖更令人印象深刻。"[1]无论是行政机关还是司法机关的执法，都有利于发现公司的环境违法，从而增加公司的成本，提高法律的威慑力量，即使对未被发现的公司也具有潜在威慑。

3. 补充环境执法的不足

由于环境问题的复杂性，环境执法是有限的，一定存在大量的环境违法未被发现，即环境违法的黑数，如果环境违法的黑数过高，就会大大降低环境法的威慑力。要降低环境违法的黑数，就需要借助其他方式补充环境执法的不足。主要的方式有公司所在地的公众参与、社会组织的公益诉讼等，这类方式与环境法的公共实施相对应，可以称为环境法的私人实施（或私人执法）。[2]通过环境法的私人实施，可以弥补国家机关的执法不足，也可以防止执法上的"寻租"，增强公众的参与意识和环境保护意识。我国新修改的《环境保护法》明确了环境公益诉讼，就是希望通过公益诉讼来提高违法行为的发现率，提高公司的违法成本。

4. 扩展救济途径

虽然通过加重法律责任和提高执法可以提高环境法律的威慑，但这些主要是为了保护环境公共利益，仅有这些还是不够的。还可以通过追究民事侵权责任来增加企业环境违法成本，加强法律的威慑。主要包括两个方面，一是降低民事诉讼的难度，二是提高民事赔偿的数

---

[1] 贝卡里亚. 论犯罪与刑罚 [M]. 黄风，译. 北京：中国大百科全书出版社，1993：59.
[2] 邓可祝. 论环境法的私人实施 [J]. 四川行政学院学报，2012（5）：63–66.

额。目前，我国环境民事诉讼还存在较多困难，通过降低环境民事诉讼难度，可以提高受害者的诉讼积极性，增加诉讼的数量；为了提高民事赔偿数额，需要考虑环境损害赔偿的全面性。联合国 1985 年通过的《为罪行和滥用权力行为受害者取得公理的基本原则宣言》在环境破坏赔偿的部分提出了这样的要求："在严重破坏环境的案件中，如经裁定要提出赔偿，则应尽可能包括环境的复原、基础设施的重建、社区设备的更换，在这种破坏造成一个社区的迁移时，还包括偿还重新安置的费用。"这样就极大地提高了赔偿的数额，也可以提高公司环境违法成本，增强了对环境违法的威慑。

（二）重视合作的方式

虽然威慑可以提高环境违法的成本，但威慑理论对于解释环境法的实施存在一定的缺陷，即"（威慑理论中的）理性污染者假设简化了行为人违法之动机，低估了环境法的复杂程序，忽视了受管制者自我守法的社会责任感与其他诱因机关的作用"[1]。从环境法治的趋势来看，各国都需要公司成为环境治理中的重要主体，积极履行其社会责任，成为良好的环境公民。20 世纪 80 年代以来，社会发展呈现出多元治理主体迅速生成的局面，更加重视社会各主体之间的合作治理。合作治理要求治理主体"基于特定的互惠性目标，并在自主、平等的基础上开展合作"，因而是一种真正的共同治理。[2]而实现共同治理，政府的作用也是不可忽视的。政府可以通过倡导、引导和帮助等方式，促进公司的环境合作。公司环境合作的方式主要有：

1. 公司环境管理制度

"企业环境管理体系是指在企业内部建立的与企业其他管理体系相整合的用以系统管理其全部环境事务的管理系统。"[3]公司的

---

[1]　张英磊.由法经济学及比较法观点论环境罚镄核科中不法利得因素之定位[J].（中国台湾）"中研院"法学期刊，2013（13）：183-234.

[2]　张康之.合作治理是社会治理变革的归宿[J].社会科学研究，2012（3）：35-42.

[3]　岳全化.企业环境管理体系和环境报告[J].世界标准化与质量管理，2000（9）：13-15.

环境管理制度可以提高环境治理绩效。政府可以通过帮助企业实施这一制度来提高公司的环境合作治理水平，例如欧盟在 1995 年实施的"生态管理与审计计划"（Eco-Management and Audit Scheme, 简称：EMAS），该计划采纳了一个自愿的环境管理、审计和报告制度。这一计划建立了独立的守法验证框架，提供了公司参与的适度的激励机制。[1]通过这一计划，公司可以评估、管理和改进自己的环境绩效，从而更好地提高环境管理的水平。政府和利益相关方可以通过这一计划来发现公司在环境治理方面的问题，并提出相关的建议。

2. 自愿环境协议

为了促进公司实施比环境标准更加严格的环境保护措施，美国实行了自愿环境协议工具。根据这一政策，公司可以自愿提高环境标准，超额减少污染物的排放。这一政策工具虽然是建立在企业自愿基础上的，但由于政府的积极推广，企业也积极响应，形成了企业与政府的互动，取得了良好效果。例如，美国在 1990 年实施 33/50 计划，即参与计划的公司减少 17 种有害物质的排放量，1992 年比 1988 年减少 33%，1996 年比 1988 年减少 50%。到了 1996 年，这一项目超额完成了预定的减排任务。在欧盟，荷兰是采取自愿性环境协议方法减少温室气体的排放，也起到了良好的效果。[2]这一方式是公司积极参与环境合作治理的典型。

3. 公私环境协议

为了提高公司的环境保护意识，一些国家的政府（主要是地方政府）通过与公司签订环境协议的方式来明确公司的环境要求，促进公司环境保护，即环境协议制度（日本也称为"公害防止协议"）。这一做法，最早起源于日本，一些地方政府与希望到本地投资生产（或者已经在当地投资生产）的公司进行谈判，双方明确公司的环境保护

[1]　Orts E W. Reflexive Environmental Law [J]. Northwestern University Law Review, 1995, 89（4）：1227-1340.

[2]　邓可祝. 多国自愿环境管制的效果启示 [J]. 环境保护，2011，39（9）：62-64.

任务和要求，明确当地居民对公司运行期间环境保护的监督。通过这样的协议，提高了公司环境保护的意识和自觉性，也提高了环境保护的效果。这一做法在邻避冲突中也得到运用，在一些邻避设施的建设中，当地政府为了加强监督，避免民众的担忧，与邻避设施建造者签订邻避设施监督协议，以强化对邻避设施的监督，避免更多的邻避冲突。

（三）政府在促进公司环境合作方面的作用

政府可以通过许多措施来促进公司的环境合作。"行政机关需要发挥积极作用，说服当事人从参与获得的收益要比从好斗的对抗获得的收益更多，诸如节省成本、减少诉讼与改善关系等。"[1]除了加强执法提高威慑力量促进公司的环境合作外，政府还可以通过柔性的方式来促进环境合作，甚至可以通过中性方式来促进环境合作。

1. 加强环境执法

环境执法的目的是提高环境法的威慑力，通过环境执法，将环境法律责任加以落实，对于环境违法具有巨大的威慑。在环境法律明确的情况下，环境执法的强度直接决定了环境法律威慑的强度，加强环境执法可以产生较强的威慑。在强大的威慑下，公司会遵守环境法律，并积极地采取其他措施，更好地保护环境，从而有利于促进公司的环境合作治理。以排污权交易为例，排污权交易是一种典型的市场行为，可以促进公司在环境守法方面的合作，但由于我国环境执法不严格，非法排污屡禁不止，企业参与排污权交易的积极性就不高，我国的排污权交易长期处于停滞状态，无法形成排污权市场。而一旦严格执行排污许可制度，严厉制裁非法排污，就会对排污权交易市场形成良好的促进作用。

2. 环境指导

环境指导不仅可以帮助引导公司的环境行为，还可以让公司明确自己环境行为的可能后果，对自己的行为形成一定预期，减少不必要

---

[1] 朱迪·弗里曼.合作治理与新行政法［M］.毕洪海，陈标冲，译.北京：商务印书馆，2010：47.

的违法。现代环境法律数量庞大、体系复杂，通过环境指导，可以帮助公司避免因误解而导致违法。例如，美国通过环境实施政策和标准来让公司认识到自己行为的后果。"美国的环境实施政策和标准最少有三种形式：联邦环保局的环境审计政策宣言、联邦环保局和联邦司法部颁布的控制环境犯罪起诉裁量权的内部指引、由美国量刑委员会建议的新环境量刑指南。"[1]

环境指导包括服务指导与威慑指导，服务指导指政府为公司在环境保护方面的措施与方法提供的指导，现代政府可以为社会提供大量的服务，这种指导可以向公司提供环境保护技术的发展和环境保护的方法，可以有效地促进公司的环境治理与环境合作，例如在印度尼西亚的"污染控制评估和定级计划"中，政府部门的检测员会给企业提出存在的问题，为企业提供服务，然后由企业自己解决存在的问题，这样的帮助促进了公司在环境守法方面的合作，也改进了环境质量[2]；而威慑指导，主要是通过向社会颁布一定的环境行为的法律后果，例如美国有关环境犯罪量刑的指导，就明确了一些行为刑事责任，这些指导可以帮助公司避免相应的行为，从而更好地合作治理，即"量刑指南可以通过确立环境犯罪相应的刑罚措施达到威慑环境违法的目的"[3]。

3. 环境信息公开

环境信息公开也是促进公司环境合作的重要途径，通过环境信息公开，不仅可以帮助政府了解公司的环境守法情况，而且可以让社会认识公司环境守法状况和履行环境保护责任的状况，对公司形成一定社会压力，特别是当地社区可以对公司形成强大的压力。例如，在印度尼西亚和印度这样的国家，环境执法能力较弱，公司对于环境信息

[1] Orts E W. Reflexive Environmental Law [J]. Northwestern University Law Review, 1995, 89 (4): 1227–1340.

[2] 托马斯·思德纳. 环境与自然资源管理的政策工具 [M]. 张蔚文，黄祖辉，译. 上海：上海人民出版社，2005：528.

[3] Lemkin J M. Deterring Environmental Crime Through Flexible Sentencing: A Proposal for the New Organizational Environmental Sentencing Guidelines [J]. California Law Review, 1996, 84 (2): 307.

的披露仍然是非常在意，环境信息对于他们的环境守法起到了良好的作用。[1]政府可以在环境信息公开方面开展更多的工作，利用环境信息来促进公司环境合作治理。

4. 绿色采购

"政府绿色采购就是通过政府庞大的采购力量，在政府采购中选择那些符合国家生态标准的产品和服务的行为，是将生态消费理念贯穿于整个采购过程中以达到保护环境和节约资源的目的。"[2]随着社会的发展，政府采购的规模越来越大，对于公司具有很大的吸引力。通过绿色采购，政府可以拒绝不符合环境标准的产品或服务，这对环境违法的公司是一种事实上的惩罚，而对于符合环境标准的产品或服务的公司又是一种鼓励。通过这样的惩戒和鼓励，政府对公司的环境行为产生有力的影响，促进公司采取措施保证环境守法，同时也促进公司参与环境合作治理。

五、我国环境犯罪暂缓起诉制度的出路

从威慑与合作的关系来看，环境威慑是合作的前提和基础，环境执法是环境保护的关键，但环境治理仍需要整个社会的环境合作，特别是公司的环境合作。就环境犯罪的暂缓起诉制度而言，由于我国现在更多地需要威慑，因此还不具备引进这一制度的条件，但从长期来看，我国需要借鉴这一制度，促进环境治理主体间的良性互动。

（一）我国现阶段在环境刑法上还不适宜引用暂缓起诉制度

1. 严峻的环境形势需要加大威慑

从目前来看，我国还不具备环境犯罪暂缓起诉的条件，主要原因是我国目前环境形势严峻，需要加大对环境犯罪的惩罚，提高环境刑

---

[1]　托马斯·思德纳.环境与自然资源管理的政策工具［M］.张蔚文，黄祖辉，译.上海：上海人民出版社，2005：535.

[2]　秦鹏.政府绿色采购：逻辑起点、微观效应与法律制度［J］.社会科学，2007（7）：69-76.

罚的威慑力量，而不是减弱其威慑。我国目前环境法治的发展趋势就是强化威慑，例如我国《环境保护法》被称为"史上最严格的环境保护法"，而国家的环境保护政策也是实行"最严格的环境保护"政策，这些都要求我国目前加大环境法的威慑性，遏制大量环境违法的发生，具有"刑乱世用重典"的法律政策之意，在这种情况下，实行暂缓起诉还不具有现实上的急迫性与正当性。

2. 现有的刑罚威慑不足

而我国目前环境犯罪数量追究过少，说明刑法的威慑力并没有得到有效的发挥。"2001 至 2011 年间环境行政处罚案件总数达到964755 件，审结环境刑事案件总数也达 81515 件，但重大环境污染事故案件总数却只有 109 件。"[1]而且这些环境案件中，大部分是属于资源破坏型的环境犯罪，而不是污染型的环境犯罪。有学者指出："1997 年新刑法颁行以来，我国环境污染犯罪的判例在刑事司法中极为少见，在绝大多数地方法院均呈现'零判决'现象。"[2]

相比较国外的一些环境案件，就可以看出其存在的问题。例如美国联邦政府每年审理环境刑事案件达到了 200 多件，而根据有关资料，美国的州实施了 90% 的环境法，可见州实施环境犯罪追究的案件数量也是非常多的。[3]

在这种情况下，加强环境刑罚可能是一种更为迫切的制度选择，如果现在就采取暂缓起诉制度，将会削弱环境刑罚的威慑力，不利于环境保护。

另外，暂缓起诉也可能引起与罪刑法定的冲突、与检察机关的地位难以匹配等问题。[4]因此，目前还不适宜立刻采用暂缓起诉制度。

---

［1］ 王树义，冯汝. 我国环境刑事司法的困境及其对策［J］. 法学评论，2014，32（3）：122-129.

［2］ 焦艳鹏. 我国环境污染刑事判决阙如的成因与反思——基于相关资料的统计分析［J］. 法学，2013（6）：74-86.

［3］ Rechtschaffen C. Deterrence vs. Cooperation and the Evolving Theory of Environmental Enforcement［J］.Southern California Law Review，1998，71：1181-1272.

［4］ 陈瑞华. 企业合规基本理论［M］. 北京：法律出版社，2020：272.

（二）环境犯罪适用暂缓起诉制度的可行性

但从将来的环境法治建设的角度来看，特别是从治理的理念来看，通过暂缓起诉制度来强化公司的环境合作治理也具有非常强的现实意义。因此，我国需要加强对暂缓起诉制度的研究，特别是对环境犯罪暂缓起诉制度的作用、价值、所需要的条件进行研究，以更好地认识这一制度，为这一制度的开展奠定基础。

虽然我国新修改的《刑事诉讼法》没有规定暂缓起诉条款，但我国司法机关仍可以发挥其能动作用实施这一制度。从司法实践来看，例如我国司法机关在原《刑事诉讼法》没有规定的条件下就已经开展了青少年暂缓起诉实践，在原《民事诉讼法》和原《环境保护法》没有规定公益诉讼的情况下，就已经开展了环境公益诉讼的实践。可见，如果存在现实需要，我国司法机关仍可能开展环境犯罪的暂缓起诉制度试验。要保证这一制度的良好运行，需要完善其他相应的制度，保证公司环境合作治理的顺利进行。

1.形成威慑氛围

提高环境刑罚的威慑力，包括扩展环境刑法的范围，也包括严格环境刑法的实施。

首先是扩展环境刑法的范围和种类。由于环境问题的严重性，利用刑法应对环境问题是各国的一种选择。欧盟和美国都扩展了环境犯罪的范围，加强了环境刑法。许多国家都将违反行政命令的行为作为环境犯罪进行制裁，而违反行政命令包括的情形又有许多，例如德国1998年刑法典中关于环境犯罪许多条文（如324条、325条、328条等等）将"违背行政法义务"作为环境犯罪的前提条件，而根据该法第330条的界定，"行政法义务，是指基于法规、法院判决、可执行的行政行为、可执行的义务、公法上的合同"[1]。可见在德国，可能构成环境犯罪的行为范围非常广泛。

---

[1] 蒋兰香.环境犯罪基本理论研究［M］.北京:知识产权出版社,2008:366-372.

我国过去的环境犯罪认定受到了较多的限制，现在随着两个司法解释的出台，环境犯罪的门槛已经极大降低，今后，还需要进一步地降低门槛，对于一些违反行政命令的行为也作为环境犯罪处理。

其次是破除环境刑法实施的障碍，严格环境刑法的实施。环境犯罪属于行政犯，往往取决于一定的行政行为，并且形成了行政机关、检察机关和法院三者的相互衔接，这里面存在两个问题：一是环境犯罪的查处过度依赖于行政机关，二是环境行政执法与刑事司法的衔接程序上还存在很多障碍。虽然环保部和公安部于 2013 年 11 月 14 日联合下发《关于加强环境保护与公安部门执法衔接配合工作的意见》，加强环境执法的衔接配合。但这种联动机制的实践仍然需要环保部、公安部、检察院、法院依照法定的程序在法律授权的范围内进行执法，如何移送，移送标准仍需确定。[1] 因此，今后需要克服这些障碍，更好地实施环境刑法，从而保障环境刑法的威慑。

2. 完善暂缓起诉制度

环境犯罪暂缓起诉是一个新的制度，需要在一系列问题上注意其作用，发挥其有效性。

首先是确定暂缓起诉的范围。为了提高威慑效果，法律应明确可以实行暂缓起诉的环境犯罪行为，即适用暂缓起诉的环境犯罪是那些主观恶意不大、造成社会危害不大的行为，主要适用于轻罪。这既可以威慑恶意的环境犯罪行为，也可以激励轻微环境犯罪的公司加强环境治理，特别是一些中小企业，由于客观原因的轻微犯罪，适用暂缓起诉制度，可以避免其再次违法，体现了区别对待的原则。这种做法一方面是要"根据环境犯罪的种类和主观恶意性来加以分析，采取最适引用刑罚的环境领域"[2]；另一方面是看是否有利于"对于环境违法适用刑事起诉主要应着眼于这一做法是否可以避免相似悲剧的发生"[3]。

---

［1］ 王树义，冯汝.我国环境刑事司法的困境及其对策［J］.法学评论，2014，32（3）：122–129.

［2］ 叶俊荣.环境政策与法律［M］.北京：中国政法大学出版社，2003：150.

［3］ Uhlmann D M. After the Spill is Gone: The Gulf of Mexico, Environmental Crime, and the Criminal Law［J］. Michigan Law Review, 2011, 109: 1413.

其次是重视对暂缓起诉的监督。包括两个方面的监督，一是对检察自由裁量权的监督。在暂缓起诉制度中，需要加强对检察机关裁量权的监督。"国外检察机关具有非常多的检察裁量权，其不起诉率是非常高的。在这些国家，由于法治相对完善，检察权受到的监督也是比较充分的。"[1]在我国司法公信力还存在相当不足的情况下，更需要加强对暂缓起诉制度的监督。包括对暂缓起诉协议内容的监督和对检察机关适用暂缓起诉决定的监督。

最后是对独立监督人的选用。暂缓起诉的关键是加强公司的环境治理，但公司环境治理的效果，仅仅依赖检察机关与公司签订暂缓起诉协议是不够的，检察机关需要借助于社会的力量，依赖专门的监督机构来对公司的环境行为进行监督。我国已经采取了一定的措施，例如在贵阳的环境公益诉讼中，由法院决定第三方来监督企业的治理行为，对于保证环境治理资金的有效使用就起到了良好作用。

3. 加强公司环境合作

目前我国非常重视公司的环境合作问题，也开展了一系列的环境合作制度，并形成了一系列的机制。例如积极推动公司建立环境管理制度、开展自愿环境管制项目、签订公私环境协议等等。政府运用相应的机制来促进这些制度的开展，例如环境信息公开、环境指导和绿色采购。这些做法，可以推动公司在环境治理上的合作，也是环境犯罪暂缓起诉制度得以实施的制度基础。

六、结论

当前，我国环境法的威慑不足，已经成为我国环境法治的最大问题。由于威慑不足，导致整个环境法律缺乏应有的权威，环境保护的效果不够理想。因此，无论是环境立法还是环境执法都非常强调加强

---

[1] 李智，刘坤. 不起诉裁量权的反思与构建：以 2012 年修改的刑事诉讼法为视角 [J]. 天津法学，2013，29（1）：96-101.

环境违法的法律责任，并强调环境法的严格实施，即政府所决定的"实行最严格的环境保护政策"。

但我们也应看到，环境法的实施需要发挥威慑与合作两个方面的作用。威慑可以促进公司在环境保护上的合作治理，只有在足够的威慑背景下，才可能实现有效的环境合作治理，但威慑也有实施成本过高的弊端。目前，我国环境法有日益严格的趋势，这是威慑加强的表现，有利于环境法律的合作；同时，也应该重视环境法合作机制的培育。通过环境合作治理，一方面是减少环境执法成本；另一方面，也是为了更好地促进环境法的实施，实现公共治理的转型。

就环境犯罪暂缓起诉而言，虽然目前不具备实施暂缓起诉的条件，但环境法治的实践告诉我们，一味强调环境法的威慑力量，并不具有正当性，环境法治不仅需要威慑性，还需要相对人的配合，特别是在环境治理过程中，更需要公司作为治理的一方参与到环境法治中来，为高效的环境治理奠定良性发展的基础。

在我国环境立法趋于严格和环境执法更加严格的背景下，我们也不应忽视环境法的合作治理问题，特别是公司的环境合作治理，通过各种有效的机制来促进公司参与环境合作治理，有助于不同社会主体的环境参与，从而实现我国的环境善治。

第五章　企业自我规制法律制度

　　作为环境规制的对象，企业在早期环境法中是作为严厉防范的主体，环境法律规范中主要规定了其义务；而关于其权利性规定，主要见诸一般的行政法律规范，属于行政法律关系中行政相对人的权利范围，主要是一种救济权。这是因为在早期环境法中，企业被认为是造成环境问题的主要原因甚至是唯一的原因，所以要承担基本的环境治理的义务或者说责任。随着时代的发展，人们发现将环境问题仅仅归因于企业是不公平的。一方面，企业的环境开发利用行为，满足了全社会生产生活的基本需要，环境开发利用行为具有天然的正当性，虽然开发利用自然资源的同时也产生了环境问题，但这样的环境问题是满足人类生产生活需要的副产品，整个社会在受到环境问题之困时，也享受到了开发利用环境资源所获得的利益。因此，一味地指责企业是不公平的。而且，一些环境问题也是当时的科学技术所无法发现的。另一方面，在现代社会，不仅是企业，其他的社会主体的行为，对环境也具有不利影响。环境问题具有"人人都是污染者，人人都是受害者"的特征，实质上每个人的生活过程中都会造成一定的环境问题，例如随着家用汽车的普及，道路交通污染是大气污染的一个重要来源。所以，环境问题的解决也依赖于公众的参与。仅仅指责企业也是不公平的，也无法实现环境整体改善。

　　更为重要的是，人们发现：企业也不仅是消极的受规制的对象，它们也会在环境治理中发挥积极作用，而这种作用来自于企业的内在动力。与外在的规制相比，企业内在动力，不仅可以减少环境治理的成本，提高环境治理的绩效，也可以实现多元主体的互动，通过互动来促进环境治理的良性发展。因此，需要采取一定的机制来促进、激励企业自主地强化环境治理，提高环境治理的绩效，甚至采取严于国家的环境标准，实现环境善治。传统上，人们认为企业只是追逐利益的一个组织，但现代公司理论认为，企业不仅要为股东追逐利润，更要履行其社会责任，实现其社会价值。而促进环境治理，是企业履行其社会责任的一个重要方面。因此，在现代环境治理中，如何发挥企业在环境治理中的主动性、积极性，利用一定的机制来促进企业增强环境治理的能力与动力，这是一个重要的任务。

作为环境规制主体之一，企业在环境治理中的作用已经超出了被动守法的范畴。企业环境守法，也是企业作为环境规制主体的基本义务，违反了这一义务，就会承担相应的制裁性后果。但一般意义上的环境守法，只是一种消极义务，当然这也是必要的，现代环境法律规范的内容非常之多，企业如果能够严格遵守环境法律，已经达到了法律的基本要求。但从更高要求的环境治理角度看，并不能满足于单纯而消极的企业守法。在面对日益复杂的环境问题时，企业可以在环境治理方面作出更多的贡献。例如建立与完善企业的环境管理制度，这样可以减少违法行为的发生，即使发生了也可以及时地采取措施，减少违法行为的环境损害；建立企业环境合规制度，企业环境合规制度是在环境管理制度上的发展，这一制度可以系统性地促进企业更高程度地守法；更为重要的是，企业可以建立更为严格的环境保护制度，采取更为严格的环境标准，从而提高环境治理绩效。这些都是企业出于内在的环境保护动机而采取积极的行动，更加契合不同企业的特征，也有助于企业的主体意识，实现环境治理规制者与被规制者之间的互动，实现环境治理的低成本与高效率。

第一节　管理导向的企业自我环境规制

目前，我国的环境规制日趋严格，要求加强企业环境违法责任的呼声日益高涨，甚至有"让环境违法者倾家荡产"的说法。从情感上说，在环境问题成为严重社会问题的当下，加大环境违法责任是合乎逻辑的。但从环境治理的角度看，一味地加大处罚力度，使企业提心吊胆也不是环境法治的初衷。在环境治理中，正确的做法是企业增强环境意识，加强环境保护水平，实行环境自我规制，提高环境规制的绩效，最终实现环境保护的目标。在经过强力环境行政规制后，发达国家基本实现了从环境行政管制向多元共治的转型，现代环境法开始重视管理导向的企业自我规制。这一制度，主要做法是在企业内部建立环境管理制度，预防和控制环境违法并及时地报告环境违法行为，提高环境保护的绩效，满足社会环境保护的需求。我国也在企业环境管理制度方面有了诸多的尝试，但还没有将之上升到理论高度。本部分将从管理导向的企业环境自我规制入手，探索其制度体系、功能与有效性的条件。

一、企业环境管理制度的优势：系统全面

企业环境管理制度是一个庞大的系统，既有关于企业专职环境管理机构方面的制度，也有关于由个人行使的环境管理制度（例如环境监督员）；既有环境决策方面的制度，也有日常生产经营过程中的环境管理制度；既有环境事故报告与处理制度，也有企业环境责任追究制度。具体而言，包括以下方面的内容。

（一）企业的环境管理与决策机构

为了加强环境保护，许多现代企业建立了专门的环境管理与决策机构，这些机构是企业内部有关环境管理与决策的专门机构，负责在

企业的决策中考虑环境因素，提高环境保护在企业经营决策中的地位。在国外，企业的环境管理决策机构比较健全。以纸业产品巨头美国国际纸业公司为例，该公司在董事会下设专门的公共政策与环境委员会，委员会由 3 名以上独立董事组成，其职责是对与公司相关的公共政策、法律、健康、安全和环境等事项进行社会责任评估和提出建议。[1]我国一些大型企业也建立了这样的环境管理与决策机构。例如，宝钢公司为加强能源环保管理的顶层设计，成立集团层面的能源环保管理委员会，并按照分层管理的原则，确定三层组织体系架构，明确各层级的管理职能与所承担的责任。[2]而中国建材集团成立集团节能减排工作领导小组，总部设立社会责任与节能环保办公室，各成员企业分类别、分层级建立节能环保职能机构，实现集团节能减排管理体系的全面覆盖。[3]这些机构都负有专门环境保护职责。当然，由于企业的规模与性质不同，这些机构有些是专门性的、有些是兼职性的。但无论哪一类机构，都是将环境保护的责任明确化，保证在决策层面考虑环境因素，从决策的高度重视企业环境治理，是企业将环境保护功能前置的一种有效途径。

（二）企业的环境决策机制

现代企业的决策机制需要全面考虑企业职责，不仅要保证企业的盈利，而且要保证企业的决策合规，只有这样才是真正履行企业董事、监事等公司管理层的职责义务。就环境决策而言，企业管理人员在进行决策时，必须考虑到其决策的环境影响和环境法律的要求，这些是企业管理层在企业经营决策中的重要义务。如果没有尽到这样的义务，就需要承担相应的责任。例如我国的"企业内部控制应用指引第 4 号——社会责任"规定：企业应关注"环境保护投入不足，资源

---

［1］ 蒋大兴.公司社会责任如何成为"有牙的老虎"———董事会社会责任委员会之设计［J］.清华法学，2009，3（4）：21–37.

［2］ 宝钢集团有限公司.2015 年社会责任报告［Z］.

［3］ 中国建材集团.2015 年社会责任报告［Z］.

耗费大，造成环境污染或资源枯竭，可能导致企业巨额赔偿、缺乏发展后劲，甚至停业"方面的风险。在美国，这方面也曾经引起了巨大的争议，但重视企业的环境保护等社会责任，成为了一种共识。美国在 20 世纪 80 年代对公司社会责任进行了立法，规定公司在决策时，应考虑股东以外之人的利益，当然包括环境利益。美国已经有二十多个州在其公司法中明确了企业的环境责任。[1]可以说，这些公司法是对公司管理层环境决策的基本要求。

（三）企业建立生产经营中的环境管理制度

企业环境管理制度对于提高企业环境绩效具有关键性的作用，为了保证企业的行为符合法律的要求和提高环境保护的针对性，企业需要建立一系列的环境管理制度，这些制度涵盖了生产经营的各个方面，特别是在具体的生产环节之中，例如中国石化集团公司制定的《中国石化环境保护管理办法》，就非常全面。这些制度，有的是根据法律要求建立的，有的是企业基于环境合规的要求自主建立的。随着社会的发展，后者逐渐居于主导地位，充分体现了现代企业对环境合规的重视，也提高了企业环境保护的绩效。

（四）企业设立专职环境规制人员

为了保证生产经营活动中的环境合规，企业需要进行常规性的内部环境监督管理工作。为此，一些企业配备了专职环境规制人员，主要是企业环境监督员制度。从世界范围来看，企业环境监督员制度发轫于德国、日本、韩国等国。在日本，依据 1971 年 7 月颁布的《在特定工厂设置公害防治组织法》的规定，设立了公害防止管理员制度，由企业选拔聘任公害防止管理员。他们经过专门的资格测试后，负责对本企业排放的污染物进行测定，对污染处理设施进行管理，对测定的数据进行记录、整理并向有关的行政部门进行汇报。[2]这些人员

---

[1]　刘连煜.公司治理与公司社会责任［M］.北京：中国政法大学出版社，2001：180.

[2]　郑少华.论企业环境监督员的法律地位［J］.政治与法律，2014（10）：2—10.

具有一定的独立性，专门负责监督企业生产经营过程中环境管理制度的执行情况，并负责报告可能的环境事故，当然也可以对生产过程中环境管理制度存在的不足提出改进建议。这一制度对于企业环境管理起到了积极作用，企业环境监督员不仅对企业污染源进行监控和监测，而且他们"通过事前污染监测和环境信息收集所取得的资料，还可以作为企业发生环境事故后应急救援的依据和事后环境责任追究的依据"[1]。这些专职环境监督员的出现，是现代环境管理的一个重要趋势，将环境管理制度加以内化，提高了企业环境自我规制的效果。

（五）企业建立突发环境事故处理与应急制度

为了将企业环境事故的损害降低到最小限度，企业需要建立有效的突发环境事故处理与应急制度，这一制度主要是规定突发环境事故处理与应急的预案，以备环境事故发生后根据预案来处理与应急。

（六）企业建立环境责任追究制度

为了保证环境管理制度的权威性，一些企业规定了内部环境问责制度，这是企业环境管理制度的组成成分。现代企业在决策中，也面临着许多的目标，需要在这些目标中进行选择，环境保护并不是唯一的目标，如果没有环境责任追究制度，企业往往和政府一样，过度追求经济发展目标而放弃环境保护目标。为了保证企业环境目标的实现，就需要对不遵守企业环境决策与管理制度的人员进行责任追究，通过问责制度保证企业决策时促进环境保护目标的实现。

另外，企业的社会责任报告，也可以理解为一种环境管理制度。随着社会的发展，企业越来越重视自身的社会形象，一些企业特别是大型企业，每年都要发表本企业的社会责任报告，这些报告对企业环境管理制度的建立也具有重要作用。因为在这些报告中，企业要报告

[1] 鄢斌.从政企合作看中国企业环境监督员制度的完善[J].中国人口·资源与环境，2011，21（12）：58-64.

两方面的环境问题：一方面，是企业在环境保护方面所做出的努力和企业的环境保护绩效；另一方面，企业还需要报告自身的环境管理制度，而在对这些管理制度进行报告时，必然会涉及对这些管理制度的评估，有利于促进这些制度的完善。

二、管理导向的企业环境自我规制的依据：软硬兼备

企业建立大量的环境管理制度，来自于两个方面的要求：一方面是环境法律的要求，一方面是企业自我规制的要求。现代环境法律越来越重视企业环境管理制度在环境保护中的作用，要求企业建立环境管理制度。当然，这些法律一般并没有明确企业环境管理制度的具体内容，大量的环境管理制度是企业根据自身生产经营的特点而建立的，是企业基于环境管理绩效而进行自我规制的结果。

（一）企业外部的环境管理制度

外部的环境管理制度，是指由法律规范和证券交易所制定的规则（以下统称为"规范"），这些规范要求企业建立环境管理制度。其中法律规范是广义的，指的是法律、法规、规章和行政规范性文件。首先，是对企业环境管理制度的一般性规定。这些规范，一般规定企业应遵循的原则和应制定的制度，但并不作具体的要求。例如《环境保护法》第四十二条规定：排放污染物的企业事业单位，应当建立环境保护责任制度，明确单位负责人和相关人员的责任。这是国家要求企业建立环境保护责任制的要求。同法第四十七条要求企事业单位做好突发环境事件的风险控制、应急准备、应急处置和事后恢复等工作，这是对于企业突发环境事件的应急处置制度的明确要求，也是企业环境管理制度的组成部分。《公司法》第五条要求公司要承担社会责任，虽然这只是原则性规定，但对于企业加强环境保护、建立相应的环境管理制度也具有指引作用。其他例如《大气污染防治法》第二十四条

规定的监测制度、环境数据管理制度、企业工业涂装台账制度等等，都是对企业环境管理制度的要求，当然也是一种原则性的规定，并没有具体的要求。其次，是对企业环境管理制度的专门性规定。这些规范，对企业的环境管理制度作出了具体而明确的要求。例如《医疗废物管理条例》和《医疗废物管理行政处罚办法》对医疗废物的处置和应急等制度作出了明确规定。最典型的是《电力工业部电力工业环境保护管理办法》，其在第三章中规定了"建设项目环境保护管理"，第四章中规定了"生产过程环境保护管理"。一些国家标准对企业的环境管理制度作出了更加具体而明确的要求，例如《纺织工业企业环境保护设计规范（GB 50425—2008）》，就对纺织企业规定了大量环境管理制度要求。除此之外，一些行政规范性文件也对企业环境管理制度作出了详细的要求，例如各类的环境守法导则和环境技术政策，当然这些行政规范性文件并没有强制力。再次，对企业内部管理制度的要求，包含了企业环境管理的内容。例如2001年，财政部颁布了《内部会计控制制度规范—基本规范（试行）》和《内部会计控制规范—货币资金（试行）》。2007年，深交所发布了《深圳证券交易所上市公司内部控制指引》，强制要求在该所上市的公司进行内部控制评价。2008年财政部等五部委联合发布了《企业内部控制基本规范》，此后又发布了《企业内部控制配套指引》，要求企业进行内控。[1] 这些规范，主要是关于企业内部控制问题的规定，包含了大量的环境合规内容。

（二）企业内部的环境管理制度

根据法律规定和企业的自主要求，一些企业制定了大量的环境管理制度。例如：中国石化集团公司印发了《中国石化环境保护管理办法》，要求：严格执行国家和所在地方政府环境保护法律法规和标准，把环境保护纳入公司发展规划、计划、生产、经营、建设

---

[1] 李本灿.企业犯罪预防中国家规制向国家与企业共治转型之提倡［J］.政治与法律，2016（2）：51-65.

和科研的全过程。[1] 而江苏油田公司在各方面都有专门性的全面环境管理制度，例如：《江苏油田环境保护设施管理规定》《江苏油田环境保护工作管理办法》《江苏油田建设项目环境保护管理规范》《江苏油田清洁生产管理规定》《江苏油田所属单位党政正职环保责任制管理规范》等等。

（三）企业环境管理制度的性质

企业环境管理制度的依据众多，性质也比较复杂，从国家强制力和法律规范的效力来划分，可以分为硬法和软法[2]，主要体现为软法规范。从企业环境管理制度来看，一部分是由国家机关制定的立法或者是行政规范性文件，一部分是证券交易所针对上市公司作出的规则，还有一部分属于企业内部或者行业协会制定的规范。后两者无疑是属于软法范畴，而前者也有大量的软法内容。硬法主要如前述《大气污染防治法》第二十四条规定的监测制度、环境数据管理制度、《医疗废物管理条例》和《医疗废物管理行政处罚办法》等有关监测与管理的规定，而其他部分无论其内容是否明确，都具有软法的性质，例如"环境守法导则"与《企业内部控制基本规范》。即使是一些法律规定，如《公司法》规定的企业社会责任的内容，由于没有具体的权利义务和相应的强制性，也属于软法规范。

软法在现代环境法中起到了重要的作用，有学者提出：欧洲环境法就是硬法与软法的混合体。[3] 之所以主要由软法而不是硬法来规定企业环境管理制度，是因为：第一，硬法无法明确每一个企业的具体环境管理标准。硬法是一种统一性、强制性的规定，对于环境管理制度而言，不能完全适应企业环境治理的需要。企业不仅存在规模、类型方面的差异，而且也存在行业方面的差异，硬法无法完全加以明

---

[1]　本报记者.中国石化出台环境保护管理办法［N］.中国石化报，2015-04-10（1）.

[2]　罗豪才，宋功德.软法亦法：公共治理呼唤软法之治［M］.北京：法律出版社，2009：296-308.

[3]　罗豪才，宋功德.软法亦法：公共治理呼唤软法之治［M］.北京：法律出版社，2009：342.

确化和统一化。硬法的作用主要体现为：对于环境保护必须的制度，需要由硬法来规范统一的要求，例如前述对企业监测与台账的规定；而需要加以规定但无法具体规定的，可以作出原则性要求、规定大致的框架，具体的内容则由下位法或者是企业内部自行加以规定，例如《公司法》关于公司社会责任的规定，就只是一种原则，其具体要求只能依赖于更加具体的公司社会责任立法，或者在《公司法》的其他条款中加以明确的规定，否则只能由企业内部自主决定。第二，软法具有弹性，更能适应环境治理的需要。现代社会治理之所以重视软法的作用，主要就是因为软法具有弹性，软法可以通过指导性规范（如"环境守法导则"）和行业性规范来加以规定，虽然没有强制性，但体现了更多的弹性，具有更强的针对性，这正体现了软法的价值。第三，软法体现了企业的自主性，是环境治理理念的体现。现代环境治理，需要不同主体的积极参与，而企业作为环境问题产生的一个源头，也可以为环境保护作出更多的贡献。从软法的特征来看，由国家或者行业协会制定的软法可以为企业的环境管理制度提供专业化的建议与参考，而由企业自行制定的软法，由于更符合企业实际，更加具有针对性，同时也体现企业的自主性，这些特点保证了企业环境管理制度的有效性。

三、管理导向的企业自我规制的原理：合作理性

（一）管理导向企业自我规制产生的原因

管理导向的企业自我规制，是通过一定的手段和措施，鼓励企业进行自我管理，自觉遵守环境法律，其本质是发挥企业的自制功能，而企业自制主要体现为企业自我管理。企业的自我管理并不是一个新鲜事物，已经具有悠久的历史，有学者提出："在中世纪的公会（Medieval Guild）就存在自我管理的实践，它们检查市场以及度量设

施，对商品质量进行把关并设置贸易规则；就市场交易行为而言，自我管理可以追溯到19世纪80年代。"[1]在环境领域，企业的自我管理主要体现为在生产决策与经营过程中，企业自身树立环境保护意识和建立环境管理制度。

虽然现代环境法的历史并不长，但在环境法兴起后不久，企业环境管理制度问题就引起了相当的重视。在环境法初始阶段，整个社会比较重视的是行政机关强力实施环境法，加强环境法的实施效果；而到后来，整个社会开始重视企业环境管理制度。在国外，很早就有企业环境管理制度的实践形态，例如1990年荷兰开始推行企业内部环境管理制度[2]，欧盟在1993年推行生态管理审计计划（Eco-Management And Audit Scheme，简称：EMAS）。[3]在我国，也一直重视企业环境管理制度的建设，近年来，无论政府还是企业，都开始探索通过建立企业环境管理制度来实现环境合规、提高环境保护绩效。发生这一变化的原因主要有：

首先，传统环境规制存在较多的弊端。传统环境规制主要是通过"命令—控制"的方式，由行政机关实施环境法律，这种方式具有统一、便捷、刚性等制度化的特点，在应对严重环境问题时，可以较快地产生效果，也是各国环境法开始阶段比较普遍的一种形式。但这一方式的缺陷也是明显的，主要体现在：第一，环境规制的成本较高，环境规制不仅需要耗费政府的大量人力、物力，而且要耗费企业大量的人力、物力，其成本非常高昂。第二，环境守法的状况并不理想，如果没有企业自主地守法，仅仅依靠环境规制，依然会存在大量的环境违法，美国有学者在对美国环境规制守法状况研究后认为：即使在经历了几十年的规制控制后，仍然维持着存在较高比例的不遵守传统规制的状态。[4]美国的环境执法严格，历史悠久，尚且存在这方面的原因，

---

［1］　李本灿.企业犯罪预防中国家规制向国家与企业共治转型之提倡［J］.政治与法律，2016（2）：51-65.

［2］　金瑞林，汪劲.20世纪环境法学研究评述［M］.北京：北京大学出版社，2003：364.

［3］　美国环境法的改革：规制效率与有效执行［M］.王慧编译.北京：法律出版社，2016：102-103.

［4］　Coglianese C, Nash J. Performance Track's Postmortem: Lessons from the Rise and Fall of EPA's Flagship Voluntary Program［J］. Harvard Environmental Law Review Helr, 2014, 38: 1-86.

我国的环境守法状况更不理想，仅仅依靠执法保护环境更是不现实的。第三，环境规制在一些方面例如气候变化和非点源污染上效果不够明显。正如有学者指出的：现在的环境法成本高昂，在最令人烦恼和重要的环境问题，如气候变化和非点源污染方面，仍然是无能为力的。[1]

其次，企业可以自主采取有利的措施保护环境。传统规制主要针对已有的环境危险，而不是可能性的环境风险。在传统环境规制下，行政机关作出的决策必须是基于一定的证据，而且应遵循相应的行政程序，这对于风险预防来说具有滞后性，而企业可以自主地采取相应措施预防环境风险，这样比环境规制更有效率。因此，人们期待企业自发地实施具有预防原则的行为。就环境风险而言，企业要将环境规范内面化，在自发地考虑环境后，实施相应的行为。[2]这样，可以更加有效地保护环境。

再次，企业自我规制更加灵活。环境规制需要面对不同的行业和不同类型的企业，针对这些行业和企业来制定环境技术要求和环境排放标准，这样的技术和标准的要求必然是单一的，天然具有僵化、死板的特征，很难及时地得到修改。而企业的自我规制，可以考虑企业自身的特点，制定适应企业发展需要的制度，具有更多灵活性，更能发挥有效作用。即"管理基础上的策略并没有设定一体适用的（One-Size-Fits-All）标准，而应授权企业相应的职责以应对自身的环境问题，这样可以利用企业已有的知识优势，来应对他们制造的风险和减少风险"[3]。可见，企业与行政机关之间存在着信息不对称，企业可以根据自身特点来制定环境管理制度，从而更好地适应环境治理的需要。

（二）企业环境管理制度的作用机理

管理基础上的规制，是以企业环境管理为重点的一种规制，是对

---

［1］ Coglianese C. The Managerial Turn in Environmental Policy ［J］. NYU Environmental Law Journal, 2008, 17: 54-74.

［2］ 黑川哲志. 环境行政的法理与方法［M］. 肖军，译. 北京：中国法制出版社，2008：25.

［3］ Coglianese C. The Managerial turn in environmental policy ［J］. NYU Environmental Law Journal, 2008, 17: 54-74.

传统行政规制的重要补充和完善，体现了丰富的环境法治原理。

首先，是反身性环境法的理论。反身性环境法认为，现代社会环境问题的高度复杂性极大钳制了法律的支配能力，需要致力于增强法律之外其他社会子系统的自我指涉能力。反身性环境法解决环境问题的法律进路是构建一种"生态自组织"（Ecological Self-Organization）的社会状态，即在环境保护的价值统摄下，通过法律促进和激励各社会子系统在内部形成旨在提升环境表现的自我反思结构。[1]这一理论对于环境法向管理的转向具有重要的启迪作用。在这环境法领域，出现了大量的对企业环境管理制度的研究。例如美国著名的环境法学家理查德在其"第二代环境法"一文中，就以大段篇幅研究种种类型的企业环境管理制度，并认为这是与第一代环境法中以行政环境规制最大的区别。[2]由此可见，反身性环境法可以促进企业建立环境管理制度，充分发挥环境保护的功能。

其次，是环境治理的理论。随着管制的失灵，治理理论应运而生。在美国已经出现了以新治理原则为结果的立法和政策改革（Statute and Policy Reform）。[3]所谓治理，指的是不同主体运用多种方式来解决公共事务的一种现象。就环境治理而言，强调的是不同主体根据多样性的法律依据和多种手段来应对环境问题。[4]企业环境自我规制正体现了环境治理思想，在这一制度中，第一，是政府运用多种方式促进、激励、威慑企业建立环境管理制度；第二，是企业自主地制定环境管理制度提高自身环境保护绩效；第三，是社会中介组织对企业环境管理制度进行审计与评估；第四，是社会公众对于企业环境管理制度与环境守法行为进行评价与认可。这些不同主体的共同作用，有效促进了企业环境守法，实现环境保护的目标。这样改变了过去环

---

[1]　谭冰霖.环境规制的反身法路向[J].中外法学，2016，28（6）：1512-1535.

[2]　美国环境法的改革：规制效率与有效执行[M].王慧编译.北京：法律出版社，2016：87-107.

[3]　Runnels M B, Giampetro-Meyer A. Cooperative NRDA & New Governance: Getting to Restoration in the Hudson River, the Gulf of Mexico, and Beyond [J]. Brooklyn Law Review, 2011, 77（1）：107-149.

[4]　邓可祝.环境合作治理视角下的守法导则研究[J].郑州大学学报（哲学社会科学版），2016，49（2）：29-34.

境规制中行政机关主导下的环境法律实施模式，形成了多主体、多手段、多方式的环境治理模式，实现了行政主导向多元共治的演进。

再次，是有效性原理。企业的环境管理制度能否起到环境保护的作用，这是一个非常有价值的问题。企业自我规制是对环境行政规制的一种纠偏，如果不能保证其有效性，则其正当性就会受到挑战。我国公众一般将环境问题的起因归结于企业环境违法，而企业违法的原因是"守法成本高、违法成本低"，因此必须加大执法强度、提高惩罚力度，对企业的自主守法持普遍的怀疑态度。但现实告诉我们，企业的环境管理制度在这方面是有非常可靠的守法纪录的，成绩不容忽视。以欧美国家为例，大量的案例显示在实施环境管理制度后，企业改进了环境绩效。[1]我国也有实证研究认为："内部环境管理制度的建立，不仅提高了中小企业的环境表现，而且进一步加强环保规制对中小企业环境表现的正向效应。"[2]可见，企业自主环境管理的有效性是能够得到确认的。而企业环境管理制度有效性的主要体现在两个方面：

一方面，是企业环境管理制度内容上的有效性。环境法律规范，着眼于企业环境利用行为的合法性，即强制企业遵守环境法律，主要是技术方面的要求和排放标准方面的要求，但这两方面的规制都面临着较大的困难。[3]而企业环境管理制度，在环境规制的内容上具有独特性的优势，例如前述的弹性、针对性和灵活性。除此之外，还有如下优势：第一，企业环境管理制度，将环境保护贯穿于生产经营的全过程，体现了环境法预防为主原则和环境治理过程控制的原理。第二，企业环境管理制度，充分尊重企业作为一个主体的作用，保证了其自主性，有利于调动企业及其员工的积极性。企业环境管理制度，

[1] Coglianese C. The Managerial Turn in Environmental Policy [J]. NYU Environmental Law Journal, 2008, 17: 54-74.

[2] 龙文滨，李四海，宋献中. 环保规制与中小企业环境表现——基于我国中小板与创业板上市公司的经验研究 [J]. 公共行政评论，2015，8（6）：25-58，185.

[3] 谭冰霖. 环境规制的反身法路向 [J]. 中外法学，2016，28（6）：1512-1535.

通过具体的制度，将每一个主体在环境保护方面的职责都加以明确，而且通过企业的环境管理培训，提高了每一个个体的环境意识，可以更好地提高环境保护意识和功能。

另一方面，是企业环境管理制度实施上的有效性。在环境规制中，一般重视行政机关的执法，认为通过强制性环境执法，可以有效地查处企业环境违法、保证环境法的实施。因为政府执法是一种外部监督行为，相比企业环境管理制度是一种内部监督行为，外部监督优于内部监督，这是监督的基本原理；同时，企业有追求利益最大化的本能，而政府没有自身的利益追求。但事实上，这一理由并不准确。第一，企业环境管理制度并不完全是一种内部监督，而是内部监督与外部监督的结合。例如企业环境监督员，监督员与被监督员工相比，具有一定的独立性。同时，环境审计、环境认证与环境影响评价部分，都有很强的外部监督因素。第二，即使是内部监督，也会具有良好的监督效果。现代监督不仅重视外部监督也重视内部监督，在一定条件下，内部监督比外部监督具有更好的效果。例如行政机关的自制得到了越来越多的重视，正是由于这种监督优势。同样的是，企业的内部自制，也具有其独特的优势，即使完全从内部管理制度来说，企业的环境管理制度也具有其效率方面的优势。第三，根据公共选择理论，大量的事实说明，行政机关的行为往往也是有利益追求的，也存在大量的规制俘获的现象，与之相对的是，企业也有追求环境保护利益的动机与行为。

四、管理导向企业自我规制发生作用的条件：内外兼修

环境保护需要实现从行政主导到多元共治的转变，而治理强调的是多主体、多方式的共同作用。管理导向的企业自我规制，是治理的一种形式，并不能代替其他主体、其他治理方式的作用。要使管理导向的企业自我规制在环境保护上起到有效作用，还必须重视其应有的

相关因素，包括企业内部与外部因素。因为"反身法旨在构建一个'内部'变量和'外部'变量共同发展的更为全面的模型"[1]，只有在内部与外部因素的共同作用下，管理导向的企业自我规制才能真正发挥其反身法的功能。

（一）环境管理制度有效的内部条件

内部条件主要是企业环境保护的理念与制度，企业内部的环境保护理念是基础，而环境保护制度是理念的具体化，两者都是相互联系、相互补充。具体而言，企业内部的环境条件包括：

首先，企业树立环境保护观念与意识。随着环境形势日趋严峻，国家和社会对企业环境义务的要求越来越多、越来越严，这也要求企业牢固树立环境保护的意识和理念，正确处理生产经营与环境保护之间的关系。越来越多的企业认识到，只有在保护环境的前提下，才能更好地实现良性发展，忽视环境保护就无法实现企业的可持续发展。

其次，企业制定以环境保持为导向的发展战略。现代各国企业特别是大型企业都非常重视自身的发展战略，我国财政部等部委联合发布的《企业内部控制应用指引第2号——发展战略》就反映了这方面的发展趋势。在现代社会，企业发展战略的一个重要特征就是绿色发展，许多行业日益重视其绿色发展战略，例如绿色化工、绿色物流战略等等。企业发展战略对企业的发展影响巨大，企业制定的以环境保护为导向的战略，对于建立与执行企业环境管理制度是非常必要的。因此，企业必须重视建立以环境保护为导向的发展战略。

再次，企业建立符合法律要求和本企业实际的环境管理制度。从反身性法原理来看，法律只有体现为一定的主体的内在要求，才能真正地发挥作用。"反身性解决方法是将一些社会规制力量从法律体制向其他社会行动者转移。"[2]各种环境法律只规定了企业必须建立

---

[1] 谭冰霖.环境规制的反身法路向［J］.中外法学，2016，28（6）：1512-1535.

[2] Orts E W. Reflexive Environmental Law［J］. Northwestern University Law Review, 1995, 89（4）：1227-1340.

自己的环境管理制度，但制度如何建立，还是应该根据企业的实际情况来制定，这样才能更加有针对性和效率。

最后，保证企业环境管理制度的有效执行。企业建立环境管理制度是比较容易的，困难的是保证环境管理制度的有效执行。企业环境管理制度涉及大量的企业管理层与员工，这些人员的环境观念与环境意识不同，在生产活动中的利益需求不同。要保证管理层和员工遵守企业环境管理制度，特别是普通员工在生产活动中遵守环境管理制度，需要企业作出较多的努力。主要包括：企业不断加强员工环境意识和环境管理培训，加强对环境管理制度的考核，提高环境管理制度的权威。只有这样，才能最终保证环境管理制度的有效性。

（二）环境管理制度有效的外部条件

首先，政府积极发挥环境管理职能。在管理导向的企业环境自我规制中，始终需要政府发挥环境管理职能。政府不仅具有宏观的环境质量保证责任，而且有微观的环境管理职能。政府在企业环境守法上有三种职能，即威慑、激励、帮助，这三个方面都可以在管理导向的环境管理制度中发挥作用，具体而言：第一是威慑作用，体现为政府通过处罚来对违法企业进行制裁，提高其违法成本，具有一般预防和特殊预防的功能。这种威慑的结果是要求企业在结果上的守法，而企业建立有效的环境管理制度，可以最大限度地守法，保证其结果的合法性。政府的威慑对推动企业建立环境管理制度起到了基础性的作用。第二是激励作用，体现为政府通过激励方式来促进企业建立环境管理制度。具体方式是，对于建立环境管理制度的企业，政府可以减少环境检查的次数或频率，如果发生了环境违法行为，政府可以减轻或者是免于制裁；反之，对于没有建立环境管理制度的企业，政府可以增加环境检查的次数或频率，如果发生了环境违法行为，政府可以进行正常的或者更为严厉的制裁。将企业是否建立环境管理制度作为环境执法的要素来予以考虑，对企业形成了激励。第三是帮助作用，体现在政府采取各种方式来帮助企业建立环境管理制度。建立环境管理制度是一项复杂的工作，需要投入大量的成本，一些企业在这方面也没有经验，而政府可以在这方面起到帮助作用。政府的帮助作用主要表现为，利用自己的专业知识与技术，提供一定的制度范本来让企业参考，从而减少企业制度寻找与制度比较的成本，例如我国政府现在实行的各种环境守法导则，就从环境法律与政策、环境技术、环境管理制度等方面入手，对企业建立环境管理制度作出了积极作用。

在现代回应型规制中，还强调政府的后设管制，"后设管制就是对企业自我管制的管制，这种管制的目标不再是具体的标准，而是企业内部自我管制机制"[1]。这其实也是政府环境管理职能的体现，强调政府对企业自我管理的监督与帮助等职能。

其次，发挥专业中介机构的作用。在现代社会，专业性环境中介机构越来越多，这些专业环境中介机构，利用自身专业技术服务于企业或者社会，也可以促进企业环境管理制度的建设。目前，这些环境中介机构主要有环境审计机构、环境认证机构、环境监测机构、环境影响评价机构等等，但与企业环境管理制度最相关的是环境审计机构和环境认证机构。第一，环境审计制度。环境审计制度是指对企业环境守法及环境管理制度进行审计并作出结论的一种制度，包括企业内部审计，也包括企业外部审计。环境审计内容包括绩效审计和合规审计，都需要对企业环境管理制度加以审查。通过环境审计机构的专门活动，可以促进企业建立环境管理制度，也可以帮助企业认识在环境管理制度方面存在的问题，最终完善其环境管理制度。二是环境认证制度。认证制度是现代企业管理制度的重要组成部分，现代企业需要进行各类的认证。企业环境认证指的是 ISO 14001 环境质量体系认证，由具有认证资格的中介机构对企业是否符合这一质量体系加以审查。环境质量认证对企业具有强大的吸引力，获得环境质量认证的企业代

---

[1] 杨炳霖.回应性管制——以安全生产为例的管制法和社会学研究[M].北京：知识产权出版社，2012：58-60.

表了一种较高的环境管理水平，可以获得其他在投资、贷款、保险、政府采购等方面的便利。具体的认证过程是：先由企业自我检查自身环境管理制度是否符合 ISO 14001 环境质量体系的要求，这一过程就是企业环境管理制度的良好实践；然后企业向有资格的认证机构提出认证申请，由这些机构进行审查；在审查合格后，认证机构向企业颁发环境质量认证证书，并在一定的时期进行复查。从企业环境质量认证过程可以看出，这一过程也是企业环境管理制度的建设过程。

再次，发挥公众参与的作用。在管理导向的环境自我规制中，还有一个非常重要的主体，即社会公众（包括环保组织）。社会公众主要是在社会舆论以及消费行为方面，对企业建立环境管理制度起到相应的作用。从社会舆论的角度看，社会公众可以对没有建立环境管理制度或者是没有遵守环境管理制度的企业进行批评，特别是企业所在的社区，社区公众对没有建立相应环境管理制度的企业会产生强大的压力。而从消费行为的角度看，建立环境管理制度的企业会在产品的销售方面获得更多的优势，特别是现代许多企业已经将 ISO 40001 质量认证作为企业供应链的重要条件，同时在一般消费者的眼里也更加信任具有环境管理制度的企业，这些都对企业形成无形的压力。当然，公众与企业之间也可以形成良性的互动关系，例如公众可以帮助企业建设环境管理制度，可以参与企业的环境管理制度的运行等等。

第二节　企业环境合规：自制与他制互动型合作治理

为了落实企业的主体责任，我国许多行业已经开展了合规建设工作，国家在 2017 年 12 月 29 日发布了《合规管理体系—指南》（GB/T 35770—2017）国家标准，对各类组织（包括以企业为主体的各种经济组织）的合规问题进行了规定。可以预见，在今后相当长的时间里，合规建设将成为企业发展与治理的一个重要方面。同时，我国学术界也开始重视企业合规制度的研究，例如对企业反垄断合规制度、企业犯罪预防合规制度等方面的研究。这些研究将视角从如何惩罚企业违法转移到如何预防企业违法以及如何指导企业预防违法方面，体现了法学研究的新面向。遗憾的是，现有研究集中于反垄断领域和犯罪预防领域，并且主要研究的是企业合规制度的基本原理，对于企业合规的具体制度，研究还不够深入。

企业合规制度与企业守法制度存在一定的差异。守法，即遵守法律，是指各级组织或个人严格依照法律规定去从事各种事务和行为的活动。[1]环境合规制度是在环境守法基础上发展起来的，两者的区别是：一是合规义务的来源不仅包括合规要求（法律法规等），并能包含合规承诺[2]；二是环境合规制度不仅包括守法行为，而且也包括建立相应的合规体系与合规文化等。

在环境治理方面，企业环境合规制度对于加强环境保护，提高整个社会环境保护绩效具有关键性作用，在发达国家已经得到了普遍的实施。我国实际上也存在许多企业环境合规的实践，但环境法学对此研究还非常薄弱。在企业环境合规制度中，不仅需要企业作出努力，也需要政府和中介组织甚至是公众发挥相应的作用，前者体现了企业的自我规制（也称为自制），而后者体现的是行政机关和中介机构等对企业合规行为的影响性措施，是一种他制。这种自制与他制的互动，体现了环境合作治理理念，促进了企业环境合规制度的发展，也保障了这一制度的实效性。基于这些考虑，本部分将从自制与他制的视角来研究企业环境合规制度发展与完善的原理，为我国环境合规制度的建设作出理论上的贡献。

［1］　张文显.法理学［M］.北京：法律出版社，1997：354.

［2］　GB/T 35770—2017.合规管理体系—指南［S］.北京：中国标准出版社，2017：5.

一、企业环境合规制度的兴起

合规制度，又称为"合规计划"（Compliance Program），该制度目前还没有统一的定义。在犯罪预防领域，我国有学者认为：合规计划，是指企业或者其他组织体设立一套违法及犯罪行为的预防、发现及报告机制。[1]就一般合规而言，美国"合规与道德领导委员会"（Compliance and Ethics Leadership Council）将合规计划定义为："企业对相关法律、法规和企业政策的遵守……企业必须有旨在促进遵守法律、法规、规则以及政策的配套程序和政策。"而美国司法部将合规计划定义为："企业管理部门确立的旨在预防和发现不法行为，确保企业活动符合刑事法律、民法法律、法规和规则的制度。"[2]这两者都是对企业合规计划的界定，只是前者强调的是企业对相关法律的遵守，而后者不仅强调遵守法律，还重视不法行为的发现和报告制度，更加符合合规制度的原意，本部分主要从后者的角度来界定企业环境合规制度。

因此，本部分的企业环境合规制度，指的是企业建立预防和发现环境违法体系，遵守合规要求和承诺，并及时报告环境违法的一系列的制度。主要包括：企业的环境管理制度、企业的环境违法问责制度、环境的环境违法发现制度、企业的环境违法或者环境事故的报告制度等等。而这一制度的核心，是发现与报告潜在的环境违法，对企业员工和高级管理人员进行相关的合规培训。[3]

在现代企业社会中，企业管理越来越复杂，仅仅依靠行政机关的执法已经很难满足法律的要求和社会治理的需要，企业的自我守法受到了越来越多的重视。企业环境合规制度，有利于预防和发现企业

[1] 李本灿.合规计划的效度之维——逻辑与实证的双重展开[J].南京大学法律评论，2014（1）：227-239.

[2] 李本灿.企业犯罪预防中国家规制向国家与企业共治转型之提倡[J].政治与法律，2016（2）：51-65.

[3] Dinkins C,Lonnquist S. The Belt and Suspenders Approach: The Advantages of a Formalized Environmental Compliance Program [J]. Utah L. Rev., 2009: 1129.

生产经营中可能出现的环境污染或破坏问题，更好遵守环境法律，实现企业在环境管理上的自我管理、自我监督与自我报告，将国家环境治理行为内部化，大大提高了企业环境守法程度、提高了环境保护水平。欧洲国家和美国都较早实施了这一制度。例如 1990 年荷兰开始推行企业内部环境管理制度[1]，欧盟在 1993 年推行生态管理审计计划（Eco-Management and Audit Scheme，简称：EMAS），这被视为是最接近现行自律性法的制度[2]。美国也早在 20 世纪 80 年代就开展了相关制度的建设，2012 年美国环保局又开展了"下一代合规计划"（Next Generation Compliance）运动，提出了更有效的规制与许可（More Effective Regulations and Permits）、更先进的监督（Advanced Monitoring）、电子报告（Electronic Reporting）、透明度（Transparency）、创造性的实施（Innovative Enforcement）等方面的环境合规建设要求。这是美国联邦环保局为适应信息时代新的特点，在大数据时代对环境合规制度新探索。

为了促进企业环境合规制度的建设，各国政府也重视帮助与激励企业建设环境合规制度。以美国联邦环保局为例，其在 1996 年到 1999 年间就颁布了 2000 多个指南文件（Guidance Documents）[3]，这些文件中就包括了大量的合规文件。美国在环境合规制度上比较重要的文件有：1986 年美国联邦环保局发布的"环境审计政策声明"（Environmental Auditing Policy Statement），宣称将要在环境执法中，考虑企业环境审计的背景，以激励企业建立环境合规制度；1995 年美国联邦环保局颁布的"自我管理的激励机制：发现、信息披露、纠正和违法预防"（Incentives for Self-Policing: Discovery, Disclosure, Correction and Prevention of Violations），鼓励企业在环境合规上作出

[1] 金瑞林，汪劲.20 世纪环境法学研究评述 [M].北京：北京大学出版社，2003：364.
[2] 美国环境法的改革：规制效率与有效执行 [M].王慧编译.北京：法律出版社，2016：102-103.
[3] Mendelson N A. Regulatory Beneficiaries and Informal Agency Policymaking [J]. Cornell Law Review, 2007, 92（3）：397-452.

更多的努力；2005 年美国联邦环保局又发布了"聚焦合规性的环境管理体系"（Compliance-Focused Environmental Management System），鼓励所有组织确保合规。[1]这些指南性的文件都对企业环境合规起到了有效的指导作用。

我国也一直重视企业在环境守法上的作用，政府在促进企业自主守法和建立环境管理制度方面都作出了积极努力，也取得了一定的成效。最典型的是我国环保部制定了大量的"企业环境守法导则"（以下简称"环境守法导则"）这样的指导性文件，例如在 2015 年 5 月 29 日，环境保护部（现已改为"生态环境保护部"）印发了《制浆造纸企业环境守法导则》，这些文件内容全面、针对性强，对于企业的环境合规制度起到了综合指导作用。可以说，我国政府发布"环境守法导则"的做法，就是尝试建设我国的企业环境合规制度。与此类似的，2018 年 1 月 11 日环保部发布了《船舶水污染防治技术政策》，也是对企业建立环境合规制度进行帮助的一种尝试。

可见，企业环境合规制度的兴起，不仅是企业自我规制的结果，也是政府积极推动的结果，同时其他社会力量，例如审计机构和环境认证机构及社会公众，也在其中发挥了不同的作用，可以说是自制与他制共同作用的产物。企业环境合规制度，实际上是政府与企业以及社会力量的相互合作、共同参与环境治理的产物，是环境多元治理的一种体现。

二、企业环境合规制度的中国实践

在环境法领域，我国也一直重视企业在环境守法上的作用，法律要求企业制定相应的管理制度，环境保护部门也开展了大量的示范工作来引导企业的环境管理与环境守法建设。在强化企业环境保护主体

[1] Hall R M. The Evolution and New Directions in Environmental Auditing and Compliance Management [J]. Natural Resources & Environment, 2009, 24（2）: 3-8.

责任的当下，企业不仅要重视环境守法，还需要重视环境合规制度建设。在这一背景下，建立企业的环境合规制度，已经成为环境治理的组成部分。我国环保部门发布"环境守法导则"的做法，就是推动企业建设环境合规制度的一种尝试。[1]

本部分将对我国环境合规制度实践进行探索，为未来环境合规制度的发展提供实践与分析的样本。

（一）刚柔相济——法律规范的要求

我国法律规定了企业开发利用环境中的义务，企业必须遵守这些义务。这些义务包括行为义务，例如遵守环境排放标准、使用或者禁止使用一定的技术；也包括制度建设义务，例如建立相应的环境管理制度。在环境法律中，对企业的行为义务规定得较为明确，而对企业的制度建设义务规定得较为原则，体现了刚柔相济的特点。其表现形式主要有：第一，原则性规定。此类规范只规定企业应达到的目标，并没有规定制度建设要求。例如，《公司法》第五条要求公司要承担社会责任，这只是一个原则性的规定，对企业的环境合规制度具有指引作用，但并没有具体的制度建设要求。第二，概括性规定。此类规范规定企业应进行环境制度建设，但并没有规定具体制度建设的内容。例如《环境保护法》第四十二条规定：排放污染物的企业事业单位，应当建立环境保护责任制度，明确单位负责人和相关人员的责任。第四十七条要求企事业单位做好突发环境事件的风险控制、应急准备、应急处置和事后恢复等工作。而如何建设这些制度，还有赖于其他的规范，或者有赖于企业自身的探索和实践。第三，具体性规定。这类规范一般都对企业的环境管理制度有明确的要求，也是判断企业环境管理制度是否完善的主要依据。这类规范主要包括一些国家标准，例如《纺织工业企业环境保护设计规范（GB50425—2008）》，

---

[1]　邓可祝．环境守法导则：一种新型环境合作治理模式［J］．厦门大学法律评论，2016（1）：30-46．

就对纺织企业规定了大量环境管理制度要求；也包括各类"企业环境守法导则"和环境技术政策。从法律效力上看，这些标准和各类导则是行政规范性文件，其中推荐标准和守法导则、环境技术政策只具有指导性，而不能作为行政处罚等不利行政行为的依据。第四，处罚性规定。此类规范规定违反相应制度的处罚，这也是对企业环境管理制度的规定，当然往往在上位法或者其他法律中有建立相关制度的要求。例如《医疗废物管理条例》第七条和第八条明确了医疗废物的管理责任制和医疗废物安全处置有关的规章制度和在发生意外事故时的应急方案等管理制度的要求，这是对医疗废物管理制度的明确要求。而《医疗废物管理行政处罚办法》第二条和第三条，对企业医疗废物管理制度、监控部门或者专（兼）职人员设置方面、废物登记、检测、评价效果存档、报告等方面设置了处罚条件，实际上是要求企业建立这些管理制度。

（二）自主实践——企业的觉醒

企业环境管理制度，是企业环境合规的基础。"随着社会的发展，国际上出现了一种基于管理体系的制度，这一制度是要求企业建立一套自我管理的程序，从而能够形成内部的自我纠正机制。"[1]基于企业社会责任的要求，根据法律的规定或提高环境保护绩效的需要，我国越来越多的企业开始重视环境保护，一些企业在合规制度的建设上也取得了良好效果。为了实现环境保护的制度化，就必须建立环境管理制度。一些企业已经建立了完整的环境管理制度，例如江苏油田公司制定了一系列环境管理制度。企业建立的环境管理制度虽然并不是真正意义上的环境合规制度，但包含了大量环境合规制度的内容。例如山东省滕州新源公司建立环保监测站，从水、气、危废、固废等方面全面规范环保监督管理；完善、细化环保监督管理制度，实现环

---

[1] 杨炳霖．回应性管制——以安全生产为例的管制法和社会学研究［M］．北京：知识产权出版社，2012：65.

保各项工作规范化、常态化；加强环境风险排查，强化企业自行监测、信息公开、突发事件应急处置管理。[1]可以说，该公司的行为，已经具备了环境合规制度的基本内容。目前，我国企业在环境合规方面的主要做法有：

首先，企业将环境保护要求纳入到企业决策之中。包括两个方面：第一，在企业中建立管理决策机构，为了加强环境保护的力度，形成制度化的环境保护力量，一些企业建立了专门的环境管理决策机构。例如，2015 年，宝钢加强能源环保管理的顶层设计，成立集团层面的能源环保管理委员会，并按照分层管理的原则，确定三层组织体系架构，明确各层级的管理职能与所承担的责任。[2]中国建材集团成立集团节能减排工作领导小组，总部设立社会责任与节能环保办公室，各成员企业分类别、分层级建立节能环保职能机构，实现集团节能减排管理体系的全面覆盖。[3]有了这些环境决策机构，企业管理层在作出决策时，会更多地考虑到企业环境守法情形，甚至会作出更加积极的环境保护决策，超出国家环境标准来履行环境义务。第二，企业管理层重视在环境保护方面履行企业的社会责任，增加环境保护的基金和科研方面的投入。现在我国的一些企业越来越重视全社会的环境保护，建立各种基金来投入到环境保护方面。例如阿拉善环境保护基金，就是由国内的一些企业出资建立的。再如，在阿里巴巴公益基金会的支持下，2015 年 1 月自然之友发起成立了环境公益诉讼行动网络和环境公益诉讼支持基金。[4]因此，企业在经营决策中重视环境保护，也是企业环境合规制度的一个方面，并且在一定程度上促进了企业在更多方面强化其环境保护的职能。

其次，企业建立环境管理制度。为了保证遵守环境法律，企业需

---

[1] 张冬梅.环境守法，全员在行动：华电滕州新源热电有限公司环保工作纪实 [N].齐鲁晚报，2015-05-22.

[2] 宝钢集团有限公司.2015 年度社会责任报告 [Z].

[3] 中国建材集团.2015 年度社会责任报告 [Z].

[4] 陈媛媛.公益项目，钱景广阔否 [N].中国环境报，2015-02-03（8）.

要建立一系列的环境管理制度。环境管理制度是企业经营管理制度的重要组成部分，有助于企业预防环境事故发生、避免环境损害。企业环境管理制度非常多，包括环境设施的运行管理制度、三同时制度等等，例如在《印染企业守法导则》中，环保部门提出了非常多的环境管理制度，在《甘肃省工业企业环境保护标准化建设基本要求及考核评分标准（试行）》中规定的"建立污染治理设施巡查制度、实施污染治理设施、设备登记牌（卡）管理制度、管理人员与管理制度"等等。这些主要包括两大类：一类是环境法律明确要求制定的制度，一类是企业根据自身生产经营需要而建立的环境管理制度。无论是哪一类，都是保证企业环境守法的必要条件。

再次，企业建立环境监督制度。为了保证环境法律和企业自身的环境管理制度得到有效的遵守，我国企业还建立了环境管理监督制度，除了企业的负责人承担总监督责任外，我国还建立了企业环境监督员制度。我国企业环境监督员制度肇始于 2003 年。2003 年 5 月，国家环境保护总局下发了《关于开展企业环境监督员制度试点工作的通知》（环办函〔2003〕199 号），企业环境监督员制度试点工作正式开始。2005 年 12 月 3 日施行《国务院关于落实科学发展观加强环境保护的决定》（国发〔2005〕39 号），其第二十条进一步明确：法人和其他组织负责解决所辖范围有关的环境问题。这是我国建立环境监督员制度的法律依据。[1]虽然最近环保部已经废除了相关的文件，但企业仍然可以自主地建立这一制度。企业环境监督员的主要职能在于实施污染源的监控和污染的监测。不仅如此，企业环境监督员通过事前污染监测和环境信息收集所取得的资料，还可以作为企业发生环境事故后应急救援的依据和事后环境责任追究的依据。[2]可见，企业环境监督员制度是企业内部环境合规制度的重要组成部分。环保部

---

[1]　郑少华.论企业环境监督员的法律地位［J］.政治与法律，2014（10）：2-10.

[2]　鄢斌.从政企合作看中国企业环境监督员制度的完善［J］.中国人口·资源与环境，2011，21（12）：58-64.

门无法完全掌握企业环境管理制度的运行状态，而企业环境监督员可以起到动态的、全方位的监督作用，对于强化企业环境合规具有举足轻重的地位。当然，企业环境监督员的法律地位问题也值得关注，否则会影响到其作用的有效发挥。

最后，企业建立环境应急制度。无论如何采取有效的合规制度，企业都无法杜绝环境事故的发生，因此，需要防患于未然，制定企业环境应急制度。现在越来越多的法律明确要求企业建立环境应急制度。这一制度包括应急预案制度、应急处置制度、应急上报制度、环境事故信息公开制度等等。从一些企业的现状来看，许多企业已经建立了相关的应急制度，例如《甘肃省工业企业环境保护标准化建设基本要求及考核评分标准（试行）》中，就将企业的环境应急制度作为一项重要的指标来进行考核。

（三）积极引导——行政机关的探索

企业的环境合规意识和能力不能仅仅依赖企业通过自生自发秩序而形成，还需要政府帮助与引导。我国环保部门一直在积极地培养企业的合规意识，提高企业的合规能力。具体而言，环保部门主要从以下方面引导企业建立环境合规制度：

首先，改变执法方式引导企业合规。环境执法并不仅仅是为了检查与处罚，还可以通过改进执法方式，更加积极地引导与帮助企业合规。例如，一些地方环保部门探索严格执法和柔性执法有机统一的途径，逐步从封闭式执法转变为开放式执法，从"查违法"为主到与"帮治理"并重。这时，行政机关不仅仅是单一的执法，而且将执法与守法、执法与服务结合起来，这就是一种环境执法的一种转型。第一，扩展执法经验。行政机关在执法中，可以更好地发现企业在环境合规上存在的问题，同时也可以发现一些企业合规经验。环保部门经过总结，可以发现企业守法成功与失败的规律，并通过各种培训的方式，将这些规律加以扩展，以引导企业的合规建设。例如我国环保部曾经组织了多次"企业环境责任培训班"，这样的培训既可以提高企业的环境合规意识，也可以提高企业环境合规建设能力。第二，发现守法的榜样并加以推广。通过企业的示范作用来促进环境治理的效果，也是国外环境治理的经验，例如美国开展的"最佳实践活动"（Best Practices Scheme），"在一些典型的最佳实践项目中，受到规制的企业与政府和行业组织一起，设计一些做法以遵守不明确的规制要求。行政机关对这些措施加以选择与公布，以供其他受到规制的企业对这些做法加以借鉴吸收"[1]。我国近年来开展的环保"领跑者"制度，也是鼓励企业在环境保护方面（也包括环境合规制度）发挥领先与示范作用。第三，构筑守法学习平台。政府可以建立守法学习平台，借助企业交流平台，可以促进企业之间的相互学习，不仅提高了环境合规的意识，也提高了企业环境合规的能力。例如安徽省环保厅选取了15家试点示范单位，以现场观摩、经验交流等形式，为其他企业提供了一个借鉴交流的平台。在学习之后，相关企业制定了一系列的企业内部环境管理制度等。这些也是环境合规制度的重要组成部分。

其次，通过软法方式引导企业合规。在环境治理中，软法发挥了重要的作用，企业在环境合规方面具有其特殊性，无法通过硬法的形式加以强制性规范，而软法在其中就起到了基础性的作用。我国在环境合规方面的软法，主要是各类的守法导则和环境技术政策。就前者而言，守法导则按行业制定，主要包括三大部分，即：企业环境法律与政策要求、企业技术指南、企业内部环境管理制度等。可以起到如下作用：第一，明确企业环境法律规范。以帮助企业掌握我国的环境法律体系，明确法律的含义，避免因对法律的误解而违法。第二，明确国家环境政策。以帮助企业了解国家环境政策和环境政策的发展趋势。第三，明确环境技术要求。以帮助企业引进、改进和完善相关的生产经营技术，促进技术上的环境保护。第四，帮助企业建立自己的

---

[1]　Zaring D. Best Practices [J]. NYU Law Review., 2006, 81: 294.

环境管理制度。企业内部环境管理制度是企业环境合规制度的重要组成部分，政府可以在这方面为企业建立相应环境管理制度提供帮助。可以说，我国目前的环境守法导则，是一种典型的企业环境合规制度的尝试，是行政机关对企业环境合规制度的有力指导，说明我国行政机关在威慑的同时，也注意对企业的合规指导，体现了企业合规中的政府作用。

与此类似的是，环保部还制定了一些行业的污染防治技术政策，例如《白酒制造业污染防治技术政策》。这些虽然没有守法导则那么详尽和全面，但也是在技术层面上对企业的合规指导。作为一种专业性的机关，环保部门利用自己的专业知识来指导企业，可以节省企业的环境成本，避免企业因为守法能力不足而导致的违法，这对于企业而言也是非常必要的。另外，《甘肃省工业企业环境保护标准化建设基本要求及考核评分标准（试行）》也实际上是一种合规指引示范文本，可以让企业依据这些标准来建设合规制度。

最后，通过激励方式引导企业合规。行政机关对企业环境合规的引导，主要依赖于软法规范，并不具有强制力，是一种行政指导性质的方式。为了促进企业环境合规制度的建立，行政机关通过种类激励方式来引导企业环境合规制度建设。一类是环保部门对于企业合规的守法激励。这类激励指的是环保部门鼓励企业建立合规制度的激励，例如美国守法激励政策是对能够建立相关制度、积极预防污染、报告污染事故的企业，不予处罚或者减轻处罚的激励。[1]一类是其他组织的激励制度，主要是金融机构和其他政府机构。目前我国现有的制度主要有：企业信用制度、绿色金融制度等等，这些制度主要是金融机构针对企业的守法状况而在金融上采取的措施，对企业的合规行为具有较强的激励和威慑效果。当然，在我国这两类激励都是政府部门负责统一实施的，例如环保部制定的"关于加强企业环境信用体系建

---

[1] 张建宇，严厚福，秦虎. 美国环境执法案例精编［M］.北京：中国环境出版社，2013：35.

设的指导意见"（环发〔2015〕161号），其指导原则就是："以提高企业环保自律、诚信意识为目的，建立环保激励与约束并举的长效机制"。一些地方也已经开展了相关的实践，例如自2013年起，江苏省就出台了企业环保信用评价标准和评价办法，建立污染防治类、环境管理类、社会影响类三大类21项指标体系。一旦企业环保信用极差，会被集中曝光从而在其他方面受到贷款等方面的限制，并将接受相应的惩戒。[1]与环保部的规定相比，江苏省的规定更为细致，对企业的影响也直接和明显。而且其评价标准和评价办法，也与环境合规制度具有更多的重合性。

当然，政府通过执法对没有建立相应制度的企业进行更加严格的执法，加强威慑，也是一种激励机制（负激励）。

（四）监督促进——中介组织的介入

在企业环境合规制度建设中，不仅需要政府和企业的相互合作，还需要社会力量的参与。随着现代社会力量的兴起，环境中介机构在促进企业环境合规方面开始发挥作用。这些专业性环境中介机构，如环境审计机构、环境认证机构、社会环境监测机构，以其专业性、技术性来对企业环境合规制度进行评估与认定，为企业环境合规建设提供了评价标准体系，监督、促进、帮助企业建立环境合规制度。

首先，是环境审计制度。关于环境审计，根据一些学者的定义，环境审计是指对环境管理进行检查、检验、核实和监督，通过对环境组织和环境管理是否发挥作用进行系统和定期的客观评价。[2]从这一定义可以看出，环境审计是由专门审计组织来对企业的环境管理制度进行审查并评价的制度。这一制度的目的是通过第三方审计组织的参与，来确认评价企业的环境管理水平，以监督、帮助企业加强与改

---

［1］　邢飞龙.一处失信，处处碰壁，"要我改"变成"我要改"：江苏探索环保信用联动机制［N］.中国环境报，2016-08-30（5）.

［2］　宋子义，白雯雯.关于企业环境审计问题的研究［J］.中国内部审计，2011（1）：36-38.

进环境管理。从历史上看，现在各国都非常强调环境审计工作，认为环境审计在企业的环境管理中发挥了巨大的作用。在美国，"为了满足公司的要求，联邦环保局通过公司环境审计的方式来帮助企业守法并及时发现所有不守法的行为"[1]。美国环境审计体制创设了能够确定企业环境绩效的标准和程序，它覆盖的范围不仅包括企业遵守现行规制要求的情况，而且包括企业所削减的残留物高于法律要求和程度，或者企业针对法律尚未规制的残留物进行规制。[2] 在欧洲，环境审计也大量地展开，并且取得了相当可观的效果。而环境审计制度，其实质是利用中介组织的力量来发现企业环境管理中存在的问题，参与环境治理过程。

其次，环境认证制度。国际标准化组织（International Standards Organization）1993 年通过了"新环境管理与审计指南"（New Environmental Management and Auditing Guidelines），即通称为：ISO 14000 标准，希望能通过这样环境认证标准来引导企业建设环境管理体系。其中的 ISO 14001 标准指的是"环境管理体系—规范及使用指南"，该标准不是排放污染物的限制指标，而是环境管理体系的规范化标准，但 ISO 14001 中最主要的要素（如：环境方针、环境因素、环境目标和指标、法律、法规要求及运行控制及监测）都要符合国家或地方的法律、法规、标准，特别是对尚未达标的企业来说，建立环境管理体系的首要目的就是促使组织完善各项管理措施使组织尽快达标。[3] 因此，环境认证是对企业是否实行环境管理制度以及是否符合环境法律要求的基本评判标准，参加这一标准的认证是对企业合规的一个重要考验。

从环境合规的角度看，这些认证工作是企业的自愿行为，但一旦企业获得了这种认证，对于企业的社会声誉、商业信誉和与政府的关

---

［1］ 邓可祝.环境守法导则：一种新型环境合作治理模式［J］.厦门大学法律评论，2016（1）：30-46.

［2］ 美国环境法的改革：规制效率与有效执行［M］.王慧编译.北京：法律出版社，2016：101.

［3］ 汪劲.环境法学（第四版）［M］.北京：北京大学出版社，2014：156.

系都有非常正面的作用。因此，企业特别是一些大企业有足够的动力来申请这种环境认证。这也会促使这些企业加强自身环境管理体系的建设，提高环境管理水平和环境守法水平，而这些都是合规制度的应有之义。

再次，是环境影响评价制度。环境影响评价制度是对企业生产经营行为的环境影响进行评估的一种制度，本来与环境管理制度没有太大的关系，但是在现实生活中，环保部门为了提高企业环境保护水平，一般会在环境影响评价阶段就对企业的环境管理制度提出要求与建议，这样可以强化企业的环境管理水平，从而保证其环境合规。环境影响评价机构，在环境影响评估报告中，也会针对企业环境管理问题提出相应的要求，这也是一种合规制度要求，包括企业环境技术方面的要求和企业环境管理方面的要求。

三、企业环境合规制度的合作理性

从制度演进的背景看，企业环境合规制度体现了不同主体共同参与环境治理的思想，是一种环境合作治理新模式，标志着从环境管制向环境治理的转变。在环境管制阶段，政府是执法者，企业是被规制者。而在环境治理阶段，不能仅仅依赖政府单方面实施环境法律，还需要社会其他主体发挥不同的作用。而企业环境合规制度，就是在企业的自我规制之下，再由政府、中介机构和社会公众共同作用的一种合作治理，属于自制与他制的统一，具有环境合作治理的显著特征。

（一）自制与他制的原理

企业自制，又称为企业的自我规制（Self-Regulation），是国家利用社会私人主体的自律性行为间接达成规制目的的手段，用以协助国家完成公共任务。[1]传统的环境规制，虽然对解决环境问题起到

---

[1] 高秦伟.社会自我规制与行政法的任务[J].中国法学，2015（5）：73-98.

了良好的作用，但环境规制也面临着"规制失灵"的困境。存在规制僵化、规制成本过高、规制俘获等现象，导致了环境法的低效。随着回应型法理论、反身性法理论、治理理念、基于管理的规制等理论的兴起，企业的自制不仅成为企业的一种追求，而且也成为理论关注的对象，企业管理制度得到了极大的重视。企业环境合规制度，是企业自制的体现。在自制理念与制度之下，企业环境合规制度得到建立并发挥着作用。但这种自我规制也不完全是自愿的，现代的自我规制是一种"强制性自我规制"（Enforced Self-Regulation）[1]，既有法律对企业合规性的要求，也有合规性的具体标准，从而形成了一种相对系统的规制体系，以克服纯粹自我规制的不足。

外部他制是针对于企业自制而言的。除了企业的自制，外部一些因素也对企业自制产生了有效的作用，可以弥补单纯企业自制在实效性方面的弊端。外部他制主要包括政府规制和中介组织及社会公众的影响，之所以出现这些外部的他制，是因为现代环境规制出现了新的发展形式。就政府环境规制而言，传统环境规制是一种"命令—控制"型的规制，具有强制性和刚性的特点，随着环境规制的转型，环境规制出现了新的变化，出现了弹性规制，即规制手段和规制方式都变得更加灵活。环境规制不再局限于行政许可与行政处罚，而是出现了诸如劝告、指导、协助、公共警告等弹性规制方式。就中介组织的规制来看，中介组织也可以凭借其专业技术获得规制能力和规制资格，这是一种社会规制的方式；社会规制是现代社会的普遍现象，环境领域的中介组织规制是督促与帮助企业合规的一种方式。

（二）环境合规制度的企业合作理性

企业是生产经营者，对于环境的影响也是最直接的，从合规制度上来看，企业之所以投身于环境合规，是以下因素导致的：

---

[1] 高秦伟.社会自我规制与行政法的任务［J］.中国法学，2015（5）：73-98.

首先，企业具有环境保护的意愿。威慑模式认为企业作为一个理性污染者，在环境保护上并没有一定的价值偏好，他们只是纯粹的成本效益计算者。但实际上，随着社会的发展，企业的观念也在不断地发生变化，企业环境保护意愿不断增强，企业社会责任理论已经成为许多现代企业的行为指南，甚至出现了企业环境主义理论。企业社会责任理论要求企业必须善待员工、社会和环境，积极投身于环境保护事业。基于这一背景，一些企业保护环境的意愿在不断提高，建立企业环境合规制度已经成为许多企业的共识并积极行动，许多企业建立了环境合规制度，并且每年发布的企业社会责任报告，环境保护都是其中重要的内容。

其次，企业环境合规也会受到外部条件的影响。企业面临的外部环境保护压力，会促进其产生合规的需求。随着社会环境意识的不断增强和环境规制的日益严格，企业面临着日益提高的环境守法压力，为了更好地应对社会的压力，企业会主动积极地改进自身的环境保护水平，而环境合规制度就是提高环境保护水平的一项重要工作。而且，就环境合规制度而言，政府和其他社会主体在这方面的努力也是一种外部条件：一方面，企业自身也存在环境合规能力不足问题，政府和其他组织可以提供相应的帮助与指导，对其合规制度建设起促进作用；另一方面，政府通过激励机制，也引导、鼓励企业建立企业环境合规制度。在政府和其他主体的积极作用下，企业就更有动力来建立环境合规制度。

再次，企业环境合规制度是环境法律的一种内化表现。一种法律制度只有被内化，才能真正发挥其效果。在环境法历史上，由于单向的"命令—控制"模式存在局限，出现了反身性环境法，因为"法社会学上的反身法理论承认法律认知能力的局限，强调受规制的自我规制，为突破当前环境规制的瓶颈提供了一个新路向"[1]，而"反

---

[1]　谭冰霖.环境规制的反身法路向［J］.中外法学，2016（6）：1512-1535.

身法的主要功能在于运用有效的内部控制结构，取代外在的干涉控制"[1]。具体而言，"反身性环境法的目标是在商业内部建立自我反应的程序，鼓励减少环境损害和最大化环境利益"[2]。反身性环境法的基本表现就是企业针对本企业的具体问题，根据环境法的要求建立相关环境管理制度，以预防、减少和发现环境违法，确保企业的行为符合环境法律的要求。随着生产技术的日益复杂化与多样化，"企业比政府更了解工作的风险与控制方法"[3]。环境法方面更是如此，企业最了解自己生产经营过程中可能出现的环境问题，也能够更有效地发现自身环境问题产生的环节，建立相应的制度来预防与填补这些漏洞，真正起到事先预防的作用。建立企业环境决策与环境管理制度，可以更好地进行环境决策与管理，体现了环境法预防为主的原则，有利于在企业环境决策和环境管理的前期形成预防和发现环境违法的制度性力量。在反身性环境法下，环境治理超越了单向性"命令—控制"模式，取得了良好效果，即"反身性环境法将企业和其他中间组织纳入，共同为环境保护而奋斗。一些企业已经开始积极地解决环境问题，超出了实体规制的守法要求"[4]。

（三）环境合规制度的政府合作理性

首先，政府需要企业建立环境合规制度。从理想状态而言，政府通过严格地环境执法就可以发现所有的环境违法行为，保证环境法的实施，实现环境保护目标。但实际上，这只是一种幻想，在现实中很难实现。因为环境执法要投入相应的人力物力，需要耗费大量的社会成本。而从目前现实来看，虽然我国环境执法力量已经有了长足的进步，但仍然存在执法力量不足的困境，尤其是当前环境执法的任务不

［1］ 高秦伟.社会自我规制与行政法的任务［J］.中国法学，2015（5）：73-98.

［2］ Orts E W. Reflexive Environmental Law［J］. Northwestern University Law Review, 1995, 89（4）：1227-1340.

［3］ 高秦伟.社会自我规制与行政法的任务［J］.中国法学，2015（5）：73-98.

［4］ Orts E W. Reflexive Environmental Law［J］. Northwestern University Law Review, 1995, 89（4）：1227-1340.

断扩大，环保部门可以说是疲于奔命，执法疏漏在所难免。从最理想的状态来说，即使完成了环境法的规定目标，也不一定能保证良好的环境。一方面，要保护环境，就必须使污染排放控制在环境容量之内，即环境法应该是一种总行为控制模式，而我国环境法虽然已经有部分总行为控制模式的特点，但依然存在大量的行为控制模式，而且总行为控制模式也缺乏一定的制度支撑，因而环境保护效果欠佳。[1]另一方面，制定环境法时，必须考虑到大量的中小企业的技术水平，环境保护标准不能过高，一些企业即便守法也不能保证环境保护水平。而且，严格的环境执法，会导致执法中行政机关与企业之间的强烈对抗，实践证明过度的对抗会造成双输的结局，即导致规制者与被规制者在立场上呈现对立的僵局，影响治理效果。[2]在美国国家绩效评估委员会看来，传统"命令—控制"规则制定的根本性失败在于，这一模式存在太过"对抗性"的缺陷。[3]如果企业能强化环境合规制度，不仅可以实现政府与企业的双赢，也可以提高环境保护水平，因为合规制度可以预防和及时地发现环境违法，避免环境污染事故的发生，而一旦发生污染事故会造成不可逆转的环境破坏。因此，政府通过与企业的合作，实现企业环境合规，是将环境执法的力量部分转移到企业环境合规制度建设上，是一种预防性的思维，更符合环境法坚持法律预防为主原则的特点。

其次，政府具有促进企业环境合规的条件。企业环境合规，并不完全是企业的一种自主行为，而是政府在制度设计上有意识地引导的结果。各国政府在环境合规方面都发挥了有效的作用，例如美国联邦环保局在 1986 年就发布了环境合规的政策声明，后来这样的政策声明与指引大量出现、不断完善，直到最近发布的"下一代环境守法"政策声明。政府的作用方式主要有：一是指导的方式，即帮助企业在

---

[1]　徐祥民.论我国环境法中的总行为控制制度[J].法学，2015（12）：29-38.

[2]　高秦伟.社会自我规制与行政法的任务[J].中国法学，2015（5）：73-98.

[3]　罗豪才，毕洪海.行政法的新视野[M].北京：商务印书馆，2011：21.

合规方面的制度建设，由于环境法律数量巨大，对于企业来说也是一项沉重的负担，政府在这方面可以向企业提供大量的指导，帮助企业更好地掌握环境法律和政策，避免企业因为不了解环境法律而违法。二是激励的方式，在环境合规制度中，会出现一个悖论，即企业如果严格地进行合规制度建设和环境审计，并且及时报告企业环境违法情况，就会导致自身的违规行为被行政机关或者是社会发现，从而导致受到惩罚，这实际上是一种自证其罪的行为，一些企业会因此产生顾虑，不愿意建立合规制度特别是不愿意公开自身的违法行为。为了鼓励企业建立合规制度，一些国家建立了合规豁免制度，即当企业建立了环境合规制度后，如果企业存在一定的违规行为并公开的话，可以减轻或者免于处罚，这样就提高了企业建立合规制度的积极性，是一种非常有效的激励制度。三是威慑的方式。威慑作为一种执法手段，虽然不是万能的，但也是必不可少的。威慑手段的运用，表现为对未能建立合规制度的企业，加强执法强度，对于发现的问题，不予减轻或者是豁免，而是加大其处罚，通过这样的威慑，也可以促进企业有效地建立合规制度。运用这些不同方式，可以从不同的方面来促使企业建立环境合规制度。

（四）环境合规制度的第三方合作理性

在现代社会，各类中介组织大量出现，他们在环境治理中也发挥着越来越重要的作用。在企业环境合规制度中，中介组织可以对企业的环境合规进行评估、提出建议并进行审查，对企业环境合规制度起到了监督、审查与帮助的作用。这类的社会中介组织有许多，例如环境审计机构、环境认证机构、环境评估机构和环境监测机构等等，下面主要研究环境审计机构与环境认证机构在企业环境合规方面的功能。

环境审计机构，主要是一些专业会计师事务所，他们进行的是一种环境审计，通过环境审计，可以发现企业环境管理和环境行为中存在的问题，从而帮助企业改进环境管理、促进企业合规。而环境认证主要是 ISO 14001 环境质量认证，是由专门的环境认证机构来对企业是否符合环境管理要求而作评价。这两类机构对于企业环境合规的作用体现在：一是评估机构的中立性。评估机构是一种社会中介组织，其对于企业的环境评估主要依据比较严格的评定标准和程序进行，这样的中立性机构，独立性与权威性相对较高，其结论更为可靠，通过审计和认证的企业更容易在国际贸易中获得优势地位。二是评估机构的专业性。在现代社会，各类的环境审计方法已经较为成熟，而评估机构在这方面的专业性非常明显，他们可以迅速而有效地作出评估结论，对企业的环境合规制度作出评价。三是其市场选择性。这些专业评估机构，都是市场的组成部分，要经过市场的竞争考验，更具有灵活性。可见，专门的环境审计和认证机构，对于企业的环境合规制度，具有监督和促进作用，是社会力量对企业环境合规的积极作用。这些审计和认证，对于企业的生产经营活动也具有相当正面的作用，例如获得了 ISO 14001 环境质量认证的企业会获得良好的社会评价和市场优势，这些审计与认证有利于形成企业环境合规氛围，促进企业环境合规制度建设。

　　总之，企业环境合规制度，体现了一种环境合作治理的思想，即这一制度是政府规制、企业自我规制和社会其他主体的规制相互作用的体系。在这一体系中，不同的主体共同发挥作用，体现了在环境法治中的沟通与协商，是生态实践理性在企业环境合规制度中的体现，正如柯坚教授所言：生态实践理性来自于环境与资源开发、利用和保护的社会实践活动，特别是社会主体之间以社会对话、沟通与协商为基础的社会建构。[1] 在这样的社会建构过程中，不同的主体共同发挥作用，以合作共治代替了行政管制，是环境法发展的一个重要趋势。

---

[1]　柯坚.环境法的生态实践理性原理［M］.北京：中国社会科学出版社，2012：7.

四、通过自制与他制的互动实现企业环境合规

综上所述，企业环境合规制度对于提高企业环境管理能力和企业环境守法能力，都具有重要的作用。但在我国，环境合规制度还只是初具雏形，企业环境合规制度的全面建设还面临一系列问题。目前，我国企业环境合规制度建设还非常薄弱，需要发挥其自制与他制的互动来促进环境合规制度的建设，并保障其实效性的实现。

在企业合规制度建设中，需要发挥企业自制和社会他制的作用。企业的自制，需要企业有建立和实施合规制度的意愿，同时也有建设合规制度的能力。目前，企业在这两个方面都存在一定的问题：从意愿上说，企业担心合规制度建设会增加自身的成本，而且与其他没有建立合规制度的企业相比，会造成竞争上的劣势；而在能力方面，企业可能面临的是合规能力建设的问题。因此，需要从意愿和能力方面着手促进企业合规制度建设。

（一）增强企业的环境合规制度建设意愿

首先，提高企业的环境意识与社会责任意识。合规制度不仅要建立一套静态的制度，而且要求这一制度能够得到有效的遵守，形成合规文化，从而保证这一制度得到良好的实施。这些都有赖于企业树立强烈的环境意识，主要是现代企业的社会责任意识。现在许多企业已经建立了企业管理体系，并得到了有效的实施。[1] 能做到这一点，主要是基于企业的社会责任意识。因此，增强企业环境合规意愿，在企业内部树立社会责任意识是建设企业环境合规制度的重要环节。

其次，强化法律在合规建设上的要求。在环境法中，应重视企业环境合规建设。目前，我国企业环境合规方面的法律对企业环境合规制度的要求还比较零散，需要对这些法律规范加以整合，形成系统性

---

[1] 邓可祝.管理导向的企业自我环境规制研究（哲学社会科学版）[J].郑州大学学报，2017，50（4）：27-31，158.

的企业环境合规法律规范。从理想状态来说，应该通过立法，明确企业环境合规制度建设义务，并对企业环境合规制度的内容作出全面规范，主要包括：企业环境保护机构与人员、企业生产经营环节环境管理制度、治污设施运行管理制度、法律规定的节能减排与清洁生产管理制度、应急预案制度、环境违法发现与报告制度等等。但制定这样的立法是非常困难的：一是不同企业环境合规制度的内容存在区别，二是企业的类型不同，环境合规制度的建设能力是不同的。因此需要根据企业的类型、规模进行差异化的立法（详见下文）。

再次，强化环境执法。环境执法，不仅可以对企业形成威慑，促使其建立合规制度；而且可以确保企业之间的公平竞争。企业建立环境合规制度的意愿不足主要是两个原因：一是环境合规制度的建立和运行，会提高企业的生产经营成本；二是建立环境合规制度可能会在同行竞争中处于不利局面，虽然企业环境合规成本可以在企业的产品中加以列出，但由于这一制度并不是强制性制度，与没有建立合规制度或者不严格执行合规制度的企业相比，实行合规制度企业的成本会高于其他企业，会导致劣币驱逐良币的后果。而强化环境执法，一是可以提高企业的违法成本，避免企业因违法而获利，迫使企业重视环境合规制度；二是可以加大没有建立合规制度的企业的违法成本，保证企业之间的公平竞争。这些都可以提高企业环境合规制度建设的意愿。更为关键的是，为了激励企业建立环境合规制度的意愿，政府可以对建立合规制度的企业进行豁免，而加大对没有建立合规制度的企业的检查与处罚的力度，这样可以从正反方面增强企业建立合规制度的意愿。

（二）提高企业环境合规制度建设的能力

首先，保证合规法律的可行性。由于合规制度和合规文化在我国还是比较新型的，而且一些中小型企业在这方面的能力有限，所以法律在规定企业建设环境合规制度时，应注意其可行性。第一，法律只规定一些有重要环境影响的行业必须建立合规制度，其他行业或者产业由环保部门或其主管机关根据需要来加以规范。第二，先对重要行业或者企业建立环境审计制度，通过环境审计制度来加强企业的环境合规制度建设，将环境审计作为环境合规制度的突破口。具体的步骤可以是：一方面，加强环境审计法律、法规建设；另一方面，补充立法，尽快补充原有法律中未作规定和授权的内容，适当扩大审计部门的权限。另外，制定具有可操作性的环境审计工作细则，使环境审计内容、范围、程序和方法等制度化，提高环境审计工作质量。[1]

具体而言，企业环境合规制度建设方面应分阶段、分步骤进行：第一，根据企业的类型作出不同的要求。对于大型企业和对环境有较大的潜在危险的企业，应进行强制性的合规要求，而对于中小企业特别是小型企业，则不强制其建立环境合规制度，只要其保证行为合法就可以，中小型企业主要是对违法行为的制裁，但鼓励其进行合规制度建设。通过类型化的处理，可以激发不同企业的积极性，既有可行性，又有必要性。因为"有效的中小企业环境规制政策应是既能对企业提供充分激励，又能帮助中小企业克服治污能力约束的政策，即同时满足参与约束和激励相容约束的政策"[2]。对其采取较为灵活的政策，有利于其发展。第二，对于必须建立环境合规制度的企业，也应该有步骤地逐步实施合规建设，可以先从有条件、有影响力的企业开始，然后向其他企业拓展，这就具有了试点的性质，可以在实践中积累经验，以更好地解决在实践中出现的问题。

其次，重视政府对环境合规制度的指导。在合规制度建设中，应特别加强政府的作用。"随着新《环保法》的颁布实施，绝大多数企业的环境保护意识都有所增强，环境守法情况趋好"[3]，但企业对于合规制度的建设还存在能力不足的问题。合规制度建设是一个非常

［1］　宋子义，白雯雯.关于企业环境审计问题的研究［J］.中国内部审计，2011（1）：36-38.

［2］　郭庆.治污能力制约下的中小企业环境规制［J］.山东大学学报（哲学社会科学版），2007（5）：105-110.

［3］　童光法.企业环境守法的进展与问题分析［J］.中国高校社会科学，2016（4）：132-139.

复杂的工作，不仅涉及专业技术，而且涉及法律政策和管理制度，对于绝大部分的企业来说都是一个考验，需要政府发挥指导与帮助作用。在现代行政法中，政府不仅具有维持社会秩序的基本功能，还有积极向社会提供福利与服务的功能。第一，政府制定体系化的合规制度样本，通过合规制度样本来帮助企业在这方面的发展，目前我国的守法导则已经具备了这样的雏形，但还不是完整的合规指南。在其他领域，例如反垄断法领域，政府作出了许多的反垄断的指引，这些指引告诉企业什么是垄断，如何避免产生垄断，并避免受到反垄断处罚。而在环境法领域，政府的主要工作就是告诉企业，企业在环境保护上的权利义务是什么、企业如何去做、企业如何开展环境管理制度建设等等，通过这些做法，企业可以减少环境合规制度建设的成本，在环境合规制度建设方面更加有积极性。第二，提供政策声明和技术政策。所谓政策声明，指的是政府对于环境守法与环境违法的态度，这可以作为企业合规制度的背景和动力；而技术政策是一种专门对某些专业技术提供的指导，这对于企业了解专门技术的发展方面，无疑具有重要的指引作用，可以提高企业的合规效率。第三，根据需要及时进行法律解释。在社会发展过程中，对于一些行为，需要通过解释来向企业告知，以避免其因为不知法律的具体含义而违法，因此法律解释也是保证企业环境守法的一种方式。例如环保部在对"其他规避规制的方式排放水污染物"的认定（环函〔2008〕308号）中将这一行为界定为：①将废水进行稀释后排放；②将废水通过槽车、储水罐等运输工具或容器转移出厂、非法倾倒；③在雨污管道分离后利用雨水管道排放废水；④其他擅自改变污水处理方式、不经法定排放口排放废水等规避规制的行为。这一解释不仅可以帮助基层环保部门的执法，而且也可以帮助企业充分理解这一行为在行政机关的真正含义，有利于今后在这方面的合法。由于这些守法导则、技术政策、法律解释等等逐渐增加，会逐渐形成一个繁杂的体系，这就会增加检索上的困难，为了提高检索的便捷性，行政机关应对这些规范及时地进行立、改、废，并形成一个数据库，便于企业迅速地检索到相应的资料，提高其环境合规能力并减少其建设环境合规制度的成本。

再次，加强环境中介组织的建设。目前我国环境中介组织的发展较快，一些组织的规模和能力也得到了提高，但需要加强规制。特别值得注意的是，环境审计无论在规模还是能力方面都不能满足社会的需要，"由于我国企业环境管理的落后，作为环境管理重要组成部分的内部环境审计几乎没什么发展，企业环境审计目前多处于试点阶段"[1]。存在问题主要有：第一，我国在环境审计和环境认证上刚刚起步，对于整体的环境审计与环境认证能力还有限，无法满足我国大量企业的审计与认证的要求，正如有学者指出的：我国还缺乏一支由复合型专业人员组成的环境审计队伍。[2]第二，环境审计和环境认证机构具有较强的趋利性，他们能否公正、客观地进行环境审计和环境认证，如何加强对这些中介机构的规制也是非常迫切的一个任务。这些因素都会制约环境合规制度的建设。

因此，政府还需要加强环境中介机构的建设与监督。一方面，加强对各类环境中介组织的监督与帮助，保证其中立性与公正性，防止市场失灵演变为中介组织的失灵；另外，加强对中介组织的帮助，特别是环境审计方面，需要加强我国环境审计队伍的建设，促进环境审计事业的迅速发展，以满足企事业环境审计的发展；当然，同时也应保证环境审计依法独立、公正客观地开展环境中介服务，加强对环境审计的监督，防止其进行虚假审计、误导社会，对环境合规制度造成不利影响。

（三）利用激励机制促进合规制度建设

首先，重视对合规行为的守法激励。在没有环境合规制度之前，

---

[1]　王晶晶.我国企业内部环境审计的问题探讨［D］.南昌：江西财经大学，2009.

[2]　狄雅肖，傅尧.借鉴外国先进经验完善环境审计制度［J］.经济论坛，2016（10）：149-152.

企业的违法行为如果没有被行政机关发现，就不会受到处罚，而在企业建立合规制度特别是环境审计制度后，企业应主动报告或者公开环境违法行为，这样企业的违法行为被处罚的概率就会大大增加。但是，这会减弱企业建立环境合规制度的意愿。针对这一现象，政府应建立激励机制，通过激励来提高企业建立环境合规制度的意愿。

这种激励包括多种形式：一种是对于建立环境合规制度的企业，可以通过减少执法次数的方式来激励；一种是对于在环境审计中发现环境违法行为，可以给予责任豁免。以美国企业犯罪的罚金刑为例，法院对于设有有效合规计划的企业可减轻高达95%的罚金。在环境审计过程中，会发现企业存在的违法情形，而一旦这些审计内容予以公开，可以成为对企业进行处罚的依据，这也是企业对环境审计抱有顾虑的原因。总之，国外为了激励企业强化环境审计、积极发现问题，通过豁免制度来激发其积极性。我国也可以借鉴这方面的经验，对于主要发现问题并及时纠正问题的企业，即使存在着违法的情形，也可以不予追究或者是减轻追究其法律责任，这是对企业环境审计的激励。还有，豁免企业主动报告的环境违法行为，在企业环境合规制度中包括违法发现报告制度，即企业自主地报告环境违法，如果这作为处罚依据，则企业实际上是在自证其罪（违法），也是不公平的，因此，可以对这些企业的主动报告违法行为给予免于处罚或者减轻处罚的激励。

其次，重视对合规行为的经济激励。企业也可以将环境合规作为一种商业策略，通过公布自己的合规计划或者是合规记录，向社会宣传其在环境合规方面的成就，从而获得商业利益，这也是一些企业重视其社会责任、积极开展合规建设的原因。随着全社会环境意识的增强，人们也会利用经济行为来对环境合规的企业进行一种激励，这种激励也对企业合规制度的建立起到了促进作用。主要的消费激励方式有：一是政府采购，二是商业采购，三是普通消费者的购买。

为了保证这一激励方式的有效性，需要政府部门加强绿色采购，商业部门重视绿色供应链，消费者重视绿色消费，通过这些方式，可以提高企业建立合规制度的积极性。当然，要做到这一点，应保证两个方面的要求：一是全社会提高环境保护意识，政府和企业建立绿色采购制度，而消费者树立绿色消费意识。二是重视环境信息公开制度。环境信息公开，主要是公开企业的环境合规信息，从而形成整个社会对企业环境合规的预期与压力。通过环境信息公开，在消费者中产生一定的影响，最终影响到企业生产经营的利益。

第三节　环保"领跑者"制度——超越合法的规制创新

2015 年，我国财政部、国家发展改革委、工业和信息化部、环境保护部印发了《环保"领跑者"制度实施方案》，正式确定了我国环保"领跑者"制度。根据这一计划，我国的环保"领跑者"制度确定的原则是：以企业自愿为前提，通过表彰先进、政策鼓励、提升标准，推动环境管理模式从"底线约束"向"底线约束"与"先进带动"并重转变。[1] 这一制度标志着我国在环境治理领域开始转型，即由强调严刑重罚转向激励引导。同时，我国一些地方政府也开始试点这一制度，例如河北省出台了《河北省推行企业环保"领跑者"制度实施方案》，在全省推行企业环保"领跑者"制度。对评选出的"领跑者"企业，重污染天气应急响应期间，符合一定条件时，可不列入停（建）限产清单。[2] 这些制度的推行，说明了在环境治理中出现了一种新型的治理模式，这一模式的核心，是以自愿为前提、引导企业达到更严格的排放标准，提高企业环境治理绩效，最终达成整体改善全社会环境质量的目标。

---

[1]　财政部，国家发展和改革委员会，工业和信息化部，环境保护部.环保"领跑者"制度实施方案［Z］.财建［2015］501 号.

[2]　河北省环境保护厅，河北省财政厅，河北省发展和改革委员会，河北省工业和信息化厅.河北省推行企业环保"领跑者"制度实施方案［Z］.冀环评〔2018〕264 号.

一、环保"领跑者"的类型与特征

（一）环保"领跑者"的类型

环保"领跑者"这个环保制度并不是全新的事物，而是有着悠久的历史。我国一直重视企业自觉遵守环境法律，提高环境保护的绩效，鼓励企业通过技术改造实现更高的环境保护目标，并实现先进企业对落后企业的示范引导作用，这实质上就是一种"领跑者"制度。近年来，国家已经意识到传统的"命令—控制"环境规制模式，虽然具有强制性、统一性的优势，但也存在一定的弊端，除了高成本外，还忽视了企业环境治理能力的差异。"命令—控制"模式，只能规定企业的最低排放标准，而一些企业技术水平、治理能力较高，就没有办法来强制他们达到更高的标准。因此，国家非常重视发挥一些技术水平高、治理能力强的企业的作用，环保"领跑者"制度也就应运而生。2013 年 9 月制定的《大气污染防治行动计划》（国发〔2013〕37 号）明确了"领跑者"制度，建立企业"领跑者"制度，对能效、排污强度达到更高标准的先进企业给予鼓励。其后，一系列的政策性文件都规定了这一制度。[1] 而专门性地规定环保"领跑者"制度的文件，是 2015 年的《环保"领跑者"制度实施方案》。这一文件的出台，标志着我国环境治理已经进入了一个新的阶段。

发达国家一般将类似的制度统称为"自愿环境管制制度"，这些制度种类繁多，一些国家甚至已经形成了一个庞大的体系。例如，美国在 20 世纪 90 年代初期就开始尝试建立这一制度。据统计，截至 2005 年，美国就有 60 多个自愿环境管制项目，最著名的如 35/50 项目，ProjecctX 项目等等，美国一些州也有自己的环境自愿项目，环境自愿

---

［1］　贾真，葛察忠，李晓亮.环保"领跑者"制度进展及建议［J］.世界环境，2017（4）：24-27.

项目成为环境治理模式转型的一大趋势。[1] 同时，欧洲国家也存在大量的自愿环境管制项目，也取得了显著的成效。

环保"领跑者"制度有许多类型，本部分将作广义理解，即环保"领跑者"体现了一种企业的主动参与精神，只要是企业主动参与环境治理、可以更好地改进环境质量的行为，都可视作环保"领跑者"类型。具体而言，环保"领跑者"类型包括：

一是实体上的"领跑者"计划和程序上的"领跑者"计划。前者是指通过实际行为来减少污染物排放，以提高环境保护绩效。典型的如美国的 35/50 计划，加入该计划的企业，要在一定期限内将污染物的排放量分别减少 35% 与 50%。后者指并不直接规定具体的减少排放的数额或者是比例，只要参与一定的环境信息公开活动即可。例如美国的"可追踪之星"（Star-Track）项目，就只是要求企业能及时向行政机关报告年度合规与环境管理审查的内容，并不要求其具体的减少排放标准。[2] 这就是一种纯粹的程序性要求，即环境信息报告制度。当然，更多的是实体与程序的结合，例如美国的环境绩效追踪项目就是一个典型，这一项目具有如下的要求：即要求企业采纳与执行环境管理体系、报告可持续的环境合规要求、证实特别的环境成效并承诺进行公共的产出与绩效报告。[3] 可见，里面既包括实体性的规定，也包括程序性的要求。

二是通过标准的"领跑者"计划与通过具体项目的"领跑者"计划。前者是要求企业应建立一定的环境管理标准，最典型的是国际标准化组织制定的 ISO 14000 标准。企业建立这样的标准后，可以实现标准化管理，对于提高环境绩效具有较强的作用。现在许多欧盟国家正在倡导企业建立这样的标准，我国也有大量的企业开始自主

［1］ Coglianese C, Nash J. Performance Track's Postmortem: Lessons from the Rise and Fall of EPA's Flagship Voluntary Program ［J］. Harvard Environmental Law Review Helr, 2014, 38: 1-86.

［2］ Coglianese C, Nash J. Performance Track's Postmortem: Lessons from the Rise and Fall of EPA's Flagship Voluntary Program ［J］. Harvard Environmental Law Review Helr, 2014, 38: 1-86.

［3］ U.S. Environmental Protection Agency. Evaluation of the Performance Track Program in EPA Region One ［Z］. 2004.

地建立这一标准。后者是要求通过具体项目来鼓励企业参加，体现在各个行业、不同的技术，企业可以根据不同的需要来进行有针对性的设计，从而实现"领跑者"的目标。例如我国水效"领跑者"项目中，在工业、农业和生活用水领域开展水效"领跑者"运动，就是以具体项目开展的"领跑者"项目。

三是短期项目与长期项目。这是根据项目实施期限来划分的类型。在环保"领跑者"项目中，一些项目需要确定一定的期限，有的是短期的，例如三至五年，而有的可以是长期的，例如十年以上。在不同期限的项目中，就面临着不同的要求。

四是各种领域里的"领跑者"项目。包括各个行业，也可以针对不同的污染物来进行的"领跑者"项目，例如美国的 35/50 计划主要针对的是有毒有害物质的一项计划；我国的水效、能效项目，就是针对特定行业中的不同项目。

五是污染排放型和资源利用型"领跑者"项目。在现代社会，环境问题主要体现在污染排放和资源利用方面，这两个方面既相互影响又相互独立。在环保"领跑者"制度中，对这两个方面都有要求，有的是对某一方面的要求，有的是对两个方面都有所要求。例如，在我国的环保"领跑者"项目中，既有以污染物排放控制为主要目标的项目，也有以资源有效利用为主要目标的项目。

随着社会的发展，其他环保"领跑者"类型也会不断涌现。

（二）"领跑者"制度的特征

一是自愿性。"领跑者"制度是以企业的自愿参与为基本特征的。"领跑者"制度要求企业超过国家标准来进行排放，而国家标准具有强制性效力，只要达标排放，企业的行为就是合法的，国家没有权力强制企业达到更高标准。但是，政府可以通过引导性的方式，通过企业自愿参与来提高标准，以实现更好的环境保护目标。虽然行政权具有很高的强制性，但并不代表在任何情形下都必须是强制的，在服务行政背景下，柔性行政行为也具有广泛的适用，现代行政指导，就是一种以自愿性为基本特征的行为，并且产生了良好的效果。以自愿性为基本特征的行政行为，有利于发挥行政的柔性作用与功能，实现更好的治理。

当然，这种自愿性并不完全取决于企业的自觉行为，而是各方面综合博弈的结果。政府可以用许多的方式来"迫使"企业参与到"领跑者"项目之中，例如：政府利用激励的方式、利用威胁严格执法的方式、利用制定严格标准的方式、利用向社会公开企业违法情形的方式等等，这些方式对企业会产生较大的影响（正面的或负面的），从而影响企业的参与意愿，实现"领跑者"目标。

二是激励性。如果说自愿性是一大特征，那么如何鼓励大量企业参与到"领跑者"项目中，就是一个重要的问题。虽然政府可以利用上述的方式来引导甚至是"逼迫"企业的参与，但毕竟只是一种间接的措施，要实现大量企业的参与，必须解决企业因提高排放标准而支付的运营成本问题。因此，环保"领跑者"的成功，需要处理激励措施与企业成本之间的匹配问题。作为理性经济主体，企业必须以其利益为基本的依归。没有足够的激励，很难保障企业的自愿参与。而企业的参与度直接关系到整个"领跑者"制度的成效，如果没有一定数量的企业参与，则可能会给整个"领跑者"制度的实效带来不利影响。因此，国家通过不同的激励措施来促进企业参与，显得尤为重要。这些激励措施不仅是经济上的奖励，还有许多其他的激励方式，例如河北省关于在重污染天气开展环保"领跑者"的企业，可以豁免停产的政策，就是一种政策激励方式。这是以执法豁免作为一种激励，提高了企业参加环保"领跑者"制度的积极性。这些激励措施，对于企业的参与都是一些必要的条件。

三是示范性。环保"领跑者"制度不是个别企业独立的行为，而是一种体系性的行为，并且，政府希望通过优势企业的示范来带动更多的企业，以实现更高的、更普遍的守法目标。"领跑者"企业，往往具有一定技术与管理方面的优势，这种优势可以成为本行业其他企业的效仿对象。通过"领跑者"的示范作用，可以带动不同企业的参与，实现"领跑者"的潜在功能。这在我国的制度中表现尤为明显，我国历史上就非常重视同行业的互帮互助，政府也非常善于利用这一优势。另外，通过"领跑者"制度，政府可以从中提炼出较新的技术和管理经验，来向其他企业推广，这也具有非常强的示范性。例如，我国工信部组织了一个"节能减排工业生产技术的筛选和评价"的项目。这个项目对每个门类一百个以上工厂进行调查。比如纺织，不同的纺织厂采用的工艺不一样，通过对一百多家纺织厂生产工艺的比对，筛选出最节约资源的、排放污染最少的生产工艺，然后排出名单，列出节能减排的生产工艺，或者说清洁生产工艺。这样一来，一对比就知道自己的生产工艺是好还是不好。这就是一种政府组织的示范，通过这样的技术比较，可以向各行业的企业提供示范，帮助这些企业发现问题，采取对策以提高环境治理绩效。

二、"领跑者"制度发展的原理

环保"领跑者"制度体现了非常丰富的环境治理理论，主要为适应性理论、合作治理理论与合同治理理论。具体而言，环保"领跑者"制度涉及的主体主要有行政机关与企业，而这些主体都有参与这一制度的内在动力。

（一）行政机关建立环保"领跑者"制度的原因

首先，环境立法无法满足环境治理的需要。环境立法是环境治理的基础和前提，也是现代环境法发展的重要原因，但立法本身是存在一些不足的，在环境法体系基本建立后，环境立法会出现一定的停滞。所以，无论什么时期，环境立法无法满足环境治理的需要都是一种常态。具体而言：

第一，环境立法确定的环境标准无法满足环境保护的需要。环境标准必须考虑到现实需要，不能制定过高标准。"命令—控制"模式包括设定标准、许可、执法等行为，标准设定是环境治理的基本前提。标准制定表面上是一个技术问题，但更是一个经济政治问题，因为标准制定必须考虑到不同条件的限制，考虑到经济与社会发展的可承受性。例如美国环境立法确定的环境标准是最佳可获得技术，而什么是最佳可获得技术，就必须要考虑到一般企业的技术能力与技术水平，而不能确定过高的技术要求。行政机关必须服从立法要求，在确定环境标准时考虑到众多企业的能力，不能确定过高的标准，一旦确定标准之后，就不能强制企业按更高的标准来进行排放。但是行政机关确定的标准，对于环境保护可能是不足的。为了提高环境绩效，就可以通过自愿性项目，要求一些具有技术能力的企业按更高的标准来排放，实现更好的环境绩效。从技术方面来看，环保"领跑者"是在这样的背景下产生的。

第二，环境立法的博弈导致的环境规制不足。环境立法必须考虑到不同主体之间的博弈，由于博弈而导致规制方面存在不足。立法是一个复杂的博弈过程，往往需要不同主体通过复杂的博弈而实现。为了在立法上达到一致、及时通过立法，就需要对一些条款进行改变。例如，我国《义务教育法》在达到4%方面就存在巨大的争议，最后为了妥协就删除这一条款。在环境立法方面也是如此。一些法律或条款因为存在巨大争议而无法制定，或者是作废，或者是作重大修改。而根据现代行政法治的要求，如果没有法律的授权，行政机关无法作出强制性的要求，例如国务院发布的《全面推进依法行政实施纲要》（国发〔2004〕10号）就明确规定，没有法律法规规章的要求，不能增加相对人义务或减少相对人权利。在缺乏相应环境立法的情况下，要提高环境保护的绩效，就有两种方式：一是通过行政立法来增加相对人义务，但行政立法的权限有限，同时行政立法也会存在博弈的问题，特别是行政立法会受到立法俘获，因此，这一方法也会面临与制定法律相同的情形；二是通过自愿性方式，通过弹性的、协商的方式来促进引导企业提高环境绩效。所以，在立法不足的情况下，通过自愿性规制来促进环境保护的发展，就是许多国家行政机关的一种选择。

第三，因环境立法缺失导致一些事项未能得到规制。由于人类认知能力问题，立法常常会落后于现实需要。在社会生活的许多方面，需要立法加以规制，但存在立法空白的现象是十分普遍的。最典型的是，美国环境立法在 1990 年之后二十多年里几乎完全失语，给环境法带来了巨大的空白。虽然我国现在正处于环境立法的活跃期，不存在美国环境立法中的类似问题。但随着我国环境法律体系的相对完善，大规模立法已经过去了，这会导致立法中存在缺失并且难以迅速改变，这是一种必然现象。立法的缺失，导致会行政机关的环境职权存在缺失，在一些领域没有管理职权。

例如，在美国，如果在一些方面缺乏法律规范，为了提高环境保护的绩效，环保机关就会利用自愿性环境规制方式，促进企业实现更加严格的环境守法。正如一位美国学者所言：由于缺乏新的环境立法，多年来，美国联邦环保局（EPA）一直将自愿性计划作为一种改善环境的有效方式，而不必投入政府资源来制定规则和执行法规。[1]

在德国，也有类似的情形。由于德国法律对于行政机关的职权规定得非常严格，行政机关无法利用法律上的职权来更高更严格地强制企业守法，只能通过这样的自愿型方式来进行更高程度的要求。[2]

其次，环境执法的高成本导致行政机关采取更加弹性的方式实现环境保护。除了立法原因外，环境执法也是一个重要的原因，"命令—

---

[1]　Coglianese C, Nash J. Performance Track's Postmortem: Lessons from the Rise and Fall of EPA's Flagship Voluntary Program [J]. Harvard Environmental Law Review Helr, 2014, 38: 1–86.

[2]　关婷. 促进企业能效的公共干预：中德两地方能效行动的比较 [D]. 杭州：浙江大学，2015.

控制"模式存在较高的执法成本，这也促进政府选择较为灵活的机制。特别是在环境执法资金保障和人员保障方面不力的情况下，环境执法将会面临着较大的困难，只能通过降低执法成本的方式来提高环境保护绩效。环境执法的成本主要包括：

第一，执法运行成本。环境执法需要大量的资源，包括人力资源与物力资源，这些资源主要依赖于国家财政。从理论上说，国家应该保障有足够的资源用于环境执法。但实际上，一方面，国家的资源是有限的，不仅需要用于环境保护方面，而且还需要用于其他方面，例如社会保障、国防外交、教育科研等等，用于环境保护的资源总是有限的，无法完全满足环境保护的需要；另一方面，国家环境保护的态度也会发生变化，如果对环境保护不够重视，就会减少对环境保护资源的投入、来降低环境保护的力度。因此，环境部门会经常出现环境执法资源不足的状态。

第二，执法的证据收集成本和行政行为的合法性成本。在环境执法中，会涉及对相对人的处罚，为了维护相对人的权利，国家对行政处罚这样损益性行政行为的合法性要求非常高，这也会消耗大量的执法资源。行政行为合法性主要包括：事实证据、法律依据、法律裁量、法律程序，为保证行政行为的合法性，在这些方面都要占用较多资源。

第三，行政强制执行的成本。行政机关作出环境决定后，还需要加以执行，以实现行政行为所确定的权利义务。如果相对人能主动履行行政行为的内容，那么此时行政机关不需要支付更多的行政成本；如果相对人不主动执行，还需要行政机关来强制执行，或者是行政机关主动的强制执行，或者是申请法院的强制执行，无论是哪种方式，也都需要支出相应的成本。

除此之外，"命令—控制"模式还具有高度强制的特点。这虽然具有明确而统一的优点，也具有较多的缺陷。这一模式的优点体现在具有统一性和规范性，比较容易统一实施，也可以在短期内产生良好的效果；而这一模式的缺陷，则主要体现在高成本、高度立法依赖性、高度的对抗性等方面。所以，"命令—控制"方式经常会面临着立法权限不足与行政资源不足的压力，这需要行政机关作出灵活调整以适应环境保护的需要，提高环境保护的绩效。在环境法的发展历史上，出现由"命令—控制"模式向经济激励模式再向自愿守法模式的转变，就是在这样的大背景下产生的，其根本原因是需要克服"命令—控制"模式存在较高成本的弊端。

基于以上的原因，行政机关就存在采取弹性方式来提高环境保护绩效的动机。而采取自愿规制项目，则是一个方面。具体而言，主要体现在：

第一，自愿环境规制可以不需要明确的法律权限。依法行政是现代法治政府的基本要求，在"命令—控制"模式下，政府进行环境规制必须要有明确的法律授权，只有具有法律授权之行为，才可能满足行政复议或行政诉讼合法性审查的要求。而即使没有明确的法律授权，在自愿环境规制制度中，政府也可以通过指导性的、协商性的方式来促进企业提高环境绩效。政府只需要具有概括性职权，就可以采取措施，具有非常便利的优势。

第二，可以降低执法成本。如前所述，环境"命令—控制"模式需要大量的执法成本，而自愿性环境规制项目，所需要的成本要小得多。自愿环境规制的成本主要体现为监督的成本、与企业谈判的成本，而不是收集证据与强制执行的成本，这些成本相对相低。更为重要的是，自愿性环境规制可以减少对抗，从而提高环境执法的效果和环境保护绩效。如前所述，"命令—控制"模式是一种高强度对抗的模式，容易引起企业的抵触，特别是引发企业的救济行为例如行政复议与行政诉讼，这就会大大地增加行政机关的负担。而自愿环境规制，可以大大降低企业的抵触，以较低的成本实现较高的环境保护绩效。

第三，可以提高环境保护绩效。如前所述，在环境立法中，标准的设定是基于一般性的要求，但现代社会中企业众多、存在较多的差异，一些企业特别是大型企业，具有较高的技术能力和管理能力，在标准和管理的改进与提高方面具有较大潜力。如果能引导他们超越法律的要求来排放污染物，对于环境保护是非常有利的。因此，通过自愿性环境规制项目，一般都会明显地提高整个社会的环境保护绩效。即使是一些自愿性程序性项目，也可以促使企业减少污染物的排放，从而实现更好的环境绩效。例如印度尼西亚的一些环境标示项目中，就是通过程序性的方式来提高企业环境保护绩效的。[1]

可见，在环境自愿规制项目中，行政机关具有相当大的动力来实现更好的环境绩效，而且不违反法律的强制性规定，具有较大的可行性。

（二）企业参与环保"领跑者"制度的原因

从企业方面来看，其自愿或者主动地提高排放标准，也具有一定的合理性，是基于一定的合理判断而作出的行为选择。主要原因包括：

第一，企业环境保护意识的提高。从现代企业的环境义务来看，企业会面临着越来越多的环境义务。同时，在企业治理过程中，企业也会随着社会的发展而不断提高环境意识，特别是企业社会责任问题越来越成为现代企业治理中必须加以考虑的因素，重视社会责任已经成为一种趋势。企业社会责任已经成为一些国家的法律要求，许多国家通过立法将企业社会责任法定化。与此同时，社会责任也成为企业治理的内在要求。这说明，企业已经意识到环境责任的重要性，开始自觉地具有了环境保护的意识。

第二，企业实行更加严格的排放标准，也可获得经济利益。通过更加严格的排放标准，企业会获得许多经济上的利益。一是可以

---

[1] 托马斯·思德纳.环境与自然资源管理的政策工具［M］.张蔚文，黄祖辉，译.上海：上海人民出版社，2005：532.

通过严格排放而获得社会认同，有利于树立在消费者中的良好形象，有利于其产品的声誉和销售。随着社会公众绿色消费意识的提高，对于绿色产品的需求也会增加，这无疑会促进企业实行更高的排放标准。二是可以获得政府优惠政策，例如补贴与奖励。在"领跑者"制度中，政府会利用各种激励政策，这些政策包括奖励和税收减免，可以为企业带来更加优惠的待遇，对企业也是非常有吸引力的。三是可以通过政府的绿色采购而获得利益，现代政府的采购金额非常巨大，而政府往往会在采购中对企业环境信用提出要求，更加严格的排放标准对企业的环境信用是非常有利的环节，有利于企业在政府采购中获得优势地位，这就可以帮助企业获得较大的利益。四是更加严格的排放可以和排污权交易结合在一起，企业就可以通过转让排放权而获得相应的利益。因此，从经济收益上看，企业实行更加严格的排放标准，可以为企业带来丰厚的利益，对企业会产生很大吸引力。

第三，企业希望通过更加严格的排放标准，减少外部压力特别是行政机关的压力。企业超过法律要求进行排放，也有一个重要的外部原因，就是企业希望改进与外部的关系，减轻外部对自身环境保护的压力。外部的压力包括行政机关和社会的压力，因此企业希望通过自身积极采取行动，提高环境保护绩效，改进与外部的关系，减少外部压力，包括改进与行政机关的关系，提升社会形象。就前者而言，环保机关虽然不能直接命令企业实现更加严格的排放，但可以通过一定的行动对企业产生影响，例如增加检查频率、加大处罚力度、提高排放标准等严格执法的方式来加大企业的违法成本，企业需要长期与环保部门打交道，环保部门的严格执法对企业也具有严重的潜在影响，如果改进与环保部门的关系，无疑会减轻其压力。管制的潜在威胁是企业参加和遵守自愿环境管制的最主要原因，这一威胁既包括对可能违法企业的严格执法，也包括对守法企业提出将制定更加严格的环境标准的威胁。[1] 所以，企业愿意积极地改进与环保部门的关系，例

---

[1]　邓可祝.多国自愿环境管制的效果启示[J].环境保护，2011，39（9）：62-64.

如主动地与环保部门联系，提高环境达标的要求，例如企业与政府协商制定排放标准或者是立法[1]，这样有利于企业与政府的合作，实现良好的政企关系。而在这样的良好氛围下，政府可以承诺实现守法激励，减少执法的频率、减少处罚的数额、对一些违法行为加以豁免等等，这对于企业是非常有利的，企业也就具有了实现更加严格的排放标准的内在动力和外在激励。就后者而言，企业实现更加严格的排放标准或者"领跑者"计划，会产生良好的社会影响，具有积极价值，对企业提升社会形象也具有巨大的利益。企业不仅可以借此改进社会形象，也可以改进与所在社区的关系。企业与所在的社区之间的关系具有长期性，改进与社区的关系，是企业长久、良性发展的必要条件。许多企业参与环境"领跑者"项目，一个主要目标是改善与所在社区的关系，这在环境保护方面产生了良好的效果。正如有研究者所指出的："信息公布和其他一些软政策工具，在印度尼西亚、墨西哥和印度发挥了十分重要的作用。"[2]在这方面，日本主要是通过当地政府与企业签订环境保护合同的方式，直接要求企业达到更加严格的标准，才能在当地开展经营活动。这种协议，虽然具有合同的合意性特征，但也具有明显的强制性。

另外，其他社会因素对企业环境自愿管制也会起到一定的作用，例如环保组织的监督与帮助、社会舆论对企业的压力等等。此处就不再具体进行分析。

三、"领跑者"制度的运行机制

环保"领跑者"制度的有效性，依赖于其实现机制。只有在一定的机制下，"领跑者"制度才能真正地发挥实效，实现其环境保护的

---

[1] 朱迪·弗里曼.合作治理与新行政法 [M].毕洪海，陈标冲，译.北京：商务印书馆，2010：49.
[2] 托马斯·思德纳.环境与自然资源管理的政策工具 [M].张蔚文，黄祖辉，译.上海：上海人民出版社，2005：546.

目标。整体而言，环保"领跑者"的机制也是一个体系，包括内部机制与外部机制，内部机制主要是指企业自身建立的一系列制度，而外部机制是指企业外部所形成的制度，包括行政机关，也包括其他的主体，例如中介组织、环保组织、社会公众等。

（一）"领跑者"制度的内部机制

为了达到"领跑者"的标准，企业必须建立一定的制度与机制，从而确保其实现"领跑者"的目标。主要包括：环境管理制度、内部责任制度、内部监督机制、环境技术研发机制。

第一，企业环境管理制度。对于企业来说，建立环境管理制度是提高环境保护绩效的一个基本要件。作为新型环境规制方式，环境管理制度对于企业提高环境绩效具有非常大的影响。企业环境管理制度的形式非常多，除了国家法律要求建立的环境管理外，还有企业内部环境管理制度。随着环境治理的国际化趋势，国际标准化组织制定和认证的环境质量体系（ISO 14000）产生了越来越大的影响。在我国，开展 ISO 14000 认证的企业越来越多。在"领跑者"制度中，虽然并没有要求企业必须建立 ISO 14000 环境管理制度，但许多企业为了达到这个目标，都主动地建立这一制度。当然，企业也可以根据法律的要求，结合自身的特点来建立严密的环境管理制度。为了保证企业环境管理制度的有效性，国家或者是社会组织，可以对企业的环境管理制度进行认证，对企业的这一制度加以有效的监督，从而确保其实效性。

第二，企业内部环境责任制度。现代企业管理中，内部责任的确立也是必不可少的一项内容。企业不仅可以针对管理层来设立环境责任，也可以利用其企业内部体系来制定全方位的环境守法责任。例如我国一些企业就通过层层责任制度，将最终责任落实到每一个个体，保证了企业环境责任机制的明确性与最终性。尤其值得注意的是，企业的许多环境行为依赖于第一线人员的素质，确立第一线员工的环境职责，对于环境行为具有重要意义。因此，实现全员环境责任，对于企业环保"领跑者"角色的确立是不可或缺的。我国企业在这方面具有丰富的经验，也开展了大量的实践。例如浙江巨化股份公司硫酸厂通过签订节能目标责任书，落实责任。主要措施就是，在每一年的开始，就根据生产实际和节能改造情况，对全厂的水、电、汽消耗进行重新额定，厂部和各车间签订了节能目标责任书等。[1]通过这样的责任机制，可以确保企业内部责任机制的有效性，保证完成环保"领跑者"的任务。

第三，内部监督机制。管理制度和责任制度属于静态的制度，这些制度的有效性还必须依赖于强有力的监督机制。在现代企业环境管理制度中，也需要完善的内部监督体系，例如在环境管理方面，不仅需要激发内部的举报检举机制，特别是举报人的奖励与保密制度，还需要建立常态化的监督机制，例如一些国家建立的企业内部环境监督员制度，就是为了环境管理监督而建立的一种常态化机制。我国也曾经通过环保部的规范来要求建立企业内部的环境监督员制度，这一制度的初衷就是通过内部监督来保障环境管理制度的有效性、提高环境保护绩效。由于时代的发展，这一制度已经不是对企业的强制性要求，但其内在机理符合现代环境管理的基本价值与要求。当然，企业内部环境监督员的职权是有限的，还需要企业管理层的真正重视，才能实现环境管理制度的有效性。

值得注意的是，在环境责任制和环境监督员制度中，存在有效性的困境，这可以说是一个具有普遍性的问题。因为两者的具体实施人员都与是普通员工身份接近、关系密切、身份互换性强的人员，这是一种熟人社会中的相互关系，能否有效地执行相应的规定，是非常可疑的。因此，不仅需要通过管理层的有效监督，更需要通过技术性的方式，通过绩效考核的方式来提高责任制度和监督制度的有效性。

第四，环境技术研发机制。为了提高环境管理绩效，除了严格

---

[1] 安超.能效"领跑者"标杆企业实践案例分享 [J].中国石油和化工经济分析，2016（9）：7-8.

环境管制制度外，还需要重视环境科学技术的功能。环境保护必须依赖观念、管理、法律与技术，这是环境保护的基本要求。在这些要素中，观念是前提，而法律具有基础性作用。法律不仅可以明确企业应达到的技术标准，强制企业进行技术改进，也可以通过激励方式来激发企业技术改造动力。淘汰高消耗、低产出技术，使用节能环保技术，是提高环境保护绩效主要方式，无论是强制性的"命令—控制"模式，还是反身性环境法模式，其实都具有技术改进立场，只是存在立场来自于强制还是企业自身有意识的环境行为的不同。从环保"领跑者"计划来说，这一制度主要依赖于企业自愿与政府引导，具备企业内在需求的特征。正是基于这一特征，政府可以利用多种形式对企业在技术改造上的投入给予回报，形成一种正向机制，引导其他企业向其学习，真正起到"领跑者"制度的示范作用。

（二）环保"领跑者"制度的外部机制

在"领跑者"制度中，不仅需要企业自身建立一系列的内部机制，还需要行政机关等主体通过外部机制来加以促进与帮助，其中行政机关的行政机制具有更加重要的功能。行政机制主要体现在：

第一，行政机关的协商机制。在各国"领跑者"制度中，主要是基于行政机关的倡导，虽然也有其他主体主动地提出各类"领跑者"制度，但居主导类型的仍然是行政机关的倡导。其中的原因是这类"领跑者"制度，不仅需要企业具有一定的意识，还需要不同的激励措施，通过激励来引导企业参与，而这样的激励主要体现为行政机关利用其资源引导企业的参与。因此，国家的倡导作用是非常重要的，各类"领跑者"制度实际上都离不开行政机关的作用。而倡导的方式主要是通过与企业的协商，例如美国的协商行政，就是一种有效的方式，通过政府与企业的协商，达成一定的共识，提高了规制弹性，提高企业的意识，最终提高企业的"领跑者"意识。当然，政府也可以通过社会性的呼吁和环境意识的提高进行一般性的倡导，这也会形成一定的效果。

第二，行政机关的指导机制。在"领跑者"制度中，还需要行政机关的帮助。要提高环境保护的绩效，企业会面临着众多的困难，主要体现为能力不足。因此，需要国家给予有效的指导。现代行政，更多的是一种积极行政，行政指导的功能越来越强。在环保"领跑者"制度方面，我国环保部门通过制定"环境守法导则""技术导则"这样的文件，组织各级环保培训（对于提高企业的"领跑者"实效具有巨大的作用）等方式来提高"领跑者"的建设能力，也借此提高其他潜在的学习者的学习能力。这种帮助，有技术上的、管理制度上的帮助，也有信息上的帮助，通过环保部门有计划地组织对企业的培训和企业之间同行业的交流，也可以实现这样的目标。在技术方面，政府可以向企业推荐成熟高效的节能环保技术，例如前述钱易教授提出的事例，通过推荐这样的技术来促进企业在技术上的革新；在管理制度方面，由于现代企业面临越来越多的环境法律义务，环保部门可以对相关的法律制度加以整理，帮助企业节约相应的成本，在企业管理制度方面，也需要政府进行具体的帮助。另外，行业协会等也可以通过平台来进行组织学习，交流相关的信息，也可以起到组织帮助的作用。

第三，行政机关的监督机制。要提高环境"领跑者"的绩效，需要保障"领跑者"企业环境绩效的真实性。由于"领跑者"制度需要政府的激励，保证企业绩效的真实性才能确保政府激励的有效性；更加重要的是，只有加强监督，保证"领跑者"企业环境绩效的真实性，才能实现"领跑者"制度的根本目的。这方面有两种路径可以选择：一是企业通过中介评估组织来实现真实性，例如通过环境认证或环境审计来保证企业环境绩效的真实性和可核查性；二是政府直接进行规制，通过规制来确保企业行为的真实性。当然，也可以通过其他社会组织的监督，但其他社会组织对企业内部信息往往难以进行判断，因此，主要依赖于前两种途径。现在的趋势是更多依赖于企业自主检查监督或者是企业邀请专业的中介组织的检查监督，政府主要进行事后的抽查，以保障环境绩效的真实性。无论哪一种方式，都需要政府的行为作为最后监督与判断，从而实现其有效性。

第四，行政机关的信息机制。在环境治理中，信息公开具有基础性地位。在环境"领跑者"制度中，信息公开也具有重要作用。环境信息公开包括政府环境信息公开和企业环境信息公开；包括主动公开与依申请公开。就环保"领跑者"制度而言，行政机关信息公开制度在环保"领跑者"制度中的功能值得重视。一是行政机关可以通过对"领跑者"企业的信息公开，让社会公众认同参与主体的自愿环境保护行为，有利于形成绿色消费的氛围；二是通过环境信息公开，可以对参与企业的行为进行监督，如前所述，可以通过政府与第三方组织来对企业行为加以监督，而通过信息公开，可以利用整个社会力量特别是公众的力量对"领跑者"企业进行监督；三是通过公开，引导环保"领跑者"之间的比赛与竞争，提高"领跑者"企业的积极性，2018 年环保部门公布了《国家先进污染防治技术目录（大气污染防治领域）》，通过这方面的信息公开，可以发挥先进企业的示范作用，促进全社会实现更好的环境绩效[1]；四是通过公开，例如环境标识制度，可以形成市场机制，利用市场机制来激励参与者并通过市场机制中获得的利益保障"领跑者"制度的长效性，因为只有获得确定的利益，才能确保"领跑者"制度的稳定发展。

另外，其他机制也会在环保"领跑者"制度建设中发挥作用。例如，行业协会可以起到企业与政府之间的桥梁作用，行业协会在环保"领跑者"制度中作用非常大；社会公众、环保组织对于促进企业参与环境"领跑者"项目、巩固环境"领跑者"的成果，都具有一定的成效，在环保"领跑者"制度中也具有良好的作用。但基于本部分的论证目的，主要是企业与政府之间的互动，所以其他部分就不具体展开。

---

[1]　生态环境部.2018 年《国家先进污染防治技术目录（大气污染防治领域）》[Z].公告 2018 年第 76 号.

四、环保"领跑者"制度的完善

在我国，以环保"领跑者"制度为代表的自愿性环境规制，在环境治理历史上出现的时间并不短，但形成制度化的环境治理模式，还只是开始，需要在法律上加以完善。同时，以"领跑者"为代表的自愿环境管制项目，种类繁多，效果也不一致，如何通过有效的方式来促进企业积极参与环境自愿规制项目、提高环境绩效，是这类项目存在的正当性基础，如果没有足够的绩效，这类项目的正当性就会受到质疑，甚至会被抛弃。

（一）根据适应性理论，及时调整"领跑者"项目的领域和要求

适应性理论的核心是行政机关在进行环境治理过程中，应当根据社会发展的需要和变化及时调整与改变环境治理的手段与方法，以适应环境治理的需要，提高环境治理的绩效。在"领跑者"项目上，适应性理论具有极高的价值：一是对重点突出的问题进行试点。对于"领跑者"项目来说，应考虑试点企业的能力。环保"领跑者"是为了让具有一定技术管理优势的企业实现更高标准的排放，也是为了适应重点领域中法律缺乏或者是法定标准过低问题，因此，在试点中应选择具有技术与管理优势的企业，通过试点迅速提高其环境保护的绩效。二是试点的内容应科学而具有可操作性，即构建科学的环保"领跑者"指标体系。根据现有的环保标准、质量标准、政策要求，分行业、分产品、分领域制定环保"领跑者"遴选指标体系，要体现"优中选优"原则，遴选出环保最优产品。[1]三是及时对项目进行调整、停止效果不佳的项目。适应性管理是一种强调变化的理论，当社会形势发生变化时，环境治理的方式也要发生变化。根据试点中出现的问题，及时总结经验与教训，对项目进行及时的调整。例如对已经具有普遍性基础的行业，可以通过法定程序提高排放标准，对一些不具有推广价

[1] 贾真，葛察忠，李晓亮.环保"领跑者"制度进展及建议［J］.世界环境，2017（4）：24—27.

值的项目，及时地停止等等。

（二）通过多部门合作来保障"领跑者"项目的效果

环保"领跑者"制度是一种自愿性制度，政府的激励是非常重要的一个环节，当然也包括外在的压力，但这种压力更多是一种无形的压力，而激励则必须是实实在在的。在各国，都需要通过指导、帮助、补贴等方式来促进、保障环保"领跑者"制度的绩效，确保其正当性。在我国，目前主要是依赖于技术与财政激励，另外例如河北省的执法豁免也具有非常大的激励功能。所以，如何通过技术、财政、执法等方式来进行综合的激励，是"领跑者"计划的重要组成部分。[1]

在现代国家中，各部门的合作是非常必要的，我国环境保护法规定在环境保护领域是环保部门主管，其他部门协作，这一点在"领跑者"制度中也有大量的体现，主要体现为环保部门可以提供技术和管理、执法方面的激励，而财政部门可以提供财政激励，发展与改革委员会可以为具有更高标准的企业的投资提供更多的优惠，通过这样的多方位的激励，可以为发展"领跑者"制度提供更多制度上的保障。

（三）利用合同的形式来明确双方的权力（利）义务，保障企业的预期

在自愿性项目中，需要政府信守承诺、保障企业的合法权益，也应当确立相应的争端解决机制。这不仅会关系到自愿环境规制项目的成效，也对构建良好的政企关系具有重要作用。从形式上看，自愿规制项目包括以合同形式体现的自愿规制项目和不具备合同形式的自愿规制项目。具备合同形式的自愿规制项目，可以明确双方的权力（利），具有更强的拘束力，有利于保障企业的预期。而不具备合同形式的自愿规制项目，例如存在行政允诺和守法激励内容的项目，如何保护企业的合法权益、保障企业的预期，就是一个值得重视的问题。

---

[1]　贾真，葛察忠，李晓亮.环保"领跑者"制度进展及建议［J］.世界环境，2017（4）：24-27.

可见，无论是否存在合同形式，自愿性环境规制都可能会涉及争议，而确定相应的争端解决机制就非常必要。

在具备合同形式的规制项目中，由于双方权力（利）义务较为明确，争端解决相对容易一些。而在不具备合同形式的规制项目中，就存在较大的困难。例如，在具有行政允诺的规制项目中，涉及行政允诺是否可以救济以及救济的方式与限度问题。为了提高企业自愿规制的积极性，政府可以允诺对符合条件的企业给予各种优惠，例如给予补贴、奖励、减轻（或免除）处罚等等，但如果此后产生纠纷，是否可以救济以及如何救济，就是一个重要的问题。自愿规制项目存在大量行政指导因素，我国法律和司法解释都将行政指导作为一种不可诉的行为，但如果在自愿规制项目中具备行政允诺的内容，且对相关行政允诺产生争议，那么这种行政允诺是可诉的，这在我国的司法实践中已经具有了先例。其中有一类特殊的允诺更加值得重视，即企业违法豁免事项，如果政府根据违法豁免给予企业免于处罚或者是减轻处罚，这时有关主体向法院提起公益诉讼认为政府的承诺是违法的，此时法院如何审理这样的诉讼。这涉及公益诉讼中法院对政府的豁免行为的尊重问题，如果是自由裁量问题，法院应尊重行政机关的豁免行为，不能以自身的判断来取代行政决定，要求行政机关作出更重的处罚。

在这类案件中，涉及政府的允诺问题，是否可以救济以及救济的方式与限度问题。自愿环境规制，许多涉及政府的允诺，例如补贴、奖励、减少处罚等等，这些是否可以救济，特别是诉讼问题。我国法律和司法解释都将行政指导作为一种不可诉讼的行为，自愿项目虽然存在大量的行政指导的因素，但往往是以行政机关的允诺为条件的，这种允诺也是可诉的，这在我国的司法实践中已经具有了先例。其中有一类特殊的允诺更加值得重视，例如政府违法豁免事项，如果政府根据违法豁免给予企业免于处罚或者是减轻处罚，这时有关主体向法院提起公益诉讼认为政府的承诺是违法的，此时法院如何审理这样的诉讼。这涉及公益诉讼中法院对政府的豁免行为的尊重问题，如果是自由裁量问题，法院应尊重行政机关的豁免行为，不能以自身的判断来取代行政决定，要求行政机关作出更重的处罚。

（四）加强信息公开，促进社会力量的参与与监督

环境信息公开在"领跑者"制度中的作用是毋庸置疑的，在"领跑者"制度中，主要作用体现在：一是通过信息公开体现领跑企业的示范作用，例如我国的政策中就一再强调公开的问题，利用多种形式宣传环保"领跑者"，树立标杆，弘扬典型，表彰先进。[1]这其实就是一种示范作用，同时，国家也应当在技术与管理水平方面加大宣传公开的力度，更好地促进同行业之间的交流，提高整个行业的环境保护绩效。二是通过环境信息公开来加强社会公众对"领跑者"企业的监督，公开与监督是相辅相成的，通过加强监督，可以更好地促进社会对企业的监督，保障其准确性与公正性。

---

[1]　财政部，国家发展改革委，工业和信息化部，环境保护部.环保"领跑者"制度实施方案［Z］.财建［2015］501号.

第六章　第三方环境治理制度

按照传统环境法的制度设计，企业有责任来处理生产经营过程中产生的环境污染与生态破坏问题，从污染物排放上来说就是要求达标排放，最为典型的是我国 1989 年《环境保护法》第二十六条规定的：建设项目中防治污染的设施必须与主体工程同时设计、同时施工、同时运行的"三同时"制度。这一制度的功能，就是要求企业能在生产经营活动中贯彻环境保护的要求，治理在生产经营过程中产生的污染问题，以达到对生态环境最小损害的目的。但由于现代环境治理的技术越来越复杂，企业要凭借自身的力量来应对环境治理问题，往往会力有未逮，有的时候，即使能够治理生产经营过程中的环境问题，也具有较高的成本。而发挥专门性环境治理组织的功能，由专门性环境治理组织来治理排污企业产生的污染问题，往往具有技术和成本上的优势。在这样的背景下，第三方环境治理制度应运而生。

根据国务院的界定，所谓环境污染第三方治理（以下简称第三方治理）是排污者通过缴纳或按合同约定支付费用，委托环境服务公司进行污染治理的新模式。[1] 这一界定非常简明，第三方是与排污者相对的一方，但现实生活中，也出现了政府将城市污染处理设施交由专门性公司来进行治理的实践。也就是说，第三方环境治理包括两种模式，一是企企合作模式，二是政企合作模式。[2]

---

[1]　国务院办公厅.国务院办公厅关于推行环境污染第三方治理的意见 [Z].国办发〔2014〕69号.
[2]　董战峰，董玮，田淑英，等.我国环境污染第三方治理机制改革路线图 [J].中国环境管理，2016，8（4）：52-59，107.

第三方环境治理制度，可以发挥环境服务公司的专业性和市场机制的灵活性，促进环境污染治理朝着市场化、专业化、产业化方向发展。这一制度的特点是增加了环境服务公司这样的第三方，由专业性环境服务公司为企业和社会提供专业环境服务。环境服务公司体现出了专业性的特征，同时又要经受市场的竞争，这就使原有的环境污染治理结构发生了变化，环境治理法律关系更为复杂。第三方环境治理制度面临的新的法律问题主要有：一是不同主体面临着新的义务，在第三方治理制度中，排污企业、第三方公司、政府都面临着新的义务，这些义务具有了新的内容和要求。二是不同主体面临着法律责任的划分问题，由于三方之间存在不同的义务，其责任划分也就是非常复杂的问题，正如环境保护部在《环境保护部关于推进环境污染第三方治理的实施意见》所言：在环境污染治理公共设施和工业园区污染治理领域，政府作为第三方治理委托方时，因排污单位违反相关法律或合同规定导致环境污染，政府可依据相关法律或合同规定向排污单位追责。[1]此时的第三方治理，涉及的责任主体非常多，需要划分不同的法律责任。三是政府规制面临着新的要求，由于增加了第三方主体，这一主体也需要加以规制，政府在规制方面存在着多种任务，一方面，政府在对排污企业进行监督；另一方面，政府应对第三方主体进行监督，同时，政府还应承担相应的监督任务。

第一节　第三方治理中的排污企业注意义务

泰州市环保联合会诉江苏常隆农化工有限公司等环境污染责任纠纷案（以下简称"泰州案"），被选为"2014年十大公益诉讼案"之首，影响巨大。在泰州案中，被告在2012年1月至2013年2月期间，

---

[1]　环境保护部.环境保护部关于推进环境污染第三方治理的实施意见[Z].环规财函〔2017〕172号.

违反国家环境保护法律和危险废物管理规定，将其生产过程中所产生
的废盐酸、废硫酸等废物，以每吨 20~100 元不等的价格，交给没有
废物处理资质的主体，由后者偷排进泰兴市如泰运河、泰州市高港区
古马干河，导致这些水体严重污染。法院判决被告六家公司赔偿环境
修复费计 1.6 亿多元，创下了当时中国环境赔偿之最。在"泰州案"中，
法院认为被告应承担环境侵权赔偿责任的理由主要有两点：①被告对
副产酸的处置具有注意义务：二审法院认为，被告对案涉副产酸的处
置行为必须尽到谨慎注意义务并采取一切必要的、可行的措施防止其
最终被倾倒；②被告没有尽到相应的注意义务：二审法院认为被告在
明知副产酸极有可能被非法倾倒情况下，却对此持放任态度。被告
向并不具备副产酸处置能力和资质的企业销售副产酸，应视为是一种
在防范污染物对环境污染损害上的不作为。[1]因此，法院认为被告
没有尽到处置废物的注意义务，应承担相应的赔偿责任。

　　"泰州案"的意义不仅在于它是当时我国赔偿数额最高的环境公
益诉讼案件，还在于它是要求非直接的倾倒者承担环境污染侵权责任
的案件，明确提出了企业处置废物的注意义务，对排污企业的废物的
法律责任的认定具有重要影响。

　　无独有偶，在我国台湾地区也曾经发生过一起非常类似的案件，
被告为了减少成本，将有害废物以较低的价格交给有废物处理资质的
公司处理，而该废物处理公司又将废物转手交由他人进行倾倒，导致
污染山溪河流、侵害了原告的水权，结果台湾高雄地方法院判决被告
承担损害赔偿责任（以下简称"高雄案"）。[2]

　　"泰州案"和"高雄案"是在环境污染第三方治理制度下，对
产生污染物的企业（以下简称"排污企业"）处置废物的注意义务
的要求。

　　环境污染第三方治理（以下简称"第三方治理"——引者注），

---

[1]　江苏省高级人民法院.（2014）苏环公民终字第 00001 号［Z］.
[2]　王泽鉴.侵权行为［M］.北京：北京大学出版社，2009：530.

是"排污者通过缴纳或按合同约定支付费用，委托环境服务公司进行污染治理的新模式"[1]。近年来，我国非常重视第三方治理制度，国务院办公厅于 2015 年 1 月 14 日发布了《国务院办公厅关于推行环境污染第三方治理的意见》（以下简称《意见》），来规范与促进第三方治理。在第三方治理中的责任方面，该《意见》规定要"明确相关方责任。排污企业承担污染治理的主体责任，第三方治理企业按照有关法律法规和标准以及排污企业的委托要求，承担约定的污染治理责任"。从该《意见》可以看出，在第三方治理中，需要在排污企业和第三方治理企业之间明确治理责任并承担可能的污染责任。对排污企业来说，选择第三方企业是一个重要的问题，排污企业必须尽到注意义务来选择第三方企业，否则就要承担相应的不利后果。

随着环境污染第三方治理的发展，类似的案件会大量增加。《最高人民法院公报》2014 年第 4 期上刊登的"上海市松江区叶榭镇人民政府诉蒋荣祥等水污染责任纠纷案"也是这种类型的案件。如何在第三方治理中判断排污企业的注意义务，就是一个基本的问题。正是基于这样的背景，本部分将研究排污企业在第三方治理制度下的注意义务问题。

一、侵权法上的注意义务

注意义务在民法和刑法中是关系到被告人是否存在过错的问题，具有悠久的历史。虽然古代法律制度中也注意到了注意义务的问题，但注意义务在现代法中得到了更多的重视，正如学者所言："在现代侵权法上，无论是大陆法系还是英美法系，注意义务是过错侵权责任的核心要素。"[2]

在现代法制背景下，大陆法系和英美法系都对侵权法中的注意义

---

［1］　国务院办公厅.国务院办公厅关于推行环境污染第三方治理的意见［Z］.国办发［2014］69 号.
［2］　屈茂辉.论民法上的注意义务［J］.北方法学，2007，1（1）：22-34.

务问题进行了广泛的研究。在我国，注意义务问题也越来越多地进入到理论界和司法界的视野，在司法判决中出现了大量的案例，将违反注意义务作为认定过失的标准。[1]例如在"委圈、委粉、委云、委麦云、委小云、王亚琼诉李社、李希停、薛平欣生命权、健康权纠纷案"案中，法院认为被告应对先前的危险行为承担注意义务，那便是，他们应当将这个蜂窝清除干净，不能让它危害他人，由于被告没有这样做，因而存在侵权责任。[2]而在"泰州案"中，法院对于被告注意义务以及赔偿责任的判决，是注意义务在环境司法判决的代表。

注意义务的来源有许多，包括制定法、技术性规范、习惯和常理、合同或者委托、先行行为等等[3]，这些来源可以分为两大类，即制定法上的注意义务和非制定法上的注意义务，前者称为法定注意义务，后者可称为一般注意义务。

（一）法定注意义务

1. 法定注意义务中的"法"

法定注意义务中的"法"的范围是非常广泛的，著名侵权法学家克雷斯蒂安·冯·巴尔认为：这时的法，无须是严格意义上的法律，即议会指定的法律，也可以是条例甚至是地方规章中的规定。还可以是行政行为，即官方具体行政行为，只要具有命令性或禁止性，也被当作法律对待。技术指标和安全标准——虽然一般都不是法律——也经常被侵权行为法用作具体化了的可操作性行为准则。[4]可见，法定注意义务中的"法"包括的范围和种类都是非常多的。

法定注意义务中的"法"不仅包括民事法律，还包括其他的法律规范，例如环境法律和行政法律规范，但值得注意的是，刑法规范中

---

[1]　姚松杰.过失侵权案件中注意义务之认定［J］.东南司法评论，2013（1）：331–341.

[2]　最高人民法院中国应用法学研究所.人民法院案例选（2011第3辑）［M］.北京：人民法院出版社，2011：200–205.

[3]　屈茂辉.论民法上的注意义务［J］.北方法学，2007，1（1）：22–34.

[4]　克雷斯蒂安·冯·巴尔.欧洲比较侵权行为法［M］.焦美华，译.北京：法律出版社，2001：294–296.

有关注意义务的规定，并不能成为侵权的法律规范，因为刑法规范对于注意义务的证明标准要求更高，如果作为侵权法中的注意义务的依据，不利于对受害者的保护。

2. 法律规范具有保护他人的目的

有关注意义务的法律规范种类繁多，法律规范本身的目的也不相同，因此，在侵权法上认为，当行为人没有尽到注意义务并且"违反保护他人法律"造成损害后果时，才会产生侵权责任。"随着侵权责任法中规范保护理论的发展，违反保护他人法律的侵权责任逐渐成为一种重要的侵权责任类型。"[1]如我国台湾地区的《民法典》明确规定："违反保护他人之法律，致生损害于他人者，负赔偿责任"，就是这一立法形式。因此，在确定被告的侵权责任时，不仅需要判断其是否尽到了注意义务，而且要判断违反的法律是否具有保护他人的目的，如果被告没有尽到注意义务，并且违反了保护他人法律，就构成了侵权。

3. 对违反环境保护法律行为的界定

被告在违反法律规范的注意义务时，还同时违反了法律规范"保护他人"的目的，才构成了侵权。仅仅是侵犯了公益或者社会秩序时，并不能构成对他人的侵权。这在民事侵权的解释上，是没有问题的，但在环境法领域就存在一定的困难。如果行为人的行为没有侵犯他人的权利，但污染了环境，行为人的行为是否构成了侵权？本部分认为，对这一问题需要具体分析，如果违反的是一般的环境法律管理性规范，而没有造成环境的损害，是违反社会秩序的行为，属于环境行政违法，不构成侵权；但如果违反了环境法律规范，并造成了环境损害，则构成了侵权，包括对一般民事主体的侵权，也包括对公共环境所有者国家的侵权。由于国家享有公共环境的所有权，国家有关部门可以代表国家要求侵权者承担侵权责任，或者公益组织提出环境公益诉讼，要求侵权者承担相应的侵权责任。

[1] 朱岩.侵权责任法通论·总论（上册）[M].北京：法律出版社，2011：368.

（二）一般注意义务

一般注意义务是指"因社会接触或社会交往活动而对他人引发一定的危险，基于诚信原则、善良风俗或适当社会生活不成文的规则所要求的，对此等危险之合理的注意而对一般人负有的除去或者防止危险的义务"[1]。在现代风险社会下，一般注意义务具有多种意义：首先，在风险社会背景下，法律无法完全规定所有行为的注意义务；其次，在风险社会背景下，行为人负有更多的义务来预防风险，避免自身行为对他人的损害；再次，在风险社会背景下，可以通过各种商业保险，增加行为人的偿付能力并减少其成本。

法定注意义务必须要有法律规范的依据，虽然这样的规范是非常广泛的，但无论多么完备的法律体系，都不可能穷尽所有的社会现实中可能发生的行为，仍然需要一般注意义务来作为补充，防止法律规范的疏漏。正如学者所言："同非制定法上的义务渊源相比，制定法所设定的法定义务在整个过错侵权责任法中仅占极少的比例，大量的非制定法所规定的民事义务在整个过错侵权责任法中占最大的比例。"[2]

由于一般注意义务没有法律规范的依据，所以如何判断就非常重要。"如果法律没有明确规定对他人受保护利益的注意标准，那么，确定这个标准应平衡需要保护的人的利益和行为人的利益。"[3]从国际经验来看，主要从危险的可预见性、危险的邻近性和政策要素[4]等方面来判断是否存在一般注意义务。

从环境法的角度看，随着环境法的严密，企业的环境义务越来越明确，对企业法定义务的判断相对较为容易，但环境法仍然存在许可空白，不仅在纯粹的环境管理领域存在空白，在其他法律与环境法交

---

［1］　杨垠红.一般注意义务研究［J］.厦门大学法律评论，2005（2）：37–77.

［2］　张民安，龚赛红.法定义务在过错侵权责任中的地位［J］.学术研究，2002（8）：67–74.

［3］　H.考茨欧.侵权法的统一：违法性［M］.张家勇，译.北京：法律出版社，2009：17.

［4］　廖焕国.论一般注意义务的成立［J］.求索，2008（12）：126–128.

义的地方也存在一定的空白，例如可能涉及的民法上的注意义务、刑法上的注意义务等等，这样就需要根据一般注意义务，来判断行为人是否存在注意义务并且是否应承担责任问题。在"泰州案"中，对被告来说，不仅存在环境法上规定的对废物处理的法定义务，而且存在将废物交给第三方处理时应具有的一般注意义务。再如，在我国一些城市的房地产开发中，即使法律没有规定是否可以在有毒的土地兴建房地产项目，但从一般注意义务和保护他人法律目的的角度看，行为人也具有相应的注意义务来避免购房人的损害，如果房地产商没有尽到这样的注意义务，就需要承担侵权责任。

二、排污企业的环境义务

环境法是在环境问题日益严重，传统法律无法有效应对环境问题的背景下产生的。在现代意义上的环境法产生之前，主要是通过侵权行为法来应对，例如英美法系通过妨害法，包括公共妨害与私人妨害的方法来应对环境污染侵权；而大陆法系通过不可量物侵害或近邻妨害等方式来应对。但这样的应对是一种事后对受害者的补救，对于环境而言，事先预防更加有利于环境的保护。为了减少和避免企业生产经营活动对公共环境的污染，需要制定法律来对企业的行为进行事前的预防和事中的控制，这样的法律就是现代意义的环境法。

（一）企业环境义务的具体内容

1.进行环境影响评价的义务

企业在从事生产经营活动之前，需要对自己的行为进行环境影响评价，通过环境影响评价来判断其行为可能对环境的影响，并对这些影响制定预防措施，一些国家还需要制定环境影响评价的替代方案。这些义务，是企业进行生产经营活动前的基本义务，没有进行环境影响评价而开展的生产经营的活动是违法的。

2. 获得排污许可的义务

企业在生产经营活动中，如果需要排放污染物，必须向环保部门获得排污许可，并且要按照排污许可的要求来排放污染物，未获得排污许可或者未按排污许可的要求进行排放，也是违反法定义务的行为。

3. 生产过程中环境管理的义务

在生产过程中，企业应严格按照法律的规定进行，包括以下几个方面：一是保证生产设施的良好运行，防止设施运行过程中的环境事故；二是保证企业内部污染治理设施的同时运行，确保污染的最小化；三是保证监测设施的良好运行，保证监测设备能准确地反映企业的真实环境状态。

4. 废物的处理义务

对于不能按照排污许可直接排放的废物（包括危险废物），企业必须按照法定的要求进行处理，不得擅自处理，更不能以危害环境的方式来处理。

当然，企业的环境义务还有许多，例如环境信息公开制度、环境事故报告制度等等，都规定了企业在相关方面的义务。

（二）企业环境义务的趋势

整体而言，企业在环境法上的义务内容广泛，而且有不断增加的趋势。随着环境法律的完善，企业的环境义务也越来越严密了。在环境法产生的初期，主要规定企业生产过程中的环境义务，例如事前的环境影响评价、排污许可制度，事中的污染控制和事后的污染物的处置等。随着清洁生产、循环经济、生产者延伸责任理论的发展，环境法对企业的义务规定得更加细致，例如，规定了企业不仅具有传统的污染预防义务，还要在事前减少可能污染环境的原料的使用，在事后要注意对自己产品的回收与处理。这样，企业环境义务就具有了如下的趋势：

1. 从消极预防到积极应对

现代环境法已经不满足于对污染的预防，而是强调积极应对环境污染问题，从源头上减少污染物的产生，在最终废物的处理上也贯彻了减少污染的精神。例如，根据生产者延伸责任制度和清洁生产制度的要求，企业应减少可能污染环境物质的使用，并回收处理自己的产品包装物、废弃产品等其他废物。这些规定，也是企业需要履行的新的环境义务。

2. 从危险预防到风险预防

开始的环境法，要求企业对污染的预防是一种危险预防，即防止企业的行为对环境造成危险，而这种危险是确定的，如果企业没有采取措施，必然会发生的；随着现代科技的发展，现代科技具有了不确定性，对环境可以具有潜在的风险，因此，就需要企业采取必需的措施来防止潜在的风险。这样，环境法规定了企业的风险预防的义务。例如在一些转基因产品中，企业就必须对其潜在的风险加以证明，从而尽量避免其对环境的风险。当然，由于各国对于风险的认识不同，在美国和欧洲对于转基因产品要求的证明义务是不同的，但都需要企业来证明其风险则是肯定的。

（三）企业环境法上义务的性质

现代环境法规定了企业的大量的环境义务，这些义务的目的与性质是不完全相同的，从其目的来说，主要包括两个方面的目的：

1. 保护公共环境的义务

整体而言，现代环境法对企业环境义务的规定，主要是为了保护公共环境，避免公共的悲剧和经济的负外部性问题，通过行政管制来促使企业将环境成本内部化。从这一角度说，企业的环境义务主要是服从国家的环境管制要求，遵守国家环境法律规定，以起到保护环境的目的。这是一种公法上的义务。

2. 保护一般公众免受污染损害的义务

环境法是多元化的，不仅存在环境公法，而且存在环境私法，不仅需要保护公共环境，也需要保护公众的环境健康。从这一角度看，环境法也存在大量的保护一般公众健康的规范，这就是一种私法上的义务。如果违反了这一义务，就是一种"违反保护他人的法律"的行为，就构成了环境侵权。

于是就出现了两种性质的义务，即公法性质的义务和私法性质的义务，如何处理这两种不同性质的义务，需要加以区分。

如果企业违反了公法性质的义务，污染了环境，导致他人损害，企业的责任较容易判断。从法律规范的目的来看，当违反环境法的公法上的义务，而侵犯公众健康时，也构成了违反保护他人法律的行为，需要承担相应的侵权责任。

但如果企业遵守了环境公法上的义务，但对公众健康权利造成损害，是否应承担侵权责任呢？根据环境侵权法的理论和实践，企业遵守环境法律，并不能成为其免除侵权责任的条件。在国外，在这方面也形成了丰富的理论，可以作为借鉴，即"法院不会仅仅因为遵守了法定义务，就认为一个人的行为是必然可以接受的。其理由在于：其一，这是为了在具体个案中超越公法规定而对加害人的行为予以控制，因为在个案和细节控制行为方面，公法需要私法的协助。其二，这是为了保证受害人能够得到赔偿，因为侵权法所确定的标准可能高于保护性法律所确定的标准。其三，这是私法上注意义务的自主性和侵权法本身的独立性决定的，因为法制统一的要求并非意味着当今高度复杂的法律体系的各个部分的评价标准都是一致的"[1]。

三、排污企业在第三方治理中的注意义务

随着环境法治的加强，企业的环境义务越来越多，这些义务主要以各种法律规范的形式表现出来，比较容易判断。随着环境污染第三

---

[1] 廖焕国.论法定注意义务的成立 [J].暨南学报（哲学社会科学版），2007，29（6）：44-50.

方治理制度的出现，参与企业污染治理的主体变得多元化，此时，如何判断排污企业的环境义务就变得较为困难。

（一）第三方治理制度中侵权行为的责任划分

在没有第三方参与治理的情况下，排污企业自行处理自己生产的废物并独立承担相应的责任，这时的责任很容易判断；在第三方治理制度中，排污企业委托第三方来处理自己生产的废物，此时的责任承担就会出现新的变化。在第三方治理制度中，如果出现了侵权，就需要对排污企业与第三方的责任问题进行判断，判断由排污企业承担责任，还是由第三方承担责任，或者由双方承担连带责任。而判断双方责任承担的依据，主要看排污企业或第三方是否尽到了注意义务。

从合同法的角度看，如果排污企业将治理责任交给了第三方，如果出现了废物污染侵权，应当由第三方来承担侵权责任，但由于污染处理是特别的行业，受到国家的环境法律的规制，第三方必须符合国家法律规制的要求。同时，法律也规定了排污企业需要选择有资质的第三方从事治理活动，因此，排污企业有法定义务来对第三方的资质问题进行判断；同时，排污企业也需要基于一般注意义务，来对第三方的治理行为进行监督。

第三方治理中，之所以规定一般注意义务，是由于废物存在的固有危险，在这种情况下，法律没有办法明确规定，需要企业尽到足够的一般注意义务；另外，废物是企业获得利益后的副产品，根据利益与责任相匹配的原则，也需要企业尽到一般注意义务。

（二）排污企业的法定注意义务

就泰州案而言，主要涉及排污企业废物的处理问题，根据《固体废物污染环境防治法》（以下简称《固体废物法》）的要求来看，排污企业的法律义务，除了排污企业自身的防治义务外，还涉及与第三方治理相关的法律义务：

1. 谨慎处理义务

《固体废物法》第二十条的规定，为了保证固体废物的妥善处理，排污企业需要采取妥善措施来处理废物，例如：采取防扬散、防流失、防渗漏或者其他防止污染环境的措施；并且不得擅自倾倒、堆放、丢弃、遗撒固体废物。当然，这一义务不仅适用于排污企业，也适用于对废物进行处置的企业，即第三方治理制度中的第三方。

2. 登记申报义务

为了保证废物的有效处理和保证对其处理的监督，《固体废物法》第三十九条和第七十八条规定，我国实施废物和危险废物的许可、登记制度。产生固体废物和危险废物的单位，必须根据国家规定，向地方政府环境行政主管部门申报固体废物和危险废物的种类、产生量、流向、贮存、处置等有关资料。因此，企业具有向环境行政主管部门申报登记废物的义务，从而保证国家对这些废物的管理。

3. 向获得许可的第三方转移危险废物的义务

根据"固体废物法"第八十条的规定，从事危险废物的单位，必须具有相应的资质，获得经营许可证，没有经营许可证的企业不得从事危险废物的收集、贮存、利用、处置的经营活动。同时，也禁止排污企业将危险废物提供或者委托给无经营许可证的企业从事收集、贮存、利用、处置的经营活动。强调排污企业将废物交由有资质的企业处理，是各国相关法律的共同之处，例如英国1996年的《废弃物管理注意义务的行为守则》就规定，废弃物持有者（包括排污企业——引者注）涉及到第三方治理时的义务有：将废物转让至适格的受让方的义务。[1]

之所以强调受让方的资质，是因为对废物的处理必须具有专业知识和能力，通过许可可以保证第三方具有相应的能力。一般情况下，排污企业是否将废物交由有资质的第三方处理，是判断排污企业是否

---

[1] 乔刚，王婷婷.论英国废弃物管理中的注意义务规则及其对中国的启示［J］.中国人口·资源与环境，2013，23（1）：33-40.

尽到注意义务的重要标准，也是排污企业是否承担侵权责任的基本依据。例如在法国的一起案件中，一个麦芽厂将自己生产过程中产生的碎屑交由没有相关专业知识的拆建公司处理，拆建公司将麦芽碎屑倾倒进一个人工湖中，造成地下水污染。法院认为，由于拆建公司没有专门知识，因此不构成规制关系的转移。但如果委托的是专门处理特殊垃圾的企业，则只需在受托方的选择上是谨慎的且尽自己的能力给予了监督就足够了。[1] 从而确定了排污企业的侵权责任。

从上述义务可以看出，在第三方治理制度中，排污企业需要履行的法律义务是非常明确的，法律目的也是非常明确的，即保证排污企业的废物能得到有效处理，防止其造成环境的损害。

（三）排污企业的一般注意义务

从企业的一般的环境义务和第三方治理中的环境义务来看，企业已经有大量的环境义务，但即便如此，企业在处理废物过程中，还需要尽到一般注意义务，因为一般注意义务具有法定义务所不具备的功能，即"一般注意义务的要旨在于，任何危险的制造者抑或危险状态的维持者，都有义务采取一切必要的和适当的措施保护他人和他人之绝对权"[2]。通过确立一般注意义务，可以保证侵权法的灵活性和适应性，正如学者所言："侵害一个清楚规定了的、明显的并受高度保护的利益，如身体权或物权，就表明违反了注意义务。"[3]

排污企业在交由第三方处理废物时，应从以下几个方面，尽到一般注意义务：

1. 重视第三方能力的义务

从一般民事关系上看，只要第三方具有相应的资质，就满足了排污企业的法定注意义务，但从污染物可能的危害特别是危险废物的处

[1] 克雷斯蒂安·冯·巴尔.欧洲比较侵权行为法 [M].焦美华，译.北京：法律出版社，2001：371.

[2] 廖焕国.论德国侵权法上的一般注意义务：以司法判例为主线的考察 [J].武汉大学学报（哲学社会科学版），2006，59（3）：311-315.

[3] H.考茨欧.侵权法的统一：违法性 [M].张家勇，译.北京：法律出版社，2009：179.

理来看，排污企业应更加谨慎，需要关注第三方真实的治理能力，不仅要注意第三方是否具有资质，还需要注意对第三方的设施和实际能力进行考察，防止第三方缺乏实际能力或者缺乏足够的处理废物的设施，产生处理废物过程中的危害。

2. 以合理价格处理废物的义务

在市场经济中，双方可能约定价格，这似乎没有讨论的余地，但由于污染物的处理是非常复杂的，需要支付最低的成本。至于废物处理的最低成本是多少，应根据一般的市场价格来进行判断，排污企业不能以不合理的低价委托给第三方处理废物，否则，就可能导致第三方采取非法方式来进行处理废物，例如"泰州案"和其他相关案件中的第三方采取直接倾倒的方式来处理废物。如果排污企业以明显不合理的价格来交由第三方处理废物，就是没有尽到一般注意义务，需要承担侵权责任。

3. 选择良好信誉第三方的义务

第三方的信誉也是排污企业需要注意的，由于第三方治理在我国是一个新兴的行业，一些第三方的能力水平参差不齐，需要排污企业对其能力加以注意，排污企业应选择具有较好声誉的第三方来处理废物，如果没有尽到这样的注意义务，也需要承担相应的责任。

4. 监督的义务

一般来说，排污企业对第三方没有监督的义务，但由于第三方治理制度可能会导致排污企业的法律责任，因此，排污企业应以谨慎的态度来对待第三方的处理行为，当出现合理的怀疑时，排污企业也应该对第三方的处理行为进行相应的监督，在有确切的证据时，应要求解除合同或者撤销合同，或者向相关机关进行举报或要求第三方提供担保，当排污企业做到这些时，就尽到了其一般注意义务。

5. 告知的义务

由于不同的废物在处理方法上存在差异，所以排污企业有责任告知第三方废物的相关信息。除了法律明确规定排污企业应当的告知义务外，排污企业还应在委托合同中向第三方告知废物的种类、性质、浓度等方面的问题，保证第三方能根据污染物特性来进行处理和收取费用。如果排污企业没有尽到这样的注意义务，就构成了侵权，第三方是不承担相应的责任的，只能由排污企业来承担。例如：在法国最高法院民事庭 1993 年 6 月 9 日判决的案件中，承运人运输的含有致害物质的垃圾导致了原告的损害。法院判决，被告不是该威胁环境之物的规制者，因为他不具备知晓这种情况的专业知识。[1]

四、"泰州案"注意义务的判断

（一）注意义务的判断标准

国外民法确定三种不同程度的标准：第一，普通人的注意；第二，应与处理自己事务为同一注意；第三，善良管理人的注意。这些标准中，普通人的注意义务要求最低，而善良管理人的注意义务要求最高。从第三方治理制度来看，排污企业属于专门的生产经营主体，法律对排污企业污染物的处理有明确的规定，而且排污企业自身也具有专业技术，应该适用于善良管理人的标准，即"认为具有相当知识经验的人，对于一定事件的所用注意作为标准，客观地加以认定。行为人有无尽此注意的知识和经验，以及他向来对于事务所用的注意程度，均不过问，只有依其职业斟酌，所用的注意程度，应比普通人的注意和处理自己事务为同一注意的要求更高"[2]。

（二）确定排污企业注意义务判断标准的依据

从一般意义上说，确定行为人注意义务时，可以从危险或侵权的

---

［1］ 高建学.过失侵权的注意义务研究［D］.北京：对外经济贸易大学，2006.

［2］ 杨立新.侵权责任法（第 2 版）［M］.北京：法律出版社，2012：96.

严重性、行为的效益、防范避免的负担等方面来考虑。[1]但作为企业，其在废物处置上具有善良管理人这样的高度注意义务，之所以确定这样的标准，主要是从法律规范和公共政策的角度考虑的：

1. 注意义务标准的法律规范依据

企业是专门的生产经营单位，具有相应的制度与法律常识，比一般公众具有更高的专业性，法律规范甚至行业规程都对其有明确的规定，这种注意义务，是一种较高标准的义务，即"要求当事人应当达到特别的注意程度。负有特别注意义务的当事人，不仅要达到一般的注意程度，而且要达到特别的注意程度"[2]。

2. 注意义务标准的公共政策依据

注意义务不仅需要法定和个案判断，而且也需要根据公共政策的需要来进行判断。从法政策的角度看，当环境问题非常严重时，应该采取更为严格的标准，强化企业的注意义务。在第三方治理时，不仅需要增加排污企业的申报与登记等报告义务，还需要增加排污企业的规制义务。通过公共政策的要求，可以更好地增加排污企业在环境治理中的作用，减少环境污染的威胁。

特别值得注意的是，在强化环境保护的公共政策下，一些国家将尽到了注意义务的排污企业也作为侵权人来对待。例如德国在一起石油化工企业委托某专业保护土地企业处理石油废料案中，法院认为："石化企业可将处理废物的任务委托给第三人完成。石化企业虽可通过合同将该废物委托给第三人处理，但此举并不能解除其原始的一般注意义务，因为侵权责任的解除只能依照侵权行为本身的标准进行，即使其尽了选任和规制之义务，亦不能因此免责。"[3]意大利最高法院在一起案件中，将有毒工业废弃物的产生本身就看作民法

---

　[1]　杨立新.侵权责任法（第2版）[M].北京：法律出版社，2012：96.

　[2]　张新宝.侵权责任法[M].北京：中国人民大学出版社，2006：48-49.

　[3]　廖焕国.论德国侵权法上的一般注意义务：以司法判例为主线的考察[J].武汉大学学报（哲学社会科学版），2006，59（3）：311-315.

典第 2050 条下适用严格责任的危险作业，要求排污企业承担相应的责任。[1]

从上述事例可以看出，为了一定公共政策的需要，国家可以要求排污企业承担更加严格的义务，即使尽到了注意义务，也需要承担环境侵权的严格责任。

（三）"泰州案"对被告注意义务的判断

从"泰州案"可以看出，其主要涉及被告的注意义务与责任承担问题。法院在确定排污企业是否承担侵权责任时，首先是对排污企业注意义务的判断，而注意义务的判断，主要是从企业的法定义务方面进行的判断，是一种法定注意义务。

在"泰州案"中，一审法院认为根据《固体废物法》的规定，排污企业应"禁止将危险废物提供或委托给无经营许可证的单位从事收集、贮存、利用、处置的经营活动"，而被告却将废物交由没有经营许可证的单位处置，违反了法定注意义务；而二审法院认为，根据《水污染防治法》第二十九条的规定：禁止向水体排放油类、酸液、碱液或者剧毒废液，被告却交由没有获得资质的主体进行倾倒，也违反了《水污染防治法》的行为。从这些判断可以看出，无论是一审还是二审，法院主要是从法定义务的角度来判断排污企业是否尽到了注意义务。一审法院和二审法院对于法律适用的区别，主要是对企业处理的废酸的性质问题，是否属于危险废物。一审法院认为其是危险废物，所以适用了"固体废物法"；而二审法院没有对废酸是否属于危险废物问题进行判断，但也认为其属于不得任意处理的废物。虽然一审法院和二审法院在法律适用上存在些微差异，但其在排污企业的注意义务的判断上是相同的。

在"泰州案"中，由于被告违反了法律的明确规定，将废物交由没有资质的第三方用违法的方式来倾倒，造成了环境损害，排污企业明显违反了法定注意义务，具有过错，构成环境侵权。需要进一步思

---

[1] 克雷斯蒂安·冯·巴尔. 欧洲比较侵权行为法 [M]. 焦美华，译. 北京：法律出版社，2001：371.

考的是，如果排污企业将废物交由具有处理资质的第三方处理，是否存在注意义务问题。从法定义务来看，排污企业此时已经按照法定的要求去做了，尽到了法定注意义务，但根据注意义务原理，排污企业不仅需要尽到废物处理的法定注意义务，还需要尽到一般注意义务。如果法院认定排污企业没有尽到一般注意义务，造成了环境损害，排污企业仍然需要承担侵权责任。从"高雄案"中可以看出，企业不仅具有法定义务而且还有一般注意义务，在该案中，被告表面上尽到了法律上的注意义务，将废物交由有资质的第三方来处理，但被告的目的是规避法律，以较低的价格来处理这些废物，最后导致第三方以违法的形式来处理废物，造成环境损害，因此，被告没有尽到一般注意义务。

五、结论

在环境法律案件中，往往会涉及不同的法律部门，需要利用多种法律进行处理，本案就是一个典型事例。在本案中，法院融合了环境法与民法来追究被告的侵权责任。民法学与环境法的融合问题，是环境法学界的关注点，例如有学者提出了环境法学与民法学的对话问题，但他强调的是方法论的对话。[1]其实，在具体法律制度上也存在环境法学与民法学的对话与融合问题。

"泰州案"中环境法与民法的融合主要体现在：一是利用环境法来确定排污企业的处置废物的法律义务。基于环境法律本身的特色，环境法律对企业废物处理有明确的规定，这体现了环境法的优势。例如我国《固体废物法》规定的企业对废物处理的相关义务。二是运用民法学理论来判断企业的一般注意义务。仅仅从法定注意义务来确定排污企业的责任，还不足以解决类似的问题，例如在"高雄案"中，被告表面上也符合法定义务的要求，但没有尽到一般注意义务。在第

---

[1]　李明华，侯佳儒.一个分析框架：环境法与民法的对话［J］.中国地质大学学报（社会科学版），2005，5（2）：9-15.

三方治理制度中，为了落实"排污企业承担污染治理的主体责任"，需要增加对排污企业一般注意义务的要求，而这就需要利用民法的相关理论与实践加以判断。

随着第三方治理在我国的大力开展，今后类似于"泰州案"和"高雄案"的案件会不断增加。如何判断排污企业的注意义务问题会成为案件核心，特别是排污企业的一般注意义务问题会成为原告、被告和法院关注的重点。在判断排污企业的注意义务时，既要考虑到法律的明确规定，也要考虑到环境保护的公共政策，并结合一般注意义务的基本原理。只有这样，才能督促排污企业认真地对待废物处理问题，从而既有利于第三方治理制度的发展，也避免排污企业借第三方治理来逃避自身的责任，造成新的环境问题。

第二节　第三方治理中的行政特许经营协议的强制终止

随着公共治理理念的发展，越来越多的公用事业是通过公私合作来完成的。为了加快公私合作的发展，我国制定了各种法规、规章（以下简称"法律规范"）和各种政策，特别是 2015 年 5 月 19 日国务院办公厅转发的《财政部、发展改革委、人民银行关于在公共服务领域推广政府和社会资本合作模式指导意见的通知》发布后，各地相继制定了相应的实施办法来促进公用事业领域公私合作的发展。公私合作包括多种类型，行政特许是其中的一类。行政特许制度也存在各种风险，如特许经营出现困难，会威胁到公共服务的持续性；特许经营运营过程中存在违法，会受到法律的制裁。此时，政府可以强制终止特许经营协议，对特许经营企业进行接管，以保证公共服务的持续性和合法性。

在实践中，行政特许经营协议的强制终止已经出现了大量争议，而且也存在着理论上的不足，需要加以重构。[1]本部分根据我国相

---

[1]　杨彬权.我国国家接管责任法律制度之重构：以基础设施供给行政为例[J].法治研究,2016(2)：110-119.

关法律规范、政策及现实中的案例，对我国的行政特许经营协议的强制终止制度进行研究。特许经营协议的终止包括协商终止和强制性终止，本部分主要研究特许经营协议的强制终止问题。

一、行政特许经营协议强制终止的类型

（一）行政特许经营协议强制终止的界定

我国还没有制定专门的公用事业法，主要是通过法律规范和政策来规范特许经营事项。在这些法律规范和政策中，大部分都规定了特许经营协议的终止问题。如 2004 年建设部颁布的《市政公用事业特许经营管理办法》第十八条规定：符合一定条件时，主管部门应当依法终止特许企业的特许经营协议，取消其特许经营权。2015 年 4 月 25 日由国家发展与改革委员会等六部门制定的《基础设施和公用事业特许经营管理办法》第三十八条也规定在经营期间，符合一定条件的，政府可以提前终止特许经营协议。就更高层级的法律规范而言，国务院 2013 年制定的行政法规《城镇排水与污水处理条例》第三十六条规定：在法定情形下，城镇排水主管部门"应当要求城镇污水处理设施维护运营单位采取措施，限期整改；逾期不整改的，或者整改后仍无法安全运行的，城镇排水主管部门可以终止维护运营合同"。当然，这只是对污水处理设施特许经营协议的强制终止，适用的范围相对狭窄，属于特许经营的特别法律规范。

我国法律规范虽然规定了特许经营协议的终止，但并没有对终止的概念及效力进行界定。行政合同与民事合同在基本原理上具有很大的相似性，可以借鉴民事合同的一般原理对此问题加以分析。"在合同法上，合同的终止与解除之间是存在区别的，即合同的解除既向过去发生效力，同时由于合同关系消灭使当事人不再履行义务，因此也是向将来发生效力。而合同的终止只是使合同关系消灭，仅向将来发

生效力。我国将合同的解除作为终止的原因之一，从而使两者完全同一。"[1]从这一角度说，我国的公用事业特许经营协议的终止，指的是行政机关单方面对协议的解除，只向未来发生效力，并不向过去发生效力。

（二）特许经营协议强制终止的类型

一是因特许企业生产经营活动中存在违法情形而导致的强制终止。目前，我国特许经营法律规范和政策，主要是针对这一类型的强制终止，有关特许经营协议强制终止的条件与程序也相对完善。特许经营行为需要接受行政机关的规制，如果发现特许经营企业在运营过程中存在违法情形，政府可以依法强制终止特许经营协议。这是对特许企业违法经营行为的一种制裁，属于行政处罚的一种类型。

二是因特许企业违法停止公共服务而导致的强制终止。在生产经营过程中，特许企业未经批准而违法停止公共服务，为保证特许经营活动的持续性，政府直接进行经营或者委派其他主体进行经营，这也是一种特许经营协议的强制终止。特许企业擅自停止公共服务的行为，也是特许经营过程中的违法行为，但与生产经营过程中的违法存在差异，是特许企业与政府或者服务对象在经营费用上发生争议，企业将停止公共服务作为一种手段，迫使政府出面帮助自己来解决相关的问题。为了维护特许经营的正常运行、保证公共服务的持续性，政府可以采取强制终止特许经营协议的方式来保证特许经营的开展。与第一类强制终止相比，这类对特许经营协议的强制终止也是一种行政处罚，但处罚原因存在差异。

三是因特许企业经营困难而引起的强制终止。由于经营状况恶化等原因，特许经营企业出现经营困难，影响到公共事业的正常运营，为保证公共事业的持续运行，政府强制终止特许经营协议。公用特许经营具有很强的公益性，要求特许企业必须提供良好的和持续的公共

---

[1]　王利明，崔建远.合同法新论·总则（修订版）[M].北京：中国政法大学出版社，2000：441.

服务，如果特许企业因生产经营活动的恶化而影响公共服务的持续性和质量，政府就必须对特许企业进行强制接管，这形成了一种实质性的特许经营协议的强制终止。但这时对特许经营协议的强制终止的性质就需要具体分析，此时，并不是一种行政处罚，更多的是一种行政应急措施。

四是因特许企业权属争议而引起的强制终止。在特许经营实践中，存在这一现象，即政府与特许企业在公用设施的权属上产生争议，政府强行对特许企业的资产进行接管，实质上强制终止特许经营协议。这种争议的典型表现是在公用事业项目建设过程中或者完成后，政府与特许企业之间在权属问题上产生争议，政府强制性地终止特许经营协议。这种类型的强制终止，更类似于一般合同当事人之间的纠纷，而不是基于政府对行政特许事务的管理职能产生的纠纷。但从维护特许经营制度稳定性的角度，特别是从特许经营纠纷解决的性质上来看，也属于本部分的研究范围。

这些强制终止的行为，实际上可以分为两大类：一类是紧急状态下的强制终止协议，另一类是特许企业违法而进行的强制终止协议。前者是指因客观原因而导致的强制终止协议，不具有制裁性，而具有应急性；而后者是指企业违法而导致的强制终止协议，具有制裁性，当然制裁的原因是存在差异的。至于特许企业财产权属争议而导致的强制终止，是政府采取不正当措施而导致的争议。

二、特许经营协议强制终止的原理

（一）特许经营行为的性质

首先，特许经营是行政许可的一种类型。根据《行政许可法》的规定，我国行政许可有五种类型，特许是其中的一个类型。《行政许可法》没有明确提出行政特许的概念，只规定对于"有限自然资源开发利用、公共资源配置以及直接关系公共利益的特定行业的市场准入等，需要赋予特定权利的事项"可以设定行政许可，而无论在学术界还是实务界，都公认这类事项就是一种特许。[1]

公用事业的特许经营属于行政许可，这得到了司法实务界的认可。最高人民法院在"和田市人民政府与和田市天瑞燃气有限责任公司、新疆兴源建设集团有限公司其他合同纠纷"案中明确提出公用事业的特许经营是一种行政许可。最高人民法院认为：首先，该案涉及的特许经营权的授予属于行政许可行为；其次，在城市供水、供气、供热、公共交通、污水处理、垃圾处理等行业，依法实施特许经营的，应遵守 2004 年施行的建设部《市政公用事业特许经营管理办法》的具体要求。[2]地方法院对此也有类似的认识，例如在"漳浦中环天川环保水务有限公司与漳浦县环境保护局、漳浦县赤湖镇人民政府等侵权责任纠纷"案中，法院更进一步明确宣示了行政特许经营协议的性质。法院认为产生争议的《项目特许经营权协议》，体现了双方法律关系主体的不平等，其内容已超出了平等民事合同主体的权利义务范围，具有行政合同的性质。[3]最为典型的是，最高人民法院于 2019 年 11 月 27 日发布了《最高人民法院关于审理行政协议案件若干问题的规定》（法释〔2019〕17 号）对这一问题进行了明确。

其次，特许经营是以协议的形式存在的。特许经营是一种行政许可，而行政许可是一种要式行政行为，需要符合法律要求的形式，特许经营的形式是特许经营协议，即以协议的形式来明确双方的权利（力）义务，协议的内容对双方都有拘束力。另外，行政特许的程序与一般行政许可程序存在区别，按照《行政许可法》的规定，一般许可是应申请行政行为，具体的程序是申请、审查、许可等，而行政特许程序要复杂得多，还需要进行招投标这样的活动，对合同内容的设定也需要一个复杂的程序来完成。

---

[1]　王克稳.行政许可中特许权的物权属性与制度构建研究［M］.北京：法律出版社，2015：20.

[2]　中华人民共和国最高人民法院.（2014）民二终字第 12 号民事裁定书［Z］.

[3]　福建省漳州市中级人民法院.（2013）漳民初字第 366 号民事裁定书［Z］.

再次，特许企业依特许经营协议取得特许经营权。特许企业获得的权利是一种特许经营权，这种权利受到法律的严格保护，《行政许可法》第八条规定：公民、法人或者其他组织依法取得的行政许可受法律保护，行政机关不得擅自改变或撤回已经生效的行政许可。符合一定条件的，行政机关可以依法改变或撤回已经生效的行政许可，但需要对相对人的损失予以补偿。这就是行政法上的信赖保护原则，根据这一原则，企业的特许经营权受到法律保护，只有在特定条件下才能改变或撤回，而且需要给予补偿。

最后，特许经营活动应接受法律监督。《行政许可法》规定所有获得许可后的行为都应受到法律的监督。获得许可的行政相对人必须在许可范围内依法从事被许可的行为，遵守相关法律规定。就特许经营而言，其不仅涉及一般经营活动合法性的要求，也涉及公共服务的持续供给，特许企业需要履行更多的法律义务，接受更多的监督。当特许企业存在严重违法情形或者是影响到公共服务的持续供给时，政府可以强制终止行政特许协议，对企业进行接管。这是政府应有的一项权力，也是应当履行的一种职责。

（二）行政特许协议强制终止的理论依据

特许经营协议明确了在特许经营过程中政府与企业之间的权利（力）义务，协议内容及其履行都体现了较强的公益性。同时，尊重协议是现代法治政府的基本要求，一般情形下，行政特许协议的强制终止受到严格的限制。但如果特许企业的生产经营活动，可能威胁公用事业的持续有效供应，政府也需要及时强制终止行政特许协议，即"私人主体一方违约致使公用事业服务有中断之虞时，政府应享有采取代履行措施的权力，即自行或临时委托第三方继续履行公共服务，以确保公共利益"[1]。对特许经营协议的强制终止，可以从合同目

---

[1]　高俊杰.政府特许经营项目运行中的行政纠纷及其解决机制——一种框架性分析［J］.当代法学，2016，30（2）：92-101.

的原理、行政合同原理与行政应急性原则等方面来进行解释。

首先，是基于特许经营协议目的的考量。特许经营合同与民事合同一样，也具有一定的目的，签订和履行特许经营协议都是为实现一定的目的。行政特许是国家行政任务变迁的产物，在传统行政中，国家需要亲自向社会提供公共服务，但随着国家任务的复杂化和提高行政效率的需要，国家将这些公共任务委任给企业来经营，企业代替政府进行公共服务工作。然而，政府角色的这种转换，并没有改变特许企业从事公用事业的服务性质。特许经营的基本目的仍是履行公共服务职责，当企业不能履行其公共服务职责时，政府有责任及时地采取有效措施来保证公共服务的持续有效的供给，而通常的措施就是强制终止原有的特许经营协议，对特许项目进行接管。根据担保国家理论，国家此时具有相应的责任来保证公用事业的完成。[1]例如在"漳浦县中环天川环保水务有限公司与漳浦县环境保护局、漳浦县赤湖镇人民政府等侵权责任"案中，法院认为：特许企业没有经过环保部门的批准，堵塞废水处理厂的进水管道，停止废水处理设施运行，危及公共安全，影响需要向废水处理厂排放废水的企业的生产秩序，在主管部门发出限期改正的通知后，仍然拒绝改正，当地政府采取措施强行接管，是履行其法定职责。[2]从这个案例可以看出，对特许协议的强制终止是实现特许协议目的的一种必要手段。

其次，是行政优益性的体现。特许合同是行政合同的一种，行政合同的一个重要特点是行政机关具有行政优益性，即为了公共利益的需要，行政主体可以在不与相对人协商或征得相对人同意的情况下，变更甚至是解除行政合同。我国有学者认为：行政优益权的依据，不仅体现在法律中，甚至被认为是行政主体固有的一项权力。[3]之所以强调行政特许经营过程中行政机关的优益权，是因为行政特许与民商事特许之间存在规制上的区别，"与民商事特许不同，行政特许的

---

[1] 杨彬权.论担保行政与担保行政法：以担保国家理论为视角[J].法治研究,2015（4）：130-145.

[2] 福建省漳州市中级人民法院.（2013）漳民初字第366号民事裁定书[Z].

[3] 叶必丰.行政合同的司法探索及其态度[J].法学评论,2014,32（1）：66-74.

被特许人肩负超越一般商业原则的公法义务。行政主体由此对被特许人和特许运营施以更为严格的规制，接受特许服务的公众也可以对行政特许事业进行监督"[1]。根据行政优益权，行政机关可以单方面地解除行政特许协议。这在司法判决中被认为是为了维护公共利益所必需的手段，是合同履行过程中行政机关的一种特权。正如法院认为的："按照行政合同的基本原则，行政主体为维护公共利益享有行政优益权，在合同的履行有损于公共利益时，行政主体有权解除行政合同。"[2]

当然，行政优益权的行使也需要受到一定的限制。即一方面，政府在行使行政优益权时，必须具有充足的理由和依据；另一方面，政府在行使行政优益权时，必须尊重与保护相对人的利益，并在必要时给予补偿。这不仅体现了行政特许经营制度的公平性，也是行政法治的基本要求。

最后，是行政应急性原则的要求。行政应急性原则是指在某些特殊的紧急情况下，行政机关可以采取没有法律依据的或与法律相抵触的措施。[3]根据行政应急性原则，行政机关在紧急情况下的行为可以不受一般法律原则的拘束。就行政特许经营而言，"如果发生自然灾害、战争、事故、公共卫生、社会治安等突发性事件，致使合同无法正常履行时，政府必须及时采取有效的强制措施"[4]。

在特许经营活动中，经常会出现这样的紧急情况，即或者是由于特许企业自身的原因，导致公共服务的中止或中断，例如企业的经营出现困难，无法继续经营或者提供良好的服务，这会严重影响公共服务的质量，甚至会导致公共服务的中止；或者是由于特许企业存在严重违法行为，行政机关会对特许企业处以吊销营业执照的行政处罚，但行政处罚的程序比较复杂，从立案到作出处罚决定，还需要经过相当长的时间，为了避免公共服务的停止或持续的违法行为存在，就需

---

[1]　翟翌.论"行政特许"对"民商事特许"的借鉴[J].法学评论，2016，34（3）：116–130.

[2]　叶必丰.行政合同的司法探索及其态度[J].法学评论，2014，32（1）：66–74.

[3]　罗豪才，湛中乐.行政法学[M].北京：北京大学出版社，2006：29.

[4]　闫海，姜丽.市政公用事业特许经营的行政接管[J].城市问题，2011（6）：2–7.

要先行强制终止特许经营协议；或者是特许企业因种种原因拒绝提供公共服务，例如企业因为收费问题或者是其他方面经营问题与政府之间产生了矛盾与冲突，单方面停止服务，此时，也需要政府采取紧急措施，包括强制终止协议来保证公共服务的有序开展。

三、特许经营协议强制终止中的权利保护

（一）特许经营协议强制终止中权利保护的意义

首先，特许经营协议的强制终止关系到特许企业的财产利益。特许经营权对特许企业有重要影响，特许经营协议的强制终止甚至会攸关企业的存亡。从现有特许经营协议纠纷可以看出，特许经营是政府利用特许企业的资金与技术提供公共服务，而特许企业投资的目的是期待经济上的收益。特许经营协议的终止，使企业的收益化为泡影，这必然会影响其财产利益。虽然在现代社会，私人财产都会受到一定的限制，特别是经营性财产需要承担较多的社会义务，但不得随意侵犯合法财产仍然是法治社会的基本要求。

其次，权利保护可以保证企业投资公用事业特许经营的积极性，促进整个社会公私合作的发展。为了促进公用事业特许经营事业的发展，需要保护特许企业的积极性，如果特许企业的财产不能受到严格的保护，必然会影响到整个特许经营事业的发展。因此，在《基础设施和公用事业特许经营管理办法》第三十六条规定："因法律、行政法规修改，或者政策调整损害特许经营者预期利益，或者根据公共利益需要，要求特许经营者提供协议约定以外的产品或服务的，应当给予特许经营者相应补偿。"这是对现行法律规范的突破，具有重大的理论和实践意义。[1]强调对特许经营的保护，实际上是对行政特许制度的一种激励，可以促进特许经营事业的发展。

---

[1] 李明超.《基础设施和公用事业特许经营管理办法》评析[J].湖南农业大学学报（社会科学版），2015，16（6）：65-71.

再次，在已经发生的特许经营争议中，主要涉及特许经营权的稳定性和特许企业财产权的保护问题。在现有的特许经营争议中，特许企业一般情况下，首先要求政府不得强制终止或者改变特许经营协议，这实际上是对特许经营稳定性的要求，因为特许企业参与特许经营的目的是获得相应的回报，这种回报首先体现在对特许经营活动的持续经营，特许企业一般是不愿意政府终止特许经营协议的；其次，是当政府必须强制终止特许经营协议时，特许企业会要求政府补偿自己利益的损失，这涉及对企业已经投资的财产权的保护，当然也涉及到对投资预期的保护。

（二）行政特许经营协议强制终止的实体法保护

特许经营协议强制终止的实体法保护，是指通过法律规范和法律原则来确定强制终止的条件，以规范控制政府协议的强制终止权。

1. 通过法律规范确定特许经营协议强制终止的条件

实体法的保护目的是防止政府滥用强制终止权，侵犯特许企业的财产利益和生产经营活动。典型的是国务院 2013 年制定的《城镇排水与污水处理条例》第三十六条的规定：规制机关如果发现"城镇污水处理设施维护运营单位存在未依照法律、法规和有关规定以及维护运营合同进行维护运营，擅自停运或者部分停运城镇污水处理设施，或者其他无法安全运行等情形"，经过法定程序可以强制终止特许经营协议。当然，该条例在"擅自停运或者部分停运城镇污水处理设施，或者其他无法安全运行等情形"规定得比较明确，在其他方面还需要借助其他的法律、法规来判决企业在特许经营活动中是否存在需要强制终止的情形。其他法律规范也有特许经营强制终止的规定，这些规定也是对特许经营协议加以保护的实体性法律规范。例如《基础设施和公用事业特许经营管理办法》（2015）第五十三条规定：特许经营者违反法律、行政法规和国家强制性标准，严重危害公共利益，或者造成重大质量、安全事故或者突发环境事件的，有关部门应当责令限期改正并依法予以行政处罚；拒不改正、情节严重的，可以终止特许经营协议。

值得注意的是，这两种法律规范都是对特许企业存在违法行为而对特许经营协议的强制终止，是对特许企业违法行为的制裁，是行政处罚的一种类型，即吊销特许企业的行政特许的行为。吊销行政许可必须要有法律的依据，例如《国务院法制办关于行政许可法有关问题的解答》中就提出："吊销行政许可适用于被许可人取得行政许可后有严重违法行为的情形。适用前提是被许可人取得行政许可后有严重违法行为。吊销行政许可，只能由法律、法规设定。"因此，我国有关的公用事业特许经营协议的强制终止，必须满足相应的法律、法规所设定的条件。

对于非制裁性的行政特许协议的强制终止，并不属于行政处罚，可以根据其他的法律规范甚至是政策的规定来强制终止。

2. 明确特许经营协议强制终止的法律原则

无论法律规范对强制终止的实体性规定多么严格，都会存在一定的疏漏，还需要借助行政法的基本原则对之进行补充与完善，主要包括比例原则与信赖保护原则。比例原则不仅体现在对特许企业存在违法行为时的处罚行为，而且体现在因不可抗力等导致的企业生产经营困难时的强制终止情形。比例原则包括诸多原则，在特许经营协议强制终止时，要求行政机关遵循最小侵害原则，即只有当特许企业的违法行为的程度比较严重时，或者是公共利益的需要特别紧迫时，才适用强制终止特许协议。信赖保护原则，是指当因为公共利益的需要，强制终止特许经营协议时，应考虑企业的先期投入与相关利益的损失，根据《行政许可法》的规定，重视对特许企业信赖利益的保护。

3. 确定特许经营协议强制终止的证明标准

强制终止是一种损益性行政行为，根据依法行政的要求，行政机关必须能够证明作出强制终止决定的合法性和合理性。但由于强制终止类型存在多种类型，各种类型的证明标准也存在区别。从行政证据的角度看，强制终止协议主要是对特许企业存在违法行为的强制终止和特许企业无法继续经营的强制终止，前者具有制裁性，而后者不具有制裁性，且具有应急性。因此，可以从这两类出发来分析其证明标准。

对于具有制裁性质的行政特许协议的强制终止，应适用行政处罚的证明标准，即排除合理怀疑的证明标准；而对于具有应急性质的行政特许协议的强制终止，例如特许企业发生经营困难、遭遇不可抗力等情形，应适用较低的证明标准，即具有一定数量的证据证明存在强制终止协议的情形即可。

（三）行政特许经营协议强制终止的程序法保护

程序对于行政特许经营协议的保护作用也是毋庸置疑的，对特许经营协议的程序保护主要包括以下内容：

1. 明确强制终止协议的提起主体

为了保证行政特许经营的正常运行，需要对特许经营协议强制终止主体加以规范。国务院制定的《城镇排水与污水处理条例》第三十六条明确规定城镇排水主管部门有权在法定情形下强制终止协议，也就是说，政府的职能部门能行使强制终止权。当然，很多法律规范，并没有对此加以规定。为了严格限制与规范强制终止提起的主体，有学者认为"应由相关市政公用事业主管部门向特许经营权的授权主体申请实施，即主管部门调查与确认特许经营情况后，将接管申请及所搜集的证据材料和专家意见提交本级人民政府，同时，将接管的决定书面通知特许经营者及其利害关系人"[1]。这实际上是对强制终止提起主体的更高要求，从保护行政特许权益的角度出发，这一主张更有意义。

2. 必须经过对特许企业的责令改正程序

除了紧急情况外，在强制终止协议的决定之前，强制终止的主体

---

[1] 闫海，姜丽．市政公用事业特许经营的行政接管［J］．城市问题，2011（6）：2-7.

还需要向特许企业作出责令改正的决定。例如《城镇排水与污水处理条例》第三十六条，《基础设施和公用事业特许经营管理办法》（2015年）第五十三条都强调在特许企业存在违法情形时，应先予以处罚并责令改正，只有在特许企业拒不改正，并且情节严重的情况下，才可以强制终止协议。之所以强调责令改正程序，是为了尽量减少强制终止协议的使用，在程序上保护特许企业的正常经营活动，并限制行政机关滥用对行政特许协议的强制终止权。即使在紧急状态下，一般也需要考虑对特许企业的劝告以及责令改正，以更好地从程序上保护特许企业免遭强制终止权的损害。

3. 重视强制终止协议的听证程序

听证是保证相对人权利和约束行政机关权力的重要方式，在我国行政管理领域已经得到了广泛使用。在对行政特许经营协议的强制终止行为中，应在什么阶段适用听证并没有明确规定。本部分认为，当强制终止作为一种制裁手段时，根据行政处罚原理，应先听证再决定强制终止，这一点在司法判决中也得到了认可，在"灌云蕾特环境生物科技有限公司与灌云县人民政府特许经营纠纷案"中，法院认为：被告灌云县人民政府在决定撤销原告取得的特许经营行政许可证时，告知原告对上述决定的异议权、陈述申辩和要求组织听证、提起行政复议和行政诉讼的权利以及行使上述权利的相关程序和期限。[1]这已经符合了法律关于听证的要求，在程序上是合法的。

在紧急情况时，也可以先决定强制终止，再告知特许企业享有听证权。因为此时并不是一种行政处罚行为，不需要遵守行政处罚的程序，而且根据行政应急性原则，可以不必遵循行政法的一般原则来处理。当然，此时的事后听证权还是需要的，也可以起到保护特许企业的目的：一是听证是一种程序性权利，通过听证可以保护企业的程序性权利，听取其意见；二是听证可以为后来的责任划分提供相应的证据，因为强制终止协议并不是特许经营的最后阶段，还需要对特许经

[1] 江苏省连云港市中级人民法院 .（2012）连商初字第 0108 号民事裁定书［Z］.

营进行清算。这就涉及行政机关与特许企业之间的责任问题，通过听证可以事先完成这种工作，为责任的划分及时提供依据。

四、行政特许经营协议强制终止的责任分配

（一）特许协议强制终止的救济方式

特许经营合同属于行政合同，行政合同的争议解决方式在我国有一个发展过程。2004 年全国人大法工委在关于行政合同争议解决方式的答复中提出："现行法律中没有关于行政合同的规定。在国有土地使用权出让合同履行过程中，因土地管理部门解除国有土地使用权出让合同发生的争议，宜作为民事争议处理。"这一解释否定了通过行政诉讼解决行政合同纠纷的途径，导致最高人民法院发布了《最高人民法院关于审理涉及国有土地使用权合同纠纷案件适用法律问题的解释》，全面确立了国有土地转让合同的民事性质。[1]

全国人大法工委和最高人民法院对行政合同的态度，直接决定了特许经营纠纷方式的性质。虽然也有一些法院将行政特许合同作为行政诉讼来加以处理，但是许多特许经营纠纷是作为民事纠纷来处理的，包括最高人民法院审理的一些案件。不过，2014 年修改后的《行政诉讼法》明确将特许经营纠纷纳入行政诉讼的受案范围，立法的变化导致司法实践产生了重大变化。2015 年 4 月 22 日公布的《最高人民法院关于适用〈中华人民共和国行政诉讼法〉若干问题的解释》，明确规定行政协议纠纷在行政诉讼中的具体适用问题。2019 年 11 月27 日，最高人民法院发布《最高人民法院关于审理行政协议案件若干问题的规定》（法释〔2019〕17 号），对此进行了更为明确的规范。可见，特许经营协议纠纷解决方式问题已经得到了解决。

通过民事诉讼或行政诉讼来解决特许经营合同存在区别。通过民

---

[1]　叶必丰.行政合同的司法探索及其态度［J］.法学评论，2014，32（1）：66-74.

事诉讼解决特许经营纠纷，主要解决的是双方的过错及责任问题，然后再解决具体的赔偿问题；而通过行政诉讼解决特许经营纠纷，首先要解决的是强制终止协议行为的合法性问题，因为这种强制终止的行为是一种行政行为，行政诉讼首先要解决的是行政行为的合法性审查问题。如果强制终止行为是合法的，法院应维持其行为，当然，即使强制终止行为是合法的，由于终止也只对今后的行为发生效力，那么也需要对损失进行清算；如果强制终止行为是违法的，也包括两种处理方式，即一是确认行政行为是否违法，并确定赔偿问题；二是撤销违法行为并确定赔偿问题。

（二）强制终止协议的合法性判断

由于强制终止协议存在多种类型，因此需要针对不同的类型来进行合法性的判断，应该从政府行为的法律依据、事实依据和法定程序等方面进行考察。根据强制终止协议不同类型来确定不同的证明标准。

（三）强制终止协议救济措施的特殊性

在特许经营协议强制终止争议中，特许企业的诉求不仅是确认强制终止行为的违法性，而且还要求恢复其特许经营权。前者相对比较容易，而后者往往很难实现，因为政府在强制终止协议后，为了保证对公共服务持续供给，会将公用事业转让给其他的主体经营，这样会出现新的特许企业。这些企业也会对特许经营产生信赖利益，这种信赖利益也是需要保护的，即使行政机关强制终止原特许经营协议的行为不合法，也需要保护新的特许经营企业。为了确保行政机关行为的稳定性和新的特许经营企业，即使行政机关存在违法情形，也只能适用确认判决，确认强制终止协议的行为违法，但并不撤销违法的强制终止行为。2009 年《最高人民法院关于审理行政许可案件若干问题的规定》也有相应的规定。当然，在确认强制终止协议的行为违法后，还需要对于特许企业的损失进行赔偿。

（四）强制终止协议后的责任承担

强制终止协议后，无论行政机关是否合法，都需要具体确定双方的责任，因为强制终止协议产生了面向未来的效力。我国现行行政特许的法律规范中，对强制终止协议的责任问题尚缺乏具体的规定，还需要依赖于其他领域的法律规范、法律原则和司法解释，例如借助民商事法律规范和行政法规范及原理，来确定行政主体与特许企业之间的责任问题。特别值得注意的是，应充分借鉴民事特许的规则，因为"由于民商事特许运用广泛并相对成熟，行政特许可积极学习民商事特许某些有价值的具体制度"[1]。

1. 双方都合法时强制终止的责任划分

在行政法上，当行政机关的行为合法有效时，即使弥补相对人的损失，也不属于赔偿问题，而是对相对人的补偿。在行政特许经营中，相对人获得的许可应得到行政机关的尊重与保护，行政机关不得改变或撤回，如果因为公共利益的需要而改变或撤回的，需要给予补偿，这不仅是《行政许可法》中的明确规定，也是行政法基本原理的要求。至于补偿的标准，2009 年《最高人民法院关于审理行政许可案件若干问题的规定》第十五条规定：如果没有法定的补偿标准，变更或撤回行政合同的补偿一般在实际损失范围内确定补偿数额；行政许可属于行政许可法第十二条第（二）项规定情形的（即本部分所研究的行政特许——引者注），一般按照实际投入的损失确定补偿数额。[2]这一原则性的规定可以对强制终止协议的补偿起到良好的作用，当然具体的补偿还需要借助司法判决来作出更加有针对性的案例。

2. 因特许企业违法而强制终止的责任划分

特许企业在生产经营过程中存在违法行为时，经过责令改正程序后，行政机关可以强制终止特许协议。此时特许企业也会面临着

---

[1]　翟翌.论"行政特许"对"民商事特许"的借鉴［J］.法学评论，2016，34（3）：116-130.

[2]　高俊杰.政府特许经营项目运行中的行政纠纷及其解决机制——一种框架性分析［J］.当代法学，2016，30（2）：92-101.

巨大的损失，是否应弥补特许企业的损失，是值得考虑的问题。从某种程度上说，应该由企业独立承担相应的损失，因为强制终止协议是对特许经营企业违法行为的制裁。

但在许多情形下，企业的违法是由于他人违法造成的，企业存在减免或者是减轻处罚的理由。以污水处理厂为例，一些企业排放到污水处理厂的污水超标，会直接影响污水处理厂污水处理结果。此时，污水处理厂可能面临两种结果：一是停止接收企业超标排放的污水，但特许企业的这种行为是违法的，严重的可能会被强制终止协议；二是接收企业超标排放的污水，这样会导致其生产成本过高，或者是超标排放污水，受到环保部门的处罚甚至是被强制终止协议。无论哪一种结果，污水处理厂都存在违法行为，但这种违法是由于他人违法而造成的，如果强制终止特许协议而不对其损失给予补救，对污水处理厂是不公平的。当然，如何补救其损失，是值得考虑的一个问题。

3. 行政机关违法时的责任划分

如果行政机关对于特许企业的强制终止协议的行为是违法的，被法律撤销或者是确认违法，那么，则需要赔偿特许企业的损失。此时，赔偿数额问题非常复杂。即使行政机关强制终止行为被撤销，特许企业往往也很难再获得特许经营权，这会造成企业经营机会的丧失；而且，在特许经营过程中特许企业会得到大量的投资，一旦丧失特许经营权，其投资损失就需要给予赔偿。至于其具体数额问题，与前述的补偿损失是不同的，根据最高人民法院的解释，应该按照特许企业实际投入的损失确定补偿数额，在行政机关违法时，这种数额应有所增加，例如银行的同期利率或者是特许企业的合理经营收益率来确定赔偿数额。

4. 双方都存在过错时的责任划分

在特许经营过程中，特许企业与行政机关的权利（力）义务以特许经营协议的形式加以明确。以污水处理厂为例，污水处理厂的主要义务有保证污水处理业务的正常运营、保证污水处理厂排放出的污水达标排放等等；其主要权利是按照国家规定或约定向排污企业或者是当地政府收取污水处理费，还可以根据特许协议要求政府协助其对排污者的污水达标排放。而行政机关的主要义务是保证污水处理厂的进水量和进水质量符合要求，协助污水处理厂的其他工作，例如帮助污水处理厂收取排放企业的污水处理费等等；行政机关的主要权力是要求污水处理厂保证污水处理设施的运行和污水处理厂出水水质符合国家的要求。

现实中的特许经营争议，经常会出现双方都没有履行或没有完全履行协议义务的情形。以现在比较多见的特许企业擅自停止公共服务为例，特许企业擅自停止公共服务往往与行政机关没有履行或没有完全履行协议义务有关，例如行政机关没有及时支付特许费用、行政机关没有履行相关的规制职责等等。此时，特许企业为维护自身的利益，会以停止服务为手段来迫使政府履行协议义务。如果是一般的民事合同，这符合同时履行抗辩权的要求，即合同当事人一方在他方未为对方给付之前，有权拒绝自己的履行义务，以保证合同的公平性。但在行政特许中，特许企业擅自停止公共服务，也是一种违法行为，应承担相应的责任。

然而，这种违法毕竟与特许企业单方面的违法存在区别。实际上，这时双方都存在违法的情形，属于民法理论中的与有过失。在我国行政诉讼中，在这种情况下如何对政府与特许企业进行责任分配，还没有较为成熟的方式，需要借助与有过失的民法理论进行分析。根据与有过失理论，当双方之间都存在过错的情形下，应明确双方的过错，并根据过错的程序来进行责任划分，只有这样，才能体现出公平性。

在我国的现实案件中，法院也基本上是按照这一理论来进行责任划分的。例如在"上海明通投资管理有限公司、董爱华与淮安市淮安区人民政府、淮安市淮安区化工集中区管理委员会等与公司有关的纠纷案"中，原告认为被告没有履行自己的特许协议义务，因而停止公共服务。法院认为：本案中的被告即行政机关，应当知晓涉案工程未通过环境保护验收但仍要求淮安明通公司保持正常经营，未能提供超过淮安明通公司日处理量 80% 的污水供淮安明通公司处理，未能制止部分进园企业手续不齐先行生产、未能制止部分进园企业污水不达标排放，其对污水排放不达标也负有责任。[1] 与此类似的是，"武威汉氏天安环境科技有限公司与甘肃武威黄羊工业园区管理委员会、武威市凉州区黄羊镇人民政府等合同纠纷案"，这是由最高人民法院审查的案件，在本案中，原告也存在违法行为，如擅自停止污染处理厂的运营，造成了当地环境的污染并受到上级环保部门的处罚。但行政机关也存在违法行为，最高人民法院在判决书中指出：黄羊管委会、黄羊镇政府未按照合同约定及时足额支付污水处理费，确保兴工担保公司出具担保函，也构成违约。[2] 而且政府的这种行为直接影响到特许企业的生产经营活动，会导致企业的生产经营活动在客观上不能实现合同目的。因此，政府未能履行协议义务也是企业违法的原因之一，政府对企业的违法负有责任，与特许企业对违法构成了与有过失，双方都应承担一定的责任。

第三节　第三方治理中的排污企业与第三方责任分配

环境污染第三方治理（以下简称"第三方治理"），是"排污者通过缴纳或按合同约定支付费用，委托环境服务公司进行污染治理的新模式"[3]。我国的第三方治理制度是一个渐进发展的过程，从 20 世纪 70 年代到 90 年代初的 20 多年间，我国工业污染防治一直走的是"谁污染，谁治理"的分散治污之路，后来工业污染防治才开始从分散向集中治理转变。进入 21 世纪以来，国家采取一系列措施，加大环境治理力度，带动了环境服务业的发展，企业环境污染第三方治

[1]　江苏省淮安市中级人民法院.（2015）淮中商初字第 00009 号民事判决书 [Z].
[2]　中华人民共和国最高人民法院.（2015）民二终字第 116 号民事判决书 [Z].
[3]　国务院办公厅.国务院办公厅关于推行环境污染第三方治理的意见 [Z].国办发 [2014] 69 号.

理条件日臻成熟,第三方治理制度得以迅速发展。[1]

在第三方治理制度中,存在着外部责任与内部责任的划分。所谓内部责任,指的是在生产经营过程中产生污染物的企业(以下简称"排污企业")与环境服务公司(以下简称"第三方")之间的责任;所谓外部责任,指的是在第三方治理中,因环境违法或环境侵权所应承担的民事责任、行政责任和刑事责任,本部分主要集中于第三方治理制度中的民事责任与行政责任分配问题。

如何在排污企业与第三方之间确定相应的责任,关系到第三方治理制度的发展。在现实中经常发生排污企业与第三方之间责任划分方面的争议。例如,在污染事故发生后,排污企业和第三方相互推诿责任,排污企业认为治污已交由第三方处理,排污不达标应由第三方承担责任,第三方认为排放不达标是因排污企业不按照合同排污,因此仍然应由排污企业承担责任。[2]这一问题也引起了政府的重视,不仅《环境保护法》已经有初步的规定,2015年1月14日发布的《国务院办公厅关于推行环境污染第三方治理的意见》,也特别规定要"明确相关方责任。排污企业承担污染治理的主体责任,第三方治理企业按照有关法律法规和标准以及排污企业的委托要求,承担约定的污染治理责任"。

可见,如何确定排污企业与第三方的责任是第三方治理制度发展的重要内容。而要确定双方的责任,就需要判断其法律关系。基于这样的考虑,本部分将对第三方治理制度中的排污企业与第三方法律关系进行分析,进而确定双方的内部责任和外部责任,希望对第三方治理制度的发展有所贡献。

一、第三方治理的模式

第三方治理在我国已经有了一定的发展,也形成了不同的模式。

---

[1] 骆建华.环境污染第三方治理的发展及完善建议[J].环境保护,2014,42(20):16-19.

[2] 司建楠.推进环境污染第三方治理 完善基础设施领域公私合营模式[N].中国工业报,2015-03-05(A02).

整体而言，我国的第三方治理有两大类型、四种模式。这两种类型是：一类是在排污企业场所范围内由第三方进行的治理，这一类型又可以分为托管运营模式和委托治理模式；另一类是在排污企业场所范围外由第三方进行的治理，这一类型又可以分为集中治理模式和分散治理模式。下面将对这些模式进行具体的分析。

（一）在企业场所范围内的第三方治理

这类第三方治理，指的是由第三方在企业范围内对企业生产过程中产生的污染进行治理的方式。对于一些行业来说，污染物是伴随着生产过程产生的，必须在生产过程中随时进行治理，无法将污染物运送到企业外进行独立治理，例如燃煤行业对二氧化硫的治理、许多行业在减少二氧化碳排放方面的治理。企业范围内的治理一直是环境治理的重要内容，我国最早开展的"三同时"制度就是强调在企业范围内的环境治理。在第三方治理制度中，企业范围内的第三方治理，改变了传统的治理主体，由"谁污染、谁治理"转向"谁污染、谁交费，第三方治理"这样的形式。这类第三方治理，存在着不同的模式[1]。

1. 托管运营模式

这类模式是指由排污企业建设污染治理设施，并以签订托管运营合同的方式，委托第三方对已建成的污染治理设施进行运营管理、维护及升级改造等，排污企业按照合同约定支付托管运营费用。在这类模式中，排污企业是治理设施的所有权人，只是按照合同的约定将治理设施交由第三方管理与维护，由第三方利用这些治理设施对污染物进行治理。

2. 委托治理模式

这类模式是指由排污企业以签订治理合同的方式，委托第三方对

---

[1]　骆建华.环境污染第三方治理的发展及完善建议［J］.环境保护，2014，42（20）：16-19.

新建、扩建的污染治理设施进行融资建设、运营管理、维护及升级改造，并按照合同约定支付污染治理费用。在合同期内，第三方通过治理设施的运营，达到合同约定的污染治理要求，由排污企业支付相应的费用。

两种模式的区别在于第三方是否拥有治污设施的所有权。在托管运营模式中，第三方不享有治污设施的所有权；而在委托治理模式中，第三方享有或者部分享有治污设施的所有权。治理设施所有权的不同，对双方的权利义务、法律责任也会产生影响。

（二）企业范围外的第三方治理

一些企业并不是通过其内部的附属治理设施来处理污染物，而是将污染物交由企业范围外的第三方进行处理，由第三方利用所有或者管理的独立设施来对污染物进行处理，这与"三同时"制度也就有了根本的区别。这种处理方式不仅适合于一些固体污染物，也适合于液体污染物。而这类第三方治理又可分为两种模式：

1. 集中治理模式

这种模式是指有多家排污企业将污染物排放到一个第三方所有的或管理的集中治污设施之中，由第三方加以集中处理的模式，排污企业按照约定或者政府的指定价格支付费用的模式，典型的是开发区和工业园区的污染物集中治理模式。

2. 分散治理模式

这种模式是指排污企业将污染物交由独立专业公司处理，这些公司利用自己在污染物处理上的经验和规模效应，对排污企业和其他企业同类的污染物进行处理，并根据污染物的种类、浓度和总量收取费用。

这四种模式，都有各自特点，排污企业与第三方之间的关系也存在差异。从选择权的角度看，在集中治理模式中，企业是没有选择权的，要么是自身处理，要么是交由开发区或工业园区进行处理，而在其他几种模式下，企业有对第三方加以选择的权利。

当然，也存在混合的情况，例如一些污染物要由企业先行处理后，再向统一的污染处理设施排放，这样就会出现两种情况的混合，并且存在不同模式的混合，如托管运营模式和集中治理模式、委托治理模式与集中治理模式的混合。

二、不同第三方治理模式的法律属性

整体而言，第三方治理的这四种模式，从法律属性上看，都是一种服务合同，属于服务合同中的承揽加工合同，但不同模式的法律属性具有不同的特点。本部分首先对这几种模式的共同特点进行研究，然后再对每一种模式的法律特点进行研究，以充分认识每一种模式的法律特点。

（一）几种第三方治理模式的法律性质

从法律属性上看，这几种模式都属于服务合同。而"服务合同是指全部或者主要以劳务提供或提交特定劳务成果为债务内容的民事合同的统称"[1]。在我国合同法制度中，对于服务合同的重视还不够，"无论是传统债法总则，还是我国合同法总则，其大部分都只是以物及其权利的交易为中心构筑起来的规则，甚至可以说只是买卖合同的总则化而已"[2]。

但随着服务业的发展，服务合同已经大量出现，引起了学术界的高度重视。一些学者认为，应该对中国的合同进行类型化构建，以确立我国服务合同的类型，加深对服务合同的认识，更好地指导服务合同在实践中的运用，即"可以根据交易的样态，将合同法规定的典型

---

[1] 曾祥生.服务合同：概念、特征与适用范围［J］.湖南社会科学，2012（6）：74-77.

[2] 周江洪.服务合同在我国民法典中的定位及其制度构建［J］.法学，2008（1）：76-83.

合同分为财产移转、利用型合同和服务合同。前者包括买卖合同，供用电、水、气、热力合同，赠与合同，借款合同，租赁合同，融资租赁合同，技术转让合同等；后者包括承揽合同，建设工程合同，运输合同，技术合同（技术转让合同除外），保管合同，仓储合同，委托合同，行纪合同，居间合同等"[1]。

从这样的分类可以看出，第三方治理制度应属于服务合同。进而言之，第三方治理双方的关系属于服务合同中的承揽合同。而承揽合同是承揽人按照定作人的要求完成工作，交付工作成果，定作人给付报酬的合同。[2]强调的是承揽人提供的一种服务。当然，承揽合同也可能进一步分类。日本学者山本敬三教授依据工作的不同性质，将承揽分为"以物为中心的承揽"和"以劳务为中心的承揽"。其中，劳务直接作用于物的类型，称为"以物为中心的承揽"。与此相对，劳务不一定与物结合或者是劳务本身与劳务的结果之间无法清晰区别的情形，则属于"以劳务为中心的承揽"，如设计、信息的提供及处理等。[3]

从上述的分析可以看出，第三方治理制度中的承揽，是一种"以物为中心的承揽"。承揽人提供的是一种特别的专业服务，这类服务与委托的差异是"以一定事务（例如诉讼案件之委托、医疗服务）界定应提供之劳务的范围，而就提供劳务之时间、地点及处理事务之方法，容许负提供劳务义务之债务人依其判断决定，且不要求债务人因其劳务之提供，而必须获致一定之成果者，为委任合同"[4]。

因此，第三方治理制度属于服务合同中的承揽合同，而且是"以物为中心的承揽"。在这种承揽关系中，第三方属于承揽人，而排污企业属于定作人。

对第三方治理合同性质的界定，具有重要的意义，因为"在违约

---

［1］ 周江洪.服务合同在我国民法典中的定位及其制度构建［J］.法学，2008（1）：76-83.

［2］ 韩世远.合同法学［M］.北京：高等教育出版社，2010：481.

［3］ 周江洪.服务合同在我国民法典中的定位及其制度构建［J］.法学，2008（1）：76-83.

［4］ 黄茂荣.债法各论－第一册［M］.北京：中国政法大学出版社，2004：275.

责任方面，我国合同法总则采取了严格责任原则。因此，一旦被认定为非典型合同，就很有可能适用合同法总则中的严格责任原则；而被认定为典型合同的，则有可能适用分则层面的过错责任"[1]。

（二）不同第三方治理模式的具体特性

虽然第三方治理制度是一种"以物为中心的承揽"，但由于第三方治理存在不同的模式，因此，还需要对每一种模式进行新的界定。

1. 托管运营模式

在该模式中，第三方需要利用专业技术对排污企业产生的污染物进行治理，还需要对企业提供的治污设备加以维护管理。这不仅需要承揽人具有相应的专业治理污染的技术，还需要进行日常的对治污设备维护管理的技术，比单纯的技术服务具有更高的要求。

2. 委托治理模式

在该模式中，第三方利用自己的设备，来对排污企业的污染物进行处理，从而实现污染治理的目的，这与传统的承揽加工是非常类似的。但与传统的承揽相比，此类设备需要安置在排污企业的范围之内，受到企业较多的控制与影响。

3. 集中治理模式

在该模式中，排污企业向第三方排放污染物，第三方利用自己或者政府统一建设的设备进行统一的治理，以实现污染物达标排放的目的。在集中治理模式中，排污企业没有对集中治理设施选择的权利，其自由受到了限制，因此，对于第三方的注意义务更少，只需要按照合同约定排放污染物，并根据污染物的种类等支付费用。

4. 分散治理模式

在该模式中，排污企业向自己选择的第三方交付污染物，第三方利用自己的专业技术和设备进行处理加工，从而实现达标排放的要

---

[1] 周江洪. 服务合同在我国民法典中的定位及其制度构建 [J]. 法学，2008（1）：76-83.

求，由于排污企业具有了较多的选择权，排污企业也需要尽到较多的注意义务，不仅包括法定注意义务，而且也包括一般注意义务。

三、排污企业的主体责任

要追究第三方治理的外部责任，首先要确定排污企业与第三方之间的内部责任。我国《环境保护法》规定，如果第三方"在有关环境服务中弄虚作假，对造成的环境污染和生态破坏负有责任的"，没有尽到责任的第三方，承担与排污企业的连带责任。从立法原意来看，第三方只应承担故意违法行为的责任，主要责任还是排污企业的责任。目前我国一般认为应由排污企业承担污染治理的主体责任，"第三方服务的引入，并不意味着排污企业治污责任的转移。排污企业仍应承担污染治理的主体责任"[1]。《国务院办公厅关于推行环境污染第三方治理的意见》，就明确企业应承担环境治理的主体责任。由排污企业承担主体责任，主要原因有：

1. 符合污染者负担原则

由于排污企业的经济行为存在负外部化的特点，为了纠正这样的市场失灵，就需要通过一定的制度安排来使企业外部成本内部化。这就是环境法上"污染者负担"原则的本意。[2] "污染者负担"是环境法的基本原则。从源头上看，即使经过了第三方治理，最初的污染仍然是由排污企业产生的，应由其承担主体责任；从主观过错上看，环境污染的归责原则是无过错责任，没能经过第三方治理时，当然应由排污企业承担责任；如果经过了第三方治理，由于污染物是由排污企业产生的，在绝大部分情况下，仍然应由排污企业承担责任；如果第三方没有尽到注意义务，则可以考虑由第三方来承担责任。但整体

[1]　常杪，杨亮，王世汶.环境污染第三方治理的应用与面临的挑战[J].环境保护，2014，42（20）：20-22.

[2]　柯坚.论污染者负担原则的嬗变[J].法学评论，2010，28（6）：82-89.

而言，还是应由排污企业承担责任。

2. 符合报偿责任理论

这一理论源于罗马法"获得利益的人负担危险"的法谚，即所谓的"利之所得，损之所归"[1]。排污企业从生产经营过程中获得了相应的利益，应该由排污企业来承担相应的责任，虽然第三方治理中，第三方也会获得利益，但其获得的利益与排污企业相比，还是较少的，因此，由排污企业承担主体责任更加公平。

3. 符合效率原则

从治理效率的角度看，排污企业最了解自己生产过程中产生的污染物的特性，确定排污企业的主体责任有利于从事前预防的角度来保证第三方治理的效果。在现代工业中，排污企业的污染物的性质和种类都非常复杂，第三方在对污染物进行治理的过程中，也会与排污企业在污染物性质、种类等方面存在信息不对称的情况，要求排污企业承担相应的责任，才有利于排污企业与第三方在信息方面的沟通，进行事前的预防，保证治理效果。

4. 公共政策的考虑

从公共政策角度看，确定排污企业的主体责任，可以更好地强化排污企业对第三方治理的监督。第三方治理制度，是一种新型环境治理模式，在实践中，已经出现了由于责任不明确，影响到排污企业与第三方积极性的现象。在法律上，责任分配不仅需要考虑到公平问题，更需要考虑到哪种责任分配更有利于这一制度的发展和实际效果。在第三方治理上，我国的第三方公司相对较弱，特别是在环境规制不完善的情况下，排污企业的积极性还不高，此时，将污染责任分配给排污企业，更有利于排污企业积极地将污染物交由第三方，同时加强对第三方的监督。

---

[1] 张宝. 环境侵权归责原则之反思与重构——基于学说和实践的视角 [J]. 现代法学，2011，33（4）：89-96.

四、排污企业与第三方的内部责任

排污企业承担主体责任，并不意味着由排污企业承担所有的责任。排污企业与第三方之间是一种承揽关系，在确定双方责任时，应考虑到承揽合同的基本特征。在承揽合同中，双方可以约定权利和义务，如果没有约定的，也可以根据一般承揽合同的规定来进行判断，即"内部分担份额的确定，首先要看行为人之间有无约定以及法律有无特别规定，若有，则根据约定或法律的特别规定来确定，法律的特别规定是考虑行为人之间的特殊关系而加以规定的，而约定本身则形成了行为人之间的特殊关系，在无特别规定或特殊约定的情况下，应以因果关系贡献度为主要考虑因素"[1]。因此，需要根据承揽合同的基本属性来认识第三方治理制度中的双方责任：

（一）承揽合同的双方责任分配

在承揽合同中，也需要根据双方的约定或者承揽合同的一般属性来加以判断。

1.定作人的义务与责任

①支付报酬的义务。承揽合同主要是一种有偿合同，在承揽合同中，定作人需要支付承揽人报酬，报酬的数额，根据政府指导价或者由双方约定。在第三方治理制度中，这里存在一定的特殊性，即在政府指导价之外，第三方治理的价格会因污染物的种类、浓度和总量的变化而不同，双方应根据这些方面来确定价格。②协助义务。定作人还要承担一定的协助义务，在第三方治理制度中，主要包括污染物变化的一些通知义务。排污企业比第三方更加了解其生产过程中产生的污染物的具体情况，如果出现了约定范围外的其他情况，定作人必须及时地通知第三方，同时应通知第三方的一些处理方法，这些都是应

---

[1]　叶金强.共同侵权的类型要素及法律效果［J］.中国法学，2010（1）：63-77.

尽的义务。③受领工作成果的义务。[1]在第三方治理中，承揽人完成工作后就需要根据约定向定作人提交定作物，定作人应及时地受领定作物，但这在第三方治理中存在特殊性，在第三方治理中，定作物的交付与一般物最大的区别是，不是交付给排污企业接受，而是由第三方排放到环境中去。这属于承揽合同中以工作完成作为交付的情形。即"依工作的性质，无须交付者（如歌唱、演讲），以工作完成时视为受领"[2]。④选择合格的第三方的义务。在一般承揽合同中，定作人可以自由选择承揽人，对定作人的限制较少，但在第三方治理中，环境法律一般都规定了排污企业必须将污染物交由具有资质的企业进行处理的义务，排污企业如果没有尽到这样的义务，要承担相应的行政或者民事责任。如果排污企业没有将污染物交由有资质的第三方处理，对造成的环境损害要承担赔偿责任。

2. 承揽人的义务与责任

①受领定作人提供材料的义务。在承揽合同中，定作人需要提供材料，承揽人有义务来受领定作人的材料。在第三方治理中，排污企业提供的是各种废物，而第三方必须予以接受，这是由合同本身的目的所决定的。②通知义务。对定作人提供的材料，经检验发现不符合约定的，承揽人应当及时通知定作人更换、补齐或采取其他补救措施。在第三方治理中，由于污染物构成比较复杂，双方应该约定污染物的成分，没有约定的，应符合国家的相应排放标准或者符合排污许可证规定的排放标准，如果第三方认为排污企业排放的污染物不符合合同约定或者法定的标准，他必须立即向排污企业提出，排污企业有义务对此加以回应与处理。③依约定或者法定要求完成承揽工作的义务。在第三方治理中，污染物的种类、浓度、总量都是需要双方约定的，承揽人必须按照相应的约定来进行治理。④接受定作人检验、监督的义务。由于排污企业要承担主体责任，

[1] 崔建远.合同法[M].北京：北京大学出版社，2012：539-548.
[2] 王泽鉴.民法概要[M].北京：北京大学出版社，2009：307.

排污企业对第三方的治理行为具有相应的监督义务，此时，第三方必须予以相应的配合。⑤物的瑕疵担保义务。物的瑕疵担保责任，指的是承揽人向定作人提交的工作成果不符合质量要求的，定作人可以要求承揽人承担修理、重作、减少报酬、赔偿损失等责任。主要是标准物的质量不符合法定或者约定的要求。其构成要件包括一是标的物有瑕疵，二是在法定期间内发现瑕疵。[1]在第三方治理中，主要指的是经第三方治理后排放的污染物存在一定的瑕疵。如果第三方治理的标的物不符合法定或者约定的标准，则应承担相应的责任。⑥迟延责任与不完全履行责任。指的是承揽人没有在约定的期限内完成承揽工作，包括未能按期交付工作成果，定作人有权要求请求其承担迟延履行的违约责任。[2]

（二）不同治理模式的责任分配

应该说，上面是从承揽合同一般属性的角度来讨论第三方治理的责任问题，然而第三方治理具有不同的模式，不同模式中排污企业与第三方的责任分配具有一定的区别。本部分将从具体模式的角度来认识双方之间的责任分配。

1. 托管运营模式的责任分配

在托管运营模式中，治理设施是由排污企业兴建的，第三方负责治污设施的维护管理与改造，并负责排污企业的污染治理。

排污企业的责任是：支付报酬的义务，即根据合同约定（包括污染物的浓度、总量和种类）支付费用；通知义务，即在排放污染物的过程中，如果出现了意外情况时，应及时有效地通知第三方，如果没有通知第三方，就存在过错；维护或给付义务，即当排放设施存在维修的必要时，需要排污企业进行维护或者支付维修的费用；监督义务，即对第三方的治理行为和维护管理治污设施的行为进行有效的监督。

---

[1]　黄茂荣.债法各论（第一册）[M].北京：中国政法大学出版社，2004：291.
[2]　崔建远.合同法[M].北京：北京大学出版社，2012：547.

第三方的责任是：受领义务，即按照约定接受排污企业排放的污染物的义务；通知义务，当发现污染物超出了约定的标准，必须及时地通知排污企业；接受排污企业的监督检查的义务；物的瑕疵担保责任和迟延履行责任，当没有按照约定完成治理责任，就需要承担相应的责任。

2. 委托治理模式的责任划分

在委托治理模式下，第三方负责建设治理污染的设施，享有这些设施的所有权，并负责对排污企业排放的污染物的治理。

排污企业的责任是：支付报酬的义务，即根据合同约定（包括污染物的浓度、总量和种类）支付费用，由于此种模式中治理设施由第三方兴建与维护，排污企业支付的报酬与托管运营模式存在不同，可以有两种方式：一是根据排放的污染物来确定报酬，二是另外规定治理污染设施的价格；通知义务，在排放污染的过程中，出现了相应的意外时，应及时有效地通知第三方；监督义务，即对第三方治理行为的监督检查。

第三方的责任：受领义务，接受排污企业的污染物的义务；通知义务，当发现污染物超出了约定的标准，有必要加以通知；接受排污企业的监督检查的义务，第三方应在合理的范围内接受排污企业对自己的监督；物的瑕疵担保责任和迟延履行责任，当没有按照约定完成治理责任，就需要承担相应的责任。

3. 集中治理模式的责任划分

在集中治理模式中，治理设施不处于排污企业之内，排污企业不能选择污染物的排放方式和处理的价格，也缺乏对第三方的监督能力。同时，由于集中处理模式中，各个排污企业的污染物会集中在一起处理，污染物会发生混同，此时的污染责任的区别就非常困难。

排污企业的责任是：支付报酬的义务，即按合同约定，根据污染物的浓度、总量和种类支付费用；通知义务，即在排放污染的过程中，出现了超出合同约定的情况时，排污企业应及时通知第三方。

第三方的责任：受领义务，接受排污企业污染物的义务；通知义务，当发现污染物超出了约定的标准，有必要加以通知；瑕疵担保责任，当没有按照约定完成治理责任，就需要承担相应的责任，但此时需要承担的是外部责任，而不是向排污企业承担相应的责任。

4. 分散治理模式的责任划分

在分散治理模式中，排污企业自己或者他人（包括第三方自己）将污染物运送到第三方的场所，第三方利用自己的设施加以治理，排污企业也可以自行选择第三方，污染物脱离了排污企业的控制。由于排污企业具有选择权，因此也具有对第三方进行选择的注意义务。

排污企业的责任是：支付报酬的责任，即根据合同约定（包括污染物的浓度、总量和种类）支付费用；选择第三方的义务，此时不是一般的选择义务，而是要尽到相应的注意义务，包括法定注意义务和一般注意义务；通知的义务，当自己排放的污染物与合同约定存在不一致时，应及时地告知第三方；监督的义务，即对第三方的治理行为加以监督，此时，排污企业不是尽到一般注意义务就可以了，而是需要尽到更多的注意义务，例如第三方是否具备相应的基本设施，能否按照约定进行治理等等。

第三方的责任：受领义务，接受排污企业的污染物的义务；物的瑕疵担保责任和迟延履行责任，第三方应按照合同的约定来治理排污企业的污染物，如果没有按照约定完成治理责任，就需要承担相应的责任；接受监督的义务，如果排污企业对第三方的治理行为进行检查监督，此时第三方应该予以相应的配合。

（三）排污企业与第三方之间的风险分担责任

第三方治理制度的内部责任主要依赖于排污企业与第三方之间的约定，但在实际中会出现合同约定以外的情形。如果在没有约定内部责任的情形下，一概要求排污企业承担外部责任，会影响排污企业对于第三方治理的积极性。[1]本部分认为，如果出现了双方合同约定以外的情形，应根据承揽合同的基本原理，并结合第三方治理的模式，来确定双方的责任。

1. 治理成本变化的问题

排污企业委托第三方对污染物进行治理时，在合同中约定了一个价格，但合同约定后，例如人工、材料或者电价发生变化，会导致整个的治理价格出现变化。此时成本由谁承担，需要根据不同的情况来加以处理。如果双方没有约定价格变化问题，但治理价格发生了较大变化，可以适用情势变更原则来处理；如果治理价格只是发生了一般的变化，则需要根据第三方治理模式来进行处理：在托管运营模式下，增加的成本应由排污企业承担，因为治污设施属于排污企业所有，从根本上说，治理责任还是由企业承担，第三方的角色相当于管理者；在委托治理模式下，由于治污设施由第三方所有，增加的成本更应当由第三方承担；在集中治理模式下，主要实行的是政府指导价，此时的价格也主要由政府指导价决定；而在分散治理模式下，由于污染物已经脱离了企业的控制，更应该由第三方自行承担。

2. 企业未按约定排放污染物的问题

排污企业未按约定排放包括两种情况，一是排污企业超出了约定的浓度、总量和种类排放污染物，二是排污企业低于约定的浓度、总量和种类排放污染物，当然也包括复合情况，即有些指标超出约定标准排放，有些指标低于约定指标排放。如果双方的合同对此没有约定，则要考虑第三方成本问题。如果排污企业超出约定标准排放污染物，第三方要达标排放，就必然会提高治理成本，此时成本应由排污企业承担。如果排污企业低于约定的标准排放，由于集中处理模式和分散处理模式，都是根据排污量来收费的，节省的成本属于排污企业，这

---

[1] 滕卉荣.三难题考验环境污染第三方治理［N］.中国纺织报，2015-2-2（1）.

是没有问题的。在托管运营模式和委托治理模式下，如果企业是低于约定的指标进行排放，按一般原理来看，应该减少排污企业的收费，但如果第三方已经按合同约定进行了相应的准备，并支付了相应的费用，则需要按照缔约过失的规则来处理，适当地由排污企业承担相应的费用。

五、第三方治理内部责任对外部责任的影响

在第三方治理制度中，存在内部责任与外部责任这两种不同性质的责任，但外部责任的承担是与内部责任相关联的，内部责任决定着外部责任。前面主要论证的是内部责任，本部分将在此基础上研究第三方治理的外部责任问题。

（一）第三方治理中的行政责任

当经第三方处理后的污染物超出国家规定排放时，就需要承担行政法律责任。此时，应由第三方承担责任，还是由排污企业承担责任？从前文的论述来看，应由排污企业承担主体责任，但这种责任具体是什么，并不明确。有的学者认为：由于作为委托人的企业和作为合同相对人的环境服务商之间是合同关系，环境服务商为其服务瑕疵承担违约责任；与此同时，作为行政管理的相对人，排污企业同时需对因环境服务瑕疵所产生的环境污染承担接受行政处罚的义务。[1]这一观点也没有对排污企业与第三方之间的关系进行划分。本部分认为，应根据排污企业是否按照与第三方的约定来排放污染物，并结合第三方治理模式来具体分析：

1.排污企业按照合同约定排放污染物时的责任分配

在托管运营管理与委托治理模式下，由于污染物还在企业的内

---

[1] 鄢斌，李岩.合同环境服务法律责任竞合初探［J］.环境经济，2014（4）：51-53.

部，因此，企业仍然要承担违法的责任，当然，企业受到制裁后，可以向第三方要求其承担违约责任。而在集中治理模式和分散治理模式下，企业的污染物已经脱离了企业，交由指定的企业承担治理任务，应由第三方承担相应的责任，但如果排污企业将污染物交由不合格的第三方处理，则应由排污企业承担相应的行政责任。

2. 排污企业超出合同约定排放污染物的责任分配

在托管运营模式和委托治理模式下，由于排污行为和治理污染的行为都是在企业范围内进行的，如果排污企业超出合同约定排放污染物，而第三方也没有做到达标排放，此时超标排放的责任由排污企业承担。在集中治理模式和分散治理模式下，由于排污企业的污染物往往与其他企业的污染物是混合的，此时只能追究第三方的行政责任，再由第三方追究排污企业的违约责任；当然，也可以由行政机关追究排污企业向第三方交付的污染物超标的责任。

（二）第三方治理中的民事责任

在第三方治理制度中，如果经第三方处理后的污染物造成了环境侵权，则需要在排污企业与第三方之间确定民事责任。主要依据的法律规范是《侵权责任法》第十条"二人以上实施危及他人人身、财产安全的行为，其中一人或者数人的行为造成他人损害，能够确定具体侵权人的，由侵权人承担责任；不能确定具体侵权人的，行为人承担连带责任"和《环境保护法》第六十五条"在有关环境服务活动中弄虚作假，对造成的环境污染和生态破坏负有责任的，除依照有关法律法规规定予以处罚外，还应当与造成环境污染和生态破坏的其他责任者承担连带责任"。具体而言，应根据排污企业是否按照与第三方的约定来排放污染物，并结合第三方治理模式来加以处理。

1. 排污企业按约定排放污染物情形下的环境侵权

在托管运营模式和委托治理模式下，由于污染物是从排污企业排

出的，仍然要追究排污企业的责任，如果第三方没有按照约定来加以
治理，存在《环境保护法》第六十五条的情形，则第三方应承担连带
责任；而在集中治理模式和分散治理模式下，如果排污企业按照约定
进行了排放，则应由第三方承担责任，但如果排污企业在选择第三方
时存在过错，则应与第三方一起承担连带责任。

2. 排污企业超出约定指标排放污染物情形下的环境侵权

如果排污企业没有按照合同约定来排放污染物，造成了环境侵权，
则主要追究排污企业的责任。在托管运营模式和委托治理模式下，由
于是在企业范围内进行的治理，企业具有更多的监督责任，而且由于
企业没有按照约定进行排放，此时应追究排污企业的侵权责任；如果
第三方存在弄虚作假的情形且对环境侵权具有影响，也应追究第三方
的连带责任。在集中治理模式与分散治理模式下，如果排污企业是超
出约定指标排放，即使排污企业的污染物与其他企业的污染物是混同
的，也应该追究排污企业的连带责任。

第七章　第三方环境规制

　　早期的环境法，授予行政机关环境管理职权，由行政机关通过执法来监督企业遵守环境法，或者由司法机关来加以实施，这些措施都属于公共实施或公共规制。但环境事务的复杂程度不断增加，仅仅依赖行政机关的规制无法满足环境规制的要求，而且在环境规制中，普遍出现了"规制俘获"现象，"规制失灵"成为提高环境保护绩效的严重阻碍。于是，通过其他主体的参与来实现环境多元共治，实现环境善治就成为环境规制的不二选择。在多元共治中，社会自我规制就成为一种重要的规制形式。社会自我规制，又称社会自制，指的是国家利用社会私人主体的自律性行为间接达成规制目的的手段，用以协助国家完成公共任务的形式。[1]因此，社会自我规制也可以称为私人规制，目前私人规制的主要方式有：规则和标准制定；监督法律、规则和标准的实施；认证和惩戒等。[2]社会自制包括企业的自制、社会组织的自制，社会组织的自制则呈现出非常多样性的形态。就企业自制而言，主要体现为企业实现合规守法甚至是超越法律的要求，例如"卓越者计划""领跑者制度"，企业实行比法定标准更加严格的标准，达到更加良好的治理目标。可以说，企业自制已经超越了传统的行政规制的思路与路径。在现代多元治理的背景下，社会主体对环境治理的参与促进了环境治理的有效性，实现了治理的多元化和现

---

　[1]　高秦伟.社会自我规制与行政法的任务［J］.中国法学，2015（5）：73–98.

　[2]　胡斌.私人规制的行政法治逻辑：理念与路径［J］.法制与社会发展，2017，23（1）：157–178.

代化，有利于环境治理的良性互动。作为社会自我规制的一种形式，第三方规制得到了迅速的发展，成为环境治理中的一个组成部分。

一、第三方环境规制的兴起

与其他国家一样，我国传统环境规制主要依赖于行政机关和司法机关，也属于公共规制。虽然环境治理中非常重视公众参与的功能，但公众参与的主要功能是保障公众的程序性权利，例如听取公众的意见、接受公众的举报等等，公众参与还不具有环境规制方面的制度性功能。随着社会的发展，我国的第三方规制不断涌现，并且呈现出多种形式：

（一）第三方环境规制的形式

1.第三方环境监测制度

过去的环境监测机构属于环保部门的下属事业单位，主要从事公共环境的监测业务，对企业的监测较少，对于企业的环境监测主要依赖于一般的在线监测设施和环境监察部门执法监测。环境监测事业改革后，不仅可以由第三方环境监测机构来对公共环境质量进行监测，而且也可以由第三方环境监测机构来对企业的环境排放进行监测，当然，企业也可以委托第三方监测机构对本企业的环境数据进行监测。此时，第三方监测对于行政机关了解环境质量和企业环境状况具有直接的影响。经过几年的实践，我国环境监测市场已经逐渐形成，政府可以通过购买公共服务的方式获得第三方监测，形成了相对完善的环境监测的市场机制。例如，浙江省台州市椒江区以政府购买服务的形式，引入第三方环保监督机构，实现对涉污企业的精细化规制。检测技术人员对企业开展地毯式排查，并做好记录。[1] 这种监测方式，

---

[1]　陈霜.椒江将第三方引入环保监督：以政府购买服务形式，实现对涉污企业的精细化规制［N］.中国环境报，2016-05-27（7）.

可以有效地对企业排污行为进行实时的监控，一方面，弥补了环保部门能力的不足，增强了监测能力；另一方面，又发挥了市场机制的作用，从而更加有利于提高环境治理的绩效。

在环保部门委托第三方环境监测制度中，形成了三种不同的法律关系：一是环保部门与监测机构之间的关系，一种委托合同，主要是一种公务委托，但监测机构只是获得相应的证据，并不能直接对违法行为进行处罚。环保部门与监测机构之间的争议，主要是行政协议订立时，环保部门能否公平地对待不同监测机构的问题，即招投标的公平性问题；在行政协议履行时，主要是监测机构是否正确履行监测职责的问题。二是环保部门与企业之间的关系，环保部门根据监测机构获得的证据来对是否违法进行判断，并对违法行为进行处罚。如果存在法律上的争议，分为事实方面的争议与法律方面的争议，事实方面的争议是解决证据的三性问题，而法律方面的争议是争议法律适用问题。三是监测机构与企业之间的关系，主要是企业是否需要协助监测机构调查取证的问题，第三方监测机构具有与环保部门相同的权力，企业应协助第三方监测机构执行职务，否则会承担相应的法律责任。当然，第三方监测机构也应保证其监测行为程序上的合法性，同时为企业保密，否则也会构成对企业权利的侵犯，应承担相应的责任。

在企业委托第三方环境监测制度中，则是企业与第三方监测机构之间、环保部门与第三方监测机构之间、环保部门与企业之间的法律关系。此时，第三方监测机构的监督数据是企业的内部数据，环保部门主要是监督企业的合法性问题。当然，也会监督第三方监测机构是否正确履行职责的问题。

2. 第三方环境认证制度

随着现代企业的标准化、科学化治理体系的发展，各种认证市场也日渐发达，国际认证已经形成了一个庞大的体系。企业认证制度已经相对成熟，成为对企业进行社会评价和市场评价的有效方式。在环境认证方面，主要是 ISO 14000 环境质量认证体系。这一体系对企业环境管理制度进行了非常具体的规定，而这种环境管理制度对企业守法可以起到良好的促进作用。通过环境认证，也可以发现企业在环境管理方面存在的问题，为企业提高环境守法程度、促进环境治理提供有效的保障。第三方认证机构，是一种相对独立的社会组织，具有专业性和技术性，同时还要受行政机关和其他社会组织的监督，具有较高的独立性和公正性。更加重要的是，随着认证制度不断发展，获得认证的企业会在市场机制中得到更多的收益。例如在绿色供应链的体系下，许多跨国公司对供应商具有环境认证的要求，获得认证的企业会在市场中占有相对有利的地位。这也是一些企业积极参与环境认证的内在动力。

第三方认证在其他部门中已经有了强制性的规定，例如在药品认证、原产地认证方面，但在环境认证方面，我国还没有强制性的要求，主要是一种市场的要求，依赖于市场驱动。在第三方认证制度中，认证机构与企业之间是一种单纯的合同关系。但现代认证已经成为一种体系，企业要获得市场的认可，往往必须接受认证体系的要求，同时，认证体系又承担了较多的规制功能。环境认证体系中，认证标准的制定、认证程序、认证内容等等，都对企业产生了巨大的影响，而认证体系中的撤销认证、暂停认证等，对企业声誉和利益也可能会产生巨大的影响。

因此，自愿性认证也不完全属于民事法律关系，仍具有一定的公共管理职能，这就使认证制度具备了社会管理权、公共权力的性质，也就需要重视这一制度的正当法律程序问题。在公共事务中，公共管理职权的履行应保障相对方的正当权益，遵守正当法律程序的要求。例如注重对事实的查明，还要通过程序平等、说明理由、信息公开等制度保障认证活动中当事人的权益。例如，针对不同的企业，掌握统一的检查标准，一以贯之地把握风险管理要求，统一风险评估尺度，平等地对待不同当事人。[1]

3. 第三方环境审计制度

环境审计也是一项新兴的环境规制制度。值得注意的是，关于环境审计的概念与范围，各国之间存在较大的差异。例如有的观点认为：环境审计是国家审计机关、社会审计单位和企业内部审计部门三个审计组织接受被审计单位委托或授权，对被审计单位的环境活动进行审计。主要关注企业的环境控制系统是否有效，环境保护资金的使用是否恰当，以及对有关环境法律法规的执行是否合规、合法。[2]而美国联邦环保局对环境审计的定义是："对受环境法律法规管制的联邦各机构、各州政府、各公司等单位进行的一个系统的、定期的、客观地评估和审查，记录评估和审查情况并形成审计报告，以保证各单位的业务运行和实践活动满足环境要求。"环境审计报告包括分析、结论和建议。[3]另外，在一些西方国家，环境审计有着更为广义的内容，事实上是环境管理的一个内涵丰富的分支。[4]从上述的环境审计可以看出，广义的环境审计，与环境认证制度非常接近，甚至是环境认证制度的一种类型。在我国，更多地采取狭义的环境审计概念。因此，本部分主要从狭义的角度来研究环境审计制度。

在现代环境治理中，环境审计发挥着越来越重要的作用，可以在源头对企业的环境管理行为进行分析与判断。从强制程度来看，环境审计可以分为强制性审计与自愿性审计。强制性环境审计是指国家根据法律的要求，对企业的环境管理行为所进行的审计；而自愿性环境审计，是指企业根据自身的意愿而开展的审计。强制性环境审计也是环境治理的一个组成部分，但本部分主要从第三方规制的角度来研究环境审核，强制性环境审计具有环境行政规制的特征，不属于本部分

---

[1] 宋华琳.行政法学视角下的认证制度及其改革：以药品 GMP 认证为例［J］.浙江学刊，2018（1）：65-76.

[2] 狄雅肖，傅尧.借鉴外国先进经验完善环境审计制度［J］.经济论坛，2016（10）：149-152.

[3] 裴相斌.环境审计：美国环境管理重要一环［N］.中国环境报，2016-06-30（4）.

[4] 耿建新，房巧玲.环境信息披露和环境审计的国际比较［J］.环境保护，2003，31（3）：47-51.

研究的第三方规制。本部分研究的第三方环境审计，是一种自愿性环境审计，与环境认证制度具有相当大的相似性。当然，两者也并不完全相同，而是各有其特点与功能。

作为第三方规制的环境审计，具有其鲜明的特征。即企业与审计机构之间完全是一种合同关系，是基于合同的一种治理方式。当然，现代法律对企业施加了越来越多的义务，一些审计行为，也是基于法律的要求。例如，法律规定企业在证券发行时、在获得财政资助时，都需要按要求进行环境审计。此时，环境审计就具有强制性。在这种情况下，企业与第三方审计机构之间仍然是一种民事合同关系。因为，企业具有一定的选择性，即选择审计机构，而且可以对审计的内容进行判断与选择。这就具有了民事行为的特征，双方主要是依据合同来确定其权利义务关系。

4.第三方环境评估制度

当企业与其他主体发生经济联系时，为了保障交易安全，其他主体有时需要对企业的环境状况进行评估，这就产生了第三方环境评估制度。现代企业需要进行各种形式的环境评估，环境认证其实也是一种环境评估，当然环境认证比一般的环境评估更加严格与规范，企业环境评估可以更加灵活。这方面的法律，比较典型的是美国《超级基金法》，该法要求所有相关主体要承担土地污染责任，因此在土地交易中，购买人就会对土地的污染情况进行调查，这就是一种环境评估，这不仅有利于交易安全，也有利于土壤污染问题的防治。美国有一个实例，可以很好地反映这一制度的功能。某一个开发商要建造一个豪华公寓，开发商的赞助者坚持要有环境审计报告。在环境审计过程中，发现准备开发的土地已受到水银和其他有毒物质的污染，为了避免可能带来的法律责任，开发商就放弃了这一开发计划。[1] 从该事例可以看出，开发商对于土地的环境状况的调查，避免了后面可能面临的

---

[1] 岳世忠，杨肃昌.国外环境审计与环境报告的发展 [J].兰州大学学报（社会科学版），2008，36（6）：113-117.

环境责任，是商业活动中值得重视的环节。

在绿色金融的背景下，银行需要根据企业的环境状况来确定双方的信贷关系，不仅包括企业的环境管理体系或者是守法状况，甚至要对企业过去的环境守法情况进行评估，这些评估是银行对企业进行贷款或者其他金融活动的基础。例如，为贯彻《社会信用体系建设规划纲要（2014—2020年）》（国发〔2014〕21号）、《关于加强企业环境信用体系建设的指导意见》（环发〔2015〕161号）等政策精神，中国环境保护产业协会于2018年11月21日首次发布了《环保企业信用评价指标体系》（T/CAEPI 15-2018）[1]，根据企业的环境信用来确定其从事经济活动的资格，这会影响到企业的贷款与企业的政府采购能力，对企业也有直接的影响。

在我国，由于法律并没有相关的规定，在责任承担方面不够成熟。近几年曾经发生过的毒地交易中（例如武汉的毒地被开发成住宅、常州的毒地被开发成学校），相关主体应承担什么责任并没有统一的标准。同时，这种现象也说明在土地交易活动中，对相关的土地进行环境评估的重要性。与之类似的是在其他商业活动中，也需要重视对交易对象的环境评估问题。例如我国最近发生的福建省绿家园环境友好中心诉宜城市襄大农牧有限公司公益诉讼案中，原告发现被告公司违反该项目环评报告和批复规定造成了污染；同时发现农行宜城市支行、宜城农商银行违反贷款人合规审查义务，向被告发放流动资金贷款，支持其违法生产，导致污染扩大、持续，存在过错，因此将两家银行也列为被告。[2]这也说明，环境评估制度具有明确环境责任的功能。

在环境评估制度中，一般是根据对方的要求，企业委托评估机构来对自己的环境状况进行评估，也可以是相对方直接委托评估机构来对企业的环境状况进行评估。这都会涉及三方法律关系，这三方关系中，主要是根据委托合同来确定其权利义务。以银行贷款业务为例，

---

[1]　刘秀凤.环保企业信用评价有了指标框架［N］.中国环境报，2018-12-04（7）.

[2]　王玮.两银行向违法排污企业贷款成共同被告［N］.中国环境报，2018-08-15（8）.

银行可以依赖企业相关的环境认证和环境审计来进行判断，也可以直接对企业的行为进行环境评估或专项评估，这样可以对企业的环境守法状况进行有效的监控，不仅可以决定是否给予企业贷款，还可以对企业的环境守法起到促进作用。同时，银行也可以避免可能带来的法律风险，保证自身利益不受关系企业在环境守法方面存在的风险的不利影响。

其他一些环境法律制度，例如，环境影响评价制度，也可以起到第三方环境规制的功能。环境影响评价制度主要是对企业的建设项目进行的一种分析判断，并没有环境规制功能。但由于环境影响评价是在企业开发利用环境行为之前，对企业可能存在的环境问题进行评估，提出可能存在的环境风险，并提出相应的整治要求。这些对企业环境利用行为具有较好的预防作用，而预防作用是第三方环境规制的一项重要功能。但由于这是一种相对独立的机制，本部分并不将之作为第三方规制来加以讨论。

（二）第三方环境规制存在与发展的原因

1. 行政规制和企业自制的失灵

在现代环境治理中，特别强调不同主体的治理责任，包括政府的环境规制责任和企业的环境主体责任。政府的环境规制责任，主要是行政规制问题；而企业的环境主体责任，是企业的自我规制问题。政府的环境规制责任，是政府的环境职责与职权，要求政府履行积极的责任，但现代环境治理实践证明，政府环境规制失灵是非常普遍的，主要表现为政府受到环境规制对象的俘获、政府为了经济发展而忽视环境保护；而企业的环境主体责任开始强调的是不断加大对企业环境违法的制裁力度，是一种以制裁威慑为特征的责任体系，随着社会的发展，企业环境责任已经转化为企业的自我环境规制，强调以调动企业的积极性来实现有效的环境治理。但正如政府失灵一样，企业自制也会失灵，这就出现了另外一个问题，即需要加强对企业自制的监督，实现"后设规制"[1]。而第三方规制的出现，可以对行政规制失灵和企业自制失灵进行矫正，实现全方位的更加有效的环境规制。

2. 行政规制能力不足

政府规制是为了解决私法自治的弊端而出现的，因为私法自治造成了经济行为的负外部性，需要通过政府规制来纠正其负外部性，因此现代经济法或环境法都强制环境保护的政府规制。现代环境规制的任务与压力不断加大，对政府规制的要求也越来越高，但政府规制的能力是有限的。在现代环境治理中，政府的规制能力是一个不可忽略的问题，不仅取决于政府的环境保护意识与态度，也取决于政府的财政能力。由于现代政府不仅具有环境保护任务，而且也具有其他社会任务，例如教育、医疗、国防等，这些都需要大量的资金投入，环境保护只是财政支出的一部分。如果没有足够的投入，政府的能力是无法保障的。面对成千上万的企业，环保人员的数量是有限的，环境规制能力总是不足的。如果仅仅依赖于政府的环境执法来实现良好的环境守法结果，是非常困难的。政府当然可以通过增加执法频率、罚款和刑事责任来提高遵守率，但这需要成本。[2]即使在环境比较发达的国家，环境违法率也是非常高的。而利用第三方的规制，可以较好地解决政府能力不足的问题。由于第三方组织数量巨大，存在不同的形式，而且具有全过程、全方位监督的优势，对政府规制能力是一个有效的补充。

3. 企业自身发展的需要

在现代社会，企业面临的环境保护压力越来越大。企业不仅面临着环境守法的要求，也面临着提高社会影响、维护社会形象的任务。随着社会的发展，整个社会也越来越重视企业社会责任问题，一些国家甚至对企业社会责任立法，将之作为法律上的要求。重视企业社会

[1]　高秦伟.社会自我规制与行政法的任务[J].中国法学，2015（5）：73-98.
[2]　詹姆斯·萨尔兹曼，巴顿·汤普森.美国环境法（第4版）[M].徐卓然，胡慕云，译.北京：北京大学出版社，2016：63.

责任已经不仅是一种立法要求，慢慢地也成为许多大型企业的内在自觉。重视环境保护，也是企业社会责任的一部分。越来越多的企业通过"企业年度社会责任报告"，向社会公开自己在社会责任包括环境保护方面取得的成就。但仅仅由企业来加以公布，其可信度会受到一定影响。而如果通过第三方认证来加以明确，则可以确保其公布信息的权威性。第三方环境规制中的许多内容，都涉及到企业社会责任问题，通过第三方认证而加以公布的内容，相对更加公正和权威，也更具有说服力，可以为企业获得更多的社会认可。不仅如此，现代环境治理和经济体系，也往往将经济活动与环境认证认可结合在一起，只有满足一定的条件才可以从事相应的活动，例如在政府绿色采购、跨国企业绿色供应链等经济活动中，作为供应商的企业，必须获得相应的第三方认证认可，才能获得相应的供应资格，而这能给企业带来巨大的利益。另外，获得相关的认证，也可以对企业市场销售产生影响，例如家电能耗标志，对企业也具有潜在的影响，能耗较低的产品，就可以在绿色消费中占据优势地位。

4. 与企业进行交易的相对方，日益重视企业的环境状况

通过第三方认证，相对方可以更好地处理与企业之间的经济活动。现代环境法律制度，规定了较长的环境责任链条，通过扩大责任主体，实际上也扩大了监督主体。例如，银行机构面对的法律风险较大，它们可以通过环境评估来降低法律风险；更不用说证券行业对企业环境状况的重视，更是一种法律上的强制性要求。这些方面，有效地推动了第三方环境规制的发展。

二、第三方环境规制的原理

（一）第三方环境规制作用方式

与行政规制与企业自制相比，第三方环境规制具有间接性。主要

体现在：①规制方式的间接性，例如环境认证并不直接规定违反者的责任，只是对企业的行为是否符合要求作出确认。②作用机理的间接性，例如是通过环境信息披露的方式来发生作用，即只公开相关的环境信息，然后由其他主体根据这些信息作出评价，对企业产生影响。③法律责任的间接性，例如环保部门委托的第三方环境监测，第三方只获得相应的数据，对违法企业的责任认定，则只能由行政机关作出。具体而言：

1. 主要利用环境信息披露的方式

第三方环境规制，主要是利用环境信息的规制功能。第三方认证、监测、审核、评估，通过对企业的环境管理制度和环境守法历史与现状来进行评价，这些都属于企业的环境信息。环境信息在环境治理中具有基础性作用，无论是政府环境规制还是第三方环境规制，都可以根据环境信息来发挥规制功能。从政府角度看，政府可以将其掌握的环境信息作为规制的工具。一方面，环境信息是政府作出环境决策的依据；另一方面，环境信息是政府作出具体行为的依据，例如，政府利用其掌握的环境信息来对企业进行制裁，此时的环境信息是行政行为的事实依据即证据。从第三方环境规制看，环境信息也可以作为一种社会的规制力量，即利用现代社会对环境问题、企业环境守法问题的关心，向企业传递环境压力。这种压力可以促进企业改进环境质量，提高环境守法的比例。企业环境信息也可以在市场机制下发挥作用，即企业利用其正面环境信息来获得市场优势。因此，第三方环境规制依赖于环境信息的功能，具有一些独特的优势，即利用环境信息的弹性、灵活与低成本的优势。

2. 利用潜在的强制性因素

第三方环境规制主体，不具有公权力，但实质上仍然具有一定的强制性。虽然这种强制性与国家的强制性并不相同，但仍然具有强制性的一些基本特征，正是基于这样的强制性因素，第三方环境规制才具有了实质性的规制效果。除了通过信息披露方式来实现规制目的外，第三方环境规制也具有一定的强制性因素。例如在绿色供应链中，企业环境认证就是一项基本的要求，而企业的环境认证对于企业获得相应的市场地位具有重要的作用，最典型的是 ISO 14000 环境质量认证体系。虽然这种认证具有自愿性，但由于这一认证是一种国际体系，在许多国家和行业中具有较高的认可度，企业要从事相关的商业活动，就必须接受这一体系的认证，这实质上就具有潜在的强制性。同时，国际性认证组织具有一定权威性，可以对企业的行为设定标准，然后根据标准进行审查认证，如果企业存在其他违法的情形，则可以对企业进行一定的制裁，例如剥夺企业已经获得的认证。所以，虽然企业是否参加纯属自愿，不是一种强制性要求，但实质上具有内在的强制性。

3. 第三方环境监测负责提供证据

整体而言，第三方环境规制是建立在企业自愿的基础之上的，但在环保部门委托的第三方监测制度中，企业的自愿性较弱。这体现在：一是第三方监测具有一定的强制性，因为第三方监测是一种行政委托行为，当然是一种中性的行政委托，行政机关只委托第三方监测机构采集与分析相关的环境数据，并不委托第三方监测机构作出行政决定。即使这样，第三方监测也具有一定的行政性。第三方监测机构具有了相对高的权威，企业无法选择或拒绝第三方的监测，相反还必须加以配合，否则会面临相应的处罚。二是第三方监测机构只负责获得并分析相应的环境信息，也就是说，第三方监测机构获得的环境信息是作为证据使用，并且是提交给环保部门使用，本身并不直接加以利用。因此，第三方的行为也具有了间接性，只是间接地对企业的责任产生影响。

（二）第三方环境规制的实质

1. 第三方环境规制是针对企业环境行为的评价

对企业环境开发利用行为的判断包括许多方面，例如行为、制度、理念等等，这些方面对于企业环境开发利用行为的结果，都会产生影响，也直接关系到整个社会的环境保护的绩效。

政府对企业的环境规制主要是一种行为规制，而第三方环境规制则涉及到对企业开发利用行为的全面规制，即使对企业环境管理制度的审查认证也具有规制功能。最典型的是各种环境认证制度，环境认证需要对企业环境管理制度、企业环境观念与企业的环境开发行为进行全面的审查；而银行业的环境审查，不仅是对企业当前行为可能的环境风险进行审查，还会对企业过去存在的环境违法记录进行审查，以发现企业可能具有的环境风险；环境审计不仅是审查企业的环境管理制度，还会对与财务相关的环境开发利用事项进行审查与认定。这些监督方式，极大地弥补了行政规制仅仅局限于企业当前是否存在违法现象这样的一般性监督的不足。因此，如果说行政规制主要针对的是企业当前可能的环境违法，是一种结果审查模式；那么，第三方环境规制，则具有动态性、历史性和系统性，通过全面而深入的审查方式，大大强化了企业的环境意识、促进了企业环境保护制度的建设，可以从源头上实现环境保护的目标，与政府的环境规制职能形成了良性互动关系，提高了行政规制的绩效，弥补了行政执法能力的不足。

2. 第三方环境规制具有一定的公共规制职能

企业的环境开发利用行为具有一定的负外部性，无法依赖私人之间的法律制度来加以调节。环境是一种公共产品，而为社会提供良好的公共产品是政府的基本义务，环境保护具有典型的公共事务的特征，对企业进行环境规制是政府的公共职能。但由于现代公共事务非常繁杂，政府在这方面也会有力不从心之感。在这一背景下，现代的全能政府向有效政府过渡，政府承担担保责任。政府的一部分公共职能向其他社会主体转移，这样可以发挥不同社会主体的功能，通过社会主体的作用来保证一些公共职能的实现。具体而言，就是利用大量中介组织来实现规制职能。随着社会的发展，各种中介组织大量出现。这些中介组织，利用其专业性与效率性的优势，服务于社会，消除了公共服务完全由政府承担的弊端。由于环境保护具有强烈的专业性、技术性和政策性，需要大量的社会组织参与其中，实现环境规制的公共职能。虽然这些中介组织具有转移社会管理职能的功能，但其运行仍然具有市场选择性与社会竞争性，这些组织的行为主要是一种市场行为，只是政府将这一市场机制加以利用，实现其社会职能。在市场经济条件下，利用市场机制来实现一定公共职能是一种发展趋势。在环境保护领域，西方国家甚至兴起了市场环保主义的思潮，这一思潮正是基于市场机制的内在特性而发展的。在我国的生态文明建设中，也提出了几种机制，而生态文明市场机制也是一个重要的组成部分。

从前面的论述可以看出，第三方环境规制具有一定的公共职能。而第三方环境规制的性质，直接影响到其发展路径和规范需求。从规范主义角度而言，第三方环境规制是现代公共环境管理权的一种转移与替代；从功能主义角度而言，第三方环境规制是替代或帮助行政规制的行为。具体而言，现代行政主体不仅包括行政机关，还包括法律法规规章授权组织。在这一框架下，一个社会组织，例如本部分中的第三方环境规制组织，如果根据法律法规规章授权进行公共管理活动，就具有了行政主体的资格。但从目前第三方环境规制组织的类型来看，一些组织并没有法律法规规章的授权，并不依赖于法律法规规章的授权，企业的参与是自愿的行为。例如，环境审计、环境认证、银行业的环境评估，一般没有法律的要求，主要是一种单纯的市场行为，无法利用行政主体理论、行政授权理论来对其行为进行解释，将这类行为界定为对公共事务的管理权。虽然一些法律强制要求企业必须进行一定的环境审计或环境评估，特别是在银行业和证券业方面，还有一些法律，例如美国的《超级基金法》虽然没有强制要求对企业环境守法等情况加以评估，但由于其规定了连带责任，也间接要求交易方对相关企业进行环境守法等情况的评估。但即使这样，第三方环境规制与一般行政规制也有明显的区别，主要体现在强制性和管辖权方面的不同。在一般的行政行为中，当需要对企业行为进行调整与评判时，只有具有管辖权的部门才能予以处理；而在第三方环境规制中，除了环保部门委托的第三方监测具有一定的强制管辖权外，并没有管辖方面的强制性要求，所以，第三方环境规制并不具备行政管辖权的特征。企业对环境规制第三方的选择，具有一定的自主权。例如法律可以要求企业进行环境审计，但企业对审计机构却具有选择权，当企业在环境审计、环境认证方面对第三方组织具有选择权时，这与一般的环境行政就有了明显的区别。

当然，环保部门委托的第三方环境监测具有一定的特殊性。第三方监测主要是受行政机关的委托或者是购买公共服务而获得，这一行为不是行政授权，而是行政委托。"合同环境服务"的实质意义在于其公共性的视角，即将环境公益性、环境公共利益的追求作为第一目标，将价值理性与工具理性的统一作为相关制度设计的出发点与落脚点。[1] 由于是为了公共利益而服务的，并且基于行政委托而产生，此时，环境监测机构具有与行政主体行使相同职能的性质。第三方监测虽然并不直接对违法的企业作出一定的行政处理，但这一监测结果对企业可能会产生直接影响。

3. 第三方环境规制体现了公私合作的规制理念

第三方规制是一种典型的公私合作治理形式，公私合作是现代多元共治时代的发展需要。在我国强调国家治理体系和治理能力现代化的时代，需要完善治理体系、提高治理能力，而通过公私合作，可以极大地调动不同社会组织的积极性和创造性，完善治理体系、提高治理能力。在公私合作背景下，私人主体可以实现更多的功能。在环境保护方面，私人主体可以设定标准、实施标准与执行标准，可以与行政主体协商制定标准，也可以提出更高的标准要求。公私合作还可以体现为政府购买环境公共服务事项，典型的就是购买第三方环境监测

---

[1] 刘乃超. 中国合同环境服务公共性研究的三条进路 [J]. 中国人口·资源与环境，2014，24（10）：6-10.

服务，过去环境监测主要依赖环保部门的监测机构或者是企业自身的监测机构。但是效率，或者是可靠性方面存在一定的弊端，所以我国近年通过购买环境监测的公共服务，利用第三方监测来实现准确而及时的环境监测，从而实现公私合作环境治理。在其他方面，虽然主要是一种市场行为，但政府也通过一定的激励方式来促进第三方规制制度的发展。因为"第三方认证机构通常不具有行政权手中握有的工具箱，在认证过程中更需和被认证企业展开合作"[1]。因此，要促进与完善第三方环境规制的发展，除了市场机制外，还需要通过一定的激励机制来加以促进。例如，促进企业的审计与认证事业的发展、将合规行为作为一种法定的要求或者是执法的激励目标，促进企业更多地选择第三方规制。通过这些行为，实现环境治理的公私合作、公私合作的优势互补，实现环境治理目标。

三、第三方环境规制的制度要求

传统的行政规制，法律规定比较明确，主要围绕着行政机关与企业之间的权力（权利）义务来加以规范。与传统行政规制相比，第三方规制是一种新型环境规制，不仅涉及的主体众多，而且第三方规制中还会涉及专业性、合意性问题，同时第三方规制行为也具有类似于公权力的强制性，这些都与传统的行政规制存在较大的差异。因此，应根据第三方规制的这些特性，规范第三方规制主体的行为，保障第三方环境规制的良性发展。

（一）保障第三方环境规制的专业性

第三方规制主体都有专业技术要求，是一个非常依赖专业技术的行业。在第三方环境规制中，应重视其专业性的特点，保障其按照专

---

[1]　宋华琳.行政法学视角下的认证制度及其改革：以药品 GMP 认证为例[J].浙江学刊,2018（1）：65-76.

业性的要求开展工作。第三方环境规制的专业性，体现了科学性的特点，这种科学，不仅是一种自然科学，也包括社会科学。最典型的环境认证制度，就是一种综合性科学，具有非常强的专业性。当然，在强调第三方环境规制专业性的同时，也需要解决科学性与公众参与、科学性与行政政策等方面的问题。要实现其专业性，就需要建立健全各类标准，例如环境审计标准、环境认证标准、环境监测标准、环境评价标准等等，这些标准有些是国家标准，有些是行业性标准或者是国际性标准。为了保证其专业性，就必须不断完善标准和严格遵守标准，这是保证第三方环境规制有效性的基本条件。只有这样，才能保障第三方环境规制符合专业性的要求，实现环境治理上的科学与法律的结合。

（二）保障第三方环境规制的公正性

虽然大部分第三方环境规制行为并不直接对企业的行为进行处理，但第三方环境规制行为对企业环境保护却具有基础性功能。第三方环境规制行为客观公正，对于企业环境保护、企业环境意识的树立、企业之间的公平竞争都具有重要影响。只有保障第三方环境规制的客观公正，才能提高与保障环境治理的绩效。由于第三方环境规制主要是一种市场机制，具有市场所固有的弊端与缺陷，例如因过度追逐利益导致市场失灵。这种失灵不仅会导致传统市场经济中的市场失灵，而且会导致第三方环境规制这类市场行为的失范。环境第三方规制市场高度依赖于客观公正性，如果没有客观公正的市场机制，不仅无法实现有效的第三方环境规制，而且会导致比行政规制更加严重的弊端。

第三方环境规制失灵的主要表现是：一是为了获得利益，第三方顺从企业的要求，对企业的不规范行为网开一面。我国早期的环境影响评价制度就是这方面的典型，为了获得利益，我国环境影响评价机构往往不是对环评项目进行公正的评价，而是按照企业的意思来进行论证，为一些不合法环境开发利用行为提供科学上的"背书"。在环境认证方面也是如此，一些认证机构只是为了获得认证的报酬，对于企业存在的问题不予正视，存在认证不规范的现象。二是和政府规制一样，第三方环境规制也存在规制俘获问题。一些监测机构因为各种原因，例如接受企业的贿赂，满足环保机关的不合理要求，放松对企业监测的要求，对企业存在的违法行为不如实报告，导致环境监测数据失真，影响到环境规制的效果。三是不能公正地对待不同的企业，影响到企业之间的竞争，造成一些企业合法权益受到损害。在第三方环境规制中，不同的企业可能会同时参与到一定的第三方环境规制之中，此时公正对待每一个企业就是一个重要的问题。在环境规制中，应防止守法成本高、违法成本低的问题，如果不能公平对待不同的当事人，则很容易造成企业之间的不公平竞争，也会影响到环境保护的绩效。

因此，需要从制度上保证第三方环境规制的公正性。只有这样，才能在发挥第三方规制优势的基础上，促进其环境规制功能。

（三）保障第三方环境规制的合法性

为了保证第三方环境规制的客观、公正与有效，就必须加强对第三方环境规制的法律规范。通过规范第三方环境规制主体的行为，实现第三方环境规制的客观公正与高效便民。第三方环境规制的合法性问题主要包括：一是政府购买第三方环境监测的合法性，即通过正当合法的程序来进行招标投标，让进入监测市场的第三方主体能通过公平竞争来获得第三方监测资格，同时避免对这些主体监测行为的不正当干预。二是依法调整第三方环境主体与企业之间的关系。法律应当对第三方环境规制行为加以规范，企业可以自行选择第三方，这种选择是一种市场行为，但必须遵循法律的要求，例如选择符合相应资质的第三方。同时，法律规定第三方环境规制中的法律责任，如果违反了法律规定，不仅企业与第三方之间行为的效力会受到影响，相关主体还要承担相应的法律责任。三是保障第三方环境规制中参与主体的合法权益。第三方环境规制的合法性，还包括保护环境公共利益及相关主体的合法权益不受侵犯。在第三方环境规制中，基本的目标是以最小的代价获得环境公共利益，如果环境公共利益无法得到保证，第三方环境规制的正当性就会受到严重的质疑。在第三方环境规制中，还需要对不同主体的责任加以规范，保障不同主体特别是企业的合法权益不受非法侵犯。

（四）确保第三方环境规制遵循正当程序要求

正当法律程序是公法中的一项重要制度，可以有效地保障相对人的利益。现代公共权力对社会的影响越来越大，正当法律程序可以对公共权力起到有效的制衡作用。在第三方环境规制中，是否需要适用正当法律程序来保障相对人的合法权益，是一个非常有意思的话题。虽然第三方环境规制具有自愿性，更多具有间接的强制性特征，但在第三方环境规制中，企业往往与规制第三方之间形成了一种不对称的力量关系，如果第三方规制权受到不合理的适用，就会给企业造成巨大损害。例如第三方环境规制中的环境信息向社会公开后，无论是否准确，都可能对企业产生影响。从这些角度看，第三方环境规制与企业之间实质上形成了一种不对等的关系，具有公权力与私权利关系的特点。从权利保障的原理来看，就有必要利用正当法律程序来约束环境规制第三方的行为，保障企业的利益。第三方环境规制中的环境监测，其强制性更为明确，更需要通过正当的法律程序来加以规范。具体而言，第三方环境规制的规则和标准，应当符合公平和正义的要求，即符合实体性正当法律程序要求；第三方环境规制的行使和运行应当符合正当法律程序的要求，即不偏私、说明理由以及在作出对相对人不利的决定前听取当事人的陈述和辩解等。[1]只有满足了正当程序的要求，才能避免具有实质性规制权的第三方环境规制对企业造成严重的损害。

---

[1]　胡斌.私人规制的行政法治逻辑：理念与路径[J].法制与社会发展，2017，23（1）：157–178.

四、第三方环境规制的法治保障

（一）我国第三方环境规制存在的问题

与传统的环境规制相比，第三方环境规制的优势与劣势都非常明显。从优势方面来看，第三方环境规制体现了强烈的自愿性与全面性，是一种合作型环境规制，反映了现代环境多元共治的特征，不仅有利于提高环境治理的绩效，而且有助于减少环境规制成本，具有较高的比较成本优势。从劣势方面来看，第三方环境规制既可能存在行政规制的固有缺陷，也可能存在一定的法律风险。例如，私人规制以自愿和合同等私法要素为基础，私人规制者可能成为"独裁者"，对相关企业的影响过大；公法责任难以适用于私人规制，会导致公法退居私法之外；司法的功能在削弱，这一方面是由于传统行政法的影响，另一方面是由私人规制本身的专业性和自治性所决定的。[1]因此，必须加强对第三方环境规制的研究，促进其有效性与合法性。目前，我国第三方环境规制存在的问题主要有：

1. 第三方环境规制理论薄弱

我国关于第三方规制的研究还比较薄弱，对于第三方规制的一些基础理论研究不够。正如学者所言：缺乏对以合同为基础的私人规制的相关立法的规范，即使某些立法中所零星体现的私人规制已现端倪，但却缺乏对私人规制性质、地位和职权的界定。[2]主要表现在：首先，以自愿为主的第三方规制的性质是什么。一方面，企业基本上是自愿性的；另一方面，这种自愿性建立的基础是什么，是单纯的公共事务权，还是行业自治性权利（权力），另外，国际标准化组织行为是什么。其次，第三方规制的依据主要是企业与第三方主体之间的合同，但这种合同的性质是什么，是单纯的民事合同，还是兼有行政

［1］ 胡斌.私人规制的行政法治逻辑：理念与路径［J］.法制与社会发展，2017，23（1）：157-178.
［2］ 胡斌.私人规制的行政法治逻辑：理念与路径［J］.法制与社会发展，2017，23（1）：157-178.

合同性质，这种合同的法律效力是什么，应受到怎样的限制等等，都还没有界定。再次，在法律依据方面，国家法律如何介入的问题，从理论上说，第三方规制主要依据软法，而软法与国家法律的关系还需要加以研究。最后，在法律责任方面，第三方规制的法律责任出现了重大变化，法律责任的性质，是公法性质的责任还是私法性质的责任，都产生了新的变化。

2.第三方环境规制保障方式还较为薄弱

（1）第三方环境规制机构无法满足社会的需要。第三方规制制度，需要相对完善的第三方机构。第三方规制依赖于大量的具有专业能力与公信力的第三方组织，包括第三方监测机构、第三方认证机构、第三方审计机构、第三方评估机构等等。这些机构的充分发展，是第三方规制的基本条件。但我国第三方环境规制机构还不够发达，需要通过法律来促进其发展，解决第三方环境规制机构的数量和规范化的问题。

就前者而言，我国第三方环境规制机构特别是环境审计机构还远远不能满足社会发展的需要，环境审计需要涉及环境经济学、环境法学、环境管理学、社会学、统计学、工程学等方面的知识，环境审计的难度和广度对审计人员的素质提出了挑战。[1] 而我国还缺乏这样的由复合型专业人员组成的环境审计队伍。国家需要通过立法来促进环境审计机构的发展，满足第三方环境规制的需要。

就后者而言，我国第三方环境规制还需要提高其公信力。我国第三方规制的公信力不足，是一个普遍的现象。以环境认证制度为例，我国环境认证机构与企业之间相互串通的现象非常普遍。在环境审计方面，由于审计人才的缺乏，导致我国各级审计机关配备的审计人员仍以常规的会计、审计专业为主，严重缺乏资源环境专业方面的审计人才，加大了审计风险。[2] 这也影响到了环境审计的公信力。

---

[1] 狄雅肖，傅尧.借鉴外国先进经验完善环境审计制度［J］.经济论坛，2016（10）：149-152.
[2] 杨荣.浅谈如何破解当前我国资源环境审计的困局［J］.财经界，2015（29）：298.

（2）企业接受第三方环境规制的积极性不高。第三方环境规制是以企业自愿参与为主的规制活动，企业接受第三方环境规制的意愿直接影响到第三方环境规制的发展。如果没有足够的激励促进企业积极参加，第三方环境规制的发展就会受到制约。影响企业参与第三方环境规制的因素，除了成本之外，还有企业参与第三方环境规制后的利益保障问题。例如，企业参加第三方环境规制时，会涉及到许多的环境信息，包括企业的环境违法信息、作为商业秘密的企业环境信息。对于前者，如果主动公开这些信息，会导致政府的行政处罚，实际上是企业"自投罗网"的行为；对于后者，则会导致企业商业秘密的泄漏，引起企业的损失。因此，需要解决这些问题，激励企业积极参与第三方环境规制。同时，企业参与第三方环境规制也会增加成本，如果不能从其他途径获得补偿，也会影响到企业参与的积极性。

（3）需要解决第三方环境规制中的责任问题。第三方环境规制，涉及到多方面的环境法律关系。在这些法律关系中，如何确定不同主体的法律责任，也是影响第三方环境规制发展的一个重要因素。如果强化相关主体的法律责任，则可以促进第三方环境规制的发展。例如前述的银行贷款案，法院认为银行没有履行相关的注意义务，因此应承担相应的责任。这一判决对促进银行开展第三方环境评估起到了巨大的作用。由于法律在这方面还不够明确，必须加强这方面的研究与完善这方面的制度：一方面，需要重视不同主体之间的责任划分，防止违反法理，过多地追究不同主体的责任；另一方面，即使追究不同主体的责任，也应该重视保障这些企业的合法权益，特别是免责条款的适用。

3. 第三方环境规制可能会破坏规制目标和提高行政规制成本

第三方环境规制与行政规制之间会形成一定的补充与竞争关系，但如果处理不当，就会造成两种规制之间的冲突，影响到规制目标的实现，甚至会因此而增加企业的规制成本。另外，在法律责任方面，如果处理不当，也会增加企业的法律风险。正如学者所言："如果它们设计和运行不当，可能会破坏监管目标的实现，并给行政机关和被规制企业带来不必要的成本。"[1]

（二）第三方环境规制的促进与保障

1. 促进第三方机构的发展

整体而言，我国的第三方机构已经有了较大的发展，但与环境治理的实践需要相比，还存在较大距离。如前所述，在环境审计制度中，环境审计人员在结构与数量上还存在较大的差距；在环境认证和环境评估方面，也存在较大的差距。因此，促进第三方机构的发展，是政府的一项任务。当前，主要是培养更多环境第三方规制的复合性人才，由于环境审计和环境认证都要求从业人员具有较高的专业性，因此，人员的培养是基础性的环节。而从目前来看，主要是培养一些专业性和复合性的人才，快速满足不断增长的环境第三方规制的需要。

2. 鼓励企业积极参与第三方环境规制

在我国，第三方环境规制主要是企业的一种自愿行为，不具有法律上的强制性，需要通过一定的激励机制，来增加企业参与第三方环境规制的积极性。当然，除了通过一些激励性措施外，也可以通过法律责任和法律强制性规定的方式来促进企业的参与。例如通过守法激励制度来促进企业更多地参与第三方环境规制。守法激励，可以解决企业因为第三方规制而增加成本和法律风险的问题。第三方环境规制可能会增加企业违法信息暴露的可能，导致企业自证其罪（过），通过豁免企业主动暴露的违法信息，可以激励企业积极参与第三方环境规制。也可以通过其他制度设计，来促进第三方环境规制的发展。通过对环境法律责任的确定，例如在法律上增加交易行为的环境审查义务，这样就可以促进交易方增加对相对方环境风险行为的环境评估

---

[1]　Administrative Conference of The United States. Agency Use of Third-Party Programs to Assess Regulatory Compliance [Z] . 2012-12.

或环境审计，从而促进第三方环境规制的发展。另外，即使没有明确规定法律责任，也可以通过基本法律原则来实现责任追究，例如在第三方环境监测制度中，第三方是基于行政委托而获得的监测权力，此时的地位相当于行政机关，如果相关的企业对第三方的监测行为不予配合，就相当于违反了行政法上的协助义务，此时也应承担相应的责任。

重视第三方环境规制的预防功能。与行政规制相比，第三方环境规制具有更强的预防功能。在环境法中，预防为主原则不仅体现在一般性的制度设计上，也体现在具体的制度运行过程之中。第三方环境规制的预防性功能体现在多个方面。例如，在环境审计中，无论环境审计定义是广义的还是狭义的，其目标无一例外，都包括（明示地或暗示地）制定或提出改进环境绩效的建议。[1]这就使环境审计具备了预防功能。环境评估与环境监测也具有类似的预防功能，因为环境评估与环境监测都可以事先对于企业的环境违法风险进行判断和预防。通过这些预防功能与绿色消费功能的互动，可以促进企业对第三方环境规制的认同，积极参与第三方环境规制，实现更高的环境保护绩效。

3. 加强对第三方环境规制行为的规制

与行政失灵、企业自我规制失灵一样，第三方环境规制也存在失灵的问题，这种失灵不仅会造成对环境公共利益的损害，也会影响到这一制度的发展。行政规制具有相对完备的监督体制和责任制度，企业则可以通过环境信息公开、公众参与、行政救济的方式来对其进行监督，特别是当前的环境督察制度，开创了"督企"和"督政"的双重监督模式，这些都对环境行政规制产生了良好的制约效果。但第三方环境规制具有一定的隐蔽性和复杂性，在信息公开方面的要求也不完全，主要依赖于行政监督，主要的监督应包括以下方面：

---

[1] 岳世忠，杨肃昌.国外环境审计与环境报告的发展[J].兰州大学学报（社会科学版），2008，36（6）：113-117.

（1）保证第三方环境规制数据的真实性。信息规制是环境规制的重要方式，环境数据是环境信息的重要组成部分。环境治理依赖于环境信息，当然环境信息（这里主要是环境数据）必须是全面、真实、可靠的。不仅在环境监测制度上，环境数据非常重要，在环境审计、环境认证和环境评估方面都需要保证环境数据的真实性。但目前，我国环境数据失真现象比较严重，主要体现在第三方环境监测的数据失实，第三方环境认证、审计与评估方面都存在大量失实现象，这会导致第三方环境规制出现基础数据的失灵。因此，保证第三方环境规制中的信息真实性就成为第三方环境规制的基本要求。

（2）预防第三方环境规制俘获的产生。规制俘获是现代规制中的普遍现象，对规制绩效产生了严重的不利影响。规制俘获并不是公共规制中的特有现象，实际上在第三方环境规制中也会出现类似的现象。由于第三方环境规制主要是一种市场机制，必然存在市场机制失灵这一普遍现象；另外，参与这一规制中的个人也会因受到不良影响而不当履行职责，包括接受贿赂，例如在淘宝平台上的工作人员，在第三方监理中监理人员受贿也是比较普遍的现象。这些都说明，市场机制中存在规制俘获是非常正常的现象，必须从制度上对这些行为加以控制。

（3）预防第三方环境规制中的不正当竞争现象。由于第三方环境规制主要是一种市场机制，第三方环境规制也会出现市场机制中经常发生的不正当竞争现象，出现劣币驱逐良币的现象，第三方环境规制机构可以利用优势获得垄断地位。

以上因素都会对第三方环境规制产生不利影响，必须加强对第三方环境规制的监督。从理论上说，"规制规制者"是现代法治的基本要求，不仅适用于行政机关，也是整个现代法律制度应遵循的原理。在第三方环境规制中，应确保问责制的有效实现。保证问责的密闭循环，不能使监督的环节有所缺失。具体监督方式有：

（1）明确第三方环境规制机构的准入、退出制度。根据《行政许可法》《标准化法》的规定，第三方环境规制机构的设立需要获得相应的许可。也就是说，第三方环境规制机构应具有相应的主体资格，行政机关应对其主体资格加以明确，重视其履行规制职责的条件。标准化认证组织的主体资格具有一定的独立性，但也应具备相应的主体资格。另外，对于不满足条件的机构，应建立有效的退出机制。

（2）规范第三方环境规制中的信息公开要求。在第三方环境规制中，环境监测的信息公开程度是较高的，但其他类型的规制是根据企业与第三方规制机构之间的合同来予以公开的，这就需要正确处理合同条款与信息公开的关系。通过信息公开来满足社会公众的需求，特别是加强公众监督，是现代环境治理的重要方式，在环境治理中极其重要。因此，需要将信息公开制度嵌入到第三方环境规制制度中，除了法律强制性规定外，还可以通过建立豁免制度来鼓励企业信息公开，从而实现环境信息公开的全面化。

（3）责任制度的完善。第三方规制机构在履行职务时，应遵守法律要求。加强行政监督，强化法律责任，是确保第三方环境规制合法有效开展的必备条件，我国《环境保护法》对此加以了规范。值得注意的是，标准化组织的认证规范主要是国际标准化组织的标准，但其履行职责的行为，仍然要遵守我国法律特别是《标准化法》的要求。我国标准化主管部门也要对其行为加以监督，保证其行为的合法性。这些责任包括行政责任、民事责任和刑事责任，通过追究违法者责任，提高其违法成本，是发展第三方环境规制的基本条件。具体将在下面进行讨论。

（4）重视企业权利救济与法律责任。权利救济与权利保障具有密切关联，"有权利必有救济""救济走在权利前面"就是这一联系的经典表述，而救济必然涉及到法律责任的分配与承担。企业是一个社会经济与社会发展的基本成分，同时也承担着环境治理的主体责任。在环境法的视角下，既要重视企业的环境治理责任，也需要重视企业权利保障问题。

在第三方环境规制中，也存在同样的问题。

①重视企业权利保障。当前有一种倾向，将企业作为一种敌对方来对待，过度强调企业的环境治理主体责任和对违法企业的严刑重罚，甚至希望将企业"置之死地而后快"，这是一种非常危险的现象。实际上，在强调企业主体责任的同时，我们也应高度重视企业基础行为的正当性，重视对企业合法权益的保护。在第三方环境规制中，企业也可能成为弱势者，可能会受到不公正的对待，这时强调对企业正当权利的保护就尤为必要。

第三方环境规制中第三方规制机构对企业存在一定的强制力，需要重视对企业正当权益的保护问题。在第三方环境规制中，第三方机构与企业之间的强制性问题大量存在，环保机关委托的第三方环境监测的强制性是毋庸置疑的，即使是第三方环境认证、环境审计和环境评估，也具有潜在的强制性。在具有这种强制力的情形下，重视正当程序对企业的保护，就是一种必然选择。除了法律规范的保护外，应重视通过正当法律程序来保护企业的权利。正当法律程序主要是制约公权力的滥用，保障私人权利。在第三方环境规制中，虽然主要是一些平等主体之间的关系，但基于第三方环境规制机构与企业之间的潜在强制性，也需要重视通过正当法律程序来保护企业权利、制约第三方环境规制权力。主要体现在：一是公平对待不同的企业，保障企业获得公平对待的权利；二是对企业可能出现的不利后果，第三方环境规制机构应告知并听取企业的意见，让企业获得陈述与申辩权利；尊重企业的商业秘密，保障企业的商业秘密和技术秘密。当然，在进行第三方环境规制过程中，第三方规制机构还应重视与企业的沟通与协商，在沟通与协商中保证企业获得尊重，发挥企业的积极性与参与性，共同提高环境治理的绩效。

②重视第三方环境规制中的法律责任问题。第三方环境规制涉及复杂的法律关系。主要包括：第三方与企业之间的关系、第三方与政府之间的关系、企业与政府之间的关系、第三方与公众之间的关系、企业与公众之间的关系等。其中，企业与政府、企业与公众之间的

关系，与一般情形下的环境法律责任相同，值得注意的是：在环保部门委托的第三方环境监测制度中，第三方环境监测是一种行政委托，第三方环境监测机构与企业的关系等同于政府检查与企业之间的关系，如果企业拒绝第三方环境监测，视为拒绝行政检查，应承担相应的责任。以下主要讨论具有一定特殊性的法律责任：

a. 第三方环境规制中的合同责任。第三方环境规制主要是一种基于自愿而形成的环境规制关系（环保部门委托的第三方监测例外），双方法律关系主要是根据合同条款来确定，但由于这种委托合同的具体内容是一些格式条款，例如 ISO 14000 标准，企业的选择权较少，也无法按照《合同法》确定格式条款效力的方式来确定其法律效力。这时双方主要的争议是确定合同履行时的问题，由法院或仲裁机构加以裁决。至于环保部门委托的第三方监测，这是基于行政机关与第三方监测机构之间的行政委托而开展的，第三方环境监测与企业之间并不产生相应的法律关系，如果涉及环境监测过程中的争议，例如环境监测机构在监测过程中侵犯了企业利益，应由企业与委托第三方的行政机关来解决相关的行政争议，包括行政赔偿。如果行政机关依据第三方监测获得的数据来作出行政决定，则更是一种行政争议。

b. 第三方环境规制中的公法责任。环境规制第三方与政府之间的关系，主要是政府对环境规制第三方的行为进行监督，防止环境规制因第三方不正确地履行职责而导致环境公共利益受损。另外，第三方环境规制也可能导致环境规制第三方机构垄断的现象，但这与环境治理联系较弱，属于竞争法律规制的范畴，本部分不予讨论。

就第三方环境规制而言，环境规制第三方机构具有专业性，必须保证其行为的公正性、准确性，不得弄虚作假。这是环境规制第三方机构的基本义务，如果违反这些义务，则要承担法律责任。这些责任主要是行政责任，构成犯罪的则承担相应的刑事责任。这在《环境保护法》《标准化法》《认证认可条件》中都有相关的规定。例如《环境保护法》第六十五条规定了环境服务中介机构要承担行政责任，当然其具体责任将由其他法律规范来设定，这里没有加以明确。而《认证认可条例》在法律责任部分规定了大量的法律责任，例如第六十二条规定：认证机构出具虚假的认证结论，或者出具的认证结论严重失实的，撤销批准文件，并予公布；对直接负责的主管人员和负有直接责任的认证人员，撤销其执业资格；构成犯罪的，依法追究刑事责任；造成损害的，认证机构应当承担相应的赔偿责任。这就是一种典型的行政责任和刑事责任形式。

c.第三方环境规制中的侵权责任。环境规制第三方的侵权责任，主要是指当环境规制第三方在履行职责过程中存在违法行为，向受害人承担的相应责任。如前所述，当第三方环境规制机构违法履行职责时，存在是否应承担民事侵权责任的问题。在这方面，我国《环境保护法》第六十五条首次进行了规定，即：承担环境中介服务的机构，在有关环境服务活动中弄虚作假，对造成的环境污染和生态破坏负有责任的，不仅要承担行政责任和刑事责任，还要与污染侵权者共同承担连带责任。但这种责任具体的要件是什么，法律规定得比较模糊，而司法解释在这方面进行了相关的完善。《最高人民法院关于审理环境侵权责任纠纷案件适用法律若干问题的解释》第十六条第七款对"弄虚作假"进行了解释，但司法解释采取"故意""明知"等表述，将环境服务第三方机构之过错限缩于故意，却对其过失违反注意义务而引发的环境污染不加评价，对"弄虚作假"解释不彻底。[1] 在现实生活中，第三方机构无资质或超越资质许可范围从事环境服务业务，伪造、变造、涂改、出租运营资质，资质申请中弄虚作假或业务活动里采取贿赂、欺骗等违法行为较多[2]，其行为造成损害的，也应承担相应的责任。

[1] 张式军，王绅吉.《环境保护法》第65条环境侵权连带责任之正当性探究：基于环境责任社会化之视角[J].山东社会科学，2017（4）：158-162.

[2] 张式军，王绅吉.《环境保护法》第65条环境侵权连带责任之正当性探究：基于环境责任社会化之视角[J].山东社会科学，2017（4）：158-162.

而在第三方环境认证、第三方环境审计与第三方环境评估活动中，也存在类似的责任承担问题。在环境认证中，有学者认为：对于认证机构的侵权责任归责原则不应是过错责任，而应是过错推定原则。[1]如在产品质量检验方面，有学者认为：产品质量检验机构、认证机构伪造检验结果或者出具虚假证明，属于特殊帮助行为类型，应当与产品生产者承担连带责任。[2]

在承担责任方面，不仅是主观诉讼的责任，还可能包括客观诉讼的责任，这也是值得注意的问题。也就是说，通过法律解释或者是司法实践创新，可以在公益诉讼中，追究环境规制第三方侵犯社会公共利益的责任。

---

[1]　高国钧.经济法连带责任研究：以第三方认证机构"不实认证"规制为中心[J].广东行政学院学报，2015，27（3）：43-49.

[2]　王竹，钟琴.论产品质量检验、认证机构侵权责任——以本次《消费者权益保护法》的修改为中心[J].东方法学，2013（5）：29-35.

第八章　侵权法的环境规制功能

　　环境问题是一个系统性问题，产生原因非常复杂，需要依赖不同法律部门、借助不同规制工具加以解决。为了应对日益严峻的环境问题，现代法律出现了生态化的趋势。《民法总则》第九条对"绿色原则"的规定，就是法律生态化在民法中的体现。确定"绿色原则"、实现民法的生态化，使民法具有更加明确的环境保护功能，是我国民法的巨大转变。目前，我国已经制定了《民法典》，在《民法典》中体现环境保护功能，也是民法的应有之义。现代法律中侵权法与规制法的交叉与配合，是一个非常有价值的问题，"侵权法所规定的赔偿权利被认为是实现公共规制政策目标的审慎工具"[1]。当前，学术界以《民法典》的制定为契机，不断探索民法与环境法的对话。[2]有基于此，本部分主要研究环境侵权法的环境规制功能，并对其适用条件进行分析。

一、规制法与侵权法对环境成本的配置功能

　　传统意义上的环境法，是一种私法意义上的环境侵权法。在大陆法系，主要借助于不可量物侵权来追究污染者责任；在英美法系，主要借助于妨害侵权来追究污染者责任。这些侵权救济方式在保护受害

---

[1]　朱虎.规制法与侵权法［M］.北京：中国人民大学出版社，2018：24.

[2]　吕忠梅，刘超.拓展民法典侵权责任编环保功能［N］.检察日报，2018-07-30（3）.

人权利方面具有一定作用，但在预防环境问题、改善环境质量方面存在较大局限。这是由于传统的环境侵权法主要是个案救济、事后救济；传统的环境侵权法在因果关系、举证责任等方面都对受害人极不公平。因此，传统环境侵权法存在先天不足。正是由于这些原因，产生了现代意义上的环境法（也可以称为"环境规制法"）。从根本上说，现代环境法可以更好地解决环境保护中的成本配置问题，包括：环境外部成本的内部化、守法成本与违法成本配置的公平化、预防成本与治理成本配置的合理化。

（一）环境成本内部化

根据经济学理论，环境污染是因为环境开发利用行为存在负外部性而导致的。通过开发利用环境资源（或容量）行为，企业获得了利润，但并不承担治理环境污染和生态破坏的成本，这就是环境开发利用行为的负外部性。环境开发利用行为的负外部性引发了社会的不公平，需要通过设置庇古税等方式要求企业承担治理环境污染等成本。

环境规制，就是指利用一定的机制来实现环境开发利用行为外部成本的内部化，例如采用环境税收和环境收费等方式，由企业而不是由全社会来承担环境成本。为了减少环境税收或环境收费负担，企业就必须提高环境保护投入，采用先进技术或先进管理，减少污染排放或生态破坏。这就使企业的外部环境成本内部化，体现了污染者负担（或付费）的原则，实现环境开发利用行为的公平性。

环境侵权法，也可以在一定程度上实现环境开发利用外部成本的内部化，但存在较大的局限性。从环境侵权法原理上说，企业对受害人的赔偿，就有一部分是环境开发利用的成本，然而这需要具备一定的条件，即企业行为造成环境污染或生态破坏、有明确的受害人。如果只是一般的环境损害，没有明确的受害人，那么就很难要求企业承担环境损害的责任，实现外部成本的内部化。我国目前实行的生态环境损害赔偿制度，就是在没有明确受害人的情况下，实现生态环境损害成本的内部化。即使如此，也需要解决污染者是谁、不同污染者承担责任的比例等一系列的问题。另外，通过环境侵权责任实现环境成本内部化，只是针对被追究责任的企业，是一种个案式的处理方式，未被追究责任的企业无法实现环境成本的内部化。从法律效果上看，这种形式容易使企业产生机会主义倾向。同时，环境侵权责任是一种事后的责任，也不利于企业事前采取环境保护措施。现代环境侵权法可以建立惩罚性赔偿制度，提高企业的违法成本，也会对违法企业和其他企业起到威慑作用，有效遏制恶意损害环境的行为。然而，这种惩罚性赔偿的适用范围有限，很难得到普遍的适用，其环境成本内部化的功能是有限的。

总之，与环境侵权法相比，在环境开发利用外部成本的内部化方面，环境规制具有较大的优势。环境规制通过许可、监督、处罚等"命令—控制"方式，从源头对企业的行为进行全面的调整，可以有效地提高环境保护绩效。

（二）守法成本与违法成本配置的公平化

在企业环境开发行为外部成本内部化的设计上，环境规制主要体现为环境税收、环境收费、环境处罚等制度。通过统一执法，可以平等地对企业适用法律，将环境成本均衡地纳入企业运营成本之中，避免守法成本高、违法成本低这样的逆向淘汰过程。特别是对违法企业的高额处罚，极大地提高了企业的违法成本。我国目前实行的"按日处罚"制度，就是为了提高企业的违法成本，解决守法成本与违法成本失衡的问题。

环境侵权法也可以在一定程度上实现企业环境成本的内部化，增加企业的违法成本。企业增加环境投入有利于减少违法可能，即当企业守法意识强、在环境保护上的投入力度大时，造成污染的可能性就低，需要承担侵权责任的可能性也会低。另外，当有多个企业导致污染时，守法企业比违法企业承担的责任更低，例如最高人民法院《关于审理环境侵权责任纠纷案件适用法律若干问题的解释》，在环境侵权责任的配置上就有这方面的规定。这些规定，都有减免合法合规企业责任的目的，体现了守法成本与违法成本的配置功能。但这种外部成本的内部化是不全面的，因为环境侵权的发生具有偶然性，大量的环境损害并不会达到环境侵权的程度。[1] 而且，环境侵权还必须依据环境侵权诉讼才能实现成本的内部化。如果没有环境侵权责任的追究，企业的违法成本就可能低于守法成本，导致企业之间的逆向淘汰。

正义可以分为分配正义与矫正正义。环境规制法，是事先对权利义务的安排，是一种分配正义，在成本配置上具有根本性；而环境侵权法更多的是一种矫正正义，在成本配置上具有一定的从属性。为了实现更高的正义，需要从根本上来配置社会资源。从理想状态来说，分配正义应由国会或人大来予以配置。但在现代行政国家背景下，行政机关也在不断发挥分配正义的功能，主要体现为行政机关通过法律解释、行政指导这些刚性或柔性的方式，来对全社会权利义务的配置产生潜在而又实质性的影响，从而实现分配正义。现代法院也具有分配正义的功能，在司法能动主义影响下，法院实际上可以通过制定或解释规则的方式来分配正义。当然，法院的分配正义功能是不全面的：一方面，法院的能动性存在较大的争议，即使在法院内部对司法的分配正义功能也存在强烈质疑；另一方面，行政机关分配正义的功能具有常态化、全局性的特征，而法院的分配正义功能是非常态的、局部的。

环境侵权责任只是侵权企业承担的责任，并不具有普遍性，在环境成本的转化方面具有个别性，无法避免守法成本高违法成本低的现象。通过环境规制实现企业环境成本的内部化，是一种分配正义，有利于纠正违法成本低而守法成本高的现象。与矫正正义相比，分配正义更加具有基础性，可以更加有效率地实现正义。因此，环境规制法能更加公平地配置企业成本，更符合正义原则。

---

[1] 徐祥民，辛帅.民事救济的环保功能有限性：再论环境侵权与环境侵害的关系[J].法律科学（西北政法大学学报），2016，34（4）：88-100.

（三）预防成本与治理成本配置的合理化

预防为主原则，是现代环境法的一项基本原则。环境规制法与环境侵权法，也体现了预防成本与治理成本的不同分配。环境规制法非常重视预防，希望通过事先预防来减少环境损害。预防可以分为一般预防和风险预防。一般预防针对的是具有较大可能性的危险，是通过预防性措施，最大限度地保护环境，提高环境保护的绩效，主要包括：行政机关要求企业采取一定的预防措施、承担更多的预防责任，减少可能的环境损害。风险预防针对的是具有不确定性的风险，如果说在一般预防中，主要是行政机关要求企业承担更多的预防性义务，那么在风险预防之中，行政机关则要承担更多的义务，例如许多国际条约和许多国家的法律都规定，当面对一定的风险时，即使没有明确的科学依据，行政机关仍然必须采取一定的符合成本收益的预防性措施。这些规定，极大地提高了环境法的风险预防功能，在环境法的发展中具有积极作用。

环境侵权责任，更多是一种补偿性责任，即企业对其造成的损害进行赔偿或补救，其预防性功能相对薄弱。当然，环境侵权责任也有预防性功能存在的空间，即原告对被告的实质性请求内容，不仅仅是损害赔偿，还包括预防性停止。[1]例如，当原告向法院申请禁止令时，如果法院作出了禁止令裁决，就是一种预防性责任。然而，在对禁止令进行审查时，法院需要综合考虑更多的因素，对原告的申请会进行更加严格的审查。

从成本的角度看，预防成本会显著地低于治理成本，一些环境损害甚至具有不可逆性，必须进行事先预防。而行政机关采取预防性措施，更加主动和全面、更符合成本效益的要求，是一种分配正义的体现。

综上所述，环境侵权法也具备环境规制的主要功能，但这些功能具有内在的缺陷。整体而言，环境规制法的功能更加全面，其方式

---

[1] 王福华.变迁社会中的群体诉讼［M］.上海：上海人民出版社，2011：19.

更加符合环境保护的规律。环境保护需要运用不同法律部门的手段与方法，例如刑法、民法、行政法的手段与方法，形成了环境刑法、环境民法与环境行政法，这些法律共同组成了现代环境法。现代环境法主要借助事前的环境规制，而不是事后的环境侵权救济，因为环境规制具有更加独特的优势。正如一位学者所言：风险规制法是以事前规制规则为主、以事后责任为补充的防止风险致害的法，是以事前规制为中心的法。[1]作为一种典型的风险规制，环境规制法具备了风险规制的全部特征，是一种以事前规制为主体、事后责任为补充的法律制度。

二、侵权法环境规制功能的再发现

虽然环境规制在应对环境问题上具有较大的优势，但环境侵权法的环境保护功能也不可忽视。随着环境多元共治的发展，环境治理模式向多元化方向演进，环境侵权法的规制功能受到越来越多的重视。

如果说环境规制法主要是一种行政实施模式，那么环境侵权法则主要是一种司法实施模式。即"过失侵权责任可以理解为事后版的'命令—控制'工具；严格责任可以理解为事后版的庇古税制，只是它们需要由法院来实施"[2]。也就是说，从规制的角度看，环境侵权法是一种由受害者提起的，由法院加以实施的一种规制。这种规制模式是对行政规制模式的一种补充而非替代，具有其内在的价值与功能。申言之，环境侵权制度的规制功能主要有：

（一）客观法意义上的环境规制功能

传统侵权法解决的是私人权益保障问题，是一种私益诉讼，属于主观诉讼，目的是维护原告自身的权益。但侵权法本身也具有维护公

［1］　刘水林.风险社会大规模损害责任法的范式重构：从侵权赔偿到成本分担［J］.法学研究，2014，36（3）：109–129.

［2］　Logue K D, Coordinating Sanctions in Tort［J］. Cardozo Law Review, 2009, 31: 2313.

共利益的功能，即"追求公共利益是侵权法的固有目的之一"[1]。特别是现代侵权法，实现公共利益的功能更加明显。正如一位学者所言，环境权及消费者保护这类诉讼经常以集团诉讼的形式出现，不仅具有获得救济的目的，还具有通过诉讼实现公共政策变动的目的。[2]从功能主义的角度看，这种诉讼不仅具有个案救济功能，还具有普遍的规制功能，是一种客观法意义上的环境规制。

首先，环境侵权诉讼具有社会效果。现代法律本身就具有相当的公共性，与私法相比，民事诉讼制度的公共性更加明显，民事诉讼可被理解为保护私益的公共秩序，也就是诉讼公共秩序。[3]在环境侵权诉讼中，诉讼主体的主观目的是救济其人身与财产损害，但客观上也保障了一定的生态价值，而生态价值无疑具有强烈的公共性。例如，作为土地承包经营权客体的耕地遭受损毁，原告提出侵权诉讼，就不仅保护了原告的私人权益，而且也可以避免生态环境损害、实现生态环境保护，这就体现出侵权法的预防性功能——而预防性功能是环境法律制度中非常有价值的功能。[4]

环境侵权诉讼，解决的是侵权人对受害者的损害赔偿问题，避免了由社会来承担企业生产过程中产生环境成本的弊端，实现了外部成本的内部化，提高了环境违法的成本，也体现了社会公平，具有矫正正义的价值。更为重要的是，环境侵权诉讼中的禁令制度，具有较强的预防功能，可以避免可能的环境损害。另外，法院可以将公共利益融入环境诉讼之中，这样就增加了环境标准强制执行的参与者数量，并减少必须依靠执法机关采取主动措施的依赖性。[5]这也是十分有利于环境保护的。

---

[1] 马克·韦尔德.环境损害的民事责任：欧洲和美国法律与政策比较［M］.张一心，吴婧，译.北京：商务印书馆，2017：2.
[2] 王福华.变迁社会中的群体诉讼［M］.上海：上海人民出版社，2011：14.
[3] 王福华.民事诉讼的社会化［J］.中国法学，2018（1）：28-52.
[4] 刘超.论"绿色原则"在民法典侵权责任编的制度展开［J］.法律科学（西北政法大学学报），2018，36（6）：141-154.
[5] 马克·韦尔德.环境损害的民事责任：欧洲和美国法律与政策比较［M］.张一心，吴婧，译.北京：商务印书馆，2017：199.

其次，环境侵权诉讼通过标准适用的方式，实现公法与私法的联结。环境标准是一种典型的行政规制方式，在环境侵权法中，存在大量环境标准的适用问题。在环境侵权诉讼中，需要依靠环境标准来判断企业行为的对错，这样也会促进企业严格执行环境标准，促进企业环境合规，进而提高环境保护绩效。也就是说，作为公法的标准规范逐渐被作为私法的环境侵权法所认可，并以强制性标准为联结点获得了进入其规范体系的通道，成为侵权责任承担的重要影响因素。[1]例如，在德国民法上，如果工业排放符合法定限值，就不应被视为显著的，因而不需要承担相应的责任。[2]根据是否遵守环境标准来决定企业是否承担责任以及不同企业之间承担责任的份额，可以促进企业更好地遵守环境标准。

再次，较高的赔偿责任可以对企业违法行为起到威慑作用，促进环境规制的发展。现代环境侵权责任，已经不再满足于侵权责任的填补功能，而是要具备一定的威慑功能，主要的表现就是现代侵权法的惩罚性赔偿制度。通过惩罚性赔偿，可以极大地提高企业的违法成本，对侵权企业和其他企业都具有较大的威慑功能，可以增强企业守法意识，减少违法行为的发生，进而更好地促进企业采取更多合法合规的行为。集体诉讼也具有类似的功能，集体诉讼结合了众多的受害者，便于受害者的起诉，也增加了企业的赔偿责任，提高了企业的违法成本。侵权诉讼的风险，特别是群体性诉讼的高成本，会极大地影响公司的行为。[3]

（二）对环境规制的补充功能

如前所述，现代环境治理主要依赖环境规制，但环境侵权法的功能也不可忽视。环境侵权法可以弥补环境规制法的不足，与环境规制

---

[1]　谭启平.符合强制性标准与侵权责任承担的关系［J］.中国法学，2017（4）：174-187.

[2]　马克·韦尔德.环境损害的民事责任：欧洲和美国法律与政策比较［M］.张一心，吴婧，译.北京：商务印书馆，2017：260.

[3]　Canc P. Using Tort Law to Enforce Environmental Regulations［J］. Washburn LJ, 2001, 41: 427.

法共同成为现代环境治理体系的重要组成部分。

首先，环境侵权法可以弥补环境标准设定的不足。环境规制主要是通过设定环境标准、监督环境标准的实施、制裁违反环境标准的行为等方式来实现规制目标。但环境标准制定应具有可行性，否则不利于社会发展。因为环境标准的制定不仅要面对大量的企业，还要考虑经济与社会发展水平。目前在制定环境标准时，主要遵循最佳可得技术原则。这意味着企业行为仍然存在一定的风险，即剩余风险。

在这种情况下，企业即使遵守环境标准，也可能会对环境造成一定的损害。如果以符合环境标准为由，拒绝承担环境侵权责任，对受害者是不公平的，这是环境标准的公法性与环境侵权的私法性之间的区别。因为环境侵权法对行为人提出了比环境规制所设定条件更高的行为标准，也就是说，侵权法的优势在于可以独立于行政系统之外，对个案进行个别化的斟酌考虑。[1] 从侵权责任的承担来看，环境侵权实际上也是一种成本的内部化过程，也符合获利者承担责任的正义理念。

其次，环境侵权法可以有效应对已经发生的环境损害。在现代社会中，风险已经成为社会发展的必然现象，我们随时会面对风险。无论环境标准多么严格，企业多么切实遵守环境标准，企业的生产经营行为都可能会产生环境损害，即"无论多么先进和完善的环境控制，意外终将发生"[2]。这与环境规制的严格程度无关，而与风险社会的基本特征有关。在风险社会中，不同的人类行为都具有潜在的风险，环境开发利用行为的潜在风险更加明显。由于环境开发利用行为是对自然的一种破坏，特别是在工业社会、信息社会中，人类改造环境的能力不断增强，随之而来的风险也不断增加。在一定的条件下，环境风险就可能成为实际的损害。

---

[1]　宋华琳.论政府规制与侵权法的交错：以药品规制为例证［J］.比较法研究，2008（2）：32-45.

[2]　马克·韦尔德.环境损害的民事责任：欧洲和美国法律与政策比较［M］.张一心，吴婧，译.北京：商务印书馆，2017：7.

在环境损害发生时，通过环境侵权法来解决责任分配问题，具有明显的优势。特别是面对大规模环境损害时，环境侵权法可以更加便捷地对众多受害者进行救济。通过对私人利益救济，实现矫正正义，实现社会公平。而环境规制，无法从根本上消除风险，对环境风险引起的侵权责任也无能为力。

再次，环境侵权法可以弥补环境规制法的遗漏。环境规制法，主要规范具有普遍性的环境问题，对特殊性事物的规范存在不足，容易导致立法遗漏与缺陷。根据职权法定原则，如果存在法律遗漏与缺陷，行政机关对企业的规制就会缺乏法律依据。而环境侵权法，具有非常高的弹性，可以根据侵权法原理来应对各类侵权行为。这些方面的例子非常多，例如在解决有害废物问题上，美国早期没有法律加以规制，美国是通过环境侵权法来加以处理的，即制定《超级基金法》确定的民事责任，作为处置危害废物的方式。[1] 与此类似的，环境污名损害，就是现行的环境规制中没有规制的内容，这也可以通过侵权法的方式来加以解决。例如，有学者就建议，我国现行法的环境损害范围需要拓展到环境污名损害，以实现对逃逸环境污染的捕获。[2] 可见，在环境规制法没有涉及的领域，可以利用侵权法的原理来对受害者进行救济，以保障其权益，实现矫正正义的功能。

总之，侵权责任法是对环境规制法的补充。这不仅体现在对已经造成的损害进行补救，公平分配企业的环境成本；也体现可以弥补环境立法的不足，实现不同责任间的衔接与分工，全面保护公共环境。

（三）对环境规制的促进功能：对环境规制失灵的纠正

采取环境规制法还是环境侵权法进行环境治理，不仅是一种规制方法问题，也是一种规制模式问题。环境规制是行政机关依法在职权

---

[1]　Abraham K S. The Relation Between Civil Liability and Environmental Regulation: An Analytical Overview [J]. Washburn LJ, 2001, 41: 379.

[2]　刘超. 环境污名损害的侵权法证成与类型构造: 以域外经验为借鉴 [J]. 政治与法律, 2015 (11): 88-101.

范围内对企业的环境利用行为加以控制与调整的制度。环境规制可以解决侵权救济模式的一些弊端，例如事后性、个案性、补救性等，在环境保护进程中发挥了有益的作用。但环境规制本身也存在弊端，主要是规制失灵问题，包括规制俘获和规制怠惰。无论是中国还是西方发达国家，都普遍存在环境规制失灵的现象。如何确保环境治理的有效性，提高环境治理绩效，就成为各国所面临的急迫问题。

环境规制，主要是一种单一化模式，即由行政机关主导的实施模式。[1]在单一化模式下，行政机关的态度与能力、行政规制权的结构，都对环境治理绩效具有巨大影响。通过其他主体的参与与合作，改进环境法实施模式，提高环境治理绩效，就成为各国环境治理的不二选择。为改革环境规制的单一化模式，有的学者提出应建立双重治理模式，甚至有学者提出建立三重治理模式。所谓双重治理模式，指的是通过公众参与，特别是公益诉讼制度来促进公众对政府和企业的监督，从而发挥出公众在环境治理中的作用与功能。[2]可见，双重治理模式强调发挥公众的作用，通过公众的诉讼参与来实现对行政规制的监督与补充。而三重治理模式包括：行政模式、司法模式和新型模式。行政模式主要依赖行政机关的实施，司法模式主要由原告启动诉讼程序，然后由法院利用司法权来确定当事人之间的权利义务，而新型模式则是一种在依据、主体、方式等方面都引起了巨大变革的治理模式。[3]在这些不同的治理模式中，新型模式正在越来越发挥不同的作用。

这些观点都是强调其他主体在环境法实施方面的优势，弥补行政机关实施的不足，从而实现环境治理中不同主体的良性互动，实现多元共治。这些观点都重视司法规制所具有的意义，因为"政府执法人员缺乏激励去考量法律实施中的社会成本和收益，因而公共政策的实

[1]　魏汉涛.环境污染：制度根源与对策 [M].北京：法律出版社，2017：21.
[2]　魏汉涛.环境污染：制度根源与对策 [M].北京：法律出版社，2017：21.
[3]　宋亚辉.论公共规制中的路径选择 [J].法商研究，2012，29（3）：94-105.

施是没有效率的"[1]，而司法实施可以对行政实施进行有效的制约。

目前，我国也在对传统的单一模式进行改革，例如环境公益诉讼制度，无论是检察机关提出的还是环保组织提起的环境公益诉讼制度，都体现了环境治理的多主体参与，有利于实现环境多元共治，是未来的一种发展方向。

就环境侵权法而言，环境侵权诉讼实质上是一种司法模式。司法具有中立性、消极性、被动性，需要通过原告起诉来启动司法程序。在行政机关怠于行使职权，或者行政机关因没有法律规定而无法履行职权时，侵权诉讼也可以起到直接的规制功能。在美国，将环境规制分为公共实施与私人实施，公共实施是指公共权力（行政机关）的实施，而私人实施主要是指由私人向法院起诉、通过法院审理来进行的实施。因此，司法模式是环境规制公共实施的转换，发挥了私人的参与性和司法的裁判权功能，避免规制能力不足并预防规制俘获。

环境侵权诉讼，包括主观诉讼和客观诉讼两种。在主观诉讼中，原告认为被告的行为侵犯了其合法利益；在客观诉讼中，原告认为被告的行为侵犯了社会公共利益。这些诉讼都是要求企业赔偿其造成的环境损害或停止侵害，起到了将企业的外部成本内部化及预防造成新的环境损害的功能。

环境侵权诉讼，不仅体现了对受害人的权利保护，也体现了权利与权力的交叉融合。环境侵权诉讼改变了环境治理权力结构，激发了司法权在环境治理中的参与，形成了司法裁判模式，避免了行政规制的僵化、懈怠与被俘获，优化了环境治理权力结构，实现了环境治理体系的现代化。可见，"矫正正义、民主合法性、效率和有效性，促进了对侵权法与公共规制之间更加透彻的制度分析"[2]。因此，环境侵权法，避免了对行政规制的过度依赖，具有更多的灵活性与公正性。

[1] 宋亚辉. 论公共规制中的路径选择 [J]. 法商研究，2012，29（3）：94-105.

[2] Abelkop A D K. Tort Law as An Environmental Policy Instrument [J]. Ogegon Law Review, 2013, 92（2）：381-470.

三、侵权法发挥环境规制功能的条件

（一）环境侵权法与环境规制法的衔接

环境规制法与环境侵权法都是环境治理的模式，它们之间并不是相互取代的关系，而是相互补充、相互协调关系。妥善处理两者之间的关系，可以实现更高的环境绩效。从部门法的角度看，两者是不同的法律部门，具有很大的区别，但随着风险社会的到来，实现风险规制工具的融合，已是时代发展的趋势。

环境规制法与环境侵权法的选择，存在不同理论基础。有的从法律的不完备理论出发进行讨论，例如美国学者卡塔琳娜·皮斯托和许成钢认为："当存在大量的外部性和信息不对称问题时，规制是国家为解决市场失灵所进行的干预。"[1]也就是说，由于法律存在不完备性，由受害人直接向法院起诉的被动性执法存在着执法不足，需要通过规制机关的主动执法来加强执法的效果。[2]而吉多·卡拉布雷西和道格拉斯·梅拉米德则从责任配置规则的角度出发，认为在环境治理之中，存在财产规则、责任规则，不同让与规则。[3]其中，不可让与规则承认一个私人主体拥有特定法益，但国家禁止或限制拥有者行使权利；责任规则主要通过司法机关的介入对权利进行救济；财产规则允许权利主体双方自愿对法益的让渡进行议价。[4]也就是说，在这些规则中，不可让渡规则中行政权的干预程度最强：一则表现为禁止污染者与受害者私自确定损害赔偿金的数额（即对污染损害实行

[1] 卡塔琳娜·皮斯托，许成钢.不完备法律（上）——一种概念性分析框架及其在金融市场监管发展中的应用[A].汪辉敏，译.吴敬琏.比较[M].第3辑，北京：中信出版社，2002：133.
[2] 卡塔琳娜·皮斯托，许成钢.不完备法律（上）——一种概念性分析框架及其在金融市场监管发展中的应用[A].汪辉敏，译.吴敬琏.比较[M].第3辑，北京：中信出版社，2002：127.
[3] 布兰代斯.哈佛法律评论：侵权法学精粹[M].徐爱国编译.北京：法律出版社，2005：275.
[4] 凌斌.法律救济的规则选择：财产规则、责任规则与卡梅框架的法律经济学重构[J].中国法学，2012（6）：5-25.

国家定价），二则对污染防治和权利保障的具体方式作出事先规定。[1]
也有学者从权利的性质来确定环境权利保护的模式选择，认为环境权
具有公权和私权的双重性质。有的权利"私权性"最强，可以同时受
公法（如建筑法、城市规划法等）和私法的保护；有的权利"公权性"
最强，例如清洁空气权，仅受环境法等公法的保护；有的权利，则介
于公权与私权之间，如清洁水权等，兼有公权和私权的性质。[2]从
权利的角度来进行划分，并据此确定采取环境规制模式还是环境侵权
模式，可以合理配置公法与私法的功能，促进不同法律之间的互动，
提高法律之间的融通性。

可见，应根据环境规制模式和环境侵权模式的功能与价值来选择
不同的模式。从本部分的角度看，在环境规制法与环境侵权法的关系
上，主要存在如下类型：

一是单一型。即只能选择环境规制或者是环境侵权模式，并且环
境规制具有优先地位，例如规制先占制度，即当存在环境规制时，就
应该排除侵权模式的适用。在美国的一些案件中，原告认为被告排放
温室气体的行为构成了侵权，要求被告承担侵权责任，但法院认为，
法律已经对二氧化碳的排放进行了规制，是一种规制先占行为，这已
经排除了侵权法的适用，因此原告没有相应的起诉资格。

二是并存型。由于环境规制法与环境侵权法都具有自身的价值，
两种模式同时大量存在。环境规制法在进行事先预防、系统预防、防
止可能的环境风险方面具有优势，是现代环境治理的主要形式；而环
境侵权法可以进行事后责任追究，特别是在有明确受害人的条件下时，
具有较大的优势。这样的职能分工，符合环境治理的规律，也是当前
的主要规制模式。当然，也可以利用侵权模式来弥补规制模式的不足，
当环境规制法无法有效运行时，由侵权模式来启动司法权，以监督行

政权、弥补行政规制的不足。这样，环境规制法与环境侵权法在两个维度上产生了互动。民事责任在规制中发挥作用，规制也在民事责任中发挥作用。[1]

三是补充型。当一种模式没有规定时，由另外一种模式来加以补充。主要体现为当环境规制没有规定时，由侵权法来加以规范，例如环境污名侵权责任问题。由于环境规制存在一定的遗漏，在造成损害时，可以由侵权法来明确责任边界和责任承担的方式。另外，当环境利用行为没有造成他人人身与财产的损害时，此时环境侵权法无法适用，但行政规制可以对此加以规范，以实现环境保护的周延性。

（二）侵权模式有效发挥作用的要素

从上面分析可以看出，环境侵权法具有相当大的适用空间，可以与环境规制法一起，共同应对环境问题。环境侵权法通过事前的权利、义务和责任配置，并以私人诉讼作为法律的实施工具，构成了公共规制的司法控制路径，可以实现有效规制公共风险的目标。[2]而侵权模式要有效发挥作用，必须具备以下要素：

一是扩展环境侵权诉讼原告资格。原告资格是诉讼的基本前提，决定了谁有权向法院提起诉讼，进而启动司法程序。原告资格的扩展，体现出积极环境保护政策，是提高司法实施的有效方式。根据传统民事诉讼原理，原告必须是与案件有直接利害关系的主体，但这往往无法适应涉及当事人的扩散利益、集团利益的环境侵权民事诉讼等"现代型诉讼"的需要。环境侵权等现代型民事诉讼的原告资格呈现出扩大的趋势，更加接近甚至已成为客观诉讼。[3]现代环境侵权诉讼，扩展了原告的范围，不仅有利于降低诉讼门槛、启动诉讼程序，也可以促进相对人的维权，提高侵权企业的成本，实现了企业环境外部成

[1] Abraham K S. The Relation Between Civil Liability and Environmental Regulation: An Analytical Overview [J]. Washburn LJ, 2001, 41: 379.

[2] 宋亚辉.论公共规制中的路径选择 [J].法商研究，2012，29（3）：94-105.

[3] 王明远.论环境权诉讼：通过私人诉讼维护环境公益 [J].比较法研究，2008（3）：52-65.

本内部化，提高了对违法行为的威慑。在环境诉讼中，主观诉讼和客观诉讼的原告资格范围都可以基于环境保护的政策需要而扩展，以提高司法实施的可能性，改进环境侵权诉讼的规制功能。

二是扩展环境侵权诉讼范围。环境侵权诉讼的范围也决定了侵权人应承担责任和环境成本的大小。环境侵权法，通过对环境侵权范围的界定，科学认定环境侵权的类型，可以弥补环境规制的遗漏之处和怠惰之处，有利于对受害者的保护，也有利于预防成本与治理成本配置的合理化。例如2227户梨农诉某市交通委员会等七被告生态侵权案，原告以被告种植的桧柏树引起了梨锈病为由，要求被告承担赔偿责任[1]；而在余义志等12人诉重庆航运建设发展有限公司财产损害赔偿纠纷案中，原告认为上游泄洪造成江水气体过饱和，导致鱼类死于"气泡病"，要求被告承担赔偿责任。[2]这些案件中被告的行为，都没有受到法律的规制。但从侵权法的角度看，如果被告行为与原告损失之间存在一定的因果关系，那么，则可以根据侵权责任法来追究被告的侵权责任，从而实现矫正正义。另外，大规模的侵权、生态损害侵权、转基因侵权等，都可以成为新型环境侵权案件。通过对这些案件的裁判，也可以对行为人的开发利用环境资源的行为进行规制，从而实现环境侵权法的预防与威慑功能。

三是重视预防性诉讼的适用。预防性诉讼具有强烈的规制功能，可以防止可能出现的危险。《侵权责任法》第十五条和第二十一条规定了停止侵害、排除妨碍、消除危险等责任方式，确定了预防性侵权责任。[3]在环境法中，预防功能远胜于救济功能，预防性诉讼具有特别的价值。预防性诉讼主要针对可能的环境侵权或风险，当然，对两者的处理也是不同的：相对而言，原告对可能损害的证明标准较低，而对可能风险的证明标准较高。因为预防性责任要求被告停止侵害、

---

[1] 吕忠梅.环境法案例辨析［M］.北京：高等教育出版社，2006：83.

[2] 张辉.美国环境法研究［M］.北京：中国民主法制出版社，2015：41.

[3] 叶名怡.论侵权预防责任对传统侵权法的挑战［J］.法律科学（西北政法大学学报），2013，31（2）：121-131.

排除妨害、消除危险，特别是可能要求被告停止生产经营活动，对于被告的影响较大。[1]侵权法上的预防责任不以损害和过错为要件，对传统侵权责任带来重大冲击乃至于根本性的颠覆，因此传统侵权责任概念及其体系已无法容纳之，有必要重建侵权责任体系。[2]在环境侵权方面，需要对预防性责任的归责原则、构成要件等要素进行分析，以更好地适用预防性责任来提高环境侵权法的规制功能。

四是建立惩罚性赔偿制度。惩罚性赔偿也是现代侵权法的一个发展方向，其目的是惩罚恶意的违法者，使其承担更高的违法成本，避免守法成本高、违法成本低的现象，有利于遏制违法行为。如果说损害赔偿起到了补救作用，那么惩罚性赔偿则起到了一般预防作用。环境侵权的基础行为，即环境开发利用行为是一种具有社会正当性的行为。基于这一点，对环境侵权的惩罚性赔偿，应采取谨慎态度，应从主观恶意和客观后果两个方面加以考虑，采取兼顾标准更加适当。即企业的行为既具有主观恶意性，又造成了严重的后果，才适用惩罚性赔偿。主观恶意性的判断，应考虑到行政规制的状态，如果是行政规制长期默许企业的违法而造成损害，就不太适宜对侵权行为给予惩罚性赔偿；当然，如果企业明知自己的行为违法，还长期严重违法，包括与规制者进行合谋，导致严重的环境侵权，则应要求其承担惩罚性赔偿责任。

五是建立精神损害赔偿制度。精神损害赔偿，是指受害人遭受到严重人身或者财产损害时，由侵权者所承担的一种精神损害赔偿。虽然环境开发利用行为是一种正当性的行为，但如果给受害人造成了严重的人身与财产损害，也可以适用精神损害赔偿。这不仅是一种矫正正义，也具有提高违法成本，增强规制威慑的目标。

---

[1] 马克·韦尔德.环境损害的民事责任：欧洲和美国法律与政策比较[M].张一心，吴婧，译.北京：商务印书馆，2017：150-152.
[2] 叶名怡.论侵权预防责任对传统侵权法的挑战[J].法律科学（西北政法大学学报），2013，31（2）：121-131.

六是完善侵权责任体系。侵权责任是法律责任体系中的一个环节，其本身也构成了一个体系。既要重视侵权责任在整个法律体系中的地位，也要重视侵权责任自身体系的完善。在现代社会，需要将一般威慑、威慑补充和行政管制这三个位级的风险控制工具构成一个有机结合的风险控制工具体系，使它们相互之间呈现出一定的关联性、层次性和结构性。[1]而在侵权责任体系中，又有两大类三种不同的侵权责任：第一大类为回顾性的损害赔偿责任，包括补偿性损害赔偿责任和惩罚性损害赔偿责任；第二大类为展望性的侵权预防责任，又分为针对不当行为的和针对损害危险的侵权预防责任。[2]另外，在诉讼类型上，存在主观诉讼与客观诉讼的区别，其责任体系也具有差异。环境私益诉讼，强调的是对一定主体的人身或财产造成了损害；而环境侵权公益诉讼，主要针对的是企业的违法行为。对主观诉讼与客观诉讼的诉讼事由和责任的类型化，可以应对不同的情形，形成有效的责任体系，从而实现更加有效的环境保护。

七是重视公益诉讼与私益诉讼的顺位。环境侵权诉讼，经常会发生公益诉讼与私益诉讼的交叉，正确处理公益诉讼与私益诉讼的衔接问题，关系到环境侵权诉讼的规制功能。目前，我国司法实践在环境公益诉讼与环境私益诉讼关系的处理上，存在以下方式：有的是以公益诉讼的方式解决，私益的保护是由公共部门先予补救，然后再向被告请求费用赔偿；有的仅以私益诉讼的方式出现，比如原告为多人的诉讼，这其实已经涉及了环境公益；另外，也有私益权利人代表与公益组织一起参与诉讼的情况。[3]通过公益与私益主体的参与，既可以提高被告的违法成本，也可以实现对企业的全面规制，实现了私人救济与公共规制的互动，可以更好地提高环境治理的绩效。

---

［1］ 宋亚辉.风险控制的部门法思路及其超越［J］.中国社会科学，2017（10）：136-158，207.

［2］ 叶名怡.论侵权预防责任对传统侵权法的挑战［J］.法律科学（西北政法大学学报），2013，31（2）：121-131.

［3］ 窦海阳.环境侵权类型的重构［J］.中国法学，2017（4）：264-284.

四、在《民法典》体系中利用侵权法规范实现环境规制功能

我国《民法典》的环境保护功能受到了较高的重视，主要体现在两个方面：一是通过"绿色原则"的输入，促进民法典体系的环境保护功能，实现向"绿色民法典"的转化；二是在具体的制度中，贯彻环境保护原则和精神。因此，应重视《民法典·侵权责任编》的环境侵权制度的环境规制功能，实现公法与私法的衔接与协调。

（一）原因行为的类型化

我国《环境保护法》规定因环境污染和生态破坏造成的侵权，依照《侵权责任法》来承担责任。但《侵权责任法》只规定了环境污染侵权，而没有规定生态破坏侵权，这给全面落实环境侵权责任带来了障碍。现在是通过司法解释等，将生态破坏纳入到环境污染之中，例如：最高人民法院 2015 年发布了《关于审理环境民事公益诉讼案件适用法律若干问题的解释》和《关于审理环境侵权责任纠纷案件适用法律若干问题的解释》，均明确将生态破坏作为环境侵权。[1]这虽然可以初步解决生态破坏缺乏法律依据问题，但生态破坏和环境污染在构成要件方面存在较大区别，强行将这两种行为合并在一起，将导致环境侵权体系的混乱。因此，在《民法典·侵权责任编》中应对这一问题加以明确，解决追究环境侵权责任的法律依据问题。具体的办法是，按照《环境保护法》的规定，将环境侵权分为环境污染和生态破坏两种类型。环境污染又可以分为物质型污染和能量型污染（对应的是实质型侵权和拟制型侵权）[2]；生态破坏是向环境过度索取物质和能量，不合理地使用自然环境，使环境要素的数量减少、质量降低，以致生态失衡、资源枯竭而危及人类和其他生物生存与发展。[3]

［1］　窦海阳.环境侵权类型的重构［J］.中国法学，2017（4）：264-284.

［2］　张宝.环境侵权的解释论［M］.北京：中国政法大学出版社，2015：81.

［3］　窦海阳.环境侵权类型的重构［J］.中国法学，2017（4）：264-284.

生态破坏包括一般性地过度使用自然资源或改变原有的自然结构，也包括对原有物种和生态系统的整体性破坏，例如不合理地引入新物种、毁灭物种、过度放牧、毁林垦荒造田等，是对整个生态产生影响的破坏行为。如果仅仅是对零星自然资源的损害，没有造成整个生态系统的影响，则可以根据物权法的原理来进行责任追究，不将之作为环境侵权来处理。

通过这样的划分，可以对环境侵权进行类型化，明确环境侵权的类型和要素，有利于有效地应对环境侵权案件的处理。

（二）归责原则的类型化

在环境侵权中，一般认为都应适用无过错责任。但如前所述，由于侵权类型的多样性，侵权责任的归责原则也应多样化，以此与侵权责任的类型相适用，从而公平合理地解决不同类型的环境侵权问题。由于实质型侵权具有累积性、持久性、原告举证困难性等特征，在归责原则上应采用无过错责任，只有侵权人能证明侵权行为与损害结果之间没有因果关系，才能免除侵权责任。拟制型侵权具有局部性、短暂性和可恢复性的特征，应采取过错推定原则，推定被告存在过错，被告必须证明自己没有过错，例如证明自己的排放行为符合国家标准，只要排放行为符合国家标准，就可以免除承担相应的责任。生态破坏侵权，也应采取无过错归责原则，由被告证明没有侵权行为与损害后果没有因果关系，否则就要承担侵权责任，因为相较于环境污染行为，生态破坏行为所造成的危害时空尺度更大、不确定程度更高、对象更为不特定[1]，所以采取无过错责任更加公平。对于一些破坏资源的行为，可以采取过错责任，即根据是否违反了相关的法律规定，来确定其是否构成了过错，以及是否应承担相应的责任。

---

[1]　窦海阳.环境侵权类型的重构［J］.中国法学，2017（4）：264-284.

（三）重视侵权责任在环境成本配置方面的功能

责任的分配不仅是一种成本的分配，也具有调整人们行为的指示性功能。科学设置环境侵权法中的责任，不仅可以公平地分配环境成本，也可以引导企业更好地遵守环境规制要求。

第一，建立环境侵权惩罚性赔偿制度。惩罚性赔偿主要是体现对侵权者恶意违法行为的惩罚与威慑，从而实现法律责任的一般预防功能。目前，我国的惩罚性赔偿制度已经得到了一定的承认与实施，《民法总则》第一百七十九条规定：法律规定惩罚性赔偿的，依照其规定。《民法典·侵权责任编》第一千二百三十二条规定了环境侵权的惩罚性赔偿责任，即：侵权人故意违反国家规定损害生态环境造成严重后果的，被侵权人有权请求相应的惩罚性赔偿。当然，今后如何完善其适用条件就是非常重要的问题。虽然惩罚性赔偿对侵权人具有一定的威慑功能，但由于环境开发利用基础性行为的正当性，应对惩罚性赔偿加以限定。美国有学者认为，国家可以通过施加惩罚性赔偿来对核设施来加以规制。即使核设施企业完全遵守联邦安全标准，也要承担相应的损害赔偿。[1] 这一观点没有区分企业遵守法律的状况，容易加大企业责任。环境侵权惩罚性赔偿，应针对恶意违法者。所以，应完善环境侵权惩罚性赔偿制度的适用条件，主要对于具有较大恶意性与较严重后果的行为适用惩罚性赔偿制度，并规定豁免制度，避免惩罚性赔偿制度的过度适用。通过惩罚性赔偿制度，可以加重对恶意违法者的制裁，提高对他们的威慑，促进其他主体更好地遵守环境法律。

第二，建立环境侵权精神损害赔偿制度。为保证受害人得到充足的救济，也增加企业的成本，体现侵权赔偿制度的威慑性，应规定环

---

[1]　Huber P. Electricity and the Environment: In Search of Regulatory Authority [J]. Harvard Law Review, 1987, 100（5）：1002–1065.

境侵权精神损害赔偿制度。与惩罚性赔偿相似，也应对其适用条件与豁免事项加以规范。

第三，对侵权行为加以区分，形成对合法行为的激励。《民法典·侵权责任编》第一千二百三十一条规定：两个以上侵权人损害生态环境，承担责任的大小，根据污染物的种类、浓度、排放量，破坏生态的方式、范围、程度，行为对损害后果所起的作用等因素确定。这与 2015 年《最高人民法院关于审理环境侵权责任纠纷案件适用法律若干问题的解释》相关规定具有异曲同工之效，该解释第四条规定"两个以上污染者污染环境，对污染者承担责任的大小，人民法院应当根据污染物的种类、排放量、危害性以及有无排污许可证、是否超过污染物排放标准、是否超过重点污染物排放总量控制指标等因素确定"。这些规定，将是否违法、违法的程度作为赔偿的一个因素，从而实现了公法与私法的衔接，加重了违法者的责任，也强化了对合法行为的激励。

（四）环境侵权责任的体系化

目前，我国已经建立了环境侵权责任体系，包括赔偿责任和预防责任，而赔偿责任又包括补偿性赔偿和惩罚性赔偿。从环境治理的角度看，应重视侵权责任体系在环境治理中的功能，重视其体系性与协调性，包括预防性责任、补救性责任与恢复性责任。首先，是预防性责任。环境法是非常重视预防的法律，预防重于补救。在环境侵权法视域下，则需要建立具有我国特色的禁令制度，通过禁令来体现预防性功能。通过司法判决，建立我国的禁令体系，可以实现立法与司法的互动。当然，这对法院提出了更高的要求，因为此时的法院实际上在进行公共决策，需要法院具有较强的公共决策制定能力。其次，是补救性责任。补救责任主要解决权利人权利受损的问题，当然也具有一定的威慑功能，例如惩罚性赔偿和精神损害赔偿。再次，是恢复性责任。环境损害后需要进行修复，而如何修复是一个复杂的问题，包括修复的资金、修复的主体、修复的监督、修复的完成、代履行等一系列问题。

在环境侵权责任的内部，存在这些责任的衔接问题；而在环境侵权责任的外部，还存在侵权责任与行政责任、刑事责任相衔接的问题。总之，环境侵权责任的体系化，是一个非常关键的问题，应在《民法典·侵权责任编》的民事责任体系中加以落实，特别是在环境治理的实践中不断地加以探索，形成环境责任的科学化与体系化。

（五）实现环境私益诉讼与环境公益诉讼的衔接

许多环境侵权行为既侵犯公共利益，又侵犯私人利益。此时，应当同时考虑个人利益以及环境公共利益的保护，在损害事实的确定、责任承担方式等方面做双重考量。[1]目前，我国的环境公益诉讼与私益诉讼采取了分立模式，但这种分立模式具有较多弊端，例如环境纠纷整体性肢解、裁判歧异、诉讼效率低下等等。[2]《民法典·侵权责任编》已明确环境侵权包括侵犯环境公共利益的环境污染与生态破坏。民法是调整平等民事主体之间关系的法律，环境公益的代表主体是国家，此时国家与侵权者之间也是一种平等的关系，而不是一种管理关系，适用民法典是没有障碍的。进而，要充分发挥环保组织在环境公益诉讼中的作用。环境公益诉讼是客观诉讼，根据一般法理，客观诉讼必须依赖于国家法律的特别规定，而不能仅仅根据一般性规定来加以起诉，公益诉讼法律依据必须明确。虽然环保组织并不是环境公益的权利主体，但可以通过立法的方式来确定其主体地位。目前，我国《环境保护法》《民事诉讼法》已经规定了环保组织

［1］　窦海阳.环境侵权类型的重构［J］.中国法学，2017（4）：264-284.
［2］　张旭东.环境民事公私益诉讼并行审理的困境与出路［J］.中国法学，2018（5）：278-302.

的原告资格，而《民法典·侵权责任编》中原告资格的规范，是对原有立法的确认，体现了环境侵权责任体系的周延性。目前，在我国环境民事公益诉讼中的责任形式与一般民事责任形式相同。但一些责任形式具有一定的公法性，例如公益诉讼中的赔礼道歉制度、生态恢复制度，这些责任形式与私益诉讼中的责任形式不同，《民法典·侵权责任编》规定了公益诉讼的责任形式，实现了公益诉讼法律责任的法定化。

第三篇
体系变革篇

第九章　环境规制创新与环境法体系变革

　　环境规制创新，已经成为提高环境治理绩效、实现环境治理现代化的重要方式。现代环境治理，并不能完全取代以"命令—控制"、经济激励为代表的传统环境规制，但已经对环境法体系产生了巨大的影响。传统的环境法体系，强调的是行政主导、环境司法，即通过行政权力和司法权力的运行来实现环境保护目标，这些都依赖于公权力有效实施。但公权力本身的缺陷也会对环境治理产生不利后果。在新型环境规制下，更多主体、更多方式、更多权力（利）的参与，使环境治理结构发生了变化，进而影响到环境法体系的变化。

一、我国环境法体系的特点

　　作为一门新兴法律部门，环境法的历史并不悠久。然而，环境法是为解决环境问题而出现的，环境问题的急迫性促进了环境法的发展。在这样的背景下，环境法很快形成了完整的体系。无论是作为法律部门的学科体系，还是作为法教义体系，环境法都已经完成了其体系化的使命。

　　环境法的体系化，可以从环境法教科书的体系中加以证明。目前，各国的环境法教科书种类繁多，我们以中国与美国的经典环境法教科书为例来加以说明。

美国的环境法教科书包括：詹姆斯·萨尔兹曼、巴顿·汤普森合著的《美国环境法》，丹尼尔·A.法伯、罗杰·W.芬德利合著的《环境法精要》，这两本教科书相对比较简略，而更为详尽的是以 Robert V. Percival 等人合著的《环境规制：法律、科学与政策》（*Environmental regulation: Law, science and policy*），该书有 1600 余页，可以说是非常翔实的环境法教科书。《美国环境法》分为四编，分别是环境法总论、污染、自然资源和环境影响报告[1]，《环境法精要》分六章，分别是：对政府决议的司法审查、联邦制与环境、污染控制、风险管理和科学上的不确定性、有毒有害物质、对自然区域的保护等[2]，而《环境规制：法律、科学与政策》，除了总论性质的前三章外，其他部分包括：废物管理与污染预防、空气污染控制、水污染控制、土地使用和规制征收、环境影响评价、生物多样性保护、环境法的实施、全球环境保护、环境进展与前景。[3]可以看出，这些教科书都是以现行法律规范为主体，以一定的环境司法案例为基础而构成的，虽然也具有一定的法教义学的特征，但仍然具备传统的行政法教材的特点，即以行政权力和司法权力在环境治理中的功能为基调。

我国的环境法教科书，以汪劲教授独著的《环境法学》和吕忠梅教授主编的《环境法原理》为例。前者分为：总论、污染控制法、自然保护法、环境责任法、国际环境法[4]，后者包括：环境法原理（基本范畴、公民环境权、生态文明基本理论、风险预防原则、沟通与协调）、环境法规范（环境法的独立、环境民法、环境刑法、环境行政法、环境诉讼）、环境法制度（管理制度、保护和改善环境制度、污染控制制度）。[5]这两本教科书主要包括两大部分，即环境法学基本理

［1］ 詹姆斯·萨尔兹曼，巴顿·汤普森．美国环境法（第 4 版）［M］．徐卓然，胡慕云，译．北京：北京大学出版社，2016.
［2］ 丹尼尔·A.法伯，罗杰·W.芬德利．环境法精要（第 8 版）［M］．田其云，黄彪，译．天津：南开大学出版社，2016.
［3］ Robert V. Percival etl. Environmental regulation: Law, science and policy［M］．California: Aspen Publishers, 2009.
［4］ 汪劲．环境法学（第四版）［M］．北京：北京大学出版社，2018.
［5］ 吕忠梅．环境法原理（第 2 版）［M］．上海：复旦大学出版社，2017.

论和环境法分论，环境法分论主要是从污染防治、自然保护等方面来加以论述。从分论的内容来看，这些环境法教科书主要是以国家环境法律规范为体系来加以构建的，并没有将新型环境规制纳入到环境法的体系之中。

也就是说，现代环境法基本上是围绕国家权力、企业责任、公众参与这几个部分来展开的。

第一，在环境立法方面。环境立法主要是规定行政机关的权力和企业的义务，当然也有公众参与的相关内容，在环境责任方面，特别是对企业违法责任的规定。环境立法对于回应型法治的关注不够，特别是对企业自身回应型法治的关注不够。在立法模式上，主要还是条件模式立法，目的模式的立法较少。

第二，在权力（利）结构方面。传统环境法强调国家权力作为环境治理的唯一性或主导性，企业是环境责任主体，公众是环境参与者。这种权力（利）结构，强调环境治理权是一种国家权力，体现为行政权与司法权；企业是责任主体，主要是承担环境法律责任和义务，而环境法对社会主体的权利规定较少，社会公众只是作为辅助者，对行政职权起到监督与补充作用，当然也对企业的环境利用行为发挥监督作用。

第三，在权力运行方式方面。传统环境法强调环境治理权的强制性、单方性，即以行政管制为主导，利用"命令—控制"的方式来实施环境法；有时也利用司法裁判（环境司法）来实施环境法。这些实施方式都具有强制性与单方性，对企业积极主动实施环境法、对于社会组织治理功能重视不够，虽然在环境公益诉讼中，依赖于环保组织的司法启动机制，但对其他社会组织对环境治理的参与功能重视不够。

第四，在行政规制权的运行方面。传统环境法强调行政行为的合法性，即权力来源的合法性、程序行使的合法性、行政行为内容的合法性，这些都强调的是形式合法性，对于实质性的内容关注较少。而现代行政已经对行政行为提出了更高的要求，从合法行政向最佳行政发展。[1]特别在行政决策方面，由于行政决策所具有的专业技术性的特征，司法审查的功能无法有效发挥作用，需要监督行政决策在环境治理上的功能，保护行政决策等行为的正当性。

第五，在责任方式上。传统环境法强调环境违法责任的严厉性，通过对环境违法行为的制裁，贯彻任何人不得从其违法行为中获得利益的原则。虽然也会利用经济激励的方式来促进企业的环境守法，但无论是对环境违法的制裁，还是经济激励的刺激，都是利用理性经济人的特性，从成本效益方面来解决企业的守法成本与违法成本失衡问题。而利用理性经济人原理来强制企业守法，虽然也具有一定的效果，但其弊端也是明显的。

二、环境法变革的基础

传统环境法偏向于借助行政的力量，是一种典型的行政规制，即使是经济激励的方式，也主要是以行政主导力量来推动的，这样就导致传统环境法出现了严重的弊端。传统环境法存在的主要问题一是环境法的实施成本过高。由于过度强调行政实施，而且行政实施的方式比较单一，环境法的实施成本较高，主要体现在环境监测、环境监察、环境执法、环境执行的成本过高。二是环境法的实施取决于行政机关的需要和政策，容易出现运动式执法，导致了环境法实施的不确定性。例如：环保执法力量呈现"倒金字塔"特征，地方政府缺乏执行环保法律的压力和动力，环境管理体制制约着环保部门的严格执法，环境执法腐败导致"规制俘获"，环保部门缺乏一定的执法手段和权力。[2]而环境法需要更多的常态化实施，运动式执法实际上

---

[1] 朱新力，唐明良，等.行政法基础理论改变的基本图谱："合法性"与"最佳性"二维结构的展开路径[M].北京：法律出版社，2013.

[2] 郑少华，王慧.中国环境法治四十年：法律文本、法律实施与未来走向[J].法学，2018(11)：17-19.

会影响到环境法的统一性与权威性。三是环境法的调整方式过于单一。环境规制者、被规制者与第三方之间的互动较少。由于过于强调行政机关实施的单方性和强制性，加以当前严格环境规制的背景，导致行政机关的执法裁量受到严格的限制，和解性执法更是受到了较多抑制，导致了行政执法的弹性方面存在不足。

总之，在环境法的立法、执法、司法、守法等方面，还存在着体系性的问题，急需进行全面的变革。而随着社会的发展和认识的深入，传统环境法也具备了变革的基础，这些对于环境法的变化具有了重要的作用。

（一）环境治理实践的发展

随着环境治理任务的不断扩展，环境治理实践也在发生着变化，这些变化不仅引起了环境法理论的探索，对于环境法体系也产生了深刻的影响。

第一，立法实践的发展。环境立法不仅在扩张与改革自身的内容，在立法模式上也发生着变革，即由条件模式向目的模式发展。条件模式下的环境法，典型代表是"命令—控制"式，这种立法模式强调行政机关行政行为的合法性，尤其是具体行政行为的合法性，对于政策性行政行为的控制与激励是不足的，因此，在各国都出现了大量的目的模式立法。在我国，主要体现为促进型立法[1]，例如环境法中的《清洁生产促进法》和《循环经济促进法》，这两部法律并没有像其他环境立法一样，规定行政机关和企业的权力与责任，在法律责任这一方面规定得较为简略，给人以强制力不足、法律责任不明确的感觉。但这些立法，对清洁生产和循环经济提出了相应的要求，实际上授权行政机关可以灵活地为这些目标来制定相应的措施。这种立法形式与传统立法存在较大差异，是对传统立法的发展与演进。

---

[1]　李艳芳．"促进型立法"研究［J］．法学评论，2005，23（3）：100-106.

　　第二，行政机关的职权行使方式发生了变化。从行政职权的发展变化来看，行政权力的运行在发生着变化，行政机关更加重视以灵活的方式来行使权力，而不是一味依赖强制与制裁，具体体现为更加弹性、更加重视与企业之间的互动、更加依赖于社会力量的相互作用。例如：首先，通过排污权交易来实现企业之间的资源配置，给企业以一定的经济激励。这样既可以节约规制的成本，也可以激发企业内在的技术和管理发展要求，促进企业之间的环境保护竞争。其次，政府通过指导的方式来促进企业改进环境治理的绩效。再次，政府通过公私合作的方式来利用专业化方式来促进环境治理，例如第三方污染治理和其他公私合作项目，促进了政府的治理能力，也激发了社会环境治理活力。最后，政府通过守法激励的方式，激发企业的守法动机，特别是通过合规制度来提高企业环境保护绩效，这样就与企业实践形成互动，促进了企业环境守法。

　　第三，司法审查方式也在发生变化。加强对行政行为的监督，防止行政机关滥用职权或怠于行使职权，司法的功能是不可或缺的。但在对行政行为的审查方面，不同时期司法的功能是在变化的。在环境治理方面，司法审查已经从单纯的合法性审查，向合理性审查的方向发展，即从行政形式法治向行政实质法治的方向发展。这既是行政权在现代新的发展，也是司法权为了适应现代行政的发展而进行的相应变革。环境司法的功能还有了进一步的发展，不仅在行政权的监督与补充上发挥着作用，在环境刑法与环境民法方面也开始发挥其司法功能，是环境治理中的重要主体。

　　第四，企业的环境治理积极性不断提高。随着环境形势的日益严峻，环境法对于企业的责任要求越来越多。在这样的背景下，企业也在不断思考自身的环境角色与环境责任，越来越多的企业在努力改进技术和管理能力，以提高环境责任能力。具体而言，首先，通过增强环境管理意识，企业具有了环境守法的动力。其次，企业建立完善的环境管理制度，而环境管理制度有利于提高企业环境治理的绩效。再次，企业积极建立环境合规制度，环境合规制度有利于从根本上预防可能的环境风险，最大限度地促进企业履行其环境责任。最后，企业超越环境守法，环境标准只是对于一般企业的要求，对于具有好技术和高管理水平的企业，可以在自愿的基础上实行更加严格的环境标准，从而实现全社会的良好环境保护绩效。

第五，社会组织的环境规制功能不断体现。除了传统的环境公众参与外，环境治理还有赖于发挥社会组织的环境规制功能。在这方面，环境规制创新实践也不断涌现不同的形式。公众参与在环境治理中无疑具有相当重要的贡献，但公众参与主要体现为对行政机关和企业的监督与补充作用，而环境治理还依赖于专业化的分工合作，例如环境评价、环境审计、环境认证、环境评估、环境专业治理等行为，都需要大量的专业化组织，通过这些组织发挥作用来促进环境治理。随着这些组织的发展，社会主体环境治理能力不断地扩大，环境治理的社会性权力也得以发展。社会性环境治理权力与环境行政权力形成了分工与合作、监督与补充的关系，对环境治理产生了良好作用。当然，这些社会组织的发展，一方面，弥补了行政权力规制能力的不足，提高了环境治理能力；另一方面，这些组织本身也会带来更多的规制方面的压力与挑战，与政府的规制失灵一样，社会组织的规制也会失灵，因此，需要政府对社会组织的规制行为加以规范与控制，防止其失灵对环境治理可能带来的不良影响。

另外，公众参与也发生了变化，特别是在网络时代，网络动员能力得到了极大的提高，不仅会对政府的管理职权产生挑战，而且也会对政府的治理权威和治理结构产生重大的影响。而公众参与在这样的背景下，对政府的治理权威产生了新的挑战。

（二）环境规制理论的发展

环境法治实践不仅对传统的环境规制理论提出了挑战，也给环境法理论带来了实践资源，为理论的发展提供了丰富的养分。在实践的养育和呼唤下，环境规制创新的理论也有了迅速的发展，这些理论又为环境规制创新实践提供了支持。

关于环境规制变革的理论非常丰富，主要涉及治理理论、回应型法理论、反身性法理论等等。由于在前面已经对这些理论进行了研究和介绍，这里主要简单地进行一些分析：

治理理论。治理理论是对传统的行政规制理论的发展，治理强调的不是国家与个人之间的对抗关系，而是多方主体之间的合作。[1]在环境治理的过程中，呈现出治理主体的多元化、治理手段的多样化、治理方式的灵活性等等特征。在这方面，国家已经形成了丰富的理论，国内也有一些年轻学者进行了系统性的研究，例如张宝《环境规制的法律构造》、杜辉《环境治理的发展》，这些理论既回应了实践的发展，又为实践问题的解决提供了方向与道路。

回应型法理论。根据回应型法理论，企业主体对法律规制的反应，已经不是一般的被动地采取措施，而是企业主动将法律的要求化为本身的制度性要素，从而主动地实现与法律的对接，实现法律的真正有效性。

反身性法理论。"反身法旨在构建一个'内部'变量和'外部'变量共同发展的更为全面的模型"[2]，而反身性环境法，强调的是企业通过内化环境要求，而不是被外部——主要是国家——加以强制性的遵守，采取积极的措施来实现环境法律的要求。[3]反身性环境法，体现了企业更多主动性和创造性守法的态势。

从以上的理论可以看出，在现代环境治理中，一般的环境法的强制性权力已不能够解释，而需要不同的理论对其进行分析。而在现代环境理论中，环境治理也发生了重大的变化，

［1］ 陶品竹.中国行政法学体系的反思与变革［M］.北京：中国政法大学出版社，2015：117.

［2］ 谭冰霖.环境规制的反身法路向［J］.中外法学，2016，28（6）：1512-1535.

［3］ Kennedy R. Rethinking Reflexive Law for the Information Age: Hybrid and Flexible Regulation by disclosure［J］. Geo Washington Journal of Energy & Environmental Law, 2016, 7（2）：124.-139.

三、环境规制创新对环境法体系的影响

环境规制创新，带来了环境法体系的变革。这些变革主要体现在法律渊源的变化、权力运行方式的变化、环境治理结构的变化、环境责任体系的变化、司法审查方式的变化。

（一）环境法渊源的变化

在环境规制创新时代，除了环境立法模式发生了变化，环境法的渊源也发生了变化。传统环境法，以国家制定法为主要规范来源，法律渊源主要是国家正式法律，其他规范的存在空间较小因为传统的环境治理强调由国家来应对环境问题，环境法是为了解决传统法律应对环境问题的缺陷而产生的。在现代环境法产生之初，依赖国家制定大量环境法来为环境规制提供充足的依据。例如美国和英国这样典型的判例法国家，也制定了大量的环境法，这些环境法依赖于立法机关的制定，具有强制性的内容，其他法律渊源不受重视。但随着社会的发展，环境治理的法律依据在不断地扩张，软法在环境治理中的地位得以提升。其原因是：硬法刚性过度而柔性不足、硬法的实施成本过高、硬法的体系过于僵硬等等。在这样的背景下，软法体系发挥了积极有效的作用。软法的主要形式：第一，行政机关通过制定行政规范性文件的方式为环境规制提供了大量规则。主要包括制定一些指导性文件，例如各类的指南性文件、导则性文件等；行政机关通过与企业的协商制定各类规则，来进行环境规制；行政机关利用合同方式来与相对方形成共同的环境治理准则。第二，企业制定了大量的管理规范，这些规范为环境规制提供了依据。具体包括：企业内部的环境管理制度，这是现代环境治理中的一个重要方面，即企业通过制定全面的环境管理制度，来实现内部自律性的治理；企业通过接受认证认可程序，来接受第三方组织的环境管理制度，例如国际论证组织的论证制度，这也是一种非国家的环境管理渊源；企业与政府之间签订协议进行环

境规制，这些协议也成为环境规制的渊源。第三，社会组织为环境规制提供了规范。社会组织可以依赖合同形成相应的规则，包括与企业的合同以及与政府的合同，依据自身建立的规则来对环境治理发挥作用。这些规则的法律性质就具有了软法的性质，与硬法具有不同的功能。

由于这些软法规则的出现，导致了环境规制的规则大量增加，并且这些规则的类型与功能也日益丰富，呈现了多种类型规则共存的状态。

（二）行政职权的功能变化

随着规制国家的到来，行政权力担负的任务也越来越多。即："基本权利的保护责任和功能更多地由立法机关转移到行政机关，进而对行政法体系提出了重大挑战"[1]。而行政职能的增加，对行政职权也提出了新的要求。一方面，从基本行政的角度说，需要加强对行政权的控制，强调其合法性的来源与合法性控制；另一方面，从积极行政的角度说，也需要重视行政权本身对社会福利的建构作用，强化行政发挥其积极主动性。

环境规制创新条件下，行政职权功能具有独特性。传统的行政规制主要依赖于强制性的手段，特别是以威慑主义的方式来推动法律和公共政策的实施，其理论基础是理性经济人理论。这种模式的环境法，在进行制度设计时，注意对违法者的惩罚，以避免违法成本低、守法成本高的倾向。但在现代立法中，仅仅依赖威慑型的法律实施方式，其弊端也在不断显现。行政机关的职权行使就具有了鲜明的特征：

第一，弹性规制。体现为职权行使的能动性，典型的是执法偏离现象[2]，在一定的条件下甚至形成了运动式执法，此时的行政职权的能动性就具有多种价值，其正面价值与负面价值同样值得重视。通

［1］ 伏创宇.核能规制与行政法体系的变革［M］.北京：北京大学出版社，2017：219.

［2］ 曹炜.环境监管中的"规范执行偏离效应"研究［J］.中国法学，2018（6）：258-279.

过弹性执法，行政机关可以更好地配置执法资源，根据不同时期的执法重点来开展工作，使行政职权可以更好地适应社会的发展。

第二，合作型规制。在环境规制创新背景下，行政机关越来越重视与其他社会主体的合作，合作型规制由此成为规制的一大特色。通过与企业之间的合作、与社会组织之间的合作，行政机关可以更好地实现其职能。具体体现为：政府通过指导、豁免等制度来促进企业有意识地提高其守法动力与守法能力，促进企业环境管理与环境技术的发展；政府通过与社会资本的合作来开展第三方环境治理、环境监测、环境规制；政府通过与社会组织的合作来将一些职权分散给社会组织，为社会组织提供行使环境职能的有利条件，这实际上是对社会的分权。通过分权，提高了社会组织的活力，从而有利于不同主体之间的合作，实现良法善治。

第三，非强制性行为大量涌现。为了适应不断变化的环境治理的需要，行政机关需要利用多种手段来开展环境治理，并且利用不同的社会资源来开展环境治理。在这样的背景下，不仅指导性、契约性这样的非典型行政行为大量涌现，而且其他非典型行政行为，例如公共警告、黑名单制度等等也不断涌现。这些非典型行政行为，与其他社会力量相互作用，在发挥行政职权积极作用的同时又有效地减少了其弊端，另外，还可以发挥其他社会力量的环境治理功能，真正体现出多元共治的特点。

第四，重视国家担保责任。由大量社会组织或是企业来承担传统上由国家履行的职责，但国家的责任并没有消失，只是发生了一些变化。在环境规制创新背景下，国家责任包括对其他主体的规制责任，除了传统上对企业环境守法进行规制外，还必须对参与环境治理的其他主体进行规制；与其他主体之间的合作；特别重要的是，国家还具有担保责任，即当其他社会组织无法完成环境治理任务时的替代性责任。国家担保责任的出现，与传统意义上的国家规制责任具有很大的差异，是新型环境规制条件下国家责任的一种发展。

另外，行政职权的行使，必须重视环境治理的成本效益分析。从"环境优先"的理想状态上说，环境治理可以不考虑成本，应该利用一切资源来加强环境保护。但实际上，任何社会都需要根据成本效益对治理的事项和治理技术进行判断与选择。在美国，就有这方面的案例，由于没有考虑到成本效益，美国联邦环保局制定的技术标准在诉讼中被法院撤销。于是美国联邦环保局制定了新的标准，规定新的最佳控制标准的同样增值成本不得高于最佳可行技术成本的 1.29 倍。[1]目前，我国行政机关也开始考虑到环境治理的成本效益问题，改变了过去的"一刀切"式的执法，今后，还需要根据成本效益的方法，对不同的治理技术与方案加以选择，以实现最优化的环境治理。

（三）环境治理结构的变化

治理结构的变化主要体现在权利（力）义务的配置发生了变化，因而引起了治理结构的变化。新型环境规制，体现了不同主体权利（力）义务配置的变化[2]，具体体现为，在现代环境治理中，行政权力、企业权利、社会权力、公众权利之间的互动，这些权利（力）之间的互动，既是对行政权的一种补充，也是一种环境治理结构的重新配置。

传统环境法主要体现了国家公共权力的作用，而私人团体例如企业主要是承担相应的环境义务，公众参与只是对国家公权力的补充，起到了启动司法审查程序的功能。这种治理结构，是以公权力为主导的治理结构。但在新型环境规制条件下，这一结构发生了巨大变化。主要体现了不同主体之间的权利（力）义务配置发生了变化。

公权力方面。公权力的主体主要是行政权与司法权，现代环境治理对其权力重新进行了配置。

［1］ 丹尼尔·A. 法伯，罗杰·W. 芬德利. 环境法精要（第 8 版）［M］. 田其云，黄彪，译. 天津：南开大学出版社，2016：118.

［2］ 伏创宇. 核能规制与行政法体系的变革［M］. 北京：北京大学出版社，2017：220.

就行政权而言：①对行政权力重新进行了配置。体现为在环境决策中引入了更多的专家知识，在环境决策中更加重视其他主体的参与，在环境治理中第三方治理者的参与，重新分配了一些行政权力。②弱化了行政权的强制力。主要是通过更加有弹性的行政权力，例如行政指导权、行政协商权的配置，弱化了行政权力的强制性。③重新配置对行政权的监督权。主要是通过行政公益诉讼，对行政权力的监督范畴更加广泛，尤其表现为我国的检察机关提起的行政公益诉讼，使环境公益诉讼数量得到了巨大的增加。④配置了更多的信息公开义务，强化了行政机关对社会公众的环境信息公开义务。

就司法权而言，扩大了司法权的范围，同时对司法的能动功能也提出了更多的要求。详见下文论述。这实际上也是对环境治理权的一种重新分配，部分地行使了行政机关的行政规制权。

在企业权利方面。不仅继续重视企业的环境义务，而且越来越强调企业的积极责任的行使。①企业内部环境管理的强化。这实际是对企业环境职能的开拓，也是对行政规制权的一种重新配置。②重视调动企业治理积极性，将环境合规作为基本的公司治理要素来加以规范。这些方面，已经极大地改变了企业被动守法的状态，而且将企业作为环境治理的重要主体来予以对待。

在社会组织权利方面。从一定程度上说，第三方组织早具备了一定的环境管理职能，其典型就是各类的环保组织。但随着环境治理专业化的发展，出现了不同于传统的环保组织的，以营利为目的的专业性组织，这些组织与环保组织不同，其具有较强的经济目标，同时也具有了更强的专业技术性。这些组织的出现，标志着代替行政机关行使了一定的环境职能。社会组织不仅可以帮助企业解决专业性的问题，而且也可以为政府分担较多的监督职能，这不仅是一种职能的分配，而且也是一种能力的分配，基于这样的能力的转移，组织的功能得以扩展，与行政机关及企业之间的互动加强，可以为提高环境治理绩效作出较多的贡献。

在社会公众方面。社会公众的权利也在发生变化，特别在网络信息时代，由于大数据等现代的信息所具有的强大动员与组织能力，公众的信息能力得到了提高，一旦公众通过信息而加以聚集（包括在现实世界和网络世界），其所具有的能量将是任何国家力量所不能忽视的。今天的社会，是很多无形的小组织，它们是依赖于新技术形成的观念的集合体，它们通过某种程度的信息和知识的拼图，对国家舆论造成一定的影响。加之现代社会公众容易形成非理性特性，对国家的环境治理提出了严峻的挑战。公众参与的这种特征，导致了环境治理结构的变化。

（四）环境责任体系的变化

在新型环境规制下，传统的环境法律责任形式发生了巨大的变化。传统的环境法涉及的责任比较单一，主要是行政机关的责任和企业的环境责任。行政机关的责任，包括内部责任和外部责任，内部责任是指根据隶属关系由上级机关对下级行政机关加以追究的责任；外部责任是行政相对人针对行政机关提起的责任，例如行政复议、行政诉讼方面的责任；而企业的责任，主要是行政责任、刑事责任和民事责任。在现代新型环境规制条件下，这些责任类型发生了巨大的变化，这也导致了整个的环境法律责任体系也发生了变化。

在政府责任方面，除了传统的责任形式外，还出现了环境约谈制度、区域限批制度等新型的责任形式，以及具有增益功能的生态补偿制度等，都已经具有了新型责任形式的特征。尤其值得注意的是我国的环境督察制度，这是一种更为新型的责任追究方式，是一种专门性地发现环境法实施中存在问题的机制，既重视企业的违法问题，也重视政府的环境违法，但不直接追究责任，而是由有权机关进行责任追究，是一种全新的责任追究模式。

在企业环境责任方面，出现了责任体现整合的趋势。主要体现为：

在刑法领域，环境刑事责任的种类不断涌现，例如刑事和解制度、替代性制度、认罪认罚从宽制度等，其中刑事上的生态恢复责任就是一种典型。在行政法领域，一方面，环境责任在不断强化，例如按日处罚制度、行政禁令制度甚至是惩罚性补偿制度等[1][2]，环境法的威力不断增强，环境法具有了"牙齿"；另一方面，行政责任也具有和缓的一面，例如替代性制度等。在民事责任领域，则出现了惩罚性赔偿、禁令等制度，这些责任形式，有的具有传统法律责任的体系特征，有的则具有现代环境治理的特征，成为新型环境规制的组成部分，具有了鲜明的特色。

在责任体系方面，重视不同体系之间的连接，例如刑事与行政责任相衔接的制度，另外还重视整个体系的责任[3]，例如环保督察制度，就具有了比较鲜明的体系性特征。具体体现在：这一制度并不直接追究责任，只是一种发现问题的制度，这就可能存在不同的责任形式，从而实现一种体系性的责任追究方式。

另外，在责任的承担与提起方面，主要是通过公益诉讼，开启了责任追究的程序要件，拓宽了责任启动机制，并且在司法实践中不断拓展环境责任形式。

（五）司法功能的演化

从司法审查的角度来看，司法功能在新型环境规制时代也发生了巨大的变化。由于新型环境规制强调的是行政权的弹性化，行政权与企业、社会权力之间的关系不再是一种单向的关系，而是具有协商性的关系，对这种关系的司法审查也就具有了特殊性；社会组织与企业之间更多地体现了契约的性质，具有更多的民事性，但由于社会组织也具有了一定的公共管理职能，这些社会组织与社会之

---

[1]　谭冰霖.环境行政处罚规制功能之补强［J］.法学研究，2018，40（4）：151-170.

[2]　赵鹏.惩罚性赔偿的行政法反思［J］.法学研究，2019，41（1）：41-55.

[3]　宋亚辉.风险控制的部门法思路及其超越［J］.中国社会科学，2017（10）：136-158，207.

间的关系与单纯的民事关系又存在差异。因此，新型环境规制下对司法的功能就产生了新的要求。

1. 对行政规制权的审查问题

在传统的行政诉讼制度中，法院要确定对行政机关的合法性的标准，主要是围绕着职权合法、内容合法等方面进行。[1]这是基于形式法治的要求和法律授权明确的要求，法院在对行政权力的审查方面具有一定的可行性。

一方面，在新型环境规制中，由于权力来源的概括性、环境规范的多元性、环境手段的多样化，行政权力更加具有弹性，司法对于行政权的审查越来越困难，司法对行政的判断就趋于宽松。而且，一些指导性行为，例如"环境守法导则"这样的行为，在我国则会面临着无法提出诉讼的困难。

另一方面，司法对行政的监督呈现出新的特点。法院并不满足于对形式法治的要求，而是越来越根据实质法治的要求来对行政权力的运行来加以监督。例如德国的新行政法，超越了单纯的合法性控制，确保了行政理性。[2]司法的实质法治特征也在不断呈现，例如在行政诉讼中确定了明显不当的标准[3]，而且司法的控制也更加全面，司法的控制内化到行政过程的各方面。[4]对于行政的监督判断标准也提出更高的要求，要求行政行为不但应具备合法性，而且要重视其最佳性[5]，行政正确代替了行政合法。[6]可以说，这对司法提出了更多的要求，不仅要求司法权应保持其谦抑性，而且要求司法能具有对实质法治判断的能力。在进行实质法治判断的时候，司法应更多考

---

[1] 何海波. 实质法治：寻求行政判决的合法性[M].北京：法律出版社，2009：21.
[2] 伏创宇. 核能规制与行政法体系的变革[M].北京：北京大学出版社，2017：218.
[3] 程琥. 行政诉讼合法性审查原则新探[J].法律适用，2019（19）：75–87.
[4] 陶品竹. 中国行政法学体系的反思与变革[M].北京：中国政法大学出版社，2015：90–91.
[5] 朱新力，唐明良，等. 行政法基础理论改革的基本图谱："合法性"与"最佳性"二维结构的展开路径[M].北京：法律出版社，2013：6.
[6] 黄舒芃. "行政正确"取代"行政合法"？——初探德国行政法革新路线的方法论难题[J].（中国台湾）"中研院"法学期刊，2011（8）：259–314.

虑环境政策问题。在考虑环境政策时，不能仅仅考虑严格环境执法的背景，一味支持和鼓励严格执法，还必须考虑不同企业的现状、不同企业的历史，承认企业的历史贡献，让企业能够得到公平的对待，从而实现实质公平。

2. 司法对于政府与企业关系的审查

在新型环境规制中，行政机关甚至是司法机关经常与企业之间达成和解，这些和解会引起一些环保组织的不满，他们会对这些和解协议提起公益诉讼。法院必须对这些和解协议的法律效力来加以裁判。为了尊重行政机关的执法权，如果法院认为政府与违法者的协议足以确保违法行为不再发生，就应予以这些协议尊重，而不能任意地推翻。[1] 这实际上体现了司法权与行政权的关系问题，在新的环境规制条件下，尊重行政权力也是一个发展趋势。

3. 司法对社会组织权利的审查

社会组织的环境管理权利，主要是社会组织在环境治理中的功能及其相应的权利。由于社会组织具有很强的专业性，而且是与企业达成协议条件下的参与，在司法审查时应考虑其专业性特征与合意性特征，这就对司法审查提出了新的挑战。主要体现在：首先，防止出现从公法向私法的逃遁。社会组织对环境管理的一些职能，是来自行政权力的转移，这导致社会组织行使了一些公共职能，但从传统的法理上说，这些社会组织并没有法律的授权，不能成为行政权力，由此与被规制企业之间的纠纷就成为一种纯私法纠纷。如果适用民事法律，则第三方所具有的强制性是民法所无法调整的，也不利于对受监督企业的保护；如何利用行政法的性质来加以处理，则可能会面临如何界定社会组织地位的问题。这样就会出现从公法向私法的逃遁，为行政机关逃避责任提供了依据。此时，法院就应根据社会组织的行为性质来对相应的争端加以判断，主要依赖于公法原理来确定社会组织的权

---

[1] 詹姆斯·萨尔兹曼，巴顿·汤普森. 美国环境法（第4版）[M]. 徐卓然，胡慕云，译. 北京：北京大学出版社，2016：74.

利性质，保证在程序上和实体上对受监督企业的保护。其次，社会组织行使职权具有很强的专业性，法院也面临着要提高这些争议审理能力的任务。法院应利用制度设计来发现更多的事实问题和专业技术问题，例如通过程序上的竞争来使更多的事实和技术问题得到发现，又不至于给审判造成更多的成本。要求双方提供专家证人，通过专家证人的质证来提高对专业性的认识能力，而通过对专家证人的限制来节约司法成本。

4. 司法不断扩展环境规制权力

作为现代环境治理中的一个权力渊源，司法权在社会治理中的作用也在不断地开拓。首先，体现在公益诉讼方面，即利用公益诉讼来强化对行政权的监督，而且利用公益诉讼来宣示环境治理政策。其次，体现在刑事司法领域，司法机关的功能也在进一步地加强。再次，体现在民事侵权领域，法院不仅利用司法权对侵权行为的裁判来维护受害者的利益，而且利用确立民事侵权规则来进行环境规制，出现了环境规制的司法化这一新的功能。另外，在环境民事司法中对于禁令制度的开拓也具有了新的发展，因此，环境司法的功能得到了新的发展。

主要参考文献

（一）著作类

［1］蔡守秋.基于生态文明的法理学［M］.北京：中国法制出版社，2014.

［2］陈慈阳.环境法总论［M］.北京：中国政法大学出版社，2003.

［3］陈瑞华.企业合规基本理论［M］.北京：法律出版社，2020.

［4］崔建远.合同法［M］.北京：北京大学出版社，2012.

［5］邓可祝.政府环境责任研究［M］.北京：知识产权出版社，2014.

［6］杜群.生态保护法论：综合生态管理和生态补偿法律研究［M］.北京：高
等教育出版社，2012.

［7］何海波.实质法治：寻求行政判决的合法性［M］.北京：法律出版社，
2009.

［8］伏创宇.核能规制与行政法体系的变革［M］.北京：北京大学出版社，
2017.

［9］韩世远.合同法学［M］.北京：高等教育出版社，2010.

［10］韩铁.美国宪政民主下的司法与资本主义经济发展［M］.上海：上
海三联书店，2009.

［11］黄茂荣.债法各论［M］.北京：中国政法大学出版社，2004.

［12］蒋兰香.环境犯罪基本理论研究［M］.北京：知识产权出版社，2008.

［13］金瑞林，汪劲.20世纪环境法学研究评述［M］.北京：北京大学出版社，
2003.

［14］柯坚.环境法的生态实践理性原理［M］.北京：中国社会科学出版社，
2012.

［15］刘连煜.公司治理与公司社会责任［M］.北京：中国政法大学出版社，
2001.

［16］罗豪才，湛中乐.行政法学［M］.北京：北京大学出版社，2006.

［17］罗豪才，宋功德.软法亦法：公共治理呼唤软法之治［M］.北京：法律出

版社，2009.

［18］吕忠梅 . 环境法案例辨析［M］. 北京：高等教育出版社，2006.

［19］吕忠梅 . 环境法原理（第 2 版）［M］. 上海：复旦大学出版社，2017.

［20］齐晔，等 . 中国环境监管体制研究［M］. 上海：上海三联书店，2008.

［21］秦鹏，杜辉 . 环境义务规范论——消费视界中环境公民的义务建构［M］.
重庆：重庆大学出版社，2013.

［22］沈宗灵 . 法理学［M］. 北京：高等教育出版社，1994.

［23］唐明良 . 行政法治与政府自身改革的耦合性发展：从法治政府建设的地方
实践展开［M］. 北京：中国政法大学出版社，2018.

［24］陶品竹 . 中国行政法学体系的反思与变革［M］. 北京：中国政法大学出版
社，2015.

［25］王波 . 规制法的制度构造与学理分析［M］. 北京：法律出版社，2016.

［26］王福华 . 变迁社会中的群体诉讼［M］. 上海：上海人民出版社，2011.

［27］王克稳 . 行政许可中特许权的物权属性与制度构建研究［M］. 北京：法律
出版社，2015.

［28］汪劲 . 环境法学（第四版）［M］. 北京：北京大学出版社，2018.

［29］汪劲 . 环保法治三十年，我们成功了吗？——中国环保法治蓝皮书（1979—
2010）［M］. 北京：北京大学出版社，2011.

［30］汪劲，严厚福，孙晓璞 . 环境正义：丧钟为谁而鸣——美国联邦法院环
境诉讼经典判例选［M］. 北京：北京大学出版社，2006.

［31］魏汉涛 . 环境污染：制度根源与对策［M］. 北京：法律出版社，2017.

［32］王利明，崔建远 . 合同法新论·总则（修订版）［M］. 北京：中国政法大
学出版社，2000.

［33］王泽鉴 . 民法概要［M］. 北京：北京大学出版社，2009.

［34］王泽鉴 . 侵权行为［M］. 北京：北京大学出版社，2009.

［35］杨炳霖 . 回应性管制——以安全生产为例的管制法和社会学研究［M］.
北京：知识产权出版社，2012.

［36］杨立华，鲁春晓，唐璐，等 . 中国环境监察监测之事权财权划分研究［M］.
北京：北京大学出版社，2015.

［37］杨立新 . 侵权责任法（第 2 版）［M］. 北京：法律出版社，2012.

［38］叶俊荣 . 环境政策与法律［M］. 北京：中国政法大学出版社，2003.

［39］张宝 . 环境侵权的解释论［M］. 北京：中国政法大学出版社，2015.

［40］张宝 . 环境规制的法律构造［M］. 北京：北京大学出版社，2018.

［41］张建宇，严厚福，秦虎 . 美国环境执法案例精编［M］. 北京：中国环境出
版社，2013.

［42］张辉 . 美国环境法研究［M］. 北京：中国民主法制出版社，2015.

［43］张文显 . 法理学［M］. 北京：法律出版社，1997.

［44］张新宝.侵权责任法［M］.北京：中国人民大学出版社，2006.

［45］赵秉志，王秀梅，杜澎.环境犯罪比较研究［M］.北京：法律出版社，2004.

［46］朱虎.规制法与侵权法［M］.北京：中国人民大学出版社，2018.

［47］周卫.环境规制与裁量理性［M］.厦门：厦门大学出版社，2015.

［48］朱新力，唐明良，等.行政法基础理论改革的基本图谱："合法性"与"最佳性"二维结构的展开路径［M］.北京：法律出版社，2013.

［49］朱岩.侵权责任法通论·总论（上册）［M］.北京：法律出版社，2011.

［50］最高人民法院中国应用法学研究所.人民法院案例选（2011第3辑）［M］.北京：人民法院出版社，2011.

［51］H.考茨欧.侵权法的统一：违法性［M］.张家勇，译.北京：法律出版社，2009.

［52］克雷斯蒂安·冯·巴尔.欧洲比较侵权行为法（上卷）［M］.焦美华，译.北京：法律出版社，2001.

［53］克雷斯蒂安·冯·巴尔.欧洲比较侵权行为法（下卷）［M］.焦美华，译.北京：法律出版社，2001.

［54］哈贝马斯.在事实与规范之间：关于法律和民主法治国的商谈理论［M］.童世骏，译.北京：生活·读书·新知三联书店，2003.

［55］朱迪·弗里曼.合作治理与新行政法［M］.毕洪海，陈标冲，译.北京：商务印书馆，2010.

［56］詹姆斯·萨尔兹曼，巴顿·汤普森.美国环境法（第4版）［M］.徐卓然，胡慕云，译.北京：北京大学出版社，2016.

［57］凯斯·R·桑斯坦.权利革命之后：重塑规制国［M］.钟瑞华，译.北京：中国人民大学出版社，2008.

［58］丹尼尔·F.史普博.管制与市场［M］.余晖，何帆，钱家骏，等译.上海：上海三联书店，上海人民出版社，1999.

［59］史蒂芬·布雷耶.规制及其改革［M］.李洪雷，宋华琳，苏苗罕，等译.北京：北京大学出版社，2008.

［60］P.诺内特，P.塞尔兹尼克.转变中的法律与社会：迈向回应型法［M］.张志铭，译.北京：中国政法大学出版社，2004.

［61］丹尼尔·A.法伯，罗杰·W.芬德利.环境法精要（第8版）［M］.田其云，黄彪，译.天津：南开大学出版社，2016.

［62］黑川哲志.环境行政的法理与方法［M］.肖军，译.北京：中国法制出版社，2008.

［63］原田尚彦.环境法［M］.于敏，译.北京：法律出版社，1999.

［64］托马斯·思德纳.环境与自然资源管理的政策工具［M］.张蔚文，黄祖辉，译.上海：上海人民出版社，2005.

［65］贝卡里亚.论犯罪与刑罚［M］.黄风，译.北京：中国大百科全书出版社，1993.

［66］伊丽莎白·费雪.风险规制与行政宪政主义［M］.沈岿，译.北京：法律出版社，2012.

［67］马克·韦尔德.环境损害的民事责任：欧洲和美国法律与政策比较［M］.张一心，吴婧，译.北京：商务印书馆，2017.

［68］罗豪才，毕洪海.行政法的新视野［M］.北京：商务印书馆，2011.

［69］布兰代斯.哈佛法律评论：侵权法学精粹［M］.徐爱国编译.北京：法律出版社，2005.

［70］美国环境法的改革：规制效率与有效执行［M］.王慧编译.北京：法律出版社，2016.

［71］卡塔琳娜.皮斯托、许成钢."不完备法律"（上）［A］.汪辉敏，译.吴敬琏主编.比较［M］.第3辑，中信出版社，2002.

［72］卡塔琳娜.皮斯托、许成钢."不完备法律"（下）［A］.汪辉敏，译.吴敬琏主编.比较［M］.第4辑，中信出版社，2002.

（二）论文类

［1］安超.能效"领跑者"标杆企业实践案例分享［J］.中国石油和化工经济分析，2016（9）.

［2］蔡守秋.善用环境法学实现善治——治理理论的主要概念及其含义［J］.人民论坛（学术前沿），2011：2（中）.

［3］常杪，杨亮，王世汶.环境污染第三方治理的应用与面临的挑战［J］.环境保护，2014（20）.

［4］曹凤中.环境保护运动式执法模式剖析［J］.中国环境法治，2007（1）.

［5］曹树青.结果导向型区域环境治理法律机制探究［J］.中国人口·资源与环境，2013（2）.

［6］曹炜.环境监管中的"规范执行偏离效应"研究［J］.中国法学，2018（6）.

［7］程琥.行政诉讼合法性审查原则新探［J］.法律适用，2019（19）.

［8］湛中乐，郑磊.分权与合作：社会性规制的一般法律框架重述［J］.国家行政学院学报，2014（1）.

［9］陈国权，王柳.基于结果导向的地方政府绩效评估——美国凤凰城的经验及启示［J］.浙江学刊，2006（2）.

［10］陈瑞华.司法过程中的对抗与合作—— 一种新的刑事诉讼模式理论［J］.法学研究，2007（3）.

［11］陈屹立，陈刚.威慑效应的理论与实证研究：过去、现在与未来［J］.制度经济学研究，2009（3）.

［12］戴昕.威慑补充与"赔偿减刑"［J］.中国社会科学，2010（3）.

［13］邓可祝.环境守法导则：一种新型环境合作治理模式［M］.厦门大学法律评论，2016（1）.

［14］邓可祝.多国自愿环境管制的效果启示［J］.环境保护，2011（9）.

［15］邓可祝.论环境法的私人实施［J］.四川行政学院学报，2012（5）.

［16］邓可祝.环境行政公益诉讼和解制度研究［J］.法治研究，2016（4）.

［17］邓可祝.环境合作治理视角下的守法导则研究［J］.郑州大学学报（哲学社会科学版），2016（2）.

［18］狄雅肖，傅尧.借鉴外国先进经验完善环境审计制度［J］.经济论坛，2016（10）.

［19］董战峰，董玮，田淑英，等.我国环境污染第三方治理机制改革路线图［J］.中国环境管理，2016（4）.

［20］窦海阳.环境侵权类型的重构［J］.中国法学，2017（4）.

［21］方印，徐鹏飞.大数据时代的中国环境法治问题研究［J］.中国地质大学学报（社会科学版），2016（1）.

［22］方巍，郑玉，徐江.大数据：概念、技术及应用研究综述［J］.南京信息工程大学学报（自然科学版），2014（5）.

［23］高俊杰.政府特许经营项目运行中的行政纠纷及其解决机制——一种框架性分析［J］.当代法学，2016（2）.

［24］高国钧.经济法连带责任研究——以第三方认证机构"不实认证"规制为中心［J］.广东行政学院学报，2015（3）.

［25］高秦伟.政策形成与司法审查——美国谢弗林案之启示［J］.浙江学刊，2006（6）.

［26］高秦伟.社会自我规制与行政法的任务［J］.中国法学，2015（5）.

［27］高秦伟.论政府规制中的第三方审核［J］.法商研究，2016（6）.

［28］耿建新，房巧玲.环境信息披露和环境审计的国际比较［J］.环境保护，2003（3）.

［29］郭林将.论暂缓起诉在美国公司犯罪中的运用［J］.中国刑事法杂志，2010（7）.

［30］郭庆.治污能力制约下的中小企业环境规制［J］.山东大学学报（哲学社会科学版），2007（5）.

［31］巩固.守法激励视角中的《环境保护法》修订与适用［J］.华东政法大学学报，2014（3）.

［32］韩兆柱，翟文康.大数据时代背景下整体性治理理论应用研究［J］.行政论坛，2015（6）.

［33］何香柏.我国威慑型环境执法困境的破解——基于观念和机制的分析［J］.法商研究，2016（4）.

［34］胡斌.私人规制的行政法治逻辑：理念与路径［J］.法制与社会发展，

2017（1）.

［35］胡敏洁.美国行政法中的"政策声明"［J］.行政法学研究，2013（2）.

［36］环境保护部环境监察局.规范环境管理　提升守法能力——《燃煤火电企业环境守法导则》解读［J］.环境保护，2013（12）.

［37］黄爱宝.论走向后工业社会的环境合作治理［J］.社会科学，2009（3）.

［38］黄舒芃."行政正确"取代"行政合法"？——初探德国行政法革新路线的方法论难题［J］.（中国台湾）"中研院"法学期刊，2011（8）.

［39］黄维智.暂缓起诉制度探析［J］.政治与法律，2005（2）.

［40］贾真，葛察忠，李晓亮.环保"领跑者"制度进展及建议［J］.世界环境，2017（4）.

［41］蒋大兴.公司社会责任如何成为"有牙的老虎"——董事会社会责任委员会之设计［J］.清华法学，2009（4）.

［42］焦艳鹏.我国环境污染刑事判决阙如的成因与反思——基于相关资料的统计分析［J］.法学，2013（6）.

［43］靳文辉.制度竞争、制度互补和制度学习：地方政府制度创新路径［J］.中国行政管理，2017（5）.

［44］靳文辉.弹性政府：风险社会治理中的政府模式［J］.中国行政管理，2012（6）.

［45］靳文辉.公共规制的知识基础［J］.法学家，2014（2）.

［46］金自宁.作为风险规制工具的信息交流：以环境行政中 TRI 为例［J］.中外法学，2010（3）.

［47］柯坚.论污染者负担原则的嬗变［J］.法学评论，2010（6）.

［48］柯坚.我国《环境保护法》修订的法治时空观［J］.华东政法大学学报，2014（3）.

［49］雷鑫意，张永青.环境犯罪刑事和解的证成与价值——以恢复性正义为视角［J］.湘潭大学学报（哲学社会科学版），2010（1）.

［50］李本灿.企业犯罪预防中国家规制向国家与企业共治转型之提倡［J］.政治与法律，2016（2）.

［51］李本灿.合规计划的效度之维——逻辑与实证的双重展开［J］.南京大学法律评论，2014（1）.

［52］李冠煜.日本污染环境犯罪因果关系的研究及其借鉴［J］.政治与法律，2014（2）.

［53］李明华，侯佳儒.一个分析框架：环境法与民法的对话［J］.中国地质大学学报（社会科学版），2005（2）.

［54］李潇洋.环境犯罪的制裁思路与刑事政策定位——以江苏省盐城市"2·20"特大水污染案为例［J］.环境保护，2013（22）.

［55］李明超.《基础设施和公用事业特许经营管理办法》评析［J］.湖南农业

大学学报（社会科学版），2015（6）．

［56］李艳芳．"促进型立法"研究［J］．法学评论，2005（3）．

［57］李智，刘坤．不起诉裁量权的反思与构建——以2012年修改的刑事诉讼法为视角［J］．天津法学，2013（1）．

［58］廖焕国．论一般注意义务的成立［J］．求索，2008（12）．

［59］廖焕国．论法定注意义务的成立［J］．暨南学报（哲学社会科学版），2007（6）．

［60］廖焕国．论德国侵权法上的一般注意义务：以司法判例为主线的考察［J］．武汉大学学报（哲学社会科学版），2006（3）．

［61］凌斌．法律救济的规则选择：财产规则、责任规则与卡梅框架的法律经济学重构［J］．中国法学，2012（6）．

［62］刘超．论"绿色原则"在民法典侵权责任编的制度展开［J］．法律科学（西北政法大学学报），2018（6）．

［63］刘超．环境污名损害的侵权法证成与类型构造——以域外经验为借鉴［J］．政治与法律，2015（11）．

［64］刘乃超．中国合同环境服务公共性研究的三条进路［J］．中国人口·资源与环境，2014（10）．

［65］刘水林．风险社会大规模损害责任法的范式重构——从侵权赔偿到成本分担［J］．法学研究，2014（3）．

［66］刘艳红．"法益性的欠缺"与法定犯的出罪——以行政要素的双重限缩解释为路径［J］．比较法研究，2019（1）．

［67］龙文滨，李四海，宋献中．环保规制与中小企业环境表现——基于我国中小板与创业板上市公司的经验研究［J］．公共行政评论，2015（6）．

［68］鲁篱，凌潇．论法院的非司法化社会治理［J］．现代法学，2014（1）．

［69］骆建华．环境污染第三方治理的发展及完善建议［J］．环境保护，2014（20）．

［70］马允．美国环境规制中的命令、激励与重构［J］．中国行政管理，2017（4）．

［71］裴敬伟．试论环境风险的自主规制——以实现风险最小化为目标［J］．中国地质大学学报（社会科学版），2015（3）．

［72］秦鹏．政府绿色采购：逻辑起点、微观效应与法律制度［J］．社会科学，2007（7）．

［73］秦鹏，陈幸欢．环境公益诉讼中的法院角色、逆向选择与社会结构——以泰州1.6亿赔偿案为样本的法社会学分析［J］．西南民族大学学报（人文社科版），2015（5）．

［74］秦鹏，郭楠．油污损害防治的法经济学解释———基于财产规则、责任规则和不可让渡规则三个维度的分析［J］．重庆大学学报（社会科学版），2016（6）．

［75］乔刚，王婷婷.论英国废弃物管理中的注意义务规则及其对中国的启示［J］.中国人口·资源与环境，2013（1）.

［76］秦天宝，段帷帷.我国环境治理体系的新发展——从单维治理到多元共治［J］.中国生态文明，2015（4）.

［77］屈茂辉.论民法上的注意义务［J］.北方法学，2007（1）.

［78］申孟宜，谷彬.论大数据时代的政府监管［J］.中国市场，2014（36）.

［79］宋华琳.行政法学视角下的认证制度及其改革——以药品 GMP 认证为例［J］.浙江学刊，2018（1）.

［80］宋亚辉.论公共规制中的路径选择［J］.法商研究，2012（3）.

［81］宋亚辉.风险控制的部门法思路及其超越［J］.中国社会科学，2017（10）.

［82］宋子义，白雯雯.关于企业环境审计问题的研究［J］.中国内部审计，2011（1）.

［83］孙培军，丁远朋.国家治理机制转型研究——基于运动式治理的视角［J］.江西师范大学学报（哲学社会科学版），2015（2）.

［84］谭冰霖.环境规制的反身法路向［J］.中外法学，2016（6）.

［85］谭冰霖.环境行政处罚规制功能之补强［J］.法学研究，2018（4）.

［86］谭启平.符合强制性标准与侵权责任承担的关系［J］.中国法学，2017（4）.

［87］童光法.企业环境守法的进展与问题分析［J］.中国高校社会科学，2016（4）.

［88］王彬辉.新《环境保护法》"公众参与"条款有效实施的路径选择——以加拿大为经验［J］.法商研究，2014（4）.

［89］王健.威慑理念下的反垄断法刑事制裁制度——兼评《中华人民共和国反垄断法（修改稿）》的相关规定［J］.法商研究，2006（1）.

［90］王明远.论环境权诉讼——通过私人诉讼维护环境公益［J］.比较法研究，2008（3）.

［91］王清军.环境治理中的信息工具［J］.法治研究，2013（12）.

［92］王树义，蔡文灿.论我国环境治理的权力结构［J］.法制与社会发展，2016（3）.

［93］王永强，管金平.精准规制：大数据时代市场规制法的新发展——兼论《中华人民共和国食品安全法（修订草案）》的完善［J］.法商研究，2014（6）.

［94］王锡锌.中国行政执法困境的个案解读［J］.法学研究，2005（3）.

［95］王竹，钟琴.论产品质量检验、认证机构侵权责任——以本次《消费者权益保护法》的修改为中心［J］.东方法学，2013（5）.

［96］吴凯.中国环境法上合作原则的演化路径与治理功能——以城市环境治理中认证能力为中心的考察［J］.南京工业大学学报（社会科学版），2016（2）.

［97］解晓东.犯罪黑数及其控制［J］.法律科学（西北政法学院学报），

2001（2）.

［98］徐庭祥.论合作国家的规范性及行政法展开［J］.福建行政学院学报，
2015（2）.

［99］徐祥民.论我国环境法中的总行为控制制度［J］.法学，2015（12）.

［100］徐祥民，辛帅.民事救济的环保功能有限性——再论环境侵权与环境侵害
的关系［J］.法律科学（西北政法大学学报），2016（4）.

［101］鄢斌.从政企合作看中国企业环境监督员制度的完善［J］.中国人口·资
源与环境，2011（12）.

［102］鄢斌，李岩.合同环境服务法律责任竞合初探［J］.环境经济，
2014（4）.

［103］闫海，姜丽.市政公用事业特许经营的行政接管［J］.城市问题，
2011（6）.

［104］颜士鹏.社会转型时期环境法律治理机制的多元化［J］.法学评论，
2015（2）.

［105］姚松杰.过失侵权案件中注意义务之认定［J］.东南司法评论，2013（1）.

［106］杨彬权.论担保行政与担保行政法——以担保国家理论为视角［J］.法治
研究，2015（4）.

［107］杨彬权.我国国家接管责任法律制度之重构——以基础设施供给行政为例
［J］.法治研究，2016（2）.

［108］杨荣.浅谈如何破解当前我国资源环境审计的困局［J］.财经界，
2015（29）.

［109］杨根红.一般注意义务研究［J］.厦门大学法律评论，2005（2）.

［110］叶必丰.行政合同的司法探索及其态度［J］.法学评论，2014（1）.

［111］叶常林.非营利组织失灵：组织边界之模糊与清晰［J］.中国行政管理，
2006（11）.

［112］叶金强.共同侵权的类型要素及法律效果［J］.中国法学，2010（1）.

［113］叶名怡.论侵权预防责任对传统侵权法的挑战［J］.法律科学（西北政法
大学学报），2013（2）.

［114］于改之，吴玉萍.多元化视角下恢复性司法的理论基础［J］.山东大学
学报（哲学社会科学版），2007（4）.

［115］喻玲.从威慑到合规指引　反垄断法实施的新趋势［J］.中外法学，
2013（6）.

［116］岳全化.企业环境管理体系和环境报告［J］.世界标准化与质量管理，
2000（9）.

［117］岳世忠，杨肃昌.国外环境审计与环境报告的发展［J］.兰州大学学报（社
会科学版），2008（6）.

［118］曾祥生.服务合同：概念、特征与适用范围［J］.湖南社会科学，2012（6）.

[119] 翟翌. 论"行政特许"对"民商事特许"的借鉴 [J]. 法学评论, 2016（3）.

[120] 赵鹏. 惩罚性赔偿的行政法反思 [J]. 法学研究, 2019（1）.

[121] 张宝. 环境侵权归责原则之反思与重构——基于学说和实践的视角 [J]. 现代法学, 2011（4）.

[122] 张民安, 龚赛红. 法定义务在过错侵权责任中的地位 [J]. 学术研究, 2002（8）.

[123] 张康之. 合作治理是社会治理变革的归宿 [J]. 社会科学研究, 2012（3）.

[124] 张德江. 全国人民代表大会常务委员会执法检查组关于检查《中华人民共和国固体废物污染环境防治法》实施情况的报告——2017 年 11 月 1 日在第十二届全国人民代表大会常务委员会第三十次会议上 [J]. 中国人大, 2017（21）.

[125] 张泽涛. 规范暂缓起诉——以美国缓起诉制度为借鉴 [J]. 中国刑事法杂志, 2005（3）.

[126] 张式军, 王绅吉.《环境保护法》第 65 条环境侵权连带责任之正当性探究——基于环境责任社会化之视角 [J]. 山东社会科学, 2017（4）.

[127] 张文显. 全面推进依法治国的伟大纲领——对十八届四中全会精神的认知与解读 [J]. 法制与社会发展, 2015（1）.

[128] 张旭东. 环境民事公益诉讼"三要件"研究 [J]. 大连理工大学学报（社会科学版）, 2015（4）.

[129] 张玉林. 政经一体化开发机制与中国农村的环境冲突 [J]. 探索与争鸣, 2006（5）.

[130] 张旭东. 环境民事公私益诉讼并行审理的困境与出路 [J]. 中国法学, 2018（5）.

[131] 张英磊. 由法经济学及比较法观点论环境罚锾核科中不法利得因素之定位 [J].（中国台湾）"中研院"法学期刊 [J].2013（13）.

[132] 郑少华. 论企业环境监督员的法律地位 [J]. 政治与法律, 2014（10）.

[133] 郑少华, 王慧. 中国环境法治四十年：法律文本、法律实施与未来走向 [J]. 法学, 2018（11）.

[134] 朱狄敏. 社会复合主体与环境公共治理的走向——嘉兴模式的经验启示 [J]. 环境保护, 2014（13）.

[135] 朱德米. 从行政主导到合作管理：我国环境治理体系的转型 [J]. 上海管理科学, 2008（2）.

[136] 朱慈蕴. 公司的社会责任——游走于法律责任与道德准则之间 [J]. 中外法学, 2008（1）.

[137] 周江洪. 服务合同在我国民法典中的定位及其制度构建 [J]. 法学, 2008（1）.

[138] 周少华. 规范技术和语言权力——语言在法律中的意义 [J]. 法商研究,

2006（6）.

［139］韦倩.人类合作行为与合作经济学理论分析框架［D］.济南：山东大学，2009.

［140］王晶晶.我国企业内部环境审计的问题探讨［D］.南昌：江西财经大学，2009.

［141］关婷.促进企业能效的公共干预：中德两地方能效行动的比较［D］.杭州：浙江大学，2015.

［142］高建学.过失侵权的注意义务研究［D］.北京：对外经济贸易大学，2006.

（三）外文类

［1］Abelkop A D K. Tort Law as An Environmental Policy Instrument［J］. Ogegon Law Review, 2013, 92（2）: 381–470.

［2］Dinkins C, Lonnquist S. The Belt and Suspenders Approach: The Advantages of a Formalized Environmental Compliance Program［J］. Utah L. Rev., 2009: 1129.

［3］Coglianese C, Nash J. Performance Track's Postmortem: Lessons from the Rise and Fall of EPA's Flagship Voluntary Program［J］. Harvard Environmental Law Review Helr, 2014, 38: 1–86.

［4］Parker C. The "Compliance" Trap: The Moral Message in Responsive Regulatory Enforcement［J］. Law & Society Review, 2006, 40（3）: 591–622.

［5］Carey C D. Negotiating Environmental Penalties: Guidance on the Use of Supplemental Environmental Projects［J］. The Air Force Law Review, 1998, 44: 1.

［6］Rechtschaffen C. Deterrence vs. Cooperation and the Evolving Theory of Environmental Enforcement［J］.Southern California Law Review，1998，71：1181–1272.

［7］Coglianese C. The Managerial Turn in Environmental Policy［J］. NYU Environmental Law Journal, 2008, 17: 54–74.

［8］Esty D C, Environmental Protection in the Information Age［J］. New York University Law Review, 2004, 79（1）: 115–211.

［9］Spence D B. The Shadow of the Rational Polluter: Rethinking the Role of Rational Actor Models in Environmental Law［J］. California law review, 2001, 89: 917–998.

［10］Uhlmann D M. Environmental Crime Comes of Age: The Evolution of Criminal Enforcement in the Environmental Regulatory Scheme［J］. Utah Law Review, 2009（4）: 1223–1252.

［11］Uhlmann D M, After the Spill is Gone: The Gulf of Mexico, Environmental Crime, and the Criminal Law［J］. Michigan Law Review, 2011, 109: 1413.

［12］Zaring D. Best Practices［J］. NYU Law Review., 2006, 81: 294..

[13] Thornton D, Gunningham N A, Kagan R A. General Deterrence and Corporate Environmental Behavior [J]. Law & Policy. 2005, 27（2）: 262–288.

[14] Biber E, The Problem of Environmental Monitoring [J]. University of Colorado Law Review, 2011, 83（1）: 1–82.

[15] Orts E W. Reflexive Environmental Law [J]. Northwestern University Law Review, 1995, 89（4）: 1227–1340.

[16] United Sates Government Accountability Office. Corporate Crime: DOJ Has Taken Steps to Better Track Its Use of Deferred and Non–Prosecution Agreements, but Should Evaluate Effectiveness [Z]. 2009.

[17] Lemkin J M. Deterring Environmental Crime Through Flexible Sentencing: A Proposal for the New Organizational Environmental Sentencing Guidelines [J]. Cal L. Rev., 1996, 84: 307.

[18] Scholz J T. Enforcement Policy and Corporate Misconduct: the Changing Perspective of Deterrence Theory [J]. Law and Contemporary Problems, 1997, 60（3）: 253–268.

[19] Block J G, Feinberg D L. Look Before You Leap: DPA, NPAs, And the Environmental Criminal Case [J]. ALI–ABA Business Law Course Materials Journal, 2010: 7–24.

[20] Griffin L K. Compelled Cooperation and the New Corporate Criminal Procedure [J]. New York University Law Review, 2007, 82（2）: 311.

[21] Eisner M A, Corporate Environmentalism, Regulatory Reform, and Industry Self–Regulation: Toward Genuine Regulatory Reinvention in the United States [J]. Governance, 2004, 17（2）: 145–167.

[22] Zinn M D. Policing Environmental Regulatory Enforcement: Cooperation, Capture, and Citizen Suits[J]. Stanford Environmental Law Journal, 2002, 21(1):81–174.

[23] Runnels M B, Giampetro–Meyer A. Cooperative NRDA & New Governance: Getting to Restoration in the Hudson River, the Gulf of Mexico, and Beyond [J]. Brooklyn Law Review, 2011, 77（1）: 107–149.

[24] Mendelson N A. Regulatory Beneficiaries and Informal Agency Policymaking [J]. Cornell Law. Review, 2007, 92（3）: 397–452.

[25] Logue K D, Coordinating Sanctions in Tort [J]. Cardozo Law Review., 2009, 31: 2313.

[26] Abraham K S. The Relation Between Civil Liability and Environmental Regulation: An Analytical Overview [J]. Washburn LJ, 2001, 41: 379.

[27] Canc P. Using Tort Law to Enforce Environmental Regulations [J]. Washburn LJ, 2001, 41: 427.

[28] Huber P. Electricity and the Environment: In Search of Regulatory Authority [J].

Harvard Law Review, 1987, 100（5）: 1002–1065.

［29］Stewart R B. A New Generation of Environmental Regulation? ［J］. Capital University Law review, 2001，29：21–182.

［30］Hall R M. The Evolution and New Directions in Environmental Auditing and Compliance Management［J］. Natural Resources & Environment, 2009, 24（2）: 3–8.

［31］Kennedy R. Rethinking Reflexive Law for the Information Age: Hybrid and Flexible Regulation by disclosure ［J］. Geo Washington Journal of Energy & Environmental Law, 2016, 7（2）: 124.–139.

［32］Griffith S J. Corporate Governance in an Era of Compliance ［J］. William and Mary Law. review, 2016，57：2075.

［33］McGarity T O, When Strong Enforcement Works Better Than Weak Regulation: The EPA/DOJ New Source Review Enforcement Initiative ［J］. Maryland Law Review, 2013, 72（4）：1204–1294.

［34］U.S. Environmental Protection Agency. Evaluation of the Performance Track Program in EPA Region One ［Z］. 2004.

［35］Khanna V, Dickinson T L. The Corporate Monitor: The New Corporate Czar? ［J］. Michigan Law Review, 2007: 1713–1755.

（四）其他类

［1］GB/T 35770—2017. 合规管理体系—指南［S］.北京：中国标准出版社，2017.

［2］财政部、国家发展改革委、工业和信息化部、环境保护部.环保"领跑者"制度实施方案［Z］.财建〔2015〕501 号.

［3］国务院办公厅.国务院办公厅关于推行环境污染第三方治理的意见［Z］.国办发〔2014〕69 号.

［4］河北省环境保护厅、河北省财政厅、河北省发展和改革委员会、河北省工业和信息化厅.河北省推行企业环保"领跑者"制度实施方案［Z］.冀环评〔2018〕264 号.

［5］环境保护部.环境保护部关于推进环境污染第三方治理的实施意见［Z］.环规财函〔2017〕172 号.

［6］生态环境部.2018 年《国家先进污染防治技术目录（大气污染防治领域）》［Z］.公告 2018 年 第 76 号.

［7］中共中央 国务院.中共中央 国务院关于全面加强生态环境保护 坚决打好污染防治攻坚战的意见［Z］.2018-6-16.

［8］中国环境与发展国际合作委员会.专题政策报告：环境与发展战略转型——全球经验与中国对策［Z］.2007.

［9］中国环境与发展国际合作委员会 .2014 年关注问题报告：从临界点到转折点［Z］.2014.

［10］中华人民共和国最高人民法院 . 中国环境资源审判（白皮书）［Z］.2016–7.

［11］宝钢集团有限公司 . 宝钢集团有限公司 2015 年度社会责任报告［Z］.

［12］中国建材集团 . 中国建材集团 2015 年度社会责任报告［Z］.

［13］江苏省高级人民法院 .（2014）苏环公民终字第 00001 号［Z］.

［14］中华人民共和国最高人民法院 .（2014）民二终字第 12 号民事裁定书［Z］.

［15］福建省漳州市中级人民法院 .（2013）漳民初字第 366 号民事裁定书［Z］.

［16］福建省漳州市中级人民法院 .（2013）漳民初字第 366 号民事裁定书［Z］.

［17］江苏省连云港市中级人民法院 .（2012）连商初字第 0108 号民事裁定书［Z］.

［18］江苏省淮安市中级人民法院 .（2015）淮中商初字第 00009 号民事判决书［Z］.

［19］中华人民共和国最高人民法院 .（2015）民二终字第 116 号民事判决书［Z］.

［20］吕忠梅，刘超 . 拓展民法典侵权责任编环保功能［N］. 检察日报，2018–7–30（3）.